KUAIJIXUE

# 会计学（第二版）

主　编　伍光明　李志远
副主编　张　毓　唐　颖　文成卫

西南财经大学出版社
四川·成都

**图书在版编目(CIP)数据**

会计学/伍光明,李志远主编;张毓,唐颖,文成卫副主编.--2版.--成都:西南财经大学出版社,2025.2--ISBN 978-7-5504-6614-2

Ⅰ.F230

中国国家版本馆CIP数据核字第2025UD0135号

**会计学(第二版)**

主　编:伍光明　李志远

副主编:张　毓　唐　颖　文成卫

策划编辑:冯　雪

责任编辑:冯　雪

责任校对:高小田

封面设计:墨创文化

责任印制:朱曼丽

| | |
|---|---|
| 出版发行 | 西南财经大学出版社(四川省成都市光华村街55号) |
| 网　　址 | http://cbs.swufe.edu.cn |
| 电子邮件 | bookcj@swufe.edu.cn |
| 邮政编码 | 610074 |
| 电　　话 | 028-87353785 |
| 照　　排 | 四川胜翔数码印务设计有限公司 |
| 印　　刷 | 四川五洲彩印有限责任公司 |
| 成品尺寸 | 210 mm×285 mm |
| 印　　张 | 19.625 |
| 字　　数 | 623千字 |
| 版　　次 | 2025年2月第2版 |
| 印　　次 | 2025年2月第1次印刷 |
| 印　　数 | 1—2000册 |
| 书　　号 | ISBN 978-7-5504-6614-2 |
| 定　　价 | 49.80元 |

# 再版前言

随着数字化浪潮席卷全球教育领域，以及会计准则的持续更新与完善，会计学教学方式和内容正面临前所未有的变革与挑战。为了更好地适应时代需求，培养符合社会发展要求的经济管理专业人才，我们对本教材进行了精心修订与再版。

数字化教学在当今教育环境中已成为不可或缺的一部分。在新版教材中，我们充分融入了数字化教学资源与手段。通过引入大量的实际案例、在线交互式练习题等数字化元素，使学生能够更加直观地理解复杂的会计概念与流程，增强他们在实际工作场景中的会计应用能力与问题解决能力。这些数字化资源不仅丰富了教学内容，还为教师提供了多元化的教学方法与工具，能够有效激发学生的学习兴趣与主动性，提升教学效果。

同时，会计准则作为企业会计确认、计量和报告的规范性标准，始终处于动态变化之中。近年来，国际财务报告准则（IFRS）和国内会计准则都经历了一系列重要的修订与调整，以适应全球经济一体化和日益复杂的商业环境。本次再版紧跟这些变化，对教材中的相关章节进行了全面更新与改写。无论是收入确认、租赁准则，还是金融工具计量等方面，都依据最新的会计准则进行了详细阐述与讲解，确保学生所学知识与企业的会计实践紧密结合，为他们未来踏入职场或进一步深造打下坚实的会计理论与实践基础。

此外，在教材结构与内容编排上，我们更加注重逻辑性与系统性。在开篇以通俗易懂的方式引入会计学的基本概念与框架，帮助初学者建立起对会计学的整体认识。随后循序渐进地深入到流动资产、非流动资产、负债、所有者权益以及收入、费用和利润等核心领域，各章节之间相互衔接、相互呼应，形成一个完整的知识体系。同时，在每章结尾设置了综合练习题，帮助学生巩固所学知识，并引导他们进行深入思考与讨论。每章练习题采用扫码进入的方式，以适应数字教学的需要。

本书由贵州商学院会计学院老师牵头，联合贵州黔南科技学院、贵州财经职业学院、贵州经贸职业技术学院相关老师共同编写。本书由贵州商学院会计学院伍光明、李志远担任主编，贵州商学院会计学院唐颖、张毓和贵州经贸职业技术学院会计金融系文成卫任副主编。各章编写分工是：张毓第一章，唐颖第二章，文成卫第三章，贵州黔南科技学院杨玲第四章，贵州商学院会计学院杨妮第五章，贵州黔南科技学院熊洋巍第六章，贵州商学院会计学院曾宜生第七章，贵州财经职业学院张鑫第八章，伍光明第九章；本书电子资料由贵州商学院会计学院吴强统筹负责；最后由李志远对全书总纂定稿。

本书自2020年12月出版以来，深受使用者的好评，总用量达5 000册，现进行再版。本次再版过程中，我们得到了众多会计学专家、教育工作者以及行业从业者的悉心指导与帮助，他们提出了许多宝贵的意见与建议，在此我们表示衷心的感谢。我们也希望新版《会计学》教材能够成为广大师生在会计学教学与学习过程中的得力助手，为推动会计学教育事业的发展贡献一份力量。

由于时间仓促，水平有限，本书的编写意图可能未全部实现，书中也难免有错漏及不足之处，敬请读者批评指正。

2024年12月26日

# 第一版前言

随着我国社会主义市场经济的进一步完善和各项改革的深化，我国会计领域发生了深刻的变革，很多重大改革举措相继出台。财政部发布并修订《企业会计准则》的目标是建立与我国市场经济相适应的，与国际会计趋同的，涵盖各类企业、各类经济业务的，能独立实施的会计准则体系，这套体系包括一项基本准则和42项具体会计准则。会计理论的巨大变革和会计实践的深刻变化，极大地推动了会计教学改革。特别是《企业会计准则第14号——收入》（2018）等准则的发布，增值税税率的调整，会计报表格式的变化等，要求我们必须对教学内容进行较大的变革和及时的更新，而教材建设与更新是其中非常重要的一个方面。对于商科类本科院校来说，会计学课程是所有经管类专业都要开设的一门专业通识课程。会计学课程是会计学院面向全校开出的一门经管类专业通识课程。基于这种认识，我们组织了以贵州商学院会计学院教师为主，其他兄弟院校教师参加的一线任课教师团队编写了《会计学》这本教材。本书以《中华人民共和国会计法》为指导，以财政部颁布的最新《企业会计准则》为依据，以学习会计基础知识、掌握会计核算的基本方法和流程、读懂并能简单分析会计报表（资产负债表、利润表）为目的，系统地阐述会计的基本理论和基本操作技术。全书共设总论、复式记账、会计凭证和会计账簿、工业企业主要经营过程的核算、流动资产、非流动资产、负债、所有者权益、收入、费用和利润、财务报告、账务处理程序十一章内容。

本书在教材的内容、体系、体例等方面力求体现以下几个特点：

第一，在教材内容的处理上，本书遵循新颖实用、强化基础、多举实例、突出应用、加强实际操作能力培养的原则。在基本理论方面，本书努力吸取我国会计界的最新研究成果，力求体现会计理论和会计实践的新发展，但对其广度和深度做了必要的限制，以保持非会计学专业会计学习的特色；同时把相对稳定、统一的会计概念、理论和方法技能，简明准确地阐述清楚。在基本方法和基本操作技术方面，本书均以《企业会计准则》为准，配以实例，由浅入深、循序渐进地阐述会计核算的基本方法和基本操作技术。本书作为商科类本科院校经管类专业通识课程——会计学课程通用教材，以让学生掌握会计核算的基本方法和基本操作技术为主要目标，以会计六要素核算为主线。会计事项处理的方法及其运用的账户名称、报表格式尽可能以财政部新颁布的有关制度为准。在实务举例上尽量贯彻现行制度，以便于和会计实务相衔接，增强教材的实用性。

第二，在教材体系的编排上力求符合教学规律的要求，做到先易后难，循序渐进。第一章阐述会计的重要概念和一些基础理论；第二章讲述会计科目及复式记账；第三章讲述会计凭证和会计账簿；第四章结合工业企业的主要经营过程进一步阐述会计科目和账户，复式记账这两种会计核算方法的具体运用；阐述了工业企业产品生产的流程及利润的形成和分配；第五至第九章讲述会计六要素的核算；第十章介绍财务报表，重点讲述资产负债表和利润表的编制；第十一章是账务处理程序。

由于商科类本科院校经管类专业学生在学习本课程前没有学习过会计基础，不能直接进入会计六要素的学习，必须要有会计科目、复式记账等相关基础理论的讲解，因此，本教材按前面是理论基础，后面是会计六要素，最后是会计报表这样的逻辑顺序来编排。这样的编排既有利于学生学习，又与会计实务处理程序一致：从分析经济业务、选择账户进行复式记账直至编制会计报表。

第三，在体例设计上，例题的设计，紧贴知识点，由浅入深，先易后难，很适合学生自主学习。

本书可作为各类院校经管类专业“会计学”课程的教材，也可作为在职会计人员培训及自学者自学用书。

本书由贵州商学院会计学院伍光明任主编，贵州商学院会计学院李益兰、李新娜任副主编。各章编写分工是：伍光明（第一章及前言），贵州商学院会计学院赵雪（第二章），李益兰（第三章），贵州财经职业学院会计系张蓉（第四章），贵州商学院会计学院赵红（第五章），贵州医科大学神奇民族医药学院经济商务学院崔山美（第六章），贵州商学院会计学院李璞颖（第七章），李新娜（第八章），贵州商学院会计学院梁秋露（第九章），贵州商学院会计学院何涔成（第十章），贵州财经大学高等教育与研究评估中心刘桂浪（第十一章）；最后由伍光明对全书总纂定稿。全书由贵州商学院会计学院教授、院长况培颖主审。

由于时间仓促，水平有限，本书的编写意图可能未全部实现，书中也难免有错漏及不足之处，敬请读者批评指正。

编者

2020 年 9 月

# 目录

# 第一章 总论

## 第一节 会计的基本概念和职能

### 一、会计的产生与发展

#### （一）我国会计的产生与发展

物质资料的生产是人类社会赖以生存和发展的基础。人类要生存就要消费，无论吃、穿、住、行，都需要消耗物质资料。而要取得这些物质资料，就必须进行生产。人们在生产活动中，总是希望用较少的劳动耗费创造出尽可能多的物质财富。因此，人们在生产的同时，必须对劳动耗费和取得的劳动成果进行计量、计算和比较。所以，会计是社会生产发展到一定阶段的产物，是为了组织和管理生产而产生，并在生产实践中不断发展的。

会计是因人类生产活动的客观需要而产生和发展起来的。最初意义的会计只是一些简单计量行为。在我国，大约在原始社会末期，随着生产力的发展，产品有了剩余，人们为了记录劳动成果的数量，就采用了“结绳记事”“刻石记数”等简单计量方法，这是我国会计的萌芽阶段。当然，那时的会计还只是生产职能的附带部分，还没有成为一项独立的、专门的工作。随着生产力发展到一定水平，出现了社会分工和原始的文字、数字，于是会计逐渐从生产职能中分离出来，成为一种专门的工作。

到了我国的西周时期，随着农业、手工业及商业经济的繁荣和发展，人们对计量、记录有了更高的要求，为了满足生产经营及国家统治的需要，出现了专司朝廷钱粮收支的官吏——“司会”来进行“月计岁会”，即把每月零星计算称为“计”，把年终总合计算称为“会”，专门为官吏记载钱物收支，“会计”一词开始使用。到了封建社会的鼎盛时期——唐代，由于社会生产力有了较快的发展，会计也就随之得到了发展。到了宋朝，会计方法又有了新的发展，官厅办理钱粮移交手续采用了较科学的会计结算方法，即“四柱结账法”，也叫“四柱清册”，用“四柱”来表示财产的增减变化情况。所谓“四柱”，是指“旧管”“新收”“开除”“实在”。它们的含义分别相当于现代会计的“期初结存”“本期收入”“本期支出”“期末结存”四个部分。“四柱结账法”把一定时期钱粮的收支记录，通过“旧管+新收=开除+实在”这一平衡公式进行结账，把“旧管+新收=开除+实在”进行移项，得到“旧管+新收-开除=实在”，就相当于今天的“期初结存+本期收入-本期支出=期末结存”。

下面用公式的形式更直观地表现“四柱清册”的内容及和现代会计之间的等量关系：

“四柱清册”的内容：旧管+新收=开除+实在

通过移项得到：旧管+新收-开除=实在

相当于今天的：期初结存+本期收入-本期支出=期末结存

到了明末清初，由于经济的发展和手工业的繁荣，会计核算又出现了以“四柱”为基础的“龙门账”，用来计算盈亏。它把全部账目划分为进、缴、存、该四大类。进，相当于现在的收入；缴，相当于现在的支出；存，相当于现在的资产；该，相当于现在的负债。运用“进-缴=存-该”的平衡公式结算账目，确定盈亏。如果用这个公式试算平衡了，称为“合龙门”，以此钩稽全部账目的正误。到了清代，由于商品经济进一步发展，资本主义经济关系逐渐产生并不断发展，又产生了“天地合账”。在这种方法下，账簿采用垂直书写，直行分为上下两格，上格记收，称为“天”，下格记付，称为“地”，上下两格登记的数额必须相等，即所谓“天地合”。“四柱结账法”“龙门账”和“天地合账”充分显示了我国历史上各个时期传统中式簿记的特点。

至于会计作为一门独立的学科，则是由我国的会计学者在借鉴外国会计学术的成就及总结我国会计实践经验的基础上，于明末清初逐步建立起来的。

中华人民共和国成立初期，在借鉴苏联模式的基础上，我国逐步建立了社会主义的会计理论和会计方法，制定了各种会计法规，建立了一套适应于不同时期经济管理体制需要的财务会计制度体系。中央及各地还相继成立了会计学会，开展了会计科学研究。当时实行的是计划经济，一切物资由国家统一调配和分配，会计核算用的是“资金来源=资金占用”的会计等式，记账方法用的是“增减记账法”，编制的会计报表是“资金平衡表”。

值得一提的是，当时的会计学者和会计工作者根据我国会计实践经验，创立了“丁字账”，这是一种简单易懂的记账方法，便于初学者学习和掌握。这种记账方法一直到今天依然在使用，只是现在叫作“‘T’形账”。

随着时代的变迁和经济的发展，我国加入了 WTO（世界贸易组织），为了与国际市场接轨，会计核算也需要国际化，会计改革也随之开启。

1992 年 11 月 30 日，财政部发布了《企业财务通则》和《企业会计准则》，这是中华人民共和国成立以来财务会计改革方面的一次模式性的转变，极大地推动了我国社会主义市场经济体制的建立和发展。会计的核算方法不再是单纯的“增减记账法”，而是“增减记账法”“收付记账法”“借贷记账法”并存。其中商业企业用“增减记账法”，行政事业单位用“收付记账法”，工业企业用“借贷记账法”。会计核算的内容不再是“资金来源”和“资金占用”，而是会计六要素，即资产、负债、所有者权益、收入、费用、利润，其会计等式不再是“资金来源=资金占用”，而是“资产=负债+所有者权益”和“收入-费用=利润”。与此相对应，会计报表也不再是“资金平衡表”，而是“资产负债表”和“利润表”。

会计发展到今天，我国规定，所有企业的会计记账方法统一采用“借贷记账法”。

与此相适应，在认真总结我国会计改革的实践经验，借鉴国际通行做法的基础上，全国人民代表大会常务委员会分别对 1985 年 1 月 21 日制定的《中华人民共和国会计法》（以下简称《会计法》）进行了多次修订，这对完善会计法律制度、规范会计行为以及提高会计信息质量具有非常重要的意义，必将更有效地发挥会计在经济建设中的作用。

进入 21 世纪，我国经济市场化程度和全球化程度又上了一个新的台阶。20 世纪末期出现的亚洲金融危机，显示出会计信息披露的重要性。到了 21 世纪，我国资本市场发展迅速，上市公司数量逐步增多，为了适应我国经济的快速发展，财政部相继出台了以下主要规定：

（1）代国务院拟定《企业财务会计报告条例》（由国务院于 2000 年 6 月发布）。

该条例在会计改革方面最大的贡献，就是重新定义“资产”要素：资产是指企业过去的交易或者事项形成的，由企业拥有或者控制的，预期会给企业带来经济利益的资源。预期会给企业带来经济利益，这一点非常重要，换句话说，如果某项目不能给企业带来经济利益，那么该项目就不能作为企业的资产。比如，机器设备本身属于企业的资产（固定资产），但如果现在报废了，则不能再被认定为企业的资产，因为该设备预期不能给企业带来经济利益。再比如，粮食加工企业储备的粮食用于加工生产，其本身是企业的资产（原材料），但如果霉变了，不能再用于生产，即使直接出售也不可能，则不能再被认定为企业的资产，因为不能给企业带来经济利益。又比如，水泥厂生产的水泥用于出售，其本身是企业的资产（库存商品），但现在由于水管爆裂被水淹了，则不能再被认定为企业的资产，因为该产品预期不能给企业带来经济利益。

（2）2000 年 12 月，财政部发布《企业会计制度》。

《企业会计制度》的发布意义非常重大。它将会计的确认、计量、记录、报告四项功能融为一体，在《企业会计制度》中进行全面规范，便于企业进行实务操作。

（3）2001 年 11 月，财政部发布《金融企业会计制度》。

我国加入 WTO 后，金融业面临新的发展机遇和严峻的挑战，因为加入 WTO 后，我国将面临全面开放金融服务市场的局面。金融业是风险性比较高的行业，防范金融风险，会计应体现稳健的会计政策；亚洲金融危机的爆发，更是给我们敲响了警钟，使我们更加明白会计透明度的重要性。为了体现稳健的会计政策，提高会计信息质量，增强透明度，财政部及时出台了《金融企业会计制度》。

（4）2004 年 4 月，财政部发布《小企业会计制度》。

我国工业企业法人中大多数是小企业，小企业在创造最终产品和服务的价值，吸收就业人数和创造税收，以及启动民间投资等方面具有举足轻重的作用。所以，出台《小企业会计制度》非常必要，意义也十分重大。

其实，伴随着企业会计制度改革的步伐，企业会计准则的建设始终没有停止过。最早提出建立我国企业会计准则体系，是 1991 年财政部制定的《会计改革纲要（试行）》。第一次形成部门规章是在 1992 年，由财政部以部长令的形式发布了《企业会计准则》，即 2006 年新准则体系中的基本准则，相当于国际财务报告准则的概念框架，它规定了会计核算的基本前提、一般原则、会计要素以及会计报表的一般要求。自 1992 年以后，财政部始终致力于具体准则的研究和制定，同时关注国际会计准则的改革动向，从 1997 年《关联方关系及其交易披露》的发布到 2003 年为止，本着成熟一个发布一个的原则，财政部陆续发布了 16 项会计准则，其中 7 项准则在所有企业施行，9 项准则在股份有限公司先行施行。财政部同时规定，准则与制度不一致的，以会计准则为准。实质上，会计准则的地位高于会计制度，这样做也使广大财会工作者逐步转变对会计准则重要性的认识。但是，会计准则不成体系，不能涵盖企业所有经济业务，不能独立实施。①

（5）2006 年 2 月，财政部发布《企业会计准则体系》。

2005 年的会计改革思路有了重大调整，由建立企业会计制度体系为主转变为以建立企业会计准则体系为主。2005 年纪念《会计法》20 周年之后，财政部研究决定，会计准则的制定开始提速，经过艰苦努力，准则于 2006 年 2 月发布。因此，2005 年是重大会计改革的分水岭。改革的目标是，建立与我国市场经济相适应的，与国际会计准则趋同的，涵盖各类企业、各类经济业务的，能独立实施的会计准则体系，这套体系包括一项基本准则和若干具体会计准则。截至 2019 年年底，我国共发布了《存货》《固定资产》《无形资产》《收入》等 42 个具体会计准则。

截至 2023 年年底，我国的 GDP 产值已达 126 万亿人民币，人均 1.3 万美元。为适应经济的发展，财政部从 2006 年 2 月发布《企业会计准则体系》以来，对当初发布的具体准则多次进行了修订和增加，期间对增值税条例等也多次进行了修改，此处不一一列举，留待以后在会计相关课程如“中级财务会计”“高级财务会计”中讲述。

### （二）国外会计的产生与发展

国外会计的产生与发展也经历了漫长的过程，其会计工作最早出现于公元前的古巴比伦王国。到 13 世纪，在商业比较发达的意大利，已开始用“借”“贷”登记债权和债务，这为近代会计的借贷记




① 其中，2001—2005 年，没有出台准则的原因是国际会计准则理事委员会改组。

账法奠定了基础。

近现代会计的发展，是以西方产业革命和资本主义商业经济的发展为背景的。1494 年，意大利数学家卢卡·巴其阿勒的著作《算术、几何、比及比例概要》一书问世，该书系统地说明了复式记账法，使复式簿记得以在全世界广为流传，揭开了近现代会计历史的新篇章。18 世纪产业革命后，为适应股份公司对公开财务信息的需要，在簿记的基础上，逐步出现了资产、负债、资本的计量，收益的确定，会计报表的编制与审核等内容，从而完成了簿记向会计的过渡。19 世纪中期，随着产业革命的完成及大工业的迅速发展，为了对生产活动进行核算和监督，出现了专门核算生产耗费的会计活动。到了 20 世纪初，这种核算合并于采用复式簿记的一般会计，成本会计就产生了。20 世纪 30 年代以后，为了使会计工作规范化，提高会计信息的真实性，西方国家开始研究和制定会计准则，把会计理论与实务发展到了新水平；同时，科学技术的突飞猛进和市场竞争的日趋激烈对企业管理提出了新的要求，即：既要求企业内部管理更加合理化、科学化，又要求企业对外部客观经济情况具有灵活的反应能力和高度的适应能力。特别是第二次世界大战以后，由于科学技术突飞猛进，现代数学方法和电子计算技术被引进了会计领域，引起了会计工艺的深刻变化，原来的“手写簿记系统”逐步为电子数据处理所代替，使会计信息系统变得更加灵敏，提供的信息也更加及时准确。

20 世纪 90 年代以来，信息技术与网络技术的飞速发展和知识经济的到来，极大地改变了传统会计的存在环境。新的经济形态和生产方式正在产生，虚拟企业、知识资本、电子货币、数字产品等新的概念开始进入会计领域，所有这些，将给会计发展带来新的前景。

## 二、会计与经济发展的关系

会计的产生与发展，离不开生产的发展。同时，会计的发展还受到经济、政治、法律、文化及科学技术等社会环境的影响，会计正是随着社会生产的不断发展和社会环境的不断变化而发展起来的，它经历了从简单计量和记录财务收支到利用货币计量来综合反映和监督经济活动的全过程。实践证明，经济越发展，会计越重要。

社会发展到今天，经济活动越来越复杂。特别是第二次世界大战以后，资本主义经济出现了新的变化。一方面，资本主义企业进一步集中，跨国公司大量涌现，企业规模越来越大，生产经营日趋复杂；另一方面，由于资本主义科学技术水平的空前发展，新产品层出不穷，产品更新换代的速度加快，竞争更加激烈。如果企业经营稍有疏忽，就有被淘汰的危险。在这种情况下，为了提高经济效益，加强对经济活动过程的控制，企业领导者对会计的要求越来越高，不仅要求会计事后记账、算账和报账，更重要的是进行事前的预测、参与决策、确定目标利润、编制预算、加强分析、评价业绩等。会计工作直接与生产技术各个领域结合起来，参与经营管理的各个环节。我国自党的十一届三中全会以来，实行经济体制改革，对外开放，对内搞活，确立和实行社会主义市场经济体制。在社会主义市场经济体制下，企业是独立的商品生产经营者，必须以经济效益为中心，加强经营管理，在市场竞争中求生存、求发展。国家为了保证微观经济活动符合宏观经济发展的要求，保障国民经济协调发展，需要对国民经济的运行进行有效的管理和调控。因此，无论是企业，还是国家，都对会计提出了更高的要求。会计不仅要如实地反映经济活动过程，为信息使用者提供可靠的经济信息，同时还必须对经济活动的耗费与成果进行科学的预测、决策，进行严格控制，以尽可能少的耗费取得尽可能多的成果，推动社会主义市场经济的不断发展，使会计管理在社会主义市场经济活动中发挥更加重要的作用。

综上所述，会计最初是作为生产职能的一部分，当社会生产力发展到一定阶段，会计才逐渐地从生产职能中分离出来，成为一种专门的经济管理活动。

会计成为一种专门的经济管理工作，经历了漫长的发展过程。在奴隶社会和封建社会，会计主要是用来核算政府的财政开支，是为官方服务的宫廷会计。随着商品经济特别是资本主义经济的发展，生产规模逐渐扩大，生产社会化程度日益提高，会计才有了长足的发展，成为经济管理的重要组成部分。由于商品经济的发展，货币成为衡量和计算商品的价值尺度，会计核算体系不断充实、完善。后来，会计又广泛地采用了较为科学的借贷记账法，从而可以全面、系统地记录各项经济业务。这样，会计不但具有独立的管理职能，而且逐渐具备了完整的核算方法。

## 三、会计的基本职能

会计的职能，是指会计在经济管理过程中所具有的功能，即人们在经济管理过程中可以用会计干什么。一般认为，会计具有核算和监督两个基本职能。《会计法》规定："会计机构、会计人员依照本法规进行会计核算，实行会计监督。"从法律上明确了会计的基本职能是会计核算和会计监督。

### （一）会计的核算职能

会计的核算职能，是指主要运用货币计量形式，通过确认、计量、记录和报告，从数量上连续、系统和完整地反映各单位已经发生或完成的经济活动情况，为加强经济管理和提高经济效益提供会计信息。会计核算具有以下特点：

（1）会计主要以货币为计量单位，从数量上核算各单位的经济活动情况。对于各单位的经济活动，例如资产的增加和减少，负债的发生和偿还，收入和费用的计量等，会计都是从数量方面进行核算，而不是从"质"的方面去反映。但会计通过对经济活动的数量核算，可以从一定程度上说明经济活动的质量。会计从数量方面核算经济活动情况时主要使用货币度量，辅以劳动度量和实物度量。也就是说，会计核算只限于那些能够用货币计量的经济活动，凡不能用货币计量的经济活动均不在会计核算范围之内。会计有时也使用劳动度量和实物度量，目的是改善货币度量的效果，或者是扩大和丰富会计核算提供的数据资料，这在企业的存货核算等方面尤为突出。

（2）会计主要核算已经发生或已经完成的经济活动。会计通过一系列的专门核算方法，将已经发生或完成的经济活动情况记录下来，并对记录下来的会计数据进行加工，报告给会计信息使用者，并且要符合会计准则和会计制度要求。利用历史的和预计的数据来预测和计划未来的经济活动，虽然是现代会计越来越重要的工作，但一般认为对未来经济活动的预测和计划属于管理会计范畴，它是不同于会计核算这一基本职能的。

（3）记录只是会计核算的基础，而不是会计核算的全部，记录并不等于核算。会计对各单位的经济活动情况，首先要记录下来，然后才能核算，最后形成可以报告的会计信息。会计核算实际上包括对经济业务的记录、计算、分类、汇总和报告的全过程。

（4）会计核算具有连续性、完整性、系统性。连续性是指必须按照经济业务发生的时间先后顺序，不间断地进行记录和计算；完整性是指应由会计进行核算的各项经济业务，都必须毫无遗漏地加以记录和计算，不能任意取舍；系统性是指必须按照经济管理的要求，采用一定的方法，对会计核算资料进行加工整理、分类汇总，使之系统化，提供分类、汇总和相互联系的数据资料。会计通过完整的、连续的记录和计算，并按照经济管理的要求，提供系统的数据资料，可以全面掌握经济活动情况，评价经济活动效果。

《会计法》中对于如何进行会计核算，发挥会计的核算职能，从立法的高度提出了具体要求，这些要求主要包括：

（1）会计核算必须符合真实性要求。各单位必须根据实际发生的经济业务进行会计核算，填制会计凭证，登记会计账簿，编制财务会计报告，任何单位不得以虚假的经济业务事项或资料进行会计核算。各单位的会计凭证、会计账簿、财务会计报告和其他会计资料，必须符合国家统一的会计制度的规定。使用电子计算机进行会计核算的，其软件及其生成的会计凭证、会计账簿、财务会计报告和其他会计资料，也必须符合国家统一的会计制度的规定。任何单位和个人不得伪造、变造会计凭证、会计账簿及其他会计资料，不得提供虚假的财务会计报告。

（2）会计核算必须符合完整性要求。各单位的下列经济业务事项，都应当办理会计手续，进行会计核算：①款项和有价证券的收付；②财物的收发、增减和使用；③债权债务的发生和结算；④资本、基金的增减；⑤收入、支出、费用、成本的计算；⑥财务成果的计算和处理；⑦需要办理会计手续，进行会计核算的其他事项。

（3）公司、企业必须根据实际发生的经济业务事项，按照国家统一的会计制度的规定确认、计量和记录资产、负债、所有者权益、收入、费用和利润。公司、企业进行会计核算不得有下列行为：①随意改变资产、负债、所有者权益的确认标准或者计量方法，虚列、多列、不列或者少列资产、负债、所有者权益；②虚列或者隐瞒收入，推迟或者提前确认收入；③随意改变费用、成本的确认标准或者计量方法，虚列、多列、不列或少列费用、成本；④随意调整利润的计算、分配方法，编造虚假利润或者隐瞒利润；⑤违反国家统一的会计制度规定的其他行为。

### （二）会计的监督职能

会计的监督职能，是指在核算经济活动情况的同时，利用会计核算所提供的会计信息对各单位的经济活动全过程的合法性、合理性和有效性进行的控制和指导。会计监督具有以下特点：

（1）会计监督是对经济活动全过程的监督。会计的监督职能，是指主要利用货币计价对各单位的经济活动的全过程进行的事前监督、事中监督和事后监督相结合的全面的经济监督。事前监督是指在经济活动以前，从讲求经济效果出发，审查经济活动计划和方案的合理性，参与经济决策。事中监督是指在经济活动进行时，检查各项经济活动是否符合国家有关政策、法规和制度的规定，以及有关计划、预算的要求，及时调整经济活动，使经济活动达到预期的目的。事后监督是指在经济活动之后，利用系统的会计信息进行反馈控制，加强事后的检查分析和评价，监督经济活动的有效性，以便改进工作，使下一期的计划和方案更具有合理性。

（2）会计主要利用货币计价进行监督，也要进行实物监督。会计主要使用货币度量，利用资金、成本、利润等价值指标，综合反映经济活动的过程和结果。因此，会计可以利用上述各项核算指标监督经济活动；同时，还可以事先制定一些价值指标，控制有关经济活动。会计监督，除了利用货币度量监督以外，还要进行实物监督，例如，对某些具有实物形态的财产物资的收、发、存，要以凭证为依据，在账簿中登记其收、发、存的数量，并定期进行清查盘点，检查账实是否相符，以监督财产物资的安全完整。

（3）会计监督是单位内部的监督，是外部监督不可替代的。国家通过财政、税务、审计、物价、工商行政管理等机构，对各单位的经济活动实行来自单位外部的国家监督。外部监督对于保护国家公共财产、维护财经法纪和经济秩序，提高经济效益等，具有重要作用。但这些外部监督，不可能也不应该取代会计监督，因为外部监督只能定期进行，或者只能针对某类经济事项进行监督。而会计监督是单位内部的监督，能够对本单位的经济活动进行完整和连续的监督，这是外部监督无法替代的。

《会计法》中对于会计监督职能的内容、会计监督体系的建立都做了明确规定和要求，其内容主要有：

（1）各单位应当建立、健全本单位内部的会计监督制度。单位内部会计监督制度应当符合下列要求：①记账人员与经济业务事项和会计事项的审批人员、经办人员、财物保管人员的职责权限应当明确，并相互分离、相互制约；②重大对外投资、资产处置、资金调度和其他重要经济业务事项的决策和执行的相互监督、相互制约程序应当明确；③财产清查的范围、期限和组织程序应当明确；④对会计资料定期进行内部审计的办法和程序应当明确。

（2）单位负责人应当保证会计机构、会计人员依法履行职责，不得授意、指使、强令会计机构、会计人员违法办理会计事项。会计机构、会计人员对违反《会计法》和国家统一的会计制度规定的会计事项，有权拒绝办理或者按照职权予以纠正。

（3）财政部门对各单位的下列情况实施监督：①是否依法设置会计账簿；②会计凭证、会计账簿、财务会计报告和其他会计资料是否真实、完整；③会计核算是否符合《会计法》和国家统一的会计制度的规定；④从事会计工作的人员是否具备从业资格。

(4) 财政、审计、税务、中国人民银行、证券监督、保险监管等部门应当依照有关法律、行政法规规定的职责，对有关单位的会计资料实施监督检查。各单位必须依照有关法律、行政法规的规定，接受有关监督检查部门依法实施的监督检查，如实提供会计凭证、会计账簿、财务会计报告和其他会计资料以及有关情况，不得拒绝、隐匿、谎报。

会计核算和监督是会计的两个基本职能。核算是全部会计工作的基础，离开了核算，监督就失去了依据；同时，只有通过监督，才能保证为会计信息的使用者提供真实可靠的数据资料，离开了监督，核算就毫无意义。因此，只有把核算和监督结合起来，才能发挥会计在经济管理中的作用。

核算和监督是会计的基本职能，它可以体现会计的本质特征。20 世纪 80 年代以后，我国会计界对会计职能有多种表述方法，如核算、监督、控制、分析、预测、计划、决策等。我们认为除基本职能稳定不变外，其他职能是基本职能中派生出来的。随着市场经济的发展和管理的需要，把预测、控制、决策等职能单独提出来也是可以的。

## 四、会计的主要特点

会计同其他经济管理形式相比，其有十分明显的特点。其主要特点是：

### （一）以货币作为主要计量单位

会计是从数量方面反映经济活动的。经济活动的数量方面，是通过实物、货币、劳动等具体内容的变化表现出来的，因而，在经济核算过程中，通常使用三种量度——劳动量度、实物量度和货币量度。劳动量度以时间（如小时）为单位计算劳动消耗量。实物量度以财产物资的实物数量（如米、千克等）为单位，货币量度以货币的数量（如人民币元）为单位。但劳动、实物、货币三者衡量基础不同，无法进行综合，单用劳动量度和实物量度满足不了经济管理的要求。只有能够充当一般等价物的货币才可以把各种性质相同或不同的经济业务加以综合，转换为统一的具有综合性的价值指标，总括地反映经济活动的过程和结果。因此，会计核算要以货币为主要统一量度单位。在实际工作中，会计核算有时也要使用实物、劳动计量单位，但最终还必须利用货币计量单位计算，求得统一的价值指标，以便进行综合核算和监督。

### （二）必须以合法的原始凭证作为核算依据

原始凭证是对经济业务的最原始记录，是经济业务责任人签字以示对其真实性负责后形成的原始记录。只有以合法的原始凭证为依据，才能取得真实可靠的经济信息。即使实现了会计电算化，也要依据取得的合法原始凭证进行会计核算。

### （三）有一系列完善的专门方法

为了适应生产发展与管理经济的要求，在核算、监督经济活动的长期实践中，经过不断地积累经验，改革创新，会计逐渐形成了一整套严密、系统、科学、完备的专门方法。这些方法既有各自独立的作用，又相互联系、相互配合，在会计工作中缺一不可，也是无可取代的。会计核算方法主要包括设置会计科目和账户、复式记账、审核与填制凭证、登记账簿、成本计算、财产清查、编制会计报表七种。

## 五、会计的目标

会计的目标是人们期望会计职能实现以后，会计所要达到的目的。由于会计是整个经济管理的重要组成部分，所以，会计的目标从属于经济管理的总目标，或者说会计目标是经济管理总目标下的子目标。在社会主义市场经济条件下，经济管理的总目标是提高经济效益。作为经济管理重要组成部分的会计管理工作，也应该以提高经济效益作为最终目标。在这个前提下，我们还应明确会计核算的目标，即会计核算要达到什么目的。我国《企业会计准则——基本准则》对于企业会计的目标做了明确规定：企业会计应当如实提供有关企业财务状况、经营业绩和现金流量等方面的有用信息，以满足有关各方的信息需要，有助于使用者做出经济决策，并反映管理层受托责任的履行情况。上述会计核算的目标，实质是对会计信息质量的总体要求。

## 六、会计的定义

综合前面对会计的产生与发展、职能、目标、特点等方面的论述，我们可以归纳如下几点：

第一，会计的本质是管理活动，是经济管理的组成部分。它是适应社会生产的发展和经济管理的需要而产生的，也是为发展生产、管理经济而存在和发展的。

第二，会计的基本职能是对各单位的经济活动进行核算，实行监督。

第三，会计的目标在于提高经济效益。

第四，会计拥有自己的鲜明特点。

根据以上几点，我们可以将会计的定义概括为：会计是经济管理的组成部分，它是以货币作为主要计量单位，采用专门方法，对各单位的经济活动进行核算和监督，以提高经济效益为目标的一种经济管理活动。

## 七、会计学

会计学是人们对会计实践进行科学总结而形成的知识体系。它是研究如何建立和运用各种会计方法和技术对生产过程的经济活动进行反映和监督，以求实现最好经济效益的一门应用性社会科学，属于经济管理科学。会计学是以多学科作为支柱，其中经济学是现代会计学的理论支柱，它运用一系列经济理论来建立其概念和方法；现代管理科学与数学是建立现代会计学的方法支柱，它分担经济管理的一个特定方面，即从事资金、成本、利润等方面的管理，运用高等数学的某些方法，从而使会计的定量分析更趋准确。

会计学按其研究内容可分为基础会计、财务会计、成本会计、管理会计和会计检查（审计学）等重要分支。

基础会计主要研究会计的基本理论、基本方法和基本操作技术。这一基本理论、基本方法和基本操作技术是其他各门会计学分支共同的基本问题，包括会计的基本概念、核算方法、核算的基本模式，即会计凭证—会计账簿—会计报表等。

财务会计主要阐明处理各项资产、负债、所有者权益、收入、费用和利润等核算的基本理论和方法。它主要包括资产会计、负债会计、所有者权益会计、收入会计、费用会计、利润实现和分配会计等。

成本会计主要阐明成本预测、计算、分析、控制和决策的基本理论和方法，研究降低成本、提高经济效益的途径。它主要包括实际成本的计算，成本预测的方法和成本计划的编制，成本决策、成本分析和成本控制，目标成本的计算等。

管理会计主要阐明如何结合企业经营管理，综合利用企业内部会计信息和有关外部信息的基本理论和方法。它主要包括各种经营业务计划和控制，责任会计、决策会计、成本效益分析等。

会计检查（审计学）主要阐明对企业经济活动的合法性、合规性、合理性以及效益性进行检查监督的基本理论和方法。它主要包括财务审计、经济效益审计和内部审计等。

会计学按其应用的部门划分，可分为工业会计、农业会计、商品流通会计、施工企业会计、交通运输会计、银行会计、旅游和饮食服务会计、预算会计等。

会计学是人们长期从事会计实践经验的概括和总结。随着科学技术的突飞猛进，社会生产力的空前提高，高新技术的不断涌现，对会计管理的要求越来越高，会计学的内容也将得到丰富和发展。

## 第二节　会计对象和会计要素

### 一、会计对象

会计对象是指会计所要核算和监督的内容。明确会计对象，对于确定会计的任务，特别是对于研究和运用会计的方法具有重要意义。任何企业、行政和事业单位都要进行会计管理，但是各个单位的会计对象不尽相同。关于会计对象问题应该从两个方面来理解：一是从各单位会计对象的共同点，说明会计的一般对象。明确会计的一般对象，有助于说明各单位的会计任务是基本相同的，也可以说明有许多会计原则和方法是可以共用的。二是从各单位会计对象的不同点及特点，来了解各单位会计的具体对象，以便有针对性地组织会计核算和会计监督。

#### （一）会计的一般对象

一般来讲，会计对象是企业、行政、事业单位等在社会再生产过程中发生的能够用货币表现的经济活动。

首先，会计的对象总的来讲是经济活动，而且是能够用货币表现的经济活动。由于在社会再生产过程中有些经济活动是不能用价值形式来表现的，因而会计并不能核算和监督社会再生产过程中的全部经济活动，而只能核算和监督社会再生产过程中能够用货币来表现的那些经济活动。

其次，企业、行政和事业单位的工作性质和任务虽然不同，但它们的许多经济活动都或多或少地与社会产品的生产、交换、分配和消费有关，它们的这些经济活动都是社会再生产过程的组成部分。社会再生产过程是通过各个企业、行政和事业单位的经济活动和财务收支活动来进行的。会计核算与监督的具体工作，主要是在这些千千万万个企业、行政和事业等单位之间或内部进行的。显然，会计的对象，也应该是这些单位自身的经济活动。正如《企业会计准则》第三条所规定的：“企业会计应当以企业发生的各项交易或者事项为对象，记录和反映企业的各项经营活动。”所谓交易或者事项，是指企业、行政和事业单位等在经济活动中发生的能够以货币计量的各项经济活动事项。企业、行政和事业单位等，在社会再生产过程中能够用货币表现的经济活动就是会计所要核算和监督的内容，即会计的一般对象。

由于企业、行政和事业单位在社会再生产过程中所处的地位不同，担负的任务不同，其经济活动的具体内容和方式不同，经济业务的具体内容也不相同，因此，会计核算和监督的内容，会计对象的具体表现形式不一样，有着各自的特点。概括起来，会计对象又可以分为两类：企业单位的会计对象和行政事业单位的会计对象。

#### （二）企业单位的会计对象

企业是组织生产经营活动的基本单位，是按照经济核算的原则，独立进行生产经营活动的经济实体。其中工业企业和商品流通企业的会计对象具有代表性。

1. 工业企业的会计对象

工业企业的主要生产经营过程大体可分为供应过程、生产过程和销售过程三个阶段。其中供应过程是生产的准备过程。在供应过程中，企业用库存现金或银行存款等货币资金购买各种材料物资，支付采购费用，随着采购业务的完成，企业要计算材料的采购成本，生产过程既是产品的制造过程，也是各种财产物资的耗费过程。在生产过程中，劳动者运用劳动手段加工劳动对象，生产出一定质量标准的工业产品入库。在这个过程中，发生材料消耗、工资支付、固定资产损耗、水电动力费用支付等业务。当产品制成后，要计算完工产品的制造成本。销售过程是产品价值的实现过程。在销售过程中，企业通过市场将产品销售出去，取得销售收入，收回货币。从销售收入中扣除已销产品成本，补偿企业耗费后，便形成企业利润。于是，就发生了成本费用结转、货款结算、负债偿还、税金缴纳、利润分配等经济业务。

综上所述，工业企业的资金从货币资金形态出发，随着供应过程、生产过程和销售过程的不间断地进行，周而复始地运动着。由此引起的各种经济业务也呈现出规律性的变化，即以货币资金采购材料物资，然后投入生产，变为在产品，继而加工为产成品，将产品销售出去，收回货币资金，再用以购买材料、物资，投入再生产。这些经济业务及其引起的资金循环和周转，都是会计要核算和监督的内容。所以工业企业会计的对象是指在工业企业生产经营过程中发生的，能够用货币表现的各项经济业务。

2. 商品流通企业的会计对象

商品流通企业的经济活动主要是组织商品流通，把社会产品从生产领域转移到消费领域。商品流通企业的经营活动过程，主要包括商品购进和商品销售两个过程。在商品购进过程中，主要经济业务是采购商品，引起货币资金转换为商品资金形态。在商品销售过程中卖出商品，又使商品资金形态再转换为货币资金形态。在商品经营过程中，要消耗一定人力、物力和财力，它们用货币来表现就是商品流通费用。在销售过程中，又获得销售收入和经营成果。商业企业的资金是沿着“货币资金—商品资金—货币资金（增多的）”的形式周而复始地进行的。商品流通业在商品购销活动中发生的支付工资及经营费用、货款结算、成本计算、上缴税金、利润分配等经济业务，都是商品流通企业会计所要核算和监督的内容，即商品流通企业会计的对象。

完整地理解和把握企业的会计对象还必须注意两点：第一，企业在生产经营活动开始前，首先要从一定渠道和来源取得一定数量的资金（包括部分货币资金）；第二，一个经营过程结束后，企业会有一部分资金因种种原因退出企业的经营过程，不再参加企业的资金循环和周转，例如偿还借款、支付税费、向投资者分配利润等。

### （三）行政事业单位的会计对象

行政事业单位也是社会再生产过程的基本单位，包括国家行政机关、司法机关、教育文化、医疗卫生等单位。行政事业单位为了完成国家赋予的各项任务，同样需要具备一定数量的资金。行政事业单位的资金有国家行政拨款投入的，也有来自自身业务收入的。国家投入的称为预算收入，单位自筹的称为预算外收入。同样，支出也可以分为预算内支出和预算外支出。因此，行政事业单位的经济活动，一方面是通过预算内（外）收入货币资金，另一方面要发生预算内（外）支出，以货币资金支付各种行政费用和业务费用。行政事业单位经济活动中发生的预算内（外）财务收支活动，就是行政事业单位的会计对象。

以上对工业企业、商品流通企业、行政事业单位的会计对象分别做了简要说明。这些单位会计的对象虽然各有特点，具体内容也不尽相同，但本质还是相同的。这些单位都是社会再生产中的基本单位，会计核算和监督的对象都是能够用货币表现的经济活动。所以会计的一般对象可以概括为企业、行政、事业单位等在社会再生产过程中发生的能够用货币表现的经济活动。

## 二、会计要素

会计要素是对会计对象按经济特征所做的基本分类，是构成会计对象具体内容的主要因素，又是会计报表的框架和基础，因此又称为会计对象要素或会计报表要素。

依据我国财政部颁布的《企业会计准则》，企业会计对象基本要素分为六项，即：资产、负债、所有者权益、收入、费用和利润。其中，资产、负债和所有者权益反映企业的财务状况，是编制资产负债表的基础，因此称为资产负债表要素或静态要素；收入、费用和利润反映企业的经营成果，是编制利润表的基础，因此称为利润表要素或动态要素。

### （一）资产

企业为了从事生产经营活动，就必须拥有一定数量的资金。资金是企业、事业单位拥有或控制的财产、物资等经济资源的货币表现形式。企业经营资金作为财产物资的货币表现，有其存在的具体形态，被运用在生产经营活动的各个方面。这种资金存在的具体形态，称为企业的资产。资产可以具有实物形态，如房屋、现金、材料等；也可以不具备实物形态，如各种应收款项、专利权等。资产是企业生产经营活动的物质基础，能够用货币计量，并且能给企业带来经济利益，是会计核算和监督的具体内容。

由此看来，资产是指企业过去的交易或者事项形成的、由企业拥有或者控制的、预期会给企业带来经济利益的资源。

1. 资产的类型

资产项目的分类，一般是以它们能否在企业的“正常营业周期”内变成现金作为区分的标准。所谓正常营业周期，就是从货币资金开始，依次转化为其他各种资金形态，最后又回到货币资金形态的资金循环周转。正常营业周期在一年中不止一次的企业，可以一年作为标准；正常营业周期超过一年的企业，则以一个营业周期为准。

依照这一标准，我们可将资产划分为两大类，即流动资产与非流动资产。非流动资产包括长期股权投资、固定资产、无形资产、在建工程、长期应收款、商誉、长期待摊费用、递延所得税资产、其他非流动资产等。

（1）流动资产。流动资产是指可以在一年或者超过一年的一个营业周期内变现或者耗用的资产，包括货币资金、交易性金融资产、应收及预付款项和存货等。

货币资金是指存在于货币形态，用于购买材料物资、支付工资，以及支付各种零星开支的现款。包括库存现金、银行存款和其他货币资金。

交易性金融资产，是指企业持有的以公允价值计量且其变动计入当期损益的金融资产，包括以交易为目的所持有的债券投资、股票投资、基金投资、股权投资等和直接以公允价值计量且其变动计入当期损益的金融资产。

应收及预付款项包括应收票据、应收账款、其他应收款、预付账款等。

存货是指企业在生产经营过程中为销售或者耗用而储存的各种资产，包括商品、产成品、半成品、在产品以及原材料、燃料、包装物、低值易耗品等。

（2）非流动资产。除上述流动资产以外的所有其他资产都称为非流动资产，即在一年以上或超过一年的一个营业周期以上才能变现的资产，如长期股权投资等；或使用期在一年以上的资产，如固定资产等。

① 长期股权投资。长期股权投资是指不准备在一年内变现的投资。

② 固定资产。固定资产是指使用年限在规定年限以上，单位价值在规定标准以上，并在使用过程中保持原有实物形态的资产，包括房屋及建筑物、机器设备、运输设备、工具等。

③ 无形资产。无形资产是指企业长期使用而没有实物形态的非货币性资产，包括专利权、非专利技术、商标权、著作权、土地使用权和特许经营权。

④ 长期待摊费用。长期待摊费用是指不能全部计入当年损益，应当在以后年度内分期摊销的各项费用，包括租入固定资产的改良支出，以及摊销期在一年以上的其他待摊费用。

2. 资产的特征

首先，资产必须是现实的资产，而不是预期的资产，为企业所拥有或控制。拥有是指拥有产权或所有权。控制是指虽然没有产权，但有支配使用权，如从银行取得借款存在单位的账户上，融资租赁固定资产等。其次，资产是预期会给企业带来经济利益的资源，它的形态各异，但都能给企业带来经济利益。最后，它必须能以货币计量，不能确认和计量其价值的不能作为资产。

现将资产的主要内容列示如图 1-1。

- 资产
  - 流动资产
    - 货币资金
      - 库存现金
      - 银行存款
      - 其他货币资金
    - 交易性金融资产
    - 应收及预付款项
      - 应收票据
      - 应收账款
      - 其他应收款
      - 预付账款
  - 非流动资产
    - 存货
    - 长期股权投资
    - 在建工程
    - 固定资产
    - 无形资产
    - 长期待摊费用
    - 商誉

**图 1-1　资产的主要内容**

3. 资产的确认条件

将一项资源确认为资产，需要符合资产的定义，还应同时满足以下两个条件：

（1）与该资源有关的经济利益很可能流入企业。从资产的定义可以看出，能为企业带来经济利益是资产的本质特征，但在现实生活中，由于经济环境瞬息万变，与资产有关的经济利益能否流入企业或者能够流入多少实际上带有不确定性。因此，资产的确认还应与经济利益流入企业的不确定性程度的判断结合起来。

（2）该资源的成本或者价值能够可靠地计量。只有当有关资源的成本或者价值能够可靠地计量时，资产才能予以确认。在实务中，企业取得的许多资产都需要付出成本。例如，企业购买或者生产的商品，企业购置的厂房或者设备等，对于这些资产，只有实际发生的成本或者生产成本能够可靠计量，才符合了资产确认的计量性条件。

### （二）负债

如前所述，资产是企业进行生产经营活动的物质基础。企业所拥有或控制的资产，总有其提供者（或称其来源）：一是投资者（包括国家、个人、法人或外商）投入的；二是债权人（包括银行、其他单位或个人）提供的，这部分债权人提供的资产需要在一定时期内偿还，因此，称为负债。

1. 负债的定义

负债，是指企业过去的交易或者事项形成的、预期会导致经济利益流出企业的现时义务。这种义务需要企业在将来以转移资产或提供劳务加以清偿，从而引起未来经济利益的流出。

2. 负债的特征

（1）负债是由企业过去的交易或者事项形成的。负债应当由企业过去的交易或者事项形成。换句话说，只有过去的交易或者事项才形成负债，企业将在未来发生的承诺、签订的合同、未来的借款等交易或者事项，不形成负债。

（2）负债预期会导致经济利益流出企业。预期会导致经济利益流出企业是负债的本质特征，只有在履行义务时会导致经济利益流出企业的，才符合负债的定义。在履行现时义务清偿负债时，导致经济利益流出企业的形式多种多样。例如，用现金偿还或以实物资产形式偿还；以提供劳务形式偿还；部分转移资产、部分提供劳务形式偿还；将负债转为资本等。

（3）负债是企业承担的现时义务。负债必须是企业承担的现时义务，这里的现时义务是指企业在现行条件下已承担的义务。未来发生的交易或者事项形成的义务，不属于现时义务，不应当确认为负债。

3. 负债的分类

负债按偿还期限的长短，分为流动负债和非流动负债。

（1）流动负债。

流动负债是指在一年或者超过一年的一个正常营业周期内偿还的债务，包括短期借款、交易性金融负债、应付账款、应付票据、预收账款、应付职工薪酬、应交税费、应付股利、应付利息、其他应付款等。

短期借款是指偿还期限在一年以内的各种借款。

交易性金融负债，是指企业持有的以公允价值计量且其变动计入当期损益的金融负债和直接指定为以公允价值计量且变动计入当期损益的金融负债。

（2）非流动负债。

非流动负债是指偿还期限在一年以上或者超过一年的一个正常营业周期以上的债务，包括长期借款、应付债券、长期应付款、递延收益、递延所得税负债等。

应付债券是指企业为筹集长期资金而发行的有价证券。长期应付款是指除长期借款和企业债券以外的其他各种长期应付款项，包括以分期付款方式购入固定资产和无形资产而发生的应付账款，应付融资租入固定资产的租赁费等。

4. 负债的确认条件

将一项现时义务确认为负债，需要符合负债的定义，还需要同时满足以下两个条件：

（1）与该义务有关的经济利益很可能流出企业。从负债的定义可以看出，预期会导致经济利益流出企业是负债的本质特征。在实务中，企业履行义务所需流出的经济利益带有不确定性，尤其是与推定义务相关的经济利益通常需要依赖大量的估计。因此，负债的确认应与经济利益流出企业的不确定性程度的判断结合起来。

（2）未来流出的经济利益的金额能够可靠地计量。负债的确认在考虑经济利益流出企业的同时，对于未来流出的经济利益的金额应当能够可靠地计量。

现将负债的主要内容列示如图 1-2。

- 负债
  - 流动负债
    - 短期借款
    - 交易性金融负债
    - 应付及预收款项
      - 应付票据
      - 应付利息
      - 应付股利
      - 应交税费
      - 应付账款
      - 其他应付款
      - 应付利息
      - 预收账款
      - 应付职工薪酬
      - 预计负债
  - 非流动负债
    - 长期借款
    - 应付债券
    - 长期应付款

**图 1-2　负债的主要内容**

### （三）所有者权益

1. 所有者权益的定义和内容

所有者权益是企业资产扣除负债后，由所有者享有的剩余权益。所有者权益的金额取决于资产和负债的计量，其金额为资产减去负债后的余额。因此，所有者权益又称为“净资产”即资产-负债。

负债和所有者权益是企业取得资产的两条渠道，债权人和投资人都有对企业资产的要求权。但他们在企业中的权利和义务是有区别的。债权人无权参与企业生产经营管理和分享红利，其权利仅限于到期收回本金和利息；投资人则拥有相应的经营决策权、企业盈利分配权以及资本增值的拥有权。企业对债权人的负债要在约定日期偿还，而在企业持续经营的条件下，投资人一般不能收回所有者权益，只有在企业破产或解散时，清偿债务并支付清算费用后，如有余额才能在投资人之间进行分配。

所有者权益，包括企业投资人对企业的投入资本以及形成的资本公积金、其他综合收益、留存收益等。

投入资本是指投资者实际投入企业生产经营活动的各项财产物资，也就是企业实际收到的投资者作为资本投入的各种财产物资，所以在实际工作中称之为实收资本，包括国家投入资本、法人投入资本、个人投入资本、外商投入资本等。上市公司称其为股本。

资本公积是指企业取得的，但不是由于生产经营活动本身带来的，而为投资者共同拥有的各种资本增值，包括资本（股本）溢价以及直接计入所有者权益的利得或损失等。

其他综合收益是指企业根据会计准则规定未在当期损益中确认的各项利得或损失。

留存收益是指企业从历年实现的利润中提取形成的留存于企业的内部积累，包括盈余公积和未分配利润。盈余公积是指企业按照国家规定从税后利润中提取的各种公积金，包括提取的法定盈余公积金和任意盈余公积金。未分配利润是指企业历年利润分配（或亏损弥补后），累积结存到本期期末尚未分配的或待下年度分配的利润。

现将所有者权益的主要内容列示如图 1-3 所示。

所有者权益
- 实收资本（股本）
- 资本公积
- 其他综合收益
- 留存收益（盈余公积、未分配利润）

**图 1-3　所有者权益的主要内容**

2. 所有者权益的确认条件

所有者权益是企业全部资产扣除全部负债后，由所有者享有的剩余权益。所有者权益的金额取决于资产和负债的计量，其金额为全部资产减去全部负债后的余额。因此，资产-负债=所有者权益。所有者权益的确认取决于资产和负债的确认，只要资产和负债能够确认，所有者权益就能确认。

3. 资产、负债、所有者权益之间的关系

根据所有者权益的定义可知：所有者权益=资产-负债，即资产-负债=所有者权益，将此等式进行移项，得出：资产=负债+所有者权益。这就是资产、负债、所有者权益这三个会计要素之间的关系，也称为会计等式。

### （四）收入、费用和利润

企业的资金随着生产经营的不断运行而不断运动。工业企业的生产经营过程包括供应、生产和销售三个过程。在供应过程中，企业用货币资金购买各种材料物资、支付货款和采购费用。这时，货币资金就转化为储备资金。在生产过程中，生产部门领用各种材料，产生材料费用，利用机器设备等固定资产对材料进行加工；同时，还要支付工资等费用，这时储备资金及一部分货币资金就转化为生产资金（在产品）。随着产品完工入库，生产资金转化为成品资金。在销售过程中，出售产品实现销售收入，收回货款，成品资金转化为货币资金。同时，为销售产品，企业还需要支付销售费用、经营过程中的管理费用和财务费用。企业用卖出产品的销售收入补偿产品生产、销售过程中的成本费用。综上所述，企业资金随着生产活动的进行，其形态不断地变化，从货币资金开始，依次转化，最后又回到货币资金形态，这个过程称为资金循环。企业生产经营活动是连续不断的，经营资金的循环也是不断地重复的。周而复始的资金循环称为资金周转。

资金在周转过程中，不仅表现出资金停留在各个阶段上的不同形态，而且也反映企业为了制造产品、获得经济效益，还要发生各项耗费，各项耗费归集到一定计算对象上，形成各项成本。企业卖出产品后，收回货款，就是企业的营业收入。从营业收入中减去营业成本、应交税费和期间费用，加上投资净收益等，即为企业的营业利润。用营业利润加上营业外收支净额，即为企业的利润总额。用利润总额扣减所得税后，即为企业净利润。企业获得的净利润，应按照国家规定的程序进行分配。其中一部分留给企业作为公共积累，然后向投资者分配。因此，资金在循环周转过程中所发生的各项费用、成本、收入和利润都是会计核算和监督的内容。

1. 收入

（1）收入的定义。

收入是指企业在日常活动中形成的、会导致所有者权益增加的、与所有者投入资本无关的经济利益的总流入，包括主营业务收入和其他业务收入。

主营业务收入是指企业销售商品和进行工业性劳务取得的收入，是由企业的主要经营活动带来的收入。按不同行业划分，有产品销售收入（工业）、商品销售收入（商业）、营运收入（交通运输业）、工程价款收入（建筑业）等。

其他业务收入，是由主要经营活动以外的业务带来的收入，如工业企业的材料销售收入、固定资产出租收入、包装物出租与出售收入等。

（2）收入的特征。

根据收入的定义，收入具有三方面的特征：

①收入是企业在日常活动中形成的。日常活动，是指企业为完成其经营目标所从事的经营性活动，以及与之相关的活动。日常活动产生的收入通常包括主营业务收入和其他业务收入。非日常活动形成的经济利益的流入不能确认为收入，而应当计入利得，如营业外收入。

②收入是与所有者投入资本无关的经济利益的总流入。收入会导致经济利益的流入，例如：企业销售商品，收到现金或者有权在未来收到现金，导致资产的增加；或者用于抵债，导致负债的减少。所有者投入资本也会导致经济利益的流入，但这不属于收入，而是直接确认为所有者权益。所以，收入是经济利益的流入，但不是所有者投入的。

③收入会导致所有者权益增加。收入的表现形式要么是资产增加，要么是负债减少，或两者兼而有之。根据前述资产、负债、所有者权益之间的关系（资产-负债=所有者权益）可知，收入会导致所有者权益增加。相反，不会导致所有者权益增加的经济利益的流入不符合收入的定义，不应确认为收入。比如，企业的借款或预收的货款等，虽然也会有经济利益的流入，但表现的是负债的增加，不会使所有者权益增加。

（3）收入的确认条件。

根据收入准则的定义，当企业与客户之间的合同同时满足下列条件时，企业应当在客户取得相关商品控制权时确认收入：

①合同各方已批准该合同并承诺将履行各自义务。

②该合同明确了合同各方与所转让商品或提供劳务相关的权利和义务。

③该合同有明确的与所转让商品或提供劳务相关的支付条款。

④该合同具有商业实质，即履行该合同将改变企业未来现金流量的风险、时间分布或金额。

⑤企业因向客户转让商品或提供劳务而有权取得的对价很可能收回。即收入只有在未来经济利益

很有可能增加并且经济利益增加金额能够可靠计量时才能确认。

不同种类的收入只有符合规定的收入确认条件时才能予以确认。企业既不能提前也不能延后确认收入。

2. 费用

(1) 费用的定义。



费用是指企业在日常活动中发生的、会导致所有者权益减少的、与向所有者分配利润无关的经济利益的总流出。费用包括直接为生产产品和提供劳务而发生的直接费用，为组织车间生产而发生的间接费用，为组织和管理企业生产经营活动而发生的管理费用、财务费用、销售费用等期间费用。直接费用是指企业在产品生产过程中发生的各项直接支出，如直接材料费、直接人工费和其他直接支出。间接费用是指企业的车间（分厂）管理人员为组织和管理生产而发生的各项支出，如车间管理人员工资等。期间费用是指本期发生的，不能计入本期产品成本而应从本期营业收入中扣减的各项费用，包括管理费用、财务费用、销售费用。管理费用是指企业行政管理部门为组织和管理生产而发生的各项费用，如厂部管理人员工资、差旅费等；财务费用是指企业为筹集生产经营资金而发生的各项费用，如借款利息、汇款手续费等；销售费用是指企业在销售产品过程中发生的各项费用，如广告费等。费用使企业经济利益减少，其形成往往表现为资产流出、资产折耗或是发生负债，其结果都是引起所有者权益的减少。企业发生的费用应当从其带来的相关收入中予以补偿。由于费用和收入之间存在着较多的因果关系，所以保持两者口径一致十分重要。我国《企业会计准则》中界定的费用是与狭义“收入”相对应的费用，即为取得营业收入而发生的耗费，不包括各种财产损失，因而是一种狭义的“费用”。



(2) 费用的特征。

根据费用的定义，费用具有三方面的特征：

①费用是企业在日常活动中形成的。费用必须是企业在日常活动中形成的，这里日常活动的界定与收入定义中涉及的日常活动的界定相一致。日常活动产生的费用通常包括营业成本（主营业务成本和其他业务成本）、税金及附加、销售费用、管理费用、财务费用等。将费用界定为日常活动形成的，目的是将其与损失相区分，企业非日常活动形成的经济利益的流出不能确认为费用，而应当计入损失，如营业外支出。

②费用是与向所有者分配利润无关的经济利益的总流出。费用的发生会导致经济利益的流出，从而导致资产的减少或者负债的增加，其表现形式包括现金或现金等价物的流出或者存货、固定资产和无形资产等的流出或者消耗等。企业向所有者分配利润也会导致经济利益的流出，但该经济利益的流出属于所有者权益的抵减项目，不应确认为费用，应当将其排除在费用的定义之外。

③费用会导致所有者权益的减少。费用的表现形式是资产减少或者负债增加或者两者兼而有之。根据公式：资产-负债=所有者权益得出，费用会导致所有者权益减少。相反，不会导致所有者权益减少的经济利益的流出不符合费用的定义，不应确认为费用。比如，企业归还借款或归还前欠货款等，虽然也会有经济利益的流出，但表现的是负债的减少，不会使所有者权益减少。

(3) 费用的确认条件。

费用的确认除了应当符合其定义外，还至少应当符合以下条件：

①与费用相关的经济利益很可能流出企业。

②经济利益流出企业的结果会导致资产的减少或者负债的增加或者两者兼而有之，其结果导致所有者权益减少。

③经济利益的流出额能够可靠计量。

3. 利润

(1) 利润的定义。

利润是指企业在一定会计期间的经营成果，是衡量企业经营业绩的重要指标。利润包括收入减去费用后的净额、直接计入利润的利得和损失。因此，利润=收入-费用+利得-损失。其中，收入减去费用后的净额反映的是企业日常活动的业绩。直接计入利润的利得和损失是指应当计入当期损益、会导致所有者权益发生增减变动的、与所有者投入资本或者向所有者分配利润无关的利得和损失。其中，利得是指由企业非日常活动形成的、会导致所有者权益增加的、与所有者投入资本无关的经济利益的流入；损失是指由企业非日常活动形成的、会导致所有者权益减少的、与向所有者分配利润无关的经济利益的流出。

如果企业实现了利润，表明企业的所有者权益增加；相反，如果企业发生亏损（利润为负数），表明企业的所有者权益减少。企业当期实现的利润按税法规定缴纳所得税后的余额，为税后利润或净利润。当期净利润和以前年度剩余利润，构成可供分配的利润，应按国家和企业的有关规定进行分配。

（2）利润的计算。

企业的利润总额由营业利润和营业外收支净额构成。即：

利润总额=营业利润+营业外收入-营业外支出

其中：

营业利润=营业收入-营业成本-税金及附加-销售费用-管理费用-研发费用-财务费用+其他收益+投资收益+净敞口套期收益+公允价值变动收益-资产减值损失-信用减值损失+资产处置收益

营业收入=主营业务收入+其他业务收入

营业成本=主营业务成本+其他业务成本

营业利润主要由营业收入（包括主营业收入和其他业务收入）减去营业成本（包括主营业务成本和其他业务成本）、税金及附加、销售费用、管理费用、研发费用、财务费用、资产减值损失、信用减值损失，加其他收益、投资收益、公允价值变动收益、资产处置收益构成。

“投资收益”是损益类科目，贷方表示投资收益，借方表示投资损失，期末结转“本年利润”后无余额。投资收益指企业对外投资分得的利润或者股利及债券投资的利息收入等。投资损失是指企业转让、出售股票、债券，其收回投资额小于投出资金数额的差额。投资净收益是指投资收益扣除投资损失后的数额。

营业外收入是指与企业生产经营无直接关系的各项收入，是企业在营业利润以外取得的收入，包括捐赠收入、获得的赔款收入、无法查明的现金长款收入、无法支付的应付账款收入等。

营业外支出是指与企业生产经营无直接关系的各项支出，是企业在营业利润以外发生的支出，包括固定资产盈亏、捐赠支出、罚款支出、赔偿金违约金支出、非常损失等。

净利润=利润总额-所得税费用

所得税费用=应纳税所得额×25%

应纳税所得额=利润总额±调整项目

因此：所得税费用=（利润总额±调整项目）×25%

当无调整项目或调整项目为零时：

所得税费用=利润总额×25%

现将收入、费用和利润的构成列示如图 1-4 所示。

（3）利润的确认条件。

利润反映的是收入减去费用、利得减去损失后的净额，因此，利润的确认主要依赖于收入和费用，以及利得和损失的确认，其金额的确认也主要取决于收入、费用、利得和损失金额的计算。

（4）收入、费用、利润之间的关系。

收入、费用和利润是反映企业经营成果的会计要素，这三个会计要素之间的关系是：

收入-费用=利润

- 收入
  - 主营业务收入
    - 产品（商品）销售收入
    - 提供工业性劳务收入
  - 其他业务收入（材料销售收入、资产出租收入）

- 费用
  - 直接费用
    - 直接材料
    - 直接人工
    - 其他直接支出
  - 间接费用——车间或分厂发生的费用（制造费用）
  - 期间费用
    - 管理费用
    - 财务费用
    - 销售费用

利得（营业外收入等）

损失（营业外支出等）

- 利润
  - 营业利润
  - 利润总额
  - 净利润

**图 1-4　收入、费用和利润的构成**

以上六项会计要素科学地概括了企业会计对象的具体内容，它们既具有各自不同的性质和特点，同时相互之间又存在着紧密的内在联系。任何企业单位的经济活动，都无一例外地表现为上述六类会计要素的增减变化。显然这些增减变化也都无一例外地属于会计核算与监督的具体内容。企业日常繁杂的会计核算，在内容上都是围绕上述六类会计要素进行的。会计通过对会计要素的具体项目进行核算和监督，以达到对外提供会计信息、对内加强企业管理的目的。所以，企业会计对象的具体内容就是资产、负债、所有者权益、收入、费用、利润这六大类会计要素及其增减变动情况。

至于行政事业单位的政府会计对象的具体内容，由于受单位财务收支活动的特点所制约，一般表现为资产、负债、净资产、收入和费用五个会计要素。

## 三、会计要素的相互关系

会计对象的相互关系，即会计六要素——资产、负债、所有者权益、收入、费用和利润之间的关系，也就是会计等式，又称会计平衡公式。会计等式，是指运用数学方程式的原理描述会计对象的具体内容，即会计六要素之间相互关系的一种表达方式。

### （一）会计基本等式（静态会计等式）

企业从事生产经营活动，必须拥有或控制一定数量和结构的、能满足其生产经营活动需要的资产，即能以货币计量并具有未来经济效益的经济资源。然而企业的资产不可能凭空形成。资产无论以什么具体形态存在，都必须由资产的所有者提供，企业的资产都有特定的来源或形成渠道。企业的资产提供者会对企业的资产提出种种要求权。会计上将企业资产提供者对企业资产的要求权称为权益。资产与权益各自具有特定的经济含义，它们分别反映企业经济活动中的不同侧面。资产表明企业拥有多少经济资源和拥有什么经济资源，权益则体现由不同渠道取得这些经济资源时所形成的经济关系。资产的来源叫权益，资产和权益是同一经济活动的两个不同方面，有多少资产，必定就有多少来源；相反，有多少来源，就形成多少资产。来源越多，资产就越多；相反，资产越多，来源就越多。资产和权益两者相互依存，互为条件。资产不可能脱离权益而存在，没有资产，就没有有效的权益。有一定数额的资产，就必然有相同数额的权益；相反，有一定数额的权益，也必然有相同数额的资产。任何一个企业的资产总额与其权益总额必然相等。资产与权益之间这种客观存在的数量上的平衡关系，可以用下列等式表示：

资产=权益

这一等式叫作会计恒等式或会计基本等式，简称会计等式。

资产总额与权益总额相等的关系，称为资产总额与权益总额的平衡关系。各企业单位所拥有或控制的资产，其来源不外乎两个渠道，也就是对企业资产的要求权即权益分为两部分：一部分权益是由企业的债权人提供的，如应付账款、应付票据等，这类权益属于债权人权益，又称“负债”，负债在未偿付之前，是企业资产的一种来源。另一部分权益是企业的投资人提供的，称为所有者权益，是企业资产的主要来源。债权人权益和投资人权益，虽然都是对企业资产的要求权，但两者的性质是不同的，债权人权益对企业资产的要求权优先于投资人的要求权，称为第一要求权，投资人权益则是对企业净资产的要求权。因此，会计等式应进一步表示为：

资产=债权人权益+投资人权益=负债+所有者权益

简称：资产=负债+所有者权益

这一等式反映了资产、负债和所有者权益三个会计要素之间的联系和基本数量关系，这个等式是永远成立的，故称为会计恒等式。这种数量关系表明了企业一定时点上的财务状况，因此上述等式也称为静态会计等式，它是编制资产负债表的理论基础。

例如，某企业月初拥有资产总额 100 万元，包括银行存款 15 万元，其中 5 万元由银行短期借款提供所转存，10 万元由投资人提供；库存原材料 25 万元是从物资供销公司赊购的；设备 60 万元由投资人提供。可见，该企业总资产 100 万元来自负债和所有者权益两个方面，即负债总额 30 万元（短期借款 5 万元，应付账款 25 万元），所有者权益总额 70 万元，它们分别表示债权人和投资人享有的对企业资产的要求权。此时，会计等式“资产=负债+所有者权益”可以量化表示为（单位：万元）：

100=30+70

### （二）会计基本等式的扩展（动态会计等式）

企业在生产经营过程中，除了发生引起资产、负债和所有者权益要素增减变化的经济业务外，还会取得收入，并为取得收入而发生相应的费用。收入和费用相配比，其差额即为企业的经营成果。收入大于费用的差额为企业的利润，反之为亏损。收入、费用和利润三者之间的关系，用公式表示如下：

收入-费用=利润

上述等式是从某个会计期间考察企业的最终经营成果而形成的恒等关系。它表明，从动态考察，某一期间的利润，是已实现的收入减去费用的差额，因此，我们称之为动态会计等式。

收入可以导致企业资产的增加或负债的减少，最终导致所有者权益的增加，而费用可导致资产的减少或负债的增加，最终导致所有者权益的减少。若收入大于费用，所有者权益将按确定的企业净利润额增加；若收入小于费用，所有者权益将按确定的企业净亏损额减少，也就是说企业的所有者权益要承担企业的盈亏。由于利润在未分配之前属于所有者权益，所以，一定时期的经营成果必然影响一定时点的财务状况。所以在会计期间观察企业六大会计要素之间的关系时，上述会计基本等式可进一步扩展为以下的会计等式：

资产=负债+所有者权益+利润

由于：收入-费用=利润

因此：资产=负债+所有者权益+收入-费用

通过移项得出：

资产+费用=负债+所有者权益+收入

假定上例中该企业月份内出售产品一批，收到货款收入 10 万元，存入银行，该批产品成本共计 6 万元，利润 4 万元，期末总资产由月初的 100 万元增加到 104 万元（银行存款增加 10 万元，产成品减少 6 万元，净增 4 万元）。10 万元就是收入，而成本 6 万元就是费用。费用不单是销售费用、管理费用、财务费用等，还包括主营业务成本、其他业务成本、税金及附加等。出售产品的收入 10 万元就是主营业务收入，该批产品的成本 6 万元就是主营业务成本。成本就是费用，包括材料费、人工费等。因此，会计等式的扩展形式可以量化表示为（单位：万元）：

$$104=30+70+(10-6)$$

即 $104+6=30+70+10$

由此可见，在期初这个特定点上，收入和费用表现为零，会计等式的扩展形式实际上与前述会计基本等式是一致的。在期末收入和费用经过利润结算转入所有者权益，会计等式扩展形式“资产=负债+所有者权益+收入-费用”，仍然可以用会计基本等式“资产=负债+所有者权益”来表示。

由于收入、费用和利润是构成利润表的三个会计要素，将会计基本等式与其扩展形式联系起来，有利于揭示资产负债表要素和利润表要素内部及其相互之间的内在联系和数量上的依存关系。

## 四、经济业务的类型及其对会计等式的影响

随着经济活动的不断进行，经济业务的不断发生，例如购进原材料、支付费用、销售产品、收回欠款、归还借款、收到投资款等，都必然引起资产与负债及所有者权益的变化，但是任何时候，不论从哪个时点来观察，资产总额与负债及所有者权益总额都永远保持平衡关系。任何一项经济业务的发生，无论引起怎样的变化，都不会破坏这种平衡关系。

资产与权益是同一资金的两个方面，两者在价格量方面看是恒等的，故称为会计恒等式，经济业务的发生不会影响资产与权益的平衡关系（但总额会有所增减）。其变动有以下四种类型（见图 1-5）：

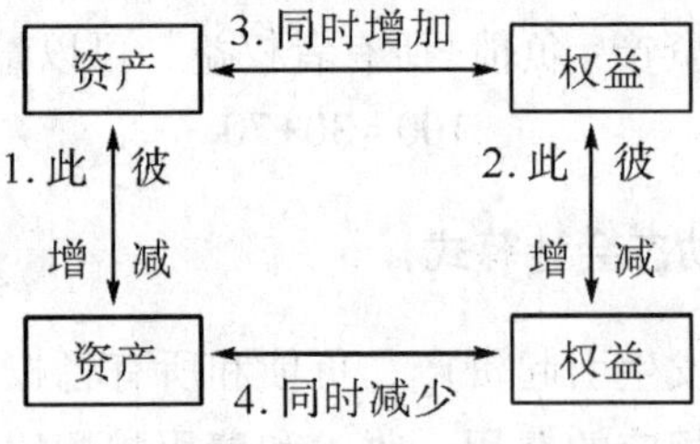


图 1-5

举例：新民工厂 2024 年 1 月 1 日资产、负债及所有者权益相关资料如表 1-1 所示。

**表 1-1　资产、负债及所有者权益相关资料**　　　单位：元

| 资产项目 | 金额 | 负债及所有者权益 | 金额 |
|---|---|---|---|
| 库存现金 | 220 | 短期借款 | 50 000 |
| 银行存款 | 69 700 | 应付账款 | 19 550 |
| 应收账款 | 40 080 | 其他应付款 | 450 |
| 原材料 | 70 000 | 应交税费 | 30 000 |
| 交易性金融资产 | 30 000 | 负债合计 | 100 000 |
| 库存商品 | 40 000 | 实收资本 | 310 000 |
| 固定资产 | 320 000 | 盈余公积 | 110 000 |
| 减：累计折旧 | 50 000 | 所有者权益合计 | 420 000 |
| 总计 | 520 000 | 总计 | 520 000 |

当月发生下列经济业务（根据经济业务假设用增减记账法记账）：

（1）从银行提取现金 700 元备用。

增：库存现金　700

减：银行存款　700

（2）从银行借款（短期）15 500 元，用于偿还前欠新华工厂的购货款。

增：短期借款　15 500

减：应付账款　15 500

（3）收到国家投入的货币资金 80 000 元，存入银行。

增：银行存款　80 000

增：实收资本　80 000

（4）以银行存款 50 000 元，偿还银行短期借款。

减：银行存款　50 000

减：短期借款　50 000

计算新民工厂 2024 年 1 月 31 日资产、负债及所有者权益总额。

期末资产总额＝520 000+700−700+80 000−50 000＝550 000（元）

期末负债总额＝100 000+15 500−15 500−50 000＝50 000（元）

期末所有者权益总额＝420 000+80 000＝500 000（元）

从以上计算得出，新民工厂期初资产总额 520 000 元，负债总额 100 000 元，所有者权益总额 420 000元（资产＝负债+所有者权益）。当月发生 4 笔经济业务后，期末资产总额变成了 550 000 元，负债总额变成了 50 000 元，所有者权益总额变成了 500 000 元（550 000＝50 000+500 000，资产＝负债+所有者权益）。可以看出，经济业务的发生影响资产总额与权益总额（权益包括负债和所有者权益）的变化，但变化的金额相等，资产与权益之间的平衡关系依然存在。

资产与权益之间的平衡关系概括如下：

（1）资产与权益相互依存，对立统一，有一定权益必然有一定资产；反之，有一定资产必然有一定权益。

（2）资产与权益数额相等（其金额并非固定不变，但变动的金额相等，故变动后的数额依然相等）。

（3）资产与权益的平衡关系不受经济业务的影响。不论经济活动如何变化，都不会破坏资产与权益之间的平衡关系。

由于权益包括负债和所有者权益，以上经济业务发生的四种类型展开后共有九种类型。具体如下：

（1）一项资产增加，一项负债增加，增加金额相等；（同增）

（2）一项资产增加，一项所有者权益增加，增加金额相等；（同增）

（3）一项资产增加，另一项资产减少，增减金额相等；（此增彼减）

（4）一项负债减少，一项资产减少，减少金额相等；（同减）

（5）一项负债减少，另一项负债增加，增减金额相等；（此增彼减）

（6）一项负债减少，一项所有者权益增加，增减金额相等；（此增彼减）

（7）一项所有者权益减少，一项资产减少，减少金额相等；（同减）

（8）一项所有者权益减少，一项负债增加，增减金额相等；（此增彼减）

（9）一项所有者权益减少，另一项所有者权益增加，增减金额相等。（此增彼减）

两个同增，两个同减，五个此增彼减，共九种类型。

举例说明：

大华工厂 2024 年 3 月 31 日资产、负债及所有者权益状况如表 1-2 所示（假设不考虑相关税费）。

表 1-2　资产、负债及所有者权益状况　　　　　　　　单位：元

| 资产 | 金额 | 负债及所有者权益 | 金额 |
|---|---|---|---|
| 库存现金 | 500 | 短期借款 | 120 000 |
| 银行存款 | 47 600 | 应付账款 | 30 000 |
| 交易性金融资产 | 58 000 | 其他应付款 | 14 000 |
| 应收账款 | 4 500 | 长期借款 | 100 000 |
| 存货 | 145 400 | 实收资本 | 754 000 |
| 长期股权投资 | 150 000 | 盈余公积 | 22 000 |
| 固定资产 | 650 000 | 未分配利润 | 16 000 |
| 资产总计 | 1 056 000 | 负债及所有者权益总计 | 1 056 000 |

此表说明大华工厂 2024 年 3 月 31 日拥有资产 1 056 000 元，这些资产是由债权人和投资人所提供的，其中债权人提供的资金即负债为 264 000 元，投资者的投资及公积金等即所有者权益为 792 000 元，资产等于负债加所有者权益。

大华工厂 2024 年 4 月份发生下列经济业务：

【例 1-1】3 日，从光明工厂购入原材料 5 000 元，货款尚未支付。

这项经济业务的发生，使该厂一方面增加了一项新的资产——原材料 5 000 元，另一方面增加了一项负债——对光明工厂的应付账款 5 000 元。由于这一变化的结果，资产、负债及所有者权益的平衡关系就变为以下情况（见表 1-3）。

表 1-3　3 日资产、负债及所有者权益的平衡关系　　　　　　单位：元

| 资产 | 金额 | 负债及所有者权益 | 金额 |
|---|---|---|---|
| 库存现金 | 500 | 短期借款 | 120 000 |
| 银行存款 | 47 600 | 应付账款+5 000 | 35 000 |
| 交易性金融资产 | 58 000 | 其他应付款 | 14 000 |
| 应收账款 | 4 500 | 长期借款 | 100 000 |
| 存货+5 000 | 150 400 | 实收资本 | 754 000 |
| 长期股权投资 | 150 000 | 盈余公积 | 22 000 |
| 固定资产 | 650 000 | 未分配利润 | 16 000 |
| 资产总计 | 1 061 000 | 负债及所有者权益总计 | 1 061 000 |

上项变动结果，资产与负债双方各增加金额 5 000 元，总额均为 1 061 000 元，仍然保持平衡关系。

【例 1-2】4 日，收到华中公司交来银行存款 20 000 元，作为对本厂的投资。

这项经济业务的发生，使企业的资产——银行存款增加 20 000 元，同时使所有者权益——实收资本增加 20 000 元。由于这一变化的结果，资产、负债及所有者权益的平衡关系就变为以下情况（见表 1-4）。

表 1-4　4 日资产、负债及所有者权益的平衡关系　　　　　　单位：元

| 资产 | 金额 | 负债及所有者权益 | 金额 |
|---|---|---|---|
| 库存现金 | 500 | 短期借款 | 120 000 |
| 银行存款+20 000 | 67 600 | 应付账款 | 35 000 |
| 交易性金融资产 | 58 000 | 其他应付款 | 14 000 |
| 应收账款 | 4 500 | 长期借款 | 100 000 |
| 存货 | 150 400 | 实收资本+20 000 | 774 000 |
| 长期股权投资 | 150 000 | 盈余公积 | 22 000 |
| 固定资产 | 650 000 | 未分配利润 | 16 000 |
| 资产总计 | 1 081 000 | 负债及所有者权益总计 | 1 081 000 |

上项变动结果，资产与所有者权益各增加金额 20 000 元，总额均为 1 080 000 元，仍然保持平衡关系。

【例 1-3】6 日，向银行提取现金 200 元备用。

这项经济业务的发生，使企业一项资产——库存现金增加 200 元，另一项资产——银行存款减少 200 元。上面的会计平衡关系经过这一变化后如表 1-5 所示。

**表 1-5　6 日会计平衡关系**　　单位：元

| 资产 | 金额 | 负债及所有者权益 | 金额 |
| --- | --- | --- | --- |
| 库存现金+200 | 700 | 短期借款 | 120 000 |
| 银行存款-200 | 67 400 | 应付账款 | 35 000 |
| 交易性金融资产 | 58 000 | 其他应付款 | 14 000 |
| 应收账款 | 4 500 | 长期借款 | 100 000 |
| 存货 | 150 400 | 实收资本 | 774 000 |
| 长期股权投资 | 150 000 | 盈余公积 | 22 000 |
| 固定资产 | 650 000 | 未分配利润 | 16 000 |
| 资产总计 | 1 081 000 | 负债及所有者权益总计 | 1 081 000 |

上项变动结果，只是资产项目之间一增一减，金额相等，资产总额不变，且未涉及负债及所有者权益项目，故双方总额仍为 1 081 000 元，仍然保持平衡关系。

【例 1-4】11 日，以银行存款 10 000 元偿还短期借款。

这项经济业务的发生，引起负债——短期借款减少 10 000 元，同时资产——银行存款也减少 10 000元，经过这一变化，上列会计平衡状况，又须改为表 1-6。

**表 1-6　11 日会计平衡关系**　　单位：元

| 资产 | 金额 | 负债及所有者权益 | 金额 |
| --- | --- | --- | --- |
| 库存现金 | 700 | 短期借款-10 000 | 110 000 |
| 银行存款-10 000 | 57 400 | 应付账款 | 35 000 |
| 交易性金融资产 | 58 000 | 其他应付款 | 14 000 |
| 应收账款 | 4 500 | 长期借款 | 100 000 |
| 存货 | 150 400 | 实收资本 | 774 000 |
| 长期股权投资 | 150 000 | 盈余公积 | 22 000 |
| 固定资产 | 650 000 | 未分配利润 | 16 000 |
| 资产总计 | 1 071 000 | 负债及所有者权益总计 | 1 071 000 |

该项变动结果，资产与负债各减少 10 000 元，双方总额均降为 1 071 000 元，仍然保持平衡。

【例 1-5】15 日，经向银行申请，已同意将短期借款 30 000 元转作长期借款。

这项经济业务的发生，使一项负债——短期借款减少 30 000 元，另一项负债——长期负债增加 30 000元，变化结果，资产与负债及所有者权益的关系就变为表 1-7 所示情况。

**表 1-7　15 日资产与负债及所有者权益的关系**　　单位：元

| 资产 | 金额 | 负债及所有者权益 | 金额 |
| --- | --- | --- | --- |
| 库存现金 | 700 | 短期借款-30 000 | 80 000 |
| 银行存款 | 57 400 | 应付账款 | 35 000 |
| 交易性金融资产 | 58 000 | 其他应付款 | 14 000 |
| 应收账款 | 4 500 | 长期借款+30 000 | 130 000 |
| 存货 | 150 400 | 实收资本 | 774 000 |
| 长期股权投资 | 150 000 | 盈余公积 | 22 000 |
| 固定资产 | 650 000 | 未分配利润 | 16 000 |
| 资产总计 | 1 071 000 | 负债及所有者权益总计 | 1 071 000 |

该项变动结果，一项负债与另一项负债以相等金额增减，故总额不变，资产项目无变化，双方总额仍为 1 071 000 元，仍保持平衡关系。

【例 1-6】18 日，双方协商将所欠华昌工厂货款 12 000 元转作华昌工厂对大华工厂的投资。

这项经济业务的发生，使一项负债——应付账款减少 12 000 元，一项所有者权益——实收资本增加 12 000 元，变化结果，双方平衡关系就变为表 1-8 所示状况。

**表 1-8　18 日会计平衡关系**　　单位：元

| 资产 | 金额 | 负债及所有者权益 | 金额 |
|---|---|---|---|
| 库存现金 | 700 | 短期借款 | 80 000 |
| 银行存款 | 57 400 | 应付账款-12 000 | 23 000 |
| 交易性金融资产 | 58 000 | 其他应付款 | 14 000 |
| 应收账款 | 4 500 | 长期借款 | 130 000 |
| 存货 | 150 400 | 实收资本+12 000 | 786 000 |
| 长期股权投资 | 150 000 | 盈余公积 | 22 000 |
| 固定资产 | 650 000 | 未分配利润 | 16 000 |
| 资产总计 | 1 071 000 | 负债及所有者权益总计 | 1 071 000 |

上项变动结果，一项负债与一项所有者权益以相等金额增减，总额不变，资产项目无变化，故双方总额均为 1 071 000 元，仍然保持平衡关系。

【例 1-7】24 日，按法定程序报经批准，以银行存款 8 000 元，退还个人投资款。

这项经济业务的发生，一方面使该厂资产——银行存款减少 8 000 元，另一方面使所有者权益——实收资本减少 8 000 元。经过这一变化，上列平衡关系便如表 1-9 所示。

**表 1-9　24 日会计平衡关系**　　单位：元

| 资产 | 金额 | 负债及所有者权益 | 金额 |
|---|---|---|---|
| 库存现金 | 700 | 短期借款 | 80 000 |
| 银行存款-8 000 | 49 400 | 应付账款 | 23 000 |
| 交易性金融资产 | 58 000 | 其他应付款 | 14 000 |
| 应收账款 | 4 500 | 长期借款 | 130 000 |
| 存货 | 150 400 | 实收资本-8 000 | 778 000 |
| 长期股权投资 | 150 000 | 盈余公积 | 22 000 |
| 固定资产 | 650 000 | 未分配利润 | 16 000 |
| 资产总计 | 1 063 000 | 负债及所有者权益总计 | 1 063 000 |

上项变动结果，一项资产与一项所有者权益以相等金额同减，使双方总额均降为1 063 000元，不影响平衡关系。

【例 1-8】30 日，利润分配方案中宣告分配给投资者的利润 10 000 元。

这项经济业务的发生，使该厂的负债——应付股利增加 10 000 元，同时使该厂的所有者权益——未分配利润减少 10 000 元。经过这一变化，双方的平衡关系如表 1-10 所示。

**表 1-10　30 日会计平衡关系 1**　　单位：元

| 资产 | 金额 | 负债及所有者权益 | 金额 |
|---|---|---|---|
| | | 短期借款 | 80 000 |
| 库存现金 | 700 | 应付账款 | 23 000 |
| 银行存款 | 49 400 | 其他应付款 | 14 000 |
| 交易性金融资产 | 58 000 | 应付股利+10 000 | 10 000 |
| 应收账款 | 4 500 | 长期借款 | 130 000 |
| 存货 | 150 400 | 实收资本 | 778 000 |
| 长期股权投资 | 150 000 | 盈余公积 | 22 000 |
| 固定资产 | 650 000 | 未分配利润-10 000 | 6 000 |
| 资产总计 | 1 063 000 | 负债及所有者权益总计 | 1 063 000 |

上项变动结果，一项负债与一项所有者权益以相等金额一增一减，总额不变，资产项目无变化，

双方总额仍均为1 063 000元，平衡关系不变。

【例1-9】30日，按规定将盈余公积11 000元转增投资者资本。

这项经济业务的发生，使一项所有者权益——盈余公积减少11 000元，使另一项所有者权益——实收资本增加11 000元。经过这一变化，双方的平衡关系如表1-11所示。

**表1-11　30日会计平衡关系2**　　单位：元

| 资产 | 金额 | 负债及所有者权益 | 金额 |
|---|---|---|---|
| 库存现金 | 700 | 短期借款 | 80 000 |
| 银行存款 | 49 400 | 应付账款 | 23 000 |
| 交易性金融资产 | 58 000 | 其他应付款 | 14 000 |
| 应收账款 | 4 500 | 应付股利 | 10 000 |
| 存货 | 150 400 | 长期借款 | 130 000 |
| 长期股权投资 | 150 000 | 实收资本+11 000 | 789 000 |
| 固定资产 | 650 000 | 盈余公积-11 000 | 11 000 |
| | | 未分配利润 | 6 000 |
| 资产总计 | 1 063 000 | 负债及所有者权益总计 | 1 063 000 |

上项变动结果，所有者权益以相等金额一增一减，总额不变，资产项目无变化，故双方总额仍为1 063 000元，不影响平衡关系。

上述九种变化类型，可用会计方程式综合表示为表1-12。

**表1-12　会计方程式综合表示**

| 业务类型 | 资产 | =负债 | +所有者权益 |
|---|---|---|---|
| (1) | +资产 | =+负债 | — |
| (2) | +资产 | =— | +所有者权益 |
| (3) | +资产-资产 | =— | — |
| (4) | -资产 | =-负债 | — |
| (5) | — | =-负债+负债 | — |
| (6) | — | =-负债 | +所有者权益 |
| (7) | -资产 | = | -所有者权益 |
| (8) | — | =+负债 | -所有者权益 |
| (9) | — | = | +所有者权益-所有者权益 |

以上举例可以看出：凡是发生涉及资产、负债及所有者权益任何两方同增同减的经济业务，如例一、二、四、七，都会使双方原来的总额发生同增同减的变动，同增金额或同减金额相等，因此变动的结果，双方总额仍然相等。凡是只涉及资产、负债及所有者权益内部项目之间此增彼减的经济业务，如例三、五、六、八、九，则不但不会影响双方总额平衡，而且原来的总额也不会发生变动。由此可见，任何一项经济业务的发生，无论引起资产、负债及所有者权益发生怎样的增减变动，都不会破坏双方总额的平衡关系。

一个企业在经营过程中发生的经济业务是多种多样、纷繁复杂的，但不管经济业务发生多少，最多就是以上描述的九种类型，即两个同增，两个同减，五个此增彼减。

资产、负债及所有者权益永远保持平衡的关系，是设置会计科目、复式记账和编制资产负债表的理论依据。资产、负债及所有者权益之间相互对应的平衡关系，对于检查监督会计记录的正确性，正确开展会计核算工作都具有重要意义。

# 第三节　会计的任务及其核算方法

## 一、会计的任务

会计的任务是指根据会计的职能而规定会计应该完成的工作。明确会计的任务，对于做好会计工作、发挥会计的作用具有重要意义。在我国社会主义市场经济条件下，会计的基本任务概括起来主要有以下几个方面：

### （一）正确、及时、全面地记录与核算各单位的经济活动，提供真实、可信的会计信息

社会主义市场经济条件下的企业，为管理好自身的经济活动，加强经济核算，提高经济效益，就必须了解和掌握企业的各项经济活动情况。为此，会计工作首先要运用会计方法，如实地记录和反映经济活动情况，对企业的各项资产、负债、所有者权益的增减变动情况、收入和费用的多少、成本的高低以及利润的实现和分配等情况，都要及时、全面、系统、连续地记录、计算、分析和比较，为有关方面提供管理所必需的数据资料和信息，揭示经营管理中存在的问题及其产生的原因，作为改善经营管理、提高经济效益、进行经营决策的依据。

### （二）监督各单位的经济活动和财务收支情况，使其遵守国家财经政策、法规，维护财经纪律

在我国社会主义市场经济条件下，国家为了坚持社会主义方向，维护社会主义市场经济秩序，制定了一系列政策、法规和制度，这些政策、法规和制度是各单位进行经营活动的准则和规范，各单位必须严格遵守。因此，会计在反映经济活动、提供会计信息的同时，还应以有关的法规制度为依据，对经济活动和财务收支的合理性、合法性实行监督。例如，审核各项收入和支出、成本、费用等是否遵守《会计法》和《企业会计准则》的有关规定，是否弄虚作假，有无伪造凭证、篡改会计数字等行为，以维护财经纪律。

### （三）预测经济前景，参与经营决策

随着我国社会主义市场经济的发展，会计作为经济管理工作的重要组成部分，对会计工作的要求越来越高，不能停留在过去只是对经济活动和财务收支进行事后反映和监督的水平上，还应根据管理的要求，对经济前景做出预测；对可供选择方案的经济效果进行测算、分析和比较，权衡利弊，为决策者进行经营决策、选择最优方案提供信息，这是会计的一项重要工作。

上述各项任务是相互联系、相互补充的，只有全面完成会计任务，才能充分发挥会计工作在维护社会主义市场经济秩序、加强经济管理、提高经济效益中的重要作用。

## 二、会计的核算方法

会计的方法，是用来核算和监督会计对象，完成会计任务的手段。会计的方法由会计核算、会计预测、控制、分析和检查等组成，其基本环节是会计核算，它们相互配合、密切联系，共同形成会计核算的方法体系。会计的方法也随着科学技术的发展和经济管理的进步而不断地得以充实和提高。这里主要介绍会计的核算方法。

会计的核算方法，是对会计对象进行连续、系统、全面的记录、计算、反映和日常监督所应用的方法。会计对象具体内容的多样性、经营过程的连续性以及会计应该完成的任务，决定了会计核算必须应用一系列的专门方法。它主要包括设置会计科目和账户、复式记账、审核与填制凭证、复式记账、成本计算、财产清查、编制会计报表。下面分别阐述这些方法的内容。

### （一）设置会计科目和账户

会计科目是会计对象的具体内容，按其不同的特点和经济管理的需要，分类核算和监督的项目。会计对象的具体内容是纷繁复杂、多种多样的，为了对会计对象的具体内容进行系统的核算和监督，就要进行科学分类。设置会计科目就是根据会计对象的具体内容和经济管理的要求，事先规定分类核算项目。根据会计科目在账簿中开设的户头，叫账户。它是分门别类地、连续地在账簿中登记各种经济业务的专门方法，是取得各种会计指标、产生各种财务信息的必要手段。账户的名称就是会计科目。

### （二）复式记账

复式记账是指企业发生的每一项经济业务，都要在两个或者两个以上相互联系的账户中同时登记的一种记账方法。在实际工作中，任何一项经济业务的发生都有其来龙去脉。如用银行存款1万元去购买原材料，这笔经济业务是银行存款减少1万元、原材料增加1万元。采用复式记账，就是对任何一项经济业务一方面在有关账户中登记其“来龙”，另一方面在有关账户中登记其“去脉”。这样，既能相互联系地反映经济业务全貌，又便于试算平衡，核对其账簿记录是否准确。

### （三）审核与填制凭证

各单位发生的任何会计事项都必须取得原始凭证，证明其经济业务正在发生或已经完成。原始凭证要送交会计进行审核，审核其填制内容是否完备、手续是否齐全、业务的发生是否合理合法等，经审核无误后，才能编制记账凭证。记账凭证是记账的依据，原始凭证和记账凭证统称为会计凭证。审核和填制会计凭证是会计核算的一种专门方法，它能保证会计记录的完整、可靠，提高会计核算质量。

### （四）登记账簿

登记账簿就是根据审核无误的会计凭证，采用复式记账的方法，将经济业务的内容连续系统地记录在账页上的一种专门方法。通过登记账簿，能将分散的经济业务进行分类汇总，系统地提供每一类经济活动的完整资料，了解某一类或全部经济活动发展变化的全过程，更加适应经济管理的需要。账簿记录的各种数据资料，也是编制财务报表的重要依据。所以，登记账簿是会计核算的主要方法。

### （五）成本计算

成本计算是会计核算方法中一种很重要的方法，是企业会计采用的专门方法。它是按照成本计算对象归集生产经营活动中发生的各项费用，并确定各项成本计算对象的总成本和单位成本的一种方法。比如，在工业企业的各个生产阶段都会有各项费用的发生。采购材料需要支付材料的采购费用；生产各种产品要发生材料的消耗，还要支付工资和其他费用。为了考核各个生产阶段费用支出的多少和成本水平的高低，必须分别按照材料的品种、生产产品的品种归集费用，计算其总成本和单位成本，以此来考核成本计划的完成情况，挖掘降低成本的潜力，并努力降低成本。

### （六）财产清查

财产清查是对各项财产物资、货币资金进行实物盘点，对往来款项进行核对，以查明其实有数与账面数是否相符的一种专门方法。具体做法是将实物盘点的结果与账面数核对，将企业的债权、债务逐笔与对方核对，如果发现账实不符，就立即查明原因，明确责任，经批准后，调整账面记录，做到账实相符。清查中发现物资积压或残损以及往来账中的呆账、坏账，要积极妥善处理。运用财产清查的方法，能保护财产物资的安全完整，挖掘物资潜力，加速资金周转。因此，财产清查是保证会计核算资料真实，保护财产物资安全完整的一种方法。

### （七）编制会计报表

编制会计报表是根据账簿记录的数据资料，采用一定的表格形式，总括地反映各单位在一定时期内经济活动过程和结果的一种方法。编制会计报表是对日常核算工作的总结，是在账簿记录基础上对会计核算资料的进一步加工整理。会计报表提供的资料是进行会计分析、会计检查的重要依据。

从填制会计凭证到登记账簿、编制出会计报表，一个会计期间（一般指一个月）的会计核算工作即告结束，然后按照上述程序进入新的会计期间，如此循环往复，持续不断地进行下去。

上述会计核算的方法是相互联系、密切配合的，构成了一个完整的核算方法体系。在单位组织会计工作时，首先要根据发生经济业务的内容取得原始凭证并加以审核，根据审核无误的原始凭证填制记账凭证；同时，按照规定的会计科目，运用复式记账法，在账簿中进行登记。其次，对于生产经营过程中发生的各项费用以及需要确定成本的业务进行成本计算。为了保证账簿记录的准确，要通过财产清查加以核对。最后，根据准确无误的账簿记录编制会计报表。

# 第四节　会计核算的基本前提和会计计量属性

## 一、会计核算的基本前提

会计核算的基本前提是指组织会计核算应具备的前提条件，又称会计假设，是对会计核算时间和空间范围的合理假定，是企业会计确认、计量、记录和报告的前提。会计核算的基本前提（又称会计假设）包括会计主体、持续经营、会计分期和货币计量。

### （一）会计主体

会计主体是指会计工作服务的特定对象，是企业会计确认、计量和报告的空间范围。会计核算应当集中反映某一特定企业的经济活动，并将其与其他经济实体区别开来。在会计主体假设下，企业应当对其本身发生的交易或事项进行会计确认、计量和报告，反映企业本身所从事的各项生产经营活动和其他相关活动。

会计主体是会计为之服务的特定单位，它表明了会计核算的空间范围。会计主体既可以是一个企业，也可以是若干个企业组成的集团企业；既可以是法人，也可以是不具备法人资格的组织。会计主体与法律主体是两个不同的概念，法律主体是指企业在从事法律活动时所形成的法律关系，依法享有权利并承担义务的单位和个人。法律主体都可以作为会计主体，但会计主体可以是法律主体，也可以是非法律主体。例如，企、事业单位是法律主体也是会计主体。一个企业中的内部单位，如分公司等虽然不是法律主体，但它可以是会计主体。会计主体假设要求企业应当对其发生的交易或事项进行会计确认、计量和报告，这样就明确了会计工作的空间范围假设。

法律主体是会计主体，但会计主体不一定是法律主体。

### （二）持续经营

持续经营，是指在可以预见的将来，企业将会按当前的规模和状态继续经营下去，不会停业，也不会大规模削减业务。在持续经营假设下，会计确认、计量和报告应当以企业持续、正常的生产经营活动为前提。

### （三）会计分期

会计分期，是指将一个企业持续经营的生产经营活动划分为一个个连续的、长短相同的期间。会计分期的目的，是将持续经营的生产经营活动划分成连续、相等的期间，据以结算盈亏，按期编制财务报告，从而及时向财务报告使用者提供有关企业财务状况、经营成果和现金流量的信息。

会计分期是将会计主体持续不断的经营活动人为地划分为相等的、较短的若干会计期间，以便分期考核其经营活动的成果。企业以持续经营为理念，但债权人和投资人乃至经营者却不能等到经营活动完全结束时，再披露或知晓企业的经营成果，这就促使企业将经营活动人为地划分成不同的会计期间，分期记录经济业务、结算账目、编制财务会计报告，即反映一定期间的财务状况、经营成果和现金流量等会计信息。

会计分期的意义在于它界定了会计信息的时间段落，产生了本期与非本期的区别，为历史成本计价、权责发生制、可比性原则等奠定了基础。会计期间分为年度和中期。中期是指财务会计报告的编制期间短于一个完整的会计年度的报告期间，例如半年、季度、月度报告。我国的会计年度自公历1月1日起至12月31日止。其他国家或地区的会计年度有所不同，采用4月至次年3月作为会计年度的有加拿大、英国、印度、日本等国家或地区。

会计分期表明了会计核算的时间范围，企业（会计主体）的经营活动是持续不断的（持续经营），为了核算账目，将企业持续不断的经营活动人为地划分为若干个相等的期间，这就是会计分期（也称为会计期间）。正是有了会计分期，才产生了本期与非本期的区别，为会计核算基础权责发生制奠定了基础。

关于权责发生制和收付实现制的区别，将在第四章讲述。

#### （四）货币计量

货币计量，是指会计主体在会计确认、计量和报告时以货币计量来反映会计主体的生产经营活动。货币是商品的一般等价物，是衡量一般商品价值的共同尺度，具有价值尺度、流通手段、贮藏手段和支付手段等特点。选择货币作为共同尺度进行计量，具有全面、综合反映企业的生产经营情况的作用。

货币计量是会计主体在会计确认、计量和报告时以货币作为主要的计量单位，反映会计主体的生产经营活动。会计主体的经济活动具有多样性。为了实现会计的目标，必须综合反映会计主体的各项经济活动，这就要求有一个统一的计量尺度。在会计确认、计量和报告过程中之所以选择货币为基础进行计量，是由货币本身属性所决定的。货币是商品的一般等价物，是衡量商品价值的共同尺度。其他计量单位，例如，重量、长度、容积、台、件等，只能从一个侧面反映企业生产经营情况，无法在量上进行汇总和比较，不便于会计计量和经营管理，只有选择货币尺度进行计量，才能充分反映企业的生产经营情况。

会计在选择货币作为统一的计量尺度的同时，还须以实物量度和时间或劳动量度等作为辅助计量尺度完成会计核算工作。

《中华人民共和国会计法》规定，在我国国内设立的企业以及在国外的我国企业，会计核算应以人民币为记账本位币。业务收支以人民币以外的货币为主的单位，可以选定其中一种货币作为记账本位币，但是在编制财务会计报告时应当折算为人民币。

货币计量的前提是假定币值稳定，因为只有在市值稳定或相对稳定的情况下，不同时点上的资产的价值才具有可比性，会计期间的收入和费用才能比较，并计算确定其经营成果，会计核算提供的会计信息才能够真实地反映会计主体的经济活动情况。

### 二、会计计量属性

会计计量是为了将符合确认条件的会计要素登记入账并列报于财务报表而确定其金额的过程。会计计量属性主要包括历史成本、重置成本、可变现净值、现值和公允价值。

#### （一）历史成本

历史成本又称实际成本，是指取得或制造某项财产物资时所实际支付的现金或者现金等价物。采用历史成本计量时，资产按照其购置时支付的现金或现金等价物的金额，或者按照购置时所付出对价的公允价值计量。负债按照其因承担现时义务而实际收到的款项或者资产的金额，或者承担现时义务的合同金额，或者按照日常活动中为偿还负债预期需要支付的现金或者现金等价物的金额计量。

### （二）重置成本

重置成本又称现行成本，是指按照当前市场条件，重新取得同样一项资产所需支付的现金或现金等价物金额。采用重置成本计量时，资产按照现在购买相同或者相似资产所需支付的现金或者现金等价物的金额计量。负债按照现在偿付该项债务所需支付的现金或者现金等价物的金额计量。

### （三）可变现净值

可变现净值，是指在生产经营过程中，以预计售价减去进一步加工成本和销售所必需的预计税金、费用后的净值。采用可变现净值计量时，资产按照其正常对外销售所能收到现金或者现金等价物的金额，扣减该资产至完工时估计将要发生的成本、估计的销售费用以及相关税费后的金额计量。

### （四）现值

现值，是指对未来现金流量以恰当的折现率进行折现后的价值，是考虑货币时间价值因素等的一种计量属性。采用现值计量时，资产按照预计从其持续使用和最终处置中所产生的未来净现金流入量的折现金额计量。负债按照预计期限内需要偿还的未来净现金流出量的折现金额计量。

### （五）公允价值

公允价值，是指市场参与者在计量日发生的有序交易中，出售一项资产所能收到或者转移一项负债所需支付的价格。

# 第五节　会计信息质量要求

## 一、会计信息的使用者

企业为什么要提供会计信息，谁需要会计信息，需要什么样的会计信息等问题，一直是会计研究面临的最基本也是最重要的问题。原则上讲，企业的利益相关者都需要企业的会计信息。按照会计信息使用者与企业的关系，可以将会计信息的使用者分为外部使用者和内部使用者两类。会计信息的外部使用者包括投资者、债权人、政府及其经济监管部门、经济分析机构以及社会公众等，他们主要通过企业公开披露的会计信息来了解、掌握企业的经济活动情况。因此，为了保证企业提供的会计信息的真实性，企业公开披露的财务会计报告必须经由具有执业资格的注册会计师进行审计并认可。会计信息的内部使用者包括企业管理层和企业一般员工，他们主要通过财务会计报告了解企业经济活动情况。除此以外，企业的经营决策与管理活动还需要大量的其他相关信息。例如，产品成本的降低幅度、材料消耗定额的执行情况及产品的边际贡献率等。会计信息的主要使用者有投资者、债权人、政府及其监管部门和企业经营管理者。

### （一）投资者

投资者将其所拥有的资源投入企业，是出于获利的目的。从产权关系上看，投资者是企业主要的产权所有者。作为委托方的投资者将其财产委托给企业经营者去经营管理，以期实现财产的保值与增值；作为受托方的企业及其经营者，则承担了合理利用与配置企业资源、最大限度地使其保值与增值的责任。正是财产所有权与其经营权的分离，使得作为财产所有者的投资者无法对其财产进行“实时监督”，而只能借助于履行受托责任的企业定期提供的财务会计报告及其会计信息来了解企业的经济活动情况。

### （二）债权人

债权人主要包括向企业提供贷款的银行、非银行金融机构以及向企业提供商品或劳务的供应商，从广义的产权角度看，债权人也是企业财产的产权所有者之一，因为它们提供了企业生产经营活动所需的部分财产。只是这种“债权人产权”与“投资者产权”在法律等方面具有一定差别。

向企业提供贷款的银行以及类似银行的金融机构，主要关心其提供给企业的贷款本金与贷款利息能否得到偿还和支付；向企业提供商品或劳务的供应商等商业债权人，主要关心企业所欠款项能否如期偿还。作为企业的债权人，主要通过会计信息了解企业的偿债能力、债务支付能力等情况来判断其债权受偿程度。

### （三）政府及其监管部门

政府具有两种职能：一是“社会管理者”，为确保整个国家的社会与经济活动的正常秩序，其必须履行社会管理的职能；二是如果政府为企业出资，则成为企业的投资者，此时，政府便以企业的投资者身份享有投资者的一切权利并承担相应的义务。对于政府没有出资的企业，政府仅仅具有“社会管理者”身份，不享有投资者的权益。

从企业视角来看，政府的社会管理职能主要体现在社会经济资源的优化配置上。通过企业提供的有关经济活动的全部会计信息，政府及其经济监管部门可以判断企业的经济行为是否合法，是否有效。除监管企业的经济活动以外，企业提供的会计信息还可以作为政府制定经济政策和统计国民收入的基础数据资料。

### （四）企业经营管理者

企业经营管理者包括企业的高级管理人员和一般管理人员，企业高级管理人员群体被称为企业的“高管层”，包括企业的总经理和副总经理等。以总经理为首的企业管理层的主要职责是实施董事会做出的有关经营、投资与筹资活动的重大决策，并负责管理企业日常的生产经营活动。企业管理人员的素质、能力与行为直接影响企业的经济活动，影响经济资源的配置效率，从而影响企业的经济利益和企业价值的提升。

除投资者、债权人、政府及其经济监管部门、企业管理层外，社会公众、顾客、证券分析师、企业一般员工等同样与企业有现实或潜在的利益关系。他们也是企业会计信息的使用者。

## 二、会计信息质量要求

会计信息质量要求是对企业财务报告所提供会计信息质量的基本要求，是使财务报告所提供会计信息对投资者等信息使用者决策有用应具备的基本特征，主要包括可靠性、相关性、可理解性、可比性、实质重于形式、重要性、谨慎性、及时性等。

### （一）可靠性

可靠性也称真实性，要求企业应当以实际发生的交易或者事项为依据进行确认、计量和报告，如实反映符合确认和计量要求的会计要素及其他相关信息，保证会计信息真实可靠、内容完整。

可靠性是高质量会计信息的重要基础和关键所在。如果企业以虚假的交易或者事项进行确认、计量和报告，属于违法行为，不仅会严重损害会计信息质量，而且会误导投资者，干扰资本市场，导致会计秩序、财经秩序混乱。

### （二）相关性

相关性要求企业提供的会计信息应当与投资者等财务报告使用者的经济决策需要相关，有助于投资者等财务报告使用者对企业过去、现在或未来的情况做出评价或者预测。

相关的会计信息应当能够有助于使用者评价企业过去的决策，证实或者修正过去的有关预测，因而具有反馈价值。相关的会计信息还应当具有预测价值，有助于使用者根据财务报告提供的会计信息预测企业未来的财务状况、经营成果和现金流量。

### （三）可理解性

可理解性要求企业提供的会计信息应当清晰明了，便于投资者等财务报告使用者理解和使用。

企业编制财务报告、提供会计信息的目的在于使用，要想让使用者有效使用会计信息，就应当让其了解会计信息的内涵，弄懂会计信息的内容，这就要求财务报告提供的会计信息应当清晰明了，易于理解。只有这样，才能提高会计信息的有用性，实现财务报告的目标，满足向投资者等财务报告使用者提供决策有用信息的要求。

### （四）可比性

可比性要求企业提供的会计信息应当相互可比，主要包括两层含义：

（1）同一企业不同时期可比。即同一企业不同时期发生的相同或者相似的交易或者事项，应当采用一致的会计政策，不得随意变更。但是，如果按照规定或者在会计政策变更后能够提供更可靠、更相关的会计信息，企业可以变更会计政策。有关会计政策变更的情况，应当在附注中予以说明。

（2）不同企业相同会计期间可比。即不同企业同一会计期间发生的相同或者相似的交易或者事项，应当采用规定的会计政策，确保会计信息口径一致，相互可比，以使不同企业按照一致的确认、计量和报告要求提供有关会计信息。

### （五）实质重于形式

实质重于形式要求企业应当按照交易或者事项的经济实质进行会计确认、计量和报告，不应仅以交易或者事项的法律形式为依据。

在实际工作中，交易或者事项的外在法律形式并不总能完全反映其实质内容。多数情况下，企业发生交易或者事项的经济实质和法律形式是一致的。但在有些情况下，会出现不一致。例如，企业以融资租赁方式租入的生产线、机器设备等固定资产，虽然从法律形式来讲企业并不拥有其所有权，但是由于租赁合同规定的租赁期相当长，往往接近于该资产的使用寿命，租赁期结束时承租企业有优先购买该资产的选择权，在租赁期内承租企业有权支配资产并从中受益等；从其经济实质来看，企业能够控制租入资产所创造的未来经济利益，在会计确认、计量和报告时就应当将租入的资产视为企业的资产，在企业的资产负债表中进行反映。

### （六）重要性

重要性要求企业提供的会计信息应当反映与企业财务状况、经营成果和现金流量有关的所有重要交易或者事项。

在实务中，如果某项会计信息的省略或者错报会影响投资者等财务报告使用者据此做出决策，该信息就具有重要性。重要性的应用需要依赖职业判断，企业应当根据其所处环境和实际情况，从项目的性质和金额大小两方面加以判断。例如，企业发生的某些支出金额较小，从支出的收益期来看，可能需要在若干会计期间进行分摊，但根据重要性要求，可以一次性计入当期损益。

### （七）谨慎性

谨慎性要求企业对交易或者事项进行会计确认、计量和报告应当保持应有的谨慎，不应高估资产或者收益、低估负债或者费用。

在市场经济环境下，企业的生产经营活动面临着许多风险和不确定性，会计信息质量的谨慎性要求，需要企业在面临不确定性因素的情况下做出职业判断时，应当保持应有的谨慎，充分估计到各种风险和损失，既不高估资产或者收益，也不低估负债或者费用。例如，企业对售出商品可能发生的保修义务确认预计负债、对可能承担的环保责任确认预计负债等，就体现了会计信息质量的谨慎性要求。

### （八）及时性

及时性要求企业对于已经发生的交易或者事项，应当及时进行确认、计量和报告，不得提前或延后。

在会计确认、计量和报告过程中贯彻及时性要求，一是要求及时收集会计信息，即在交易或者事项发生后，及时收集整理各种原始单据或者凭证；二是要求及时处理会计信息，即按照会计准则的规定，及时对交易或者事项进行确认和计量，并编制财务报告；三是要求及时传递会计信息，即按照国家规定的有关时限，及时地将编制的财务报告传递给财务报告使用者，便于其及时使用和决策。

## 综合练习题

扫一扫

# 第二章 会计循环

## 第一节 会计科目与账户

### 一、会计科目

#### （一）会计科目的定义及意义

会计科目，简称科目，是对会计要素进行分类核算的项目，也是对企业经济业务进行分类核算所规定的项目。会计对象的具体内容表现为会计要素，而且一个会计要素又包括若干具体项目，例如资产要素中包括了银行存款、原材料、固定资产等项目，负债要素中包括了短期借款、应付账款等项目。为了连续、系统、全面地核算和监督经济活动所引起的各会计要素的增减变化，就有必要对会计的具体内容按其不同特点和经济管理的要求进行科学分类，并事先确定进行分类核算的项目名称，规定其核算内容，这就是会计科目的设置。

会计科目的设置，对于正确地核算和监督企业单位的经济活动，具有重要意义。

1. 会计科目是对会计对象的具体内容进行科学归类，连续核算和监督的重要工具

为了连续、系统、全面地核算企业单位的经济活动和财务收支，我们在进行会计处理时，必须采用专门的方法对各项经济业务科学地归类、整理和记录，最后提供系统化的数据和资料。设置会计科目，就是根据会计对象的具体内容和经济管理的要求进行分类核算的方法。例如，银行存款和原材料同属资产类会计要素，但它们的作用和性质不同，一为货币资金，一为储备资金。因此，要分别设置“银行存款”和“原材料”会计科目进行归类核算。又如，企业的现金和银行存款虽然同属货币资金性质，但因它们的存放地点、管理办法和作用的不同，需要通过设置“库存现金”和“银行存款”会计科目分别进行核算和监督。

2. 会计科目是设置账户的依据

各企业单位在会计核算中必须根据规定的会计科目，在账簿中开设账户，对各项经济业务进行连续、系统、分类的记录。会计科目是账户的名称，账户的设置依存于会计科目。没有会计科目，就无法设置账户。可见，会计科目是设置账户的依据，账户则是会计科目在记账中的具体运用，它们共同构成了复式记账应用的基础和条件。

3. 会计科目是规范会计核算和加强会计监督的重要手段

会计科目的核算内容和会计科目之间的相互关系都是按照统一制度规定的。一般来说，会计科目名称的规范、会计科目的分类、会计科目的解释口径等，决定着企业会计核算的详略程度，决定着企

业单位编制对外对内会计报表的要求和内容。各个企业单位原则上都必须按照有关会计科目的规定处理会计业务，防止会计核算内容上的混乱，防止不合理、不合法的经济业务随意记入会计系统，以利于加强对会计工作的宏观调控和有效监督。

### （二）设置会计科目的原则

在实际工作中，会计科目的设置是通过会计制度预先规定的。为了更好地进行会计核算，满足经营管理对会计核算资料提供的要求，会计科目在设置时应该满足以下要求：

1. 设置会计科目必须结合会计要素的特点

结合会计要素的特点，也就是结合会计对象的特点，根据不同单位经济业务的特点，本着全面核算其经济业务的全过程及结果的目的来确定应该设置哪些会计科目。这里所说的要结合会计对象的特点，首先是根据不同行业特点，结合各自企业的特点，并结合本单位会计要素的特点来确定应该设置的会计科目。例如，工业企业是制造产品的单位，根据其业务特点，工业企业就必须设置反映和监督生产经营过程及反映产品生产成本的会计科目。商业企业不从事产品生产，而是组织商品流通，所以商业企业必须设置反映和监督商品流通业务的会计科目。行政、事业单位既不从事产品生产，也不从事商品流通，而是由国家拨付预算资金，单位使用预算资金，所以行政、事业单位必须设置反映和监督预算资金收支业务的会计科目。

2. 设置会计科目应满足经济管理的要求

设置会计科目必须满足经济管理的要求：一是要满足国家宏观经济管理的要求，优化社会经济资源配置，合理进行投资；二是要满足企业自身经济管理的要求，为企业的经营决策及管理提供会计信息而设置分类的项目；三是要满足包括投资者在内的有关各方对企业生产经营情况的要求。

例如，企业的盈亏情况是会计信息使用者非常关心的，为此，必须设置“主营业务收入”“主营业务成本”“销售费用”“税金及附加”“管理费用”“财务费用”“本年利润”等科目，用于反映盈亏的形成，满足会计信息使用者的要求。再如，为了反映企业与银行的债务情况，就需要设置“短期借款”和“长期借款”等科目，为了反映利润的分配情况，就需要设置“利润分配”科目等。

3. 设置会计科目要将统一性与灵活性结合起来

为了满足宏观经济管理的要求，我国当前会计科目由财政部统一制定颁布。企业根据国家统一规定的会计科目，具体进行会计核算。但是由于企业的经济业务千差万别，在对会计要素的增减变动情况进行分类核算时，各单位可以根据本单位的规模和经济业务的特点，以及经营管理的要求等具体情况将统一性与灵活性结合起来。所谓统一性，就是在设置会计科目时，要根据《企业会计准则》的要求，对一些主要会计科目的设置进行统一的规定，对核算指标的计算标准、口径都要统一。所谓灵活性，就是在能够提供统一核算指标的前提下，各单位要根据自己的具体情况及投资者的要求，对统一的会计科目做必要的合并或增补。例如，某些材料种类比较少的小型企业，可以根据企业的特点，将“原材料”“包装物”等科目合并设置一个“原材料”科目。又如，在统一规定的会计科目中，设置有“预收账款”和“预付账款”科目。如果企业在生产经营过程中预收、预付款业务不多，可以不单设“预收账款”“预付账款”科目，将预收账款、预付账款分别并入“应收账款”“应付账款”科目核算。贯彻统一性与灵活性相结合的原则设置会计科目，实际上就是保证会计信息的有用性。在具体工作时要防止两种倾向：一是要防止会计科目过于简单化，过于简单就不能满足经营管理的需要；二是要防止会计科目过于烦琐，过于烦琐就会加大会计核算工作量。

4. 设置会计科目的名称要简单明确，字义相符，通俗易懂

会计科目作为分类核算的项目要简单明确、字义相符、通俗易懂，这样才能避免误解和混淆。简单明确是指根据经济业务的特点，尽可能简洁明了地规定科目名称；字义相符是按照中文习惯进行规定，不致产生误解；通俗易懂是指要尽量避免使用难懂的文字，便于大多数人正确理解。会计科目的名称还要尽量采用在实际生活中习惯性的名称。

5. 设置会计科目要保持相对稳定性

会计科目设置要适应社会经济环境和本单位业务发展的需要。如随着技术市场的形成和专利法、商标法的实施，对企业拥有的专有技术、专利权、商标权等无形资产的价值及其变动情况，就有必要专设“无形资产”科目予以反映。但是，会计科目的设置应保持相对稳定，以便在一定范围内综合汇总和在不同时期对比分析其所提供的核算指标。所谓保持会计科目的相对稳定性，就是不能经常变动会计科目的名称及核算内容，使得核算指标保持可比性。

## （三）会计科目的分类

1. 按反映的经济内容进行分类

会计科目按照反映的经济内容的不同，可以分为资产类科目、负债类科目、共同类科目、所有者权益类科目、成本类科目和损益类科目六大类。

（1）资产类科目，是对资产要素的具体内容进行分类核算的项目，按资产的流动性分为反映流动资产的科目和反映非流动资产的科目。反映流动资产的科目主要有“库存现金”“银行存款”“应收账款”“库存商品”等科目；反映非流动资产的科目主要有“长期股权投资”“长期应收款”“固定资产”“在建工程”“无形资产”等科目。

（2）负债类科目，是对负债要素的具体内容进行分类核算的项目，按负债的偿还期限长短分为流动负债科目和非流动负债科目。反映流动负债的科目主要有“短期借款”“应付账款”“应付职工薪酬”“应交税费”等科目；反映非流动负债的科目主要有“长期借款”“应付债券”“长期应付款”等科目。

（3）共同类科目，是既有资产性质又有负债性质的科目，主要有“清算资金往来”“货币兑换”“套期工具”等科目。

（4）所有者权益类科目，是对所有者权益要素的具体内容进行分类核算的项目，主要有“实收资本（或“股本”）”“资本公积”“其他综合收益”“盈余公积”“本年利润”“利润分配”等科目。

（5）成本类科目，是对可归属于产品生产成本、劳务成本等的具体内容进行分类核算的项目，主要有“生产成本”“制造费用”“研发支出”“合同取得成本”“合同履约成本”等科目。

（6）损益类科目，是对收入、费用等要素的具体内容进行分类核算的项目，包括两类科目。其中反映收入的科目有“主营业务收入”“其他业务收入”等科目；反映费用的科目主要有“主营业务成本”“其他业务成本”“税金及附加”“销售费用”“管理费用”“财务费用”等科目。

实际工作中，我国会计科目及核算内容都是由财政部统一制定的。企业常用的会计科目如表 2-1所示。

**表 2-1　常用会计科目表**

| 顺序号 | 编号 | 会计科目名称 | 适用范围说明 |
|---|---|---|---|
| | | 一、资产类 | |
| 1 | 1001 | 库存现金 | |
| 2 | 1002 | 银行存款 | |
| 3 | 1012 | 其他货币资金 | |
| 4 | 1101 | 交易性金融资产 | |
| 5 | 1121 | 应收票据 | |
| 6 | 1122 | 应收账款 | |
| 7 | 1123 | 预付账款 | |
| 8 | 1131 | 应收股利 | |

表2-1(续)

| 顺序号 | 编号 | 会计科目名称 | 适用范围说明 |
|---|---|---|---|
| 9 | 1132 | 应收利息 | |
| 10 | 1221 | 其他应收款 | |
| 11 | 1231 | 坏账准备 | |
| 12 | 1401 | 材料采购 | 原材料按计划成本核算时使用 |
| 13 | 1402 | 在途物资 | 原材料按实际成本核算时使用 |
| 14 | 1403 | 原材料 | |
| 15 | 1404 | 材料成本差异 | 原材料按计划成本核算时使用 |
| 16 | 1405 | 库存商品 | |
| 17 | 1406 | 发出商品 | |
| 18 | 1408 | 委托加工物资 | |
| 19 | 1411 | 周转材料 | 主要包括包装物和低值易耗品 |
| 20 | 1471 | 存货跌价准备 | |
| 21 | 1511 | 长期股权投资 | |
| 22 | 1512 | 长期股权投资减值准备 | |
| 23 | 1531 | 长期应收款 | |
| 24 | 1601 | 固定资产 | |
| 25 | 1602 | 累计折旧 | |
| 26 | 1603 | 固定资产减值准备 | |
| 27 | 1604 | 在建工程 | |
| 28 | 1605 | 工程物资 | |
| 29 | 1606 | 固定资产清理 | |
| 30 | 1701 | 无形资产 | |
| 31 | 1702 | 累计摊销 | |
| 32 | 1703 | 无形资产减值准备 | |
| 33 | 1711 | 商誉 | |
| 34 | 1801 | 长期待摊费用 | |
| 35 | 1901 | 待处理财产损溢 | |
| | | 二、负债类 | |
| 36 | 2001 | 短期借款 | |
| 37 | 2201 | 应付票据 | |
| 38 | 2202 | 应付账款 | |
| 39 | 2203 | 预收账款 | |
| 40 | 2211 | 应付职工薪酬 | |
| 41 | 2221 | 应交税费 | |
| 42 | 2231 | 应付利息 | |
| 43 | 2232 | 应付股利 | |

表2-1(续)

| 顺序号 | 编号 | 会计科目名称 | 适用范围说明 |
|---|---|---|---|
| 44 | 2241 | 其他应付款 | |
| 45 | 2501 | 长期借款 | |
| 46 | 2502 | 应付债券 | |
| 47 | 2701 | 长期应付款 | |
| 48 | 2801 | 预计负债 | |
| 49 | 2902 | 合同负债 | |
| | | 三、共同类（略） | |
| | | | |
| | | 四、所有者权益类 | |
| 50 | 4001 | 实收资本 | |
| 51 | 4002 | 资本公积 | |
| 52 | 4101 | 盈余公积 | |
| 53 | 4103 | 本年利润 | |
| 54 | 4104 | 利润分配 | |
| 55 | 4201 | 库存股 | |
| 56 | 4301 | 其他综合收益 | |
| | | 五、成本类 | |
| 57 | 5001 | 生产成本 | |
| 58 | 5101 | 制造费用 | |
| 59 | 5201 | 劳务成本 | |
| 60 | 5301 | 研发支出 | |
| 61 | 5401 | 合同履约成本 | |
| 62 | 5402 | 合同履约成本减值准备 | |
| 63 | 5501 | 合同取得成本 | |
| 64 | 5502 | 合同取得成本减值准备 | |
| | | 六、损益类 | |
| 65 | 6001 | 主营业务收入 | |
| 66 | 6051 | 其他业务收入 | |
| 67 | 6101 | 公允价值变动损益 | |
| 68 | 6111 | 投资收益 | |
| 69 | 6115 | 资产处置损益 | |
| 70 | 6117 | 其他收益 | |
| 71 | 6301 | 营业外收入 | |
| 72 | 6401 | 主营业务成本 | |
| 73 | 6402 | 其他业务成本 | |
| 74 | 6403 | 税金及附加 | |

表2-1(续)

| 顺序号 | 编号 | 会计科目名称 | 适用范围说明 |
| --- | --- | --- | --- |
| 75 | 6601 | 销售费用 | |
| 76 | 6602 | 管理费用 | |
| 77 | 6603 | 财务费用 | |
| 78 | 6701 | 资产减值损失 | |
| 79 | 6702 | 信用减值损失 | |
| 80 | 6711 | 营业外支出 | |
| 81 | 6801 | 所得税费用 | |

2. 按提供信息的详细程度及统驭关系进行分类（即会计科目的级别）

会计科目按照提供信息的详细程度及统驭关系，可分为总分类科目和明细分类科目。总分类科目又称为一级科目或总账科目，是对会计要素具体内容进行总括分类，提供总括信息的会计科目；明细分类科目，又称明细科目，是对总账科目做进一步分类，提供更加详细和具体会计信息的科目。在生产经营过程中，由于经济管理的要求不同，所需要核算指标的详细程度也就不同。根据经济管理的要求，既需要设置提供总括核算资料的一级科目，又需要设置提供详细核算资料的二级科目和三级科目等。

（1）一级科目。

一级科目即总分类科目，也称总账科目，是对会计要素的具体内容进行总括分类的会计科目，是进行总分类核算的依据。为了满足国家宏观经济管理的需要，一级科目是由国家统一规定的。

（2）二级科目。

二级科目即二级明细科目，也叫子目，指在一级科目的基础上，对一级科目所反映的经济内容进行较详细分类的会计科目。如在“原材料”科目下，按材料类别开设“原料及主要材料”“辅助材料”“燃料”等二级科目。二级科目由企业依据国家统一规定的会计科目要求，并根据经营管理需要自行设置。

（3）三级科目。

三级科目即三级明细科目，也叫细目，是指在二级科目的基础上，对二级科目所反映的经济内容进一步详细分类的会计科目。例如，在“原料及主要材料”二级科目下，按材料的品种、规格开设明细科目。明细科目由企业依据国家统一规定的会计科目和要求，根据经营管理的需要自行设置。

综上所述，一级科目是最高层次的会计科目，是登记总账用的。二级科目是对一级科目的补充说明，是介于一级科目、三级科目之间，起沟通作用的会计科目。三级科目是对二级科目或一级科目更为详细的补充说明。实际工作中，并不是所有的一级科目都需要开设二级和三级科目，根据会计信息使用者所需不同信息的详细程度，有些只需设一级科目，例如“累计折旧”“累计摊销”；有些只需设一级科目和三级科目，不需要设置二级科目。会计科目的级别如表2-2所示。

**表2-2　会计科目的级别**

| 总分类科目<br>（一级科目） | 明细分类科目 | |
| --- | --- | --- |
| | 二级科目（子目） | 三级科目（细目） |
| 原材料 | 原料及主要材料 | 生铁　圆钢 |
| | 辅助材料 | 防锈剂　润滑油 |
| | 燃料 | 柴油　汽油 |

## 二、账户

在会计要素的基础上，通过设置会计科目，对会计交易或事项做进一步的分类，为开展会计核算奠定了基础。但是由于反映会计交易或事项而引起的会计要素各具体项目金额的增减变动，就需要根据会计科目开设会计账户。这是因为，会计科目只能对会计交易或事项进行定性而不能定量，不能提供所反映的增减变动及其余额情况的信息，而提供这些信息恰恰是会计最基本的职能。因此，在会计核算中必须依据会计科目开设账户。

### （一）账户的定义

账户又称会计账户，是根据会计科目在账簿中开设的户头，是具有一定格式和结构，在账簿中对各项经济业务进行分类、系统、连续地记录，反映会计要素增减变动的载体。通过账户的记录，可以反映每笔和每类经济业务所引起的会计要素的增减变动情况，从而提供各种性质和内容的会计信息。通过账户，还可以有效地储存会计信息。

### （二）账户的特征

账户的特征有如下三个：

（1）账户是根据规定的会计科目设置的，故账户的名称和会计科目相同。

（2）账户是用来记录经济业务的，故账户有格式、结构。

（3）账户是在经济业务发生之后，进行分类、系统、连续登记的一种手段。

### （三）账户的结构

既然账户是分类记录经济业务、反映会计对象的具体内容增减变化及其结果的一种工具，因此，随着企业会计事项的不断发生，会计对象的具体内容就必然随之发生变化，而且这种变化不管多么错综复杂，从数量上看不外乎增加或减少两种情况。

账户的结构分为一般结构和简易结构，一般结构具体表现为具有一定格式的账页，如三栏式、多栏式、数量金额式等（见本章第四节和第三章第四节）；简易结构指的就是“T”形账。账户是经济业务发生后，对某项经济业务内容的增减变化及其结果进行连续、系统记录的手段。

用来记载企业在某一会计期间内各种有关数据的增减变化的账户，在结构上分为两方，即左方和右方。这就是账户的简易结构，即“T”形账。一方登记增加数，另一方登记减少数，至于哪一方登记增加数，哪一方登记减少数，则由账户的性质和反映的经济内容来决定。

“T”形账的格式如图 2-1 所示。

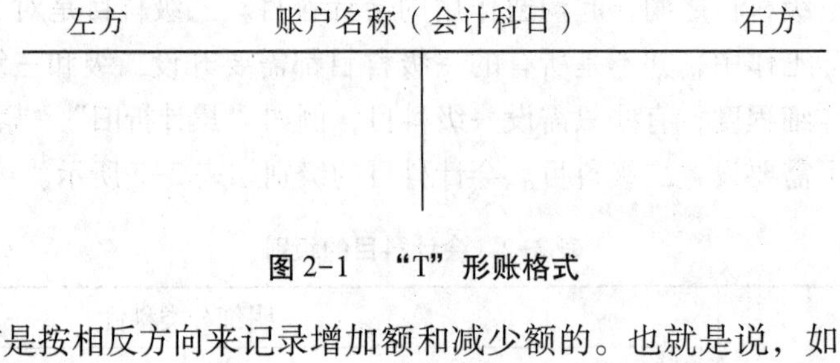


**图 2-1　“T”形账格式**

账户的左、右两方是按相反方向来记录增加额和减少额的。也就是说，如果在账户的左方记录增加额，就应该在该账户的右方记录减少额；相反，如果在右方记录增加额，就应该在左方记录减少额。到底哪方记增加、哪方记减少，是由账户的性质和反映的经济内容决定的。为了学习方便，在学习中经常采用简化格式“T”形账来说明账户结构。

一般来讲，一个“T”形账户可以提供四个核算指标：期初余额、本期增加发生额、本期减少发生额和期末余额。在账户左、右两方记录的主要内容是：期初余额、本期增加额、本期减少额及期末余额。本期增加额和本期减少额是指在一定会计期间内（月、季或年），账户在左、右两方分别登记的增加金额的合计数和减少金额的合计数。本期增加发生额和本期减少发生额相抵后的差额，就是本期的期末余额。如果将本期的期末余额数转入下一期，就是下一期的期初余额。

上述四项金额的关系可以用下列公式来表示：

本期期末余额=本期期初余额+本期增加发生额-本期减少发生额

账户的一般结构具体表现为具有一定格式的账页，如三栏式、多栏式、数量金额式等，根据实际需要分成若干栏次，用来分类登记经济业务及其会计要素的增加与减少，以及增减变动后的结果。账户的一般结构主要包括以下内容：

（1）账户的名称，即会计科目。

（2）记账的日期和摘要，即经济业务发生的时间和内容。

（3）增加和减少的金额及余额。

（4）记账凭证的种类和编号。

具体内容详见本章第四节和第三章第四节。

### （四）会计科目与账户的关系

1. 会计科目与账户的联系

（1）两者都是对会计对象的具体内容在按照会计要素分类的基础上所做的进一步分类，两者的名称和反映的经济内容相同。

（2）账户是根据会计科目开设的户头，账户的名称就是会计科目，设置会计科目的目的就是设置账户，由此可见，会计科目设置是账户设置的前提。

2. 会计科目与账户的区别

（1）账户虽然是根据会计科目开设的，但会计科目只是账户的名称，会计科目是企业在进行会计核算前确定的对会计对象的具体内容进行归类的项目，会计科目只是一个名称；而账户除了名称以外，还具有一定的结构，即一般结构（账页）和简易结构（“T”形账）。账户是经济业务发生后，对某项经济业务内容的增减变化及其结果，进行连续、系统地记录的手段或工具。

（2）会计科目的作用主要是为了对会计事项进行归档并开设账户和填制记账凭证所运用，而账户的作用主要是系统地提供某一具体会计对象的核算资料，为设置会计账簿和编制会计报表所运用。

（3）设置账户是会计核算方法的组成部分，它包含设置会计科目的内容，而设置会计科目不构成一种独立的会计方法，它是为账户的设置提供依据。

### （五）会计对象、会计要素、会计科目、会计账户之间的关系

如前所述，企业的会计对象是资金运动，其具体内容是资产、负债、所有者权益、收入、费用和利润，即会计六要素；根据会计要素开设会计科目；根据会计科目设置账户；运用账户连续记录经济业务，反映要素的增减变化及其结果，为经济管理提供信息。

综上所述，我们可以清楚地看出，会计对象、会计要素、会计科目、会计账户之间具有十分密切的关系，如图 2-2 所示。

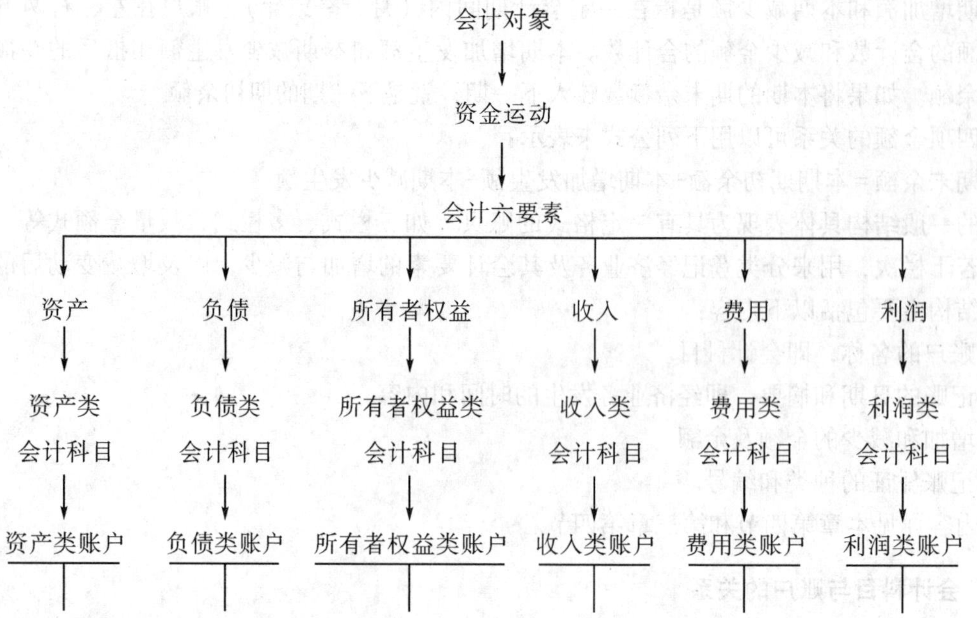


**图 2-2　会计对象、会计要素、会计科目、会计账户之间的关系**

# 第二节　复式记账

## 一、记账方法概述

为了核算和监督会计对象的具体内容，首先应根据规定的会计科目设置账户，但要取得经济管理所必需的核算资料，还必须采用一定的记账方法。所谓记账方法，就是根据一定的原理、记账符号、记账规则，采用一定的计量单位，利用文字和数字在账簿中登记经济业务的方法。

按记账方式的不同，可将记账方法分为单式记账法和复式记账法两大类。

### （一）单式记账法

单式记账法是对发生的每一项经济业务只在一个账户中登记的方法，通常只登记现金和银行存款的收付以及应收、应付款的结算。例如，用现金 200 元支付某种费用，记账时只登记现金账户减少 200 元，借以控制货币的收支和结存情况，至于费用的发生情况可忽略不计。单式记账法对于实物收付的业务一般也不予以登记，例如，当购买材料而货款尚未支付时，只记债务的增加，而不记材料的增加。单式记账法，手续简便，但没有考虑事物之间的客观联系。本书第一章第二节中曾提到，任何经济业务的发生都能引起两个或两个以上会计要素具体项目的增减变化。而单式记账法只设置库存现金、银行存款、应收账款、应付账款账户，虽然也能提供一些数据资料，但不能全面地反映企业经济活动的来龙去脉，也不便于对记账结果进行核对和检查。单式记账法的这一特点，决定了它是一种不完整、不科学的记账方法。随着社会经济的发展，市场经济活动越来越复杂，需要运用会计反映和提供数据资料的要求越来越高，单式记账法自然就逐渐被淘汰了。目前，我国的企业、机关和事业单位均不采用这种记账方法。

### （二）复式记账法

复式记账法是单式记账法的对称。所谓复式记账，就是对每一项经济业务，都要以相等的金额同时在两个或两个以上的账户中相互联系地进行登记，借以反映一项经济业务所引起的会计要素增减变化的一种记账方法。例如，用银行存款 500 元购买材料物资，根据复式记账方法，这项经济业务要以相等的金额同时在“银行存款”和“原材料”这两个相互联系的账户中进行登记，即一方面在“银行存款”账户中登记减少数500元，另一方面在“原材料”账户登记增加数500元。复式记账法与单式记账法相比，有两个明显的特点：一是对发生的各项经济业务活动，都要按规定的会计科目，至少在两个账户中相互联系地进行分类记录；二是对记录的结果可以进行试算平衡。

## 二、复式记账法的主要内容

### （一）复式记账法的特征

与单式记账法相比，复式记账法有如下三个方面的特征：

第一，设置了完整的账户体系，可以全面地记录和反映所有的经济业务。由于复式记账法不仅要求对每一笔经济业务通过相互联系的两个或两个以上的账户进行全面的反映，而且要求对各单位所发生的全部经济业务都要进行记录。因此，就必然要设置一整套账户，用来全面、系统、相互联系地反映所发生的各种经济业务。

第二，由于对每项经济业务都要在两个或两个以上相互联系的账户中进行登记，反映每一项经济业务的来龙去脉，并且复式记账具有完整的账户体系，所以它不仅对每项经济业务都能反映其来龙去脉，而且通过全部经济业务相互联系地记入有关账户中去，从而使账户体系能够全面清晰地反映出所有经济业务的来龙去脉，系统地反映和监督一个单位全部经济活动的过程及其结果，提供经济管理所需要的会计资料，这是复式记账的基本作用。

第三，由于对每项经济业务在相互联系的不同账户中的登记，都是“等额”的，因此，我们可以对会计记录的结果进行试算平衡。每一笔经济业务发生后，复式记账都是以相等的金额在有关账户之间进行双重平衡记录，在各个账户中进行全面反映，所以对反映一定时期全部经济业务的会计记录，必然能进行全面的综合试算平衡，从而可以通过账户对应关系（即账户之间的联系）了解经济业务内容，检查经济业务是否合法、合规；同时又可以通过对账户记录结果进行试算平衡，来检查账户记录是否正确。因此，复式记账法作为一种科学的记账方法得到了广泛的应用。

### （二）复式记账法的理论依据

复式记账法的理论依据是“资产=负债+所有者权益”的会计等式所反映的资金平衡关系的原理。各单位在经济活动中所发生的各项经济业务，将引起资产、负债和所有者权益等会计要素项目之间的增减变动。如本书第一章所述，各单位所发生的经济业务，对会计等式的影响不外乎以下四种情况：

第一，资产和负债及所有者权益双方同时等额增加；

第二，资产和负债及所有者权益双方同时等额减少；

第三，资产内部有增有减，增减的金额相等；

第四，负债及所有者权益内部有增有减，增减的金额相等。

而这四种情况对会计等式的影响又可以进一步归为两大类：一类是经济业务发生，变更资金总额，使会计等式两边的会计要素项目发生相等数额的同增或同减；另一类是经济业务发生，不变更资金总额，只涉及会计等式某一方（左方或右方）会计要素项目相等数额的有增有减。任何一项经济业务，必然在会计等式中导致双重影响，同时，任何经济业务的发生不会改变会计等式的成立。因此，要如实、全面地反映这种规律性，客观上要求在记账时将经济业务发生引起的会计要素项目变动数额相互联系地记录下来，并保持数额相等，即采用复式记账。这就是复式记账的基本原理。会计等式的等量双方，反映了经济事物之间相互联系和等量变化的客观规律。在会计等式中，如有一个会计要素项目发生增减变化，则与之相联系的一个或几个会计要素也会随之发生相同数额的增减变化（或同增同减，或有增有减）。为此，必须通过两个或两个以上账户，相互联系地做双重记录，才能使这种经济活动的客观规律得到全面地反映。这样才不会破坏会计等式所反映的客观存在的资金平衡关系。因此，对每项经济业务引起的会计等式中相互联系的双方（或在等式两边或在等式一边）发生的增减变化，必须同时在相互联系的两个或两个以上的账户中，进行双重平衡记录。

由此可见，复式记账法能真实、完整地反映经济业务所引起的各会计要素的增减变化，它是以相等的金额在两个或两个以上相互联系的账户中进行记录。这样做比较科学，因为它符合经济业务发生的实际情况，不会破坏资产总额、负债及所有者权益总额的平衡关系。



### （三）复式记账法的种类

按照复式记账法的记账符号及技术特点的不同，在世界及我国的会计发展史上有借贷记账法、增减记账法、收付记账法三种记账方法。



借贷记账法是人类发展史上最早使用的复式记账法，也是目前世界各国普遍采用的、最具科学性和代表性的一种复式记账方法。

增减记账法是20世纪60年代我国会计工作者在特定的社会经济环境下按照复式记账法的原理设计出来的一种记账方法，1993年7月1日以前主要用于商品流通企业。

收付记账法在我国较早出现，1998年1月1日前曾在我国行政、事业单位普遍采用。

多种记账方法的并存给企业间的横向经济联系以及与国际经济交往带来诸多不便，也必然加大跨行业的公司和企业集团会计工作的难度。因此，借贷记账法是我国学习借鉴的一种国际通用的记账方法。为了适应改革开放的需要，与国际惯例取得一致，1992年颁布、1993年7月1日开始实施的《企业会计准则》规定，会计记账采用借贷记账法，要求我国所有企业在进行会计核算时，都必须统一采用借贷记账法。随后，我国财政部颁布的《行政事业单位会计制度》也规定：各行政事业单位会计记账都要采用借贷记账法。

## 三、借贷记账法概述

### （一）借贷记账法的概念

借贷记账法，是以“借”和“贷”作为记账符号，以“有借必有贷，借贷必相等”为记账规则，反映会计交易或事项引起的各会计要素增减变动及结果情况的一种复式记账方法。这种记账方法是13世纪在意大利地中海沿岸一带城市产生的，之后逐步推广到世界各地。我国在新中国成立以前，从国外引进了借贷记账法，在比较大的工商企业、银行以及政府机关采用。新中国成立以后，我国会计工作者结合当时中国经济的特点，对借贷记账法的理论依据进行了改造。当时，我国许多企业、机关和事业单位都广泛采用了借贷记账法。20世纪60年代以来，我国开始改革记账方法，出现了一些新的记账方法，如增减记账法、资金收付记账法、钱物（财产）收付记账法等。但是，借贷记账法仍是许多企业特别是大中型企业所广泛采用的一种记账方法。1993年7月，我国对会计工作进行重大改革，其内容之一是统一了记账方法，规定企业统一采用借贷记账法，并采用了国际通行的借贷记账法的理论依据，使我国的记账方法符合国际会计惯例。目前，借贷记账法已是我国各单位统一使用的一种复式记账法。

### （二）记账符号

“借”“贷”两字起源于13世纪资本主义萌芽时期的意大利。最初运用“借”和“贷”，是为了适应借贷资本家记录资金借入和放出的需要，它仅仅表示借贷资本家债权和债务的增减变动。借贷资本家一方面从商人和官吏手中吸收货币资本，一方面又将钱借给需要用钱的人，从中进行盘剥。为了记录吸收的存款和贷出的款项，分别按人名设户登记，并把账户分为两方，一方登记吸收的存款，称为贷主方，表示欠人（应付款）；另一方登记贷出的款项，称为借主方，表示人欠（应收款）。以后收回借出的钱或偿还投资人的资本时，则各在它们账户相反的一方登记。最初的“借”“贷”具有借主（债权）、贷主（债务）的含义。这是借贷记账法的“借”“贷”二字的由来。以后随着商品经济的发展及经济活动的范围日益扩大，在账簿中不仅要登记往来结算的债权、债务，还要登记财产物资、经营损益的增减变化。这样，“借”“贷”二字就逐渐失去它原来的含义而转为一种单纯的记账符号，用以标明记账的方向，至于借方和贷方分别表示增加还是减少，要视账户的性质、结构及反映的经济业务内容而定。现在讲的借、贷是沿用旧的会计术语，作为记账符号使用，用以表示在账户中的两个对立的记账部位和登记方向。“借”和“贷”也可分别用英文的简写“Dr”和“Cr”来表示。

### （三）账户结构

在本章第一节中已讲述，账户的结构分为一般结构和简易结构，简易结构指的就是“T”形账。下面以“T”形账为例讲述账户的登记。

在借贷记账法下，任何账户都分为借方和贷方两个基本部分，通常左方为借方，右方为贷方。账户的一般格式可用“T”形账户的形式表示，见图 2-3。

借方　　　　账户名称（会计科目）　　　　贷方

**图 2-3　“T”形账户结构**

在借贷记账法下，所有账户的借方和贷方都要按相反的方向记录其增减变动，即一方登记增加额，另一方登记减少额。账户的期初、期末余额一般应与增加额记入同一方向。至于账户的哪一方记增加额，哪一方记减少额，则取决于账户所要反映的经济内容是资产与成本费用支出，还是负债、所有者权益与收入。

“借”“贷”二字作为记账符号，所表示的增加、减少含义并不固定，而是取决于账户的经济性质。由于增、减具有相反的意义，故在账户中应做方向不同的反映。如果某账户的借方表示增加，则贷方一定表示减少，反之亦然。资产和权益是同一资金的两个不同方面，在资产负债表中是根据会计等式用相互对立的两个对应方面反映资产和权益的。由于资产通常列示于会计等式和资产负债表的左方（借方），权益包括负债及所有者权益通常列示于会计等式和资产负债表的右方（贷方）。因此，对于资产和权益的增减变动，必须按相反方向在账户中加以记录，并在两类账户中用借贷相反的方向来记录账户的内容。所以，依照习惯：资产类账户的借方记增加额，贷方记减少额；权益（负债及所有者权益）类账户的贷方记增加额，借方记减少额。也就是说，同一种记账符号如“借”或“贷”，对于资产类的增减意义与对于负债及所有者权益类账户的增减意义恰好相反。

根据“资产=权益”这一会计等式，可以将全部账户根据其反映的经济内容分为资产账户和权益账户两大类。由于权益包括负债和所有者权益，根据“资产=负债+所有者权益”的会计等式，权益账户应包括负债类账户和所有者权益类账户。企业取得收入和发生费用，最终会导致所有者权益的变动。根据“资产=负债+所有者权益+收入-费用”的会计等式，收入的增加可以视同为所有者权益的增加，费用的增加则可以视同为所有者权益的减少，这就决定了收入类账户的结构应与所有者权益类账户保持一致，成本费用支出类账户的结构与所有者权益类账户的结构相反，而与资产类账户的结构保持一致。

下面分别说明各类账户的结构。

1. 资产类账户的结构

资产类账户的结构是，资产的增加额记入账户的借方，减少额记入账户的贷方，账户若有期末余额一般为借方余额，表示期末资产余额。每一会计期间借方记录的金额合计数称为本期借方发生额，贷方记录的金额合计数称为本期贷方发生额。

期初余额+本期增加额-本期减少额=期末余额，因此，资产类账户的期末余额可根据下列公式计算：

借方期末余额=借方期初余额+借方本期发生额-贷方本期发生额

资产类账户的结构，见图2-4。

| 借方 | 账户名称（会计科目） | | 贷方 |
|---|---|---|---|
| 期初余额 | ××× | | |
| 本期增加额 | ××× | 本期减少额 | ××× |
| | ××× | | ××× |
| | ××× | | ××× |
| 本期借方发生额 | ××× | 本期贷方发生额 | ××× |
| 期末余额 | ××× | | |

**图2-4 资产类账户结构**

2. 权益类账户的结构

由"资产=负债+所有者权益"的会计等式所决定，该类账户与资产类账户的结构一定是相反的，列在会计等式的右方，且资产的增加记入借方，所以，借贷记账法规定，权益类账户增加记入贷方，减少也就必然记入借方，所增减相抵后的余额一般在贷方，表明期末权益的实有数额。

（1）负债类账户的结构。负债的增加额记入账户的贷方，减少额记入账户的借方，账户若有期末余额，一般为贷方余额，表示期末负债余额。负债类账户期末余额可根据下列公式计算：

贷方期末余额=贷方期初余额+贷方本期发生额-借方本期发生额

负债类账户的结构，见图2-5。

| 借方 | 账户名称（会计科目） | | 贷方 |
|---|---|---|---|
| | | 期初余额 | ××× |
| 本期减少额 | ××× | 本期增加额 | ××× |
| | ××× | | ××× |
| | ××× | | ××× |
| 本期借方发生额 | ××× | 本期贷方发生额 | ××× |
| | | 期末余额 | ××× |

**图2-5 负债类账户结构**

（2）所有者权益类账户。其结构与负债类账户的结构相同，即所有者权益的增加额记入账户的贷方，减少额记入账户的借方，账户若有期末余额，一般为贷方余额，表示期末所有者权益余额。所有者权益类账户期末余额的计算公式与负债类账户相同。

所有者权益类账户的结构，见图2-6。

| 借方 | 账户名称（会计科目） | | 贷方 |
|---|---|---|---|
| | | 期初余额 | ××× |
| 本期减少额 | ××× | 本期增加额 | ××× |
| | ××× | | ××× |
| | ××× | | ××× |
| 本期借方发生额 | ××× | 本期贷方发生额 | ××× |
| | | 期末余额 | ××× |

**图2-6 所有者权益类账户结构**

3. 成本类账户的结构

企业在生产经营过程中发生的资金耗费而形成的费用分为：计入产品成本并形成企业资产的费用以及直接计入当期损益的期间费用。其中，计入产品成本并形成企业资产的费用习惯上称为成本费用，反映这一成本费用的账户称为成本类账户。由于成本费用是企业生产经营过程中资产耗费的转化形态，在没有形成产品这一资产之前是企业的在产品。所以，成本类账户的结构和资产类账户的结构基本相同。

成本类账户，借方登记增加，贷方登记减少（或转销），期末一般没有余额。如期末有尚未完工的在产品，期末借方余额表示在产品的成本。其期末余额的计算公式和资产类账户的相同。

成本类账户的结构，见图 2-7。

| 借方 | 账户名称（会计科目） | | 贷方 |
|---|---|---|---|
| 期初余额 | ××× | | |
| 本期增加额 | ××× | 本期减少额 | ××× |
| | ××× | | ××× |
| | ××× | | ××× |
| 本期借方发生额 | ××× | 本期贷方发生额 | ××× |

**图 2-7　成本类账户结构**

4. 损益类账户的结构

损益作为企业最终的财务成果，是企业取得的收入和发生的费用相抵后的差额。因此，损益类账户又可以分为费用类账户和收入类账户两类。

（1）费用类账户的结构。由于费用是要以当期的收入进行抵补资产的耗费，在没有以收入抵补前，实际上是企业的一种资金运用，所以，费用类账户的结构和资产类相同。该类账户，借方登记增加，贷方登记减少（或转出、转销）。由于与收入相配比的费用要在期末全部转出，以便与收入相抵，因此，该类账户期末一般无余额。

费用类账户的结构，见图 2-8。

| 借方 | 账户名称（会计科目） | | 贷方 |
|---|---|---|---|
| 本期增加额 | ××× | 本期减少额或转销额 | ××× |
| | ××× | | ××× |
| | ××× | | ××× |
| 本期借方发生额 | ××× | 本期贷方发生额 | ××× |

**图 2-8　费用类账户结构**

（2）收入类账户的结构。由于收入本身是企业经济利益的流入，在没有与费用进行抵补前会导致所有者权益的增加，所以，收入类账户的结构和所有者权益类相同。该类账户，增加额记入账户的贷方，减少额或转销额记入账户的借方。期末时，本期收入的增加额减去减少额后的差额，应转入有关所有者权益账户，所以期末没有余额。

（3）收入类账户的结构，见图 2-9。

| 借方 | 账户名称（会计科目） | | 贷方 |
|---|---|---|---|
| 本期减少额或转销额 | ××× | 本期增加额 | ××× |
| | ××× | | ××× |
| | ××× | | ××× |
| 本期借方发生额 | ××× | 本期贷方发生额 | ××× |

**图 2-9　收入类账户结构**

5. 利润类账户的结构

利润类账户的结构一般与权益类账户的结构基本相同，所以，利润类账户借方登记减少（或转销），贷方登记增加，增减相抵后的余额可能在贷方（收入大于费用），也可能在借方（收入小于费用）。其账户简化结构，见图 2-10。

| 借方 | 账户名称（会计科目） | | 贷方 |
|---|---|---|---|
| 或：期初余额（亏损） | ××× | 期初余额（利润） | ××× |
| 本期减少额 | ××× | 本期增加额 | ××× |
| | ××× | | ××× |
| | ××× | | ××× |
| 本期借方发生额（费用） | ××× | 本期贷方发生额（收入） | ××× |
| 或：期末余额（亏损） | ××× | 期末余额（利润） | ××× |

**图 2-10　利润类账户结构**

综上所述，资产账户（包括资产类、成本类、费用支出类账户）的结构是：增加额登记在账户的借方，减少额（或转销额）登记在账户的贷方，期末如有余额，应为借方余额；权益账户（包括负债类、所有者权益类、收入类账户）的结构是：增加额登记在账户的贷方，减少额（或转销额）登记在账户的借方，期末如有余额，应为贷方余额。

借贷记账法在账户设置方面的特点是，除了按会计要素设置性质明确的五类（一般共同类不用）账户外，如果需要，还可设置一些双重性质的账户。这些账户性质并不确定。我们要根据其期末余额的方向来判断其性质。例如，当债权与债务的业务均与同一个企业发生关系时，企业不必为这一个有往来关系的企业设置两个账户，只需将与该企业发生的应收和应付账款合在同一账户（如称“往来款项”）进行核算即可。发生应收账款业务时记入“往来款项”账户的借方，发生应付账款业务时记入“往来款项”账户的贷方。如果该账户期末余额在借方，反映企业的债权，属资产类账户；期末余额在贷方，则反映企业的债务，属负债类账户。

总之，资产和权益两大类账户的结构是相反的，在借贷记账法下，账户余额的方向，表示账户的性质，即借方余额说明账户是资产类；贷方余额说明账户是权益类。因此，采用借贷记账法时，可以通过账户余额来判断账户的性质，这是借贷记账法的一个特点。对于某些具有双重性质的账户，则可以根据其余额来判断账户的性质。

根据以上各类账户结构的说明，可以将账户借方或贷方所记录的经济内容加以归集，见图 2-11。

| 借方　　账户名称（会计科目） | 贷方 |
|---|---|
| 资产的增加 | 资产的减少 |
| 成本费用支出的增加 | 成本费用支出的减少 |
| 负债的减少 | 负债的增加 |
| 所有者权益的减少 | 所有者权益的增加 |
| 收入的减少 | 收入的增加 |

**图 2-11　各类账户结构说明**

**（四）记账规则**

运用借贷记账法在账户中登记经济业务时，首先应根据经济业务的内容，确定所涉及的是资产类账户还是权益类账户，账户金额是发生增加还是减少；其次确定应记入有关账户的是借方还是贷方。

【例 2-1】现举例说明借贷记账法的记账规则。

（1）企业收到投资者投入的机器设备一套，价值 100 000 元（不考虑相关税费）。

这项经济业务的发生，一方面使企业的固定资产这一资产项目增加了 100 000 元，另一方面使企业的实收资本这一所有者权益项目也相应增加了 100 000 元。因此，这项经济业务涉及“固定资产”和“实收资本”这两个账户。“固定资产”是资产类账户，增加应记入该账户的借方；“实收资本”是所有者权益类账户，增加应记入该账户的贷方。这项经济业务登账的结果如图 2-12 所示。

| 借方 | 实收资本 | 贷方 |
| --- | --- | --- |
| | 期初余额 | 40 000 |
| | (1) 100 000 | |

| 借方 | 固定资产 | 贷方 |
| --- | --- | --- |
| 期初余额 | 30 000 | |
| (1) 100 000 | | |

图 2-12　登账结果

(2) 以银行存款 50 000 元偿还银行短期借款。

这项经济业务的发生，一方面使企业的银行存款这一资产项目减少了 50 000 元，另一方面使短期借款这一负债项目也相应地减少了 50 000 元。这项经济业务涉及"银行存款"和"短期借款"这两个账户。"银行存款"是资产类账户，减少应记入该账户的贷方；"短期借款"是负债类账户，减少应记入该账户的借方。这项经济业务的登账结果如图 2-13 所示。

| 借方 | 银行存款 | 贷方 |
| --- | --- | --- |
| 期初余额 | 200 000 | |
| | (2) 50 000 | |

| 借方 | 短期借款 | 贷方 |
| --- | --- | --- |
| | 期初余额 | 100 000 |
| (2) 50 000 | | |

图 2-13　登账结果

(3) 收回某单位前欠货款 20 000 元，存入银行存款户。

这项经济业务的发生，一方面使企业的银行存款这一资产项目增加 20 000 元，另一方面使企业的应收账款这一资产项目也相应减少了 20 000 元。因此，这项经济业务涉及"银行存款"和"应收账款"这两个账户。这两个账户都是资产类账户，银行存款的增加，应记在"银行存款"账户的借方；应收账款的减少，应记在"应收账款"账户的贷方。这项经济业务的登账结果如图 2-14 所示。

| 借方 | 应收账款 | 贷方 |
| --- | --- | --- |
| 期初余额 | 50 000 | |
| | (3) 20 000 | |

| 借方 | 银行存款 | 贷方 |
| --- | --- | --- |
| 期初余额 | 200 000 | |
| (3) 20 000 | (2) 50 000 | |

图 2-14　登账结果

(4) 向银行借入短期借款 50 000 元，偿还前欠外单位贷款。

这项经济业务的发生，一方面使短期借款这一负债项目增加了 50 000 元，另一方面使应付账款这一负债项目相应减少了 50 000 元。因此，这项经济业务涉及"短期借款"和"应付账款"这两个账户。这两个账户都是负债类账户，短期借款这一负债的增加，应记在"短期借款"账户的贷方，应付账款这一负债的减少，应记在"应付账款"账户的借方。这项经济业务的登账结果如图 2-15 所示。

| 借方 | 短期借款 | 贷方 |
| --- | --- | --- |
| | 期初余额 | 100 000 |
| (2) 50 000 | (4) 50 000 | |

| 借方 | 应付账款 | 贷方 |
| --- | --- | --- |
| | 期初余额 | 50 00 |
| (4) 50 000 | | |

图 2-15　登账结果

【例 2-1】中的四项经济业务，运用借贷记账法记账的结果，可用图 2-16 归纳如下：

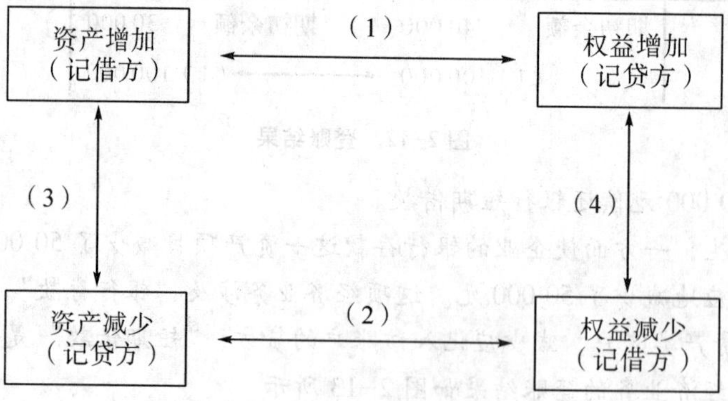


**图 2-16　借贷记账法的记账规则**

如前面所述，各单位的经济业务虽然多种多样，但归纳起来不外乎资产和权益同增、资产和权益同减、资产内部一增一减、权益内部一增一减这四大类经济业务。无论哪一类经济业务发生后，在采用借贷记账法时，都一律采用有借必有贷，借贷必相等的记账规则。也就是说，运用借贷记账法记账，要求对发生的每一笔经济业务都要以相等的金额，借贷相反的方向，在两个或两个以上相互联系的账户中进行登记。即在一个账户中记借方，必须同时在另一个或几个账户中记贷方；若在一个账户中记贷方，必须同时在另一个或几个账户中记借方。记入账户借方的金额与记入账户贷方的金额必须相等。因此，概括地说，借贷记账法的记账规则或记账规律，就是“有借必有贷，借贷必相等”。

上述记账规则是由会计等式、复式记账原理和借贷记账法下账户的结构三方面因素共同决定的。在前面讲述中我们已指出，任何一项经济业务的发生，都要引起两个或两个以上的会计要素具体项目的变动，根据复式记账原理就要在相互联系的两个或两个以上的账户中进行双重等额记录，又由于借贷记账法下账户结构中“借”“贷”增减意义的规定性，使得“有借必有贷，借贷必相等”成为一种必然。

## 四、账户对应关系和会计分录

### （一）账户对应关系

从以上举例可以看出，运用借贷记账法，根据“有借必有贷，借贷必相等”的记账规则登记每项经济业务时，在有关账户之间就会发生应借、应贷的相互关系。账户之间的这种关系，称为账户的对应关系。发生对应关系的账户，称为对应账户。例如，以银行存款 50 000 元偿还银行短期借款。对这项经济业务，应记入“短期借款”账户借方 50 000 元和“银行存款”账户贷方 50 000 元。这项经济业务使“短期借款”和“银行存款”这两个账户发生了应借、应贷的相互关系，这两个账户就叫作对应账户。

账户对应关系很重要，具有以下两点作用：

（1）通过账户的对应关系，可以了解经济业务的内容。例如，记入“银行存款”账户借方 200 000元和“短期借款”账户贷方 200 000 元。通过这两个账户的对应关系，可以了解到，银行存款（资产项目）的增加，是由于短期借款（负债项目）的增加，也就是通过向银行取得短期借款，而使银行存款增加了 200 000 元，短期借款增加了 200 000 元。

（2）通过账户的对应关系，可以发现账户中所记录的经济业务是否符合有关经济法规和财务会计制度。例如，记入“应付账款”账户借方 50 000 元和“库存现金”账户贷方 50 000 元。这两个账户的对应关系表明是以库存现金 50 000 元偿还前欠外单位货款。对这项经济业务所做的会计处理并无错误，但这项经济业务却违反了国家现金管理制度的规定。因为偿付大额的货款，必须通过银行办理结算，不得直接用现金支付。

## （二）会计分录

在记账工作中，上面所讲的应借账户、应贷账户及其金额不是直接记入账户的。因为直接记入账户容易发生差错，而且借方账户和贷方账户的对应关系也反映不出来。按照账务处理程序，在账户中记录任何一项经济业务，都必须以记账凭证为依据。为了保证账户记录的正确性，在将经济业务记入账户之前，应当先根据经济业务所涉及的账户及其应记的借、贷方向和金额，编制会计分录。

所谓会计分录，就是在记账凭证中指明某项经济业务应登记的账户名称，记账的借、贷方向和金额的一种记录。会计分录由三个要素构成：记账符号（借或贷）、会计科目（账户的名称）和金额。

会计分录的书写格式规范如下：

第一，先借后贷，并分行书写（借在上，贷在下）。

第二，贷方的记账符号、账户的名称和金额数字均应比借方向后退一格。

第三，数字后面不必写“元”或者“万元”的金额单位。

第四，涉及一借多贷或多借一贷的情况下，借方或贷方的文字和数字金额应对齐，以便于借（贷）方发生额的加总。

会计分录的具体格式如下：

借：一级会计科目——二级或明细科目　　×××
　贷：一级会计科目——二级或明细科目　　×××

或：

借：一级会计科目——二级或明细科目　　×××
　　一级会计科目——二级或明细科目　　×××
　贷：一级会计科目——二级或明细科目　　×××

或：

借：一级会计科目——二级或明细科目　　×××
　贷：一级会计科目——二级或明细科目　　×××
　　　一级会计科目——二级或明细科目　　×××

或：

借：一级会计科目——二级或明细科目　　×××
　　一级会计科目——二级或明细科目　　×××
　贷：一级会计科目——二级或明细科目　　×××
　　　一级会计科目——二级或明细科目　　×××

以上表示的是会计分录的四种形式，即一借一贷、一贷多借、一借多贷和多借多贷。借、贷分列两行写，先借后贷，借贷方不能并列写，贷方要向后退一格（账户的名称和金额数字相应也要退一格）。一级会计科目是指会计科目表中的会计科目，二级或明细科目是指企业根据经济业务的具体情况和管理需要而设置的明细科目。相同方向（借方或贷方）的会计科目要对应整齐。×××表示金额，借方金额等于贷方金额或借方合计金额等于贷方合计金额。如果同方向（借方或贷方）有多个金额，则金额要上下排列整齐。

编制会计分录，一般经过以下步骤：

（1）首先分析经济业务的内容涉及哪些对应账户，确定该项经济业务应记入的对应账户名称及账户性质。

（2）根据该项经济业务引起的会计要素的增减变化和借贷记账法的账户结构，确定对应账户的记账方向（记借方还是记贷方）。

（3）根据会计要素增减变化的数量确定对应账户应登记的金额。

（4）根据借贷记账法“有借必有贷，借贷必相等”的记账规则，检查会计分录借贷是否平衡，有无差错。

编制会计分录是会计核算工作的第一步，务必认真做好。因为会计分录是登记账户的依据，如果分录编制错误，会导致账户登记的错误。所以，会计分录编制完毕后应认真检查账户对应关系是否正确合理，借贷方金额是否相等。



下面用具体例子说明会计分录的编制方法。

【例 2-2】仍以【例 2-1】中所举例的四项经济业务为例。

(1) 企业收到投资者投入的机器设备一套，价值 100 000 元（不考虑相关税费）。

编制会计分录如下：

| | | |
|---|---|---|
| 借：固定资产 | 100 000 | |
| 　贷：实收资本 | | 100 000 |



(2) 以银行存款 50 000 元偿还银行短期借款。

编制会计分录如下：

| | | |
|---|---|---|
| 借：短期借款 | 50 000 | |
| 　贷：银行存款 | | 50 000 |

(3) 收回某单位前欠货款 20 000 元，存入银行存款账户。

编制会计分录如下：

| | | |
|---|---|---|
| 借：银行存款 | 20 000 | |
| 　贷：应收账款 | | 20 000 |

(4) 银行借入短期借款 50 000 元，偿还外单位货款。

编制会计分录如下：

| | | |
|---|---|---|
| 借：应付账款 | 50 000 | |
| 　贷：短期借款 | | 50 000 |

会计分录有简单会计分录和复合会计分录两种。以上的会计分录都是以一个账户的借方与另一个账户的贷方相对应组成的，这种只涉及两个账户的会计分录（一借一贷），称为简单会计分录。有些会计分录是以一个账户的借方与另外几个账户的贷方，或者以一个账户的贷方与另外几个账户的借方或者几个账户的借方与几个账户的贷方相对应组成的，这种涉及两个以上账户的会计分录，称为复合会计分录。

以下面两项经济业务为例，说明复合会计分录的编制方法。

(5) 购入机器一台，价款 100 000 元（不考虑相关税费），其中 80 000 元以银行存款支付，余下的 20 000 元暂欠供货单位。

编制会计分录如下：

| | | |
|---|---|---|
| 借：固定资产 | 100 000 | |
| 　贷：银行存款 | | 80 000 |
| 　　　应付账款 | | 20 000 |

上例是一个复合会计分录。它是由一个借方账户与两个贷方账户相对应组成的。复合会计分录实际上是由若干个简单会计分录合并组成的。如上例复合会计分录是由以下两个简单会计分录合并组成的：

| | | |
|---|---|---|
| 借：固定资产 | 80 000 | |
| 　贷：银行存款 | | 80 000 |
| 借：固定资产 | 20 000 | |
| 　贷：应付账款 | | 20 000 |

通过比较可以看出编制复合会计分录，既可以集中反映某项经济业务的全面情况，又可以简化记账工作，提高会计工作效率。

（6）企业收到某投资人以银行存款60 000元，机器设备40 000元（不考虑相关税费），对企业进行的投资。

编制会计分录如下：

借：银行存款　　60 000

　　固定资产　　40 000

　贷：实收资本　　100 000

在记账以前，及时准确地编制会计分录，可以保证账户记录的准确性，并便于日后检查。在借贷记账法下，企业可以编制“一借多贷”或“多借一贷”的会计分录，尽量避免编制多借多贷的会计分录，因为多借多贷的会计分录不能体现账户之间的对应关系。但在经济业务确实需要时，企业也可以编制“多借多贷”的会计分录。

## 五、试算平衡

为了保证一定时期内发生的经济业务在账户中登记的正确性，企业需要在一定时期终了时，根据会计等式和借贷记账法“有借必有贷，借贷必相等”的记账规则，对账户记录进行试算平衡。所谓试算平衡，就是根据“资产=权益”的平衡关系和记账规则来检查账户记录是否正确、完整的一种验证方法。

在借贷记账法下，按照“有借必有贷，借贷必相等”的记账规则记账，就使得根据每一项经济业务所编制的会计分录，借贷两方的发生额必然相等；在一定时期内，全部账户的借贷方本期发生额合计是每一项经济业务会计分录借贷发生额的累积，因此，将一定时期内（如一个月）反映全部经济业务的所有会计分录，都记入有关账户后，所有账户的借方本期发生额合计数与贷方本期发生额合计数也必然是相等的；所有账户的期末余额，又是以一定的积累发生额为基础进行计算的，与此相适应，所有账户的借方期末余额合计数与贷方期末余额合计数也是必然相等的。

无论是“发生额平衡”还是“余额平衡”，都是依据“资产=权益”的平衡原理及借贷记账法的记账规则推导出来的。然而，如果在记账过程中发生差错，就可能使借贷金额出现不平衡。如果借贷不平衡，则不仅账户记录出现错误，还会导致以账户记录为依据而编制的会计报表出现错误。因此，为了检查和验证账户记录是否正确，以便及时找出差错及其原因，并予以更正，就必须定期进行试算平衡。

借贷记账法的试算平衡有发生额试算平衡和余额试算平衡两种。

1. 发生额试算平衡

发生额试算平衡是用来检查一定时期内（如一个月）全部账户的借贷方发生额合计是否相等的方法。其计算公式如下：

全部账户借方本期发生额合计=全部账户贷方本期发生额合计

2. 余额试算平衡

余额试算平衡是用来检查一定时期内（如一个月）全部账户的借方期末余额和贷方期末余额合计是否相等的方法。其计算公式如下：

全部账户借方期末余额合计=全部账户贷方期末余额合计

这两种方法通常是在月末结出各个账户的本月发生额和月末余额后，依据上述两式分别编制，总分类账户本期发生额试算平衡表和总分类账户期末余额试算平衡表，或合并编制总分类账户的期初、期末余额和本期发生额试算平衡表，来进行试算平衡。

【例2-3】假定某企业20××年7月有关账户的期初余额见表2-3，本期发生额见【例2-2】列举的六笔经济业务，登记“T”形账，据以编制试算平衡表。

各项经济业务编制会计分录以后，应记入有关账户，这个记账步骤通常称为“过账”。过账以后，一般要在月终进行结账，即结算出每个账户的本期发生额和期末余额。现将以上经济业务的会计分录记入下列各账户，并计算出各账户的本期发生额和期末余额，各账户记录如表 2-3 及图 2-17 所示。

表 2-3　相关账户初期余额

单位：元

| 账户名称 | 借方余额 | 账户名称 | 贷方余额 |
|---|---|---|---|
| 银行存款 | 200 000 | 短期借款 | 100 000 |
| 应收账款 | 50 000 | 应付账款 | 50 000 |
| 固定资产 | 300 000 | 实收资本 | 400 000 |
| 合计 | 550 000 | 合计 | 550 000 |

借方　银行存款　贷方

| 借方 | | 贷方 | |
|---|---|---|---|
| 期初余额 | 200 000 | | |
| | （3）20 000 | | （2）50 000 |
| | （6）60 000 | | （5）80 000 |
| 本期发生额 | 80 000 | 本期发生额 | 130 000 |
| 期末余额 | 150 000 | | |

（a）

借方　短期借款　贷方

| 借方 | | 贷方 | |
|---|---|---|---|
| | | 期初余额 | 100 000 |
| （2）50 000 | | | （4）50 000 |
| 本期发生额 | 50 000 | 本期发生额 | 50 000 |
| | | 期末余额 | 100 000 |

（b）

借方　应收账款　贷方

| 借方 | | 贷方 | |
|---|---|---|---|
| 期初余额 | 50 000 | | |
| | | | （3）20 000 |
| 本期发生额 | | 本期发生额 | 20 000 |
| 期末余额 | 30 000 | | |

（c）

借方　应收账款　贷方

| 借方 | | 贷方 | |
|---|---|---|---|
| | | 期初余额 | 50 000 |
| （4）50 000 | | | （5）20 000 |
| 本期发生额 | 50 000 | 本期发生额 | 20 000 |
| | | 期末余额 | 20 000 |

（d）

借方　应收账款　贷方

| 借方 | | 贷方 | |
|---|---|---|---|
| 期初余额 | 300 000 | | |
| | （1）100 000 | | |
| | （5）100 000 | | |
| | （6）40 000 | | |
| 本期发生额 | 240 000 | 本期发生额 | 20 000 |
| 期末余额 | 540 000 | | |

（e）

借方　应收账款　贷方

| 借方 | | 贷方 | |
|---|---|---|---|
| | | 期初余额 | 400 000 |
| （2）50 000 | | | （1）100 000 |
| | | | （6）100 000 |
| 本期发生额 | 50 000 | 本期发生额 | 200 000 |
| | | 期末余额 | 600 000 |

（f）

图 2-17　各账户的本期发生额和期末余额

根据以上记录，即可编制总分类账户试算平衡表，见表 2-4。

表 2-4　总分类账户发生额及余额试算平衡表

20××年 7 月 31 日

单位：元

| 账户名称 | 期初余额 | | 本期发生额 | | 期末余额 | |
|---|---|---|---|---|---|---|
| | 借方 | 贷方 | 借方 | 贷方 | 借方 | 贷方 |
| 银行存款 | 200 000 | | 80 000 | 130 000 | 150 000 | |
| 应收账款 | 50 000 | | | 20 000 | 30 000 | |
| 固定资产 | 300 000 | | 240 000 | | 540 000 | |
| 短期借款 | | 100 000 | 50 000 | 50 000 | | 100 000 |
| 应付账款 | | 50 000 | 50 000 | 20 000 | | 20 000 |
| 实收资本 | | 400 000 | | 200 000 | | 600 000 |
| 合计 | 550 000 | 550 000 | 420 000 | 420 000 | 720 000 | 720 000 |

必须指出，试算平衡只是通过借贷金额是否相等来检查账户的记录是否正确。如果借贷不平衡，就可以肯定账户记录或计算有错误，应查找原因并予以更正；如果借贷平衡，却不能肯定记账没有错误，因为有些记账错误并不影响借贷方的平衡。例如某项经济业务在有关账户中全部漏记或重记；又如某项经济业务记错账户，把应借应贷的账户互相颠倒；再如对某项经济业务，记入有关账户的借贷金额出现多记或少记的同样错误。凡此种种，并不能通过试算平衡来发现，还应通过其他方法发现这些记账错误。这表明只根据试算平衡的结果，并不足以说明账户的记录没有错误。因此，需要对一切会计记录进行日常或定期的复核，以保证账户记录的正确性。

## 第三节　总分类账户和明细分类账户

### 一、总分类账户和明细分类账户的意义

总分类账户简称总账，是按照会计要素的类别，根据总分类科目来设置，提供各种总括分类核算资料的账户。总分类账户的特点是提供的核算资料比较总括，是编制会计报表的主要依据。例如，根据“原材料”总分类科目开设“原材料”总分类账户，用以提供原料及主要材料等的收发领退和结存的总括分类核算指标。对各项经济业务，在总分类账户中进行的核算，叫作总分类核算。

但是，总分类账户不能提供各项会计要素的增减变动、结果以及各种经营过程进行情况的详细资料，因而不能满足管理上的具体需要。例如总分类账户没有实物指标，所以不可能对各种实物资产的动态进行核算和监督。为了保证每一种实物资产（每一种原材料、辅助材料、在产品、产成品、库存商品）不仅在价值表现上而且在实物表现上都能通过账户得到反映，也为了保证每一种非实物的资产和权益也在账户中得到详细的反映，在设置和应用总分类账户的同时，还必须设置和应用明细分类账户。

明细分类账户简称明细账，是根据明细分类科目设置的，提供各种具体的、详细的分类核算资料的账户。它是根据某一总分类账户的核算内容，按照实际需要所做的更加详细的分类和补充说明。例如，为了具体掌握企业与各供货单位之间的货款结算情况，就要在“应付账款”总分类账户下，按各供货单位的名称，分别设置明细分类账户；为了具体掌握各种材料的收发、结存情况，就要在“原材料”总分类账户下，按照材料的品名和规格，分别设置明细分类账户。明细分类账户除了用货币量度外，有些账户还要用实物量度（如件、台、吨等），以反映实物数量的增减变动。对某项经济业务，在有关明细分类账户中进行的核算，叫作明细分类核算。

在会计核算中，并非所有的总分类账户都需要开设明细分类账户，但大多数的总分类账户需要开设明细分类账户。设置明细分类账户的基本原则是：既要满足生产经营管理的需要，又不要太烦琐。一般地讲，对于比较重要的财产物资账户（如原材料、产成品等）、比较主要的所有者权益和债权、债务账户（如实收资本、应收账款、应付账款等）以及收入、成本费用支出账户等可以设置明细分类账户。为了满足经营管理的需要，明细分类账户要按照一定的标志设置。例如，原材料、产成品等账户，按每一种实物名称登记明细分类账户，而应收账款、应付账款、其他应收款、其他应付款等账户，则应按有往来关系的单位或个人设置明细分类账户。

### 二、总分类账户与明细分类账户的平行登记

在会计核算工作中，为了满足各方面对会计信息的不同需要，不仅要通过总分类账户提供总括的核算指标，而且要通过总分类账户提供详细的核算指标。总分类账户和明细分类账户所记录的经济业务内容是相同的，所不同的是提供核算指标有详细程度的差别。因此，总分类账户与其所属的明细分类账户的关系是：总分类账户提供的核算资料对所属明细分类账户起着统驭的作用，每个总分类账户

对其所属的明细分类账户进行控制。设有明细分类账户的总分类账户，也称统驭账户。而明细分类账户提供的详细核算资料，对总分类账户起着补充说明的作用，每个明细分类账户都是对统驭账户核算内容的必要补充，也称被统驭账户。



根据总分类账户与其所属明细分类账户之间的上述关系，在会计核算中，为了便于账户记录的核对，保证会计核算资料的完整性和正确性，总分类账户与其所属的明细分类账户必须采用平行登记的方法。

所谓平行登记，就是对发生的每项经济业务，不但要记入有关的总分类账户，设置有明细分类账户的，还要同时记入有关明细分类账户。

下面以“原材料”和“应付账款”账户为例，说明总分类账户和明细分类账户的平行登记。



【例 2-4】某企业 20××年 6 月份“原材料”和“应付账款”总分类账户和所属明细分类账户的月初余额如下：

“原材料”总分类账户为借方余额 30 000 元，其所属明细分类账户的月初余额见表 2-5。

**表 2-5　月初余额**

| 名称 | 数量/千克 | 单价/元 | 金额/元 |
| --- | --- | --- | --- |
| 甲材料 | 5 000 | 5 | 25 000 |
| 乙材料 | 500 | 10 | 5 000 |
| 合计 | | | 30 000 |

“应付账款”总分类账户为贷方余额 60 000 元，其所属明细分类账户余额为：红华工厂为贷方余额 25 000 元，新星工厂为贷方余额 35 000 元。

假设本月发生的材料收发业务及与供应单位的结算业务如下：

1. 6 月 5 日向新星工厂购进甲材料 14 000 千克，单价 5 元。共计货款 70 000 元，材料已验收入库，货款尚未支付（不考虑增值税，下同）。

2. 6 月 8 日，以银行存款偿还欠新星工厂货款 20 000 元。

3. 6 月 15 日，向红华工厂购进乙材料 8 000 千克，单价 10 元，共计货款 80 000 元，材料已验收入库，货款暂欠。

4. 6 月 25 日通过银行结算偿还新星工厂 50 000 元，红华工厂 100 000 元，共计 150 000元。

5. 6 月 28 日仓库发出甲材料 10 000 千克，单价 5 元，计 50 000 元；乙材料 3 000 千克，单价 10 元，计 30 000 元。上述材料直接用于制造产品。

根据上述资料，采用平行登记的方法登记“原材料”和“应付账款”总分类账户及其所属各明细分类账户。具体做法如下：

1. 将月初余额分别记入“原材料”和“应付账款”两个总分类账户及其所属各明细分类账户（如表 2-6 及 2-9 所示）。

2. 根据上列有关经济业务编制会计分录如下：

（1）借：原材料——甲材料　　70 000
　　　贷：应付账款——新星工厂　　70 000

（2）借：应付账款——新星工厂　　20 000
　　　贷：银行存款　　20 000

（3）借：原材料——乙材料　　80 000
　　　贷：应付账款——红华工厂　　80 000

（4）借：应付账款——新星工厂　　50 000
　　　　　　　　——红华工厂　　100 000
　　　贷：银行存款　　150 000

（5）借：生产成本 80 000

贷：原材料——甲材料 50 000

——乙材料 30 000

3. 根据以上会计分录，平行登记“原材料”和“应付账款”两个总分类账户及其所属各明细分类账户，并分别计算本期发生额和期末余额。登账结果见表2-6、表2-7、表2-8、表2-9、表2-10、表2-11。

**表2-6 总分类账户**

账户名称：原材料　　　　第　页

| 20××年 | | 凭证 | | 摘要 | 借方 | 贷方 | 借或贷 | 余额 |
|---|---|---|---|---|---|---|---|---|
| 月 | 日 | 字 | 号 | | | | | |
| 6 | 1 | | | 月初余额 | | | 借 | 30 000 |
| | 2 | | （1） | 购进 | 70 000 | | 借 | 100 000 |
| | 15 | | （3） | 购进 | 80 000 | | 借 | 180 000 |
| | 28 | | （5） | 领用 | | 80 000 | 借 | 100 000 |
| | 30 | | | 本期发生额及余额 | 150 000 | 80 000 | 借 | 100 000 |

**表2-7 原材料明细分类账户**

账户名称：甲材料　　　　计量单位：千克

| 20××年 | | 凭证 | | 摘要 | 收入 | | | 发出 | | | 结存 | | |
|---|---|---|---|---|---|---|---|---|---|---|---|---|---|
| 月 | 日 | 字 | 号 | | 数量 | 单价 | 金额 | 数量 | 单价 | 金额 | 数量 | 单价 | 金额 |
| 6 | 1 | | | 月初余额 | | | | | | | 50 000 | 5 | 25 000 |
| | 5 | | （1） | 购进 | 14 000 | 5 | 70 000 | | | | 19 000 | 5 | 95 000 |
| | 28 | | （5） | 领用 | | | | 10 000 | 5 | 50 000 | 9 000 | 5 | 45 000 |
| | 30 | | | 本期发生额及余额 | 14 000 | 5 | 70 000 | 10 000 | 5 | 50 000 | 9 000 | 5 | 45 000 |

**表2-8 原材料明细分类账户**

账户名称：乙材料　　　　计量单位：千克

| 20××年 | | 凭证 | | 摘要 | 收入 | | | 发出 | | | 结存 | | |
|---|---|---|---|---|---|---|---|---|---|---|---|---|---|
| 月 | 日 | 字 | 号 | | 数量 | 单价 | 金额 | 数量 | 单价 | 金额 | 数量 | 单价 | 金额 |
| 6 | 1 | | | 月初余额 | | | | | | | 500 | 10 | 5 000 |
| | 15 | | （3） | 购进 | 8 000 | 10 | 80 000 | | | | 8 000 | 10 | 85 000 |
| | 28 | | （5） | 生产领用 | | | | 3 000 | 10 | 30 000 | 5 500 | 10 | 55 000 |
| | 30 | | | 本期发生额及余额 | 8 000 | 10 | 80 000 | 3 000 | 10 | 30 000 | 5 500 | 10 | 55 000 |

**表 2-9　总分类账户**

账户名称：应付账款　　　　　　　　　　　　　　　　　　　　　　　　第　页

| 20××年 | | 凭证 | | 摘要 | 借方 | 贷方 | 借或贷 | 余额 |
|---|---|---|---|---|---|---|---|---|
| 月 | 日 | 字 | 号 | | | | | |
| 6 | 1 | | | 月初余额 | | | 贷 | 60 000 |
| | 5 | | (1) | 购进材料 | | 70 000 | 贷 | 130 000 |
| | 8 | | (2) | 偿还贷款 | 20 000 | | 贷 | 110 000 |
| | 15 | | (3) | 购进材料 | | 80 000 | 贷 | 190 000 |
| | 25 | | (4) | 偿还贷款 | 150 000 | | 贷 | 40 000 |
| | 30 | | | 本期发生额及余额 | 170 000 | 150 000 | 贷 | 40 000 |

**表 2-10　应付账款明细分类账户**

账户名称：红华工厂

| 20××年 | | 凭证 | | 摘要 | 借方 | 贷方 | 借或贷 | 余额 |
|---|---|---|---|---|---|---|---|---|
| 月 | 日 | 字 | 号 | | | | | |
| 6 | 1 | | | 月初余额 | | | 贷 | 25 000 |
| | 15 | | (3) | 购进材料 | | 80 000 | 贷 | 105 000 |
| | 25 | | (4) | 偿还贷款 | 100 000 | | 贷 | 5 000 |
| | 30 | | | 本期发生额及余额 | 100 000 | 80 000 | 贷 | 5 000 |

**表 2-11　应付账款明细分类账户**

账户名称：新星工厂

| 20××年 | | 凭证 | | 摘要 | 借方 | 贷方 | 借或贷 | 余额 |
|---|---|---|---|---|---|---|---|---|
| 月 | 日 | 字 | 号 | | | | | |
| 6 | 1 | | | 月初余额 | | | 贷 | 35 000 |
| | 5 | | (1) | 购进材料 | | 70 000 | 贷 | 105 000 |
| | 8 | | (2) | 偿还贷款 | 20 000 | | 贷 | 85 000 |
| | 25 | | (4) | 偿还贷款 | 50 000 | | 贷 | 35 000 |
| | 30 | | | 本期发生额及余额 | 70 000 | 80 000 | 贷 | 35 000 |

总分类账户与明细分类账户平行登记的要点概括如下：

（1）同时登记。对于每项经济业务，在同一会计期间内必须既要记入总分类账户，又要记入该总分类账户所属的明细分类账户。登记总分类账户和明细分类账户的原始依据必须相同，不能根据对方记录进行转记，以便总账和明细账之间能够互相验证和核对。

（2）同向登记。每一项经济业务，在总分类账户和所属明细分类账户中进行登记，其记账方向（借方或贷方）必须一致。

（3）等额登记。每一项经济业务，记入总分类账户中的金额，必须与记入其所属明细分类账户的金额之和相等。

（4）同据登记。登记总分类账和登记所属明细分类账的依据相同，即同一笔经济业务。

只有符合上述要求才能使总分类账户的记录和明细分类账户的记录保持一致：本期发生额一致，期初、期末余额一致。总分类账户和明细分类账户平行登记所产生的数值关系可用公式表示如下：

总分类账户本期发生额合计=所属明细分类账户本期发生额之和

总分类账户本期期末余额=所属明细分类账户本期期末余额之和

在会计核算过程中，财务人员通常利用这种相等关系来检查总分类账户和明细分类账户记录的完整性和正确性。

## 三、总分类账户与明细分类账户的核对

在根据平行登记的方法登记总分类账户及其所属各明细分类账户后，为了检查账户记录是否正确，应当对总分类账户和明细分类账户登记的结果进行相互核对。主要是通过编制明细分类账户本期发生额及余额表，核对总分类账户与其所属明细分类账户的发生额和余额是否相等，以便及时发现和更正错账，保证账簿记录的正确性。

明细分类账户本期发生额及余额表是根据明细分类账户的记录来编制的，原则上每一个设有明细分类账户的总分类账户编制一张。某一总分类账户的明细分类账户本期发生额及余额表中期初余额合计、借方本期发生额合计、贷方本期发生额合计、期末余额合计，应分别与该总分类账户的期初余额，本期借、贷方发生额和期末余额数字一致。下面以前列“原材料”和“应付账款”总分类账户及其所属明细分类账户平行登记的结果，说明总分类账户与明细分类账户相互核对的方法，见表2-12和表2-13。

**表2-12　“原材料”明细分类账户本期发生额及余额表**　　单位：元

| 账户名称 | 月初余额 | | 本期发生额 | | 月末余额 | |
|---|---|---|---|---|---|---|
| | 借方 | 贷方 | 借方 | 贷方 | 借方 | 贷方 |
| 甲材料<br>乙材料 | 25 000<br>5 000 | | 70 000<br>80 000 | 50 000<br>30 000 | 45 000<br>55 000 | |
| 合计 | 30 000 | | 150 000 | 80 000 | 100 000 | |

**表2-13　“应付账款”明细分类账户本期发生额及余额表**　　单位：元

| 明细分类账户名称 | 月初余额 | | 本期发生额 | | 月末余额 | |
|---|---|---|---|---|---|---|
| | 借方 | 贷方 | 借方 | 贷方 | 借方 | 贷方 |
| 红华工厂<br>新星工厂 | | 25 000<br>35 000 | 100 000<br>70 000 | 80 000<br>70 000 | | 5 000<br>35 000 |
| 合 计 | | 60 000 | 170 000 | 150 000 | | 40 000 |

表2-12、表2-13的数据表明，总分类账户与其所属明细分类账户记录结果金额相等，如果有关数据不符，则说明记账有差错。

# 第四节　会计凭证

## 一、会计凭证的含义

会计凭证简称凭证，是记录经济交易或事项、明确经济责任并据以登记会计账簿的书面证明。

任何企事业单位每天都要发生大量的交易或事项，既有货币资金的收付，又有财产物资的增减变化等。为了保证会计信息的真实可靠，首先，每一项交易或事项，都必须由办理该项交易或事项的有关人员填制适当的会计凭证，并在凭证上签章，以证明交易或事项的存在，对交易或事项的真实性负责；其次，由会计人员对会计凭证的合法性、合理性等进行审核，经审核合格的会计凭证，才能作为记账的依据。

填制和审核会计凭证，是会计核算的一种基本方法，是会计核算工作的起点，也是对企业单位经

济活动实施会计监督的重要环节。没有真凭实据就不能任意收付款项和动用财产物资，也不能进行账务处理，这是会计核算必须遵循的一项重要原则。

## 二、会计凭证的种类

会计凭证种类繁多，为了具体认识和更好地掌握、运用会计凭证，需要对其进行分类。按其填制程序和用途的不同，会计凭证分为原始凭证和记账凭证两大类。

## 三、原始凭证

### （一）原始凭证的含义及分类

原始凭证，也称单据，是在交易或事项发生或完成时取得、填制的，用以记录、证明交易或事项的发生、完成情况，并作为记账原始依据的会计凭证，是会计核算重要的原始资料。原始凭证是在交易或事项发生过程中直接产生的，是交易或事项的最初证明，在法律上具有较强的证明效力。

原始凭证按其取得来源不同，可以分为自制原始凭证和外来原始凭证两类，如图 2-18所示。

- 原始凭证
  - 自制原始凭证
    - 一次凭证
    - 累计凭证
    - 记账编制凭证
    - 汇总原始凭证
  - 外来原始凭证 —— 一次凭证

**图 2-18　原始凭证分类示意图**

1. 自制原始凭证

自制原始凭证，是指由本单位内部经办经济交易或事项的部门或个人，在完成某项交易或事项时自行填制的凭证。自制原始凭证按其填制手续不同，又可分为一次凭证、累计凭证、记账编制凭证和汇总原始凭证四种。

（1）一次凭证。它是指只反映一项交易或事项，或者同时反映若干项同类性质的交易或事项，其填制手续是一次完成的会计凭证。如企业购进材料验收入库，由仓库保管员填制的收料单，格式见表 2-14；车间或班组向仓库领用材料时填制的领料单，格式见表 2-15。

**表 2-14　收料单**

供货单位：　　　　　　　　　　　　　　　　　　　　　　编　　号：

发票编号：　　　　　　　　　年　月　日　　　　　　　　收料仓库：

| 材料类别 | 材料编号 | 材料名称及规格 | 计量单位 | 数量 | | 金额 | | | |
|---|---|---|---|---|---|---|---|---|---|
| | | | | 发票 | 实收 | 单价 | 买价 | 运杂费 | 合计 |
| | | | | | | | | | |
| | | | | | | | | | |
| 备注： | | | | | | 合计 | | | |

核算：　　　　主管：　　　　保管：　　　　检验：　　　　交库：

表 2-15　领料单

编　　号：
领料单位：　　　　　　　　　　　　　　年　月　日　　　　　　　　　　　发料仓库：

| 材料类别 | 材料编号 | 材料名称及规格 | 计量单位 | 数量 | | 单价 | 总额 | 用途 |
|---|---|---|---|---|---|---|---|---|
| | | | | 请领 | 实领 | | | |
| | | | | | | | | |
| | | | | | | | | |
| 合计 | | | | | | | | |

记账：　　　　　　　发料人：　　　　　　　领料部门主管：　　　　　　　领料人：

（2）累计凭证。它是指在一定时期内连续记载若干项同类交易或事项的会计凭证。这类凭证的填制手续是随着交易或事项的发生而分次进行的。如限额领料单就是累计凭证，格式见表 2-16。

表 2-16　限额领料单

领料单位：　　　　　　　　　　　　　　　　　　　　　　　　　　　　编　　号：
用　　途：　　　　　　　　　　　　　　年　月　日　　　　　　　　　　　发料仓库：

| 材料编号 | 材料名称及规格 | 计量单位 | 计划投产量 | 单位消耗定额 | 领用限额 | 实领 | | |
|---|---|---|---|---|---|---|---|---|
| | | | | | | 数量 | 单价 | 金额 |
| | | | | | | | | |

| 日期 | 领用 | | | 退料 | | | 限额结余数量 |
|---|---|---|---|---|---|---|---|
| | 数量 | 领料人 | 发料人 | 数量 | 退料人 | 收料人 | |
| | | | | | | | |
| | | | | | | | |
| | | | | | | | |
| | | | | | | | |
| | | | | | | | |

生产计划部门负责人：　　　　　　　供应部门负责人：　　　　　　　仓库负责人：

（3）汇总原始凭证。实际工作中，为了集中反映某项交易或事项的总括情况，并简化记账凭证的填制工作，往往将一定时期内若干记录同类交易或事项的原始凭证汇总编制成一张原始凭证，这种凭证称为汇总原始凭证或原始凭证汇总表，如现金收入汇总表、工资发放汇总表、发料凭证汇总表等。发料凭证汇总表的格式见表 2-17。汇总原始凭证所汇总的内容只能是同类交易或事项，也就是将反映同类交易或事项的各原始凭证汇总编制成一张汇总原始凭证，不能汇总两类或两类以上的交易或事项。汇总原始凭证也属于原始凭证的范畴。

表 2-17　发料凭证汇总表

年　月　日　　　　　　　　　　　　单位：元

| 借方科目 | 贷方科目：原材料 | | | | | | | | 发料合计 |
|---|---|---|---|---|---|---|---|---|---|
| | 明细科目：主要材料 | | | | 明细科目：辅助材料 | | | | |
| | 1～10 日 | 11～20 日 | 21～30 日 | 小计 | 1～10 日 | 11～20 日 | 21～30 日 | 小计 | |
| 生产成本 | | | | | | | | | |
| 制造费用 | | | | | | | | | |
| 管理费用 | | | | | | | | | |
| 合计 | | | | | | | | | |

2. 外来原始凭证

外来原始凭证，是指在同外单位发生经济往来关系时从外单位取得的凭证，如购买材料、商品时从供货单位取得的发票等。外来原始凭证一般都是一次凭证，其格式见表 2-18。

52001622189　　　**表 2-18　贵州增值税专用发票**　　　№ 00956677

发票联　　　开票日期：

<table>
<tr><td>购买方</td><td colspan="4">名　　称：<br>纳税人识别号：<br>地 址、电 话：<br>开户行及账号：</td><td>密码区</td><td colspan="3"></td><td rowspan="5">第三联 发票联 购买方记账凭证</td></tr>
<tr><td colspan="2">货物或应税劳务、服务名称</td><td>规格型号</td><td>单位</td><td>数量</td><td>单价</td><td>金额</td><td>税率</td><td>税　额</td></tr>
<tr><td colspan="2">合　计</td><td></td><td></td><td></td><td></td><td></td><td></td><td></td></tr>
<tr><td colspan="2">价税合计（大写）</td><td colspan="7">（小写）</td></tr>
<tr><td>销售方</td><td colspan="4">名　　称：<br>纳税人识别号：<br>地 址、电 话：<br>开户行及账号：</td><td>备注</td><td colspan="3"></td></tr>
</table>

收款人：　　　复核：　　　开票人：　　　销售方（章）：

**（二）原始凭证的基本内容**

由于企业的经济活动非常复杂，它所涉及的财产、物资和资金的变化多种多样，所以原始凭证所反映的具体内容千差万别，格式也是多种多样。但是，无论哪种原始凭证，一般都具有下列基本内容（原始凭证要素）：

（1）原始凭证的名称，如发票、收据、领料单等。原始凭证的名称主要用于明确交易或事项的性质。

（2）接受凭证的单位名称，在实际工作中也称为“抬头”，主要用于证明交易或事项发生、完成的事实。

（3）原始凭证的填列日期和编号，主要用于记录交易或事项发生、完成的时间，明确交易或事项所属的期间。

（4）交易或事项的主要内容，包括对交易或事项的简要说明，如摘要、用途、实物名称、计量单位、数量、单价等。

（5）交易或事项所涉及的大小写金额。

（6）填制凭证的单位名称或者填制人姓名以及经办人员的签名或者签章，主要是据以明确经济责任。

有的原始凭证，不但要满足财务会计工作的需要，还要满足生产、计划、统计及其他业务部门的需要，所以在某些自制凭证上还应注明有关生产、计划和统计等方面的资料，如注明计划定额、合同编号等。

**（三）原始凭证的填制**

编制原始凭证，就是将交易或事项完成的实际情况，在一定的凭证格式里，按照要求的内容填制。

1. 原始凭证填制的基本要求

（1）真实可靠，即如实填列交易或事项的内容，不弄虚作假，不涂改、挖补，凭证上的日期、交易或事项的内容及所有数据必须真实可靠，经办人员和有关部门的负责人都要在凭证上签名、盖章，对凭证的真实性、正确性负责。

（2）内容完整，即应该填写的项目要逐项填写，不可缺漏，应注意年、月、日要按填制原始凭证的实际日期填写；名称要齐全，不能简化；品名或用途要填写明确，不能含糊不清；有关人员签章要齐全。

（3）书写清楚，即字迹端正，文字工整，易于辨认，不使用未经国务院颁布的简化字，不草、不乱、不串格串行。

（4）填制及时，即当一项交易或事项发生或完成时，要立即填制原始凭证，做到不积压、不误时、不事后补制。

此外，各种凭证都必须连续编号，以备查考，一些事先印好编号的重要凭证作废时，在作废的凭证上应加盖作废戳记，连同存根一起保存，不得随意撕毁。

2. 原始凭证填制的附加要求

原始凭证填制的附加要求有：

（1）从外单位取得的原始凭证，必须盖有填制单位的公章；从个人处取得的原始凭证，必须有填制人员的签名或者盖章；自制原始凭证必须有经办部门负责人或其指定的人员的签名或者盖章；对外开出原始凭证，必须加盖本单位的公章。

（2）购买实物的原始凭证，必须有验收证明，这有利于明确经济责任，保证账实相符，防止盲目采购，避免物资短缺和流失。

（3）发生销货退回及退还货款时，必须填制退货发票，附有退货验收证明和对方单位的收款收据。在实际工作中，有的单位发生销货退回时，对收到的退货没有验收证明，造成退货流失；办理退款时，仅以所开出的红字发票的副本作为本单位退款的原始凭证，既不经过对方单位盖章收讫，也不附对方单位的收款收据。这种做法漏洞很大，容易发生舞弊行为，应予以纠正。

（4）一式几联的原始凭证，必须注明各联的用途，并且只能以一联用作报销凭证；一式几联的发票和收据，必须用双面复写纸套写，或本身具备复写功能，并连续编号，作废时应加盖“作废”戳记，连同存根一起保存。

（5）经上级有关部门批准的交易或事项，应当将批准文件作为原始凭证附件。如果批准文件需要单独归档的，应当在凭证上注明批准机关名称、日期和文件字号。

（6）职工公出借款的凭据，必须附在记账凭证之后。在收回借款时，应当另开收据或者退还借款收据副本，不得退还原借款收据。

（7）原始凭证记载的各项内容均不得涂改；原始凭证有错误的，应当由出具单位重开或者更正，更正处应当加盖出具单位印章。原始凭证金额有错误的，应当由出具单位重开，不得在原始凭证上更正。

（8）阿拉伯数字要逐个填写，不得连笔写。阿拉伯金额数字前面应当书写货币币种符号或者货币名称简写和币种符号。币种符号与阿拉伯金额数字之间不得留有空白。凡阿拉伯数字前写有币种符号的，数字后面不再写货币单位。

（9）所有以元为单位（其他货币种类为货币基本单位，下同）的阿拉伯数字，除表示单价等情况外，一律填写到角分；无角分的，角位和分位可写“00”，或者符号“—”；有角无分的，分位应当写“0”，不得用符号“—”代替。

（10）汉字大写数字金额如零、壹、贰、叁、肆、伍、陆、柒、捌、玖、拾、佰、仟、万、亿等，一律用正楷或者行书体书写，不得用○、一、二、三、四、五、六、七、八、九、十等简化字代替，不得任意自造简化字。大写金额数字到元或者角为止的，在“元”或者“角”字之后应当写“整”字或者“正”字；大写金额数字有分的，分字后面不写“整”或者“正”字。

（11）大写金额数字前未印有货币名称的，应当加填货币名称，货币名称与金额数字之间不得留有空白。

(12) 阿拉伯金额数字中间有"0"时，汉字大写金额要写"零"字；阿拉伯数字金额中间连续有几个"0"时，汉字大写金额中可以只写一个"零"字；阿拉伯金额数字元位是"0"，或者数字中间连续有几个"0"、元位也是"0"时，汉字大写金额可以只写一个"零"字，也可以不写"零"字。

### (四) 原始凭证的审核

为了保证原始凭证的合法性、合理性、真实性，更有效地发挥会计工作的监督作用，维护财经纪律，对原始凭证必须严格审查。审查内容有以下三个方面：

一是审核原始凭证的合法性，即审查原始凭证所反映的交易或事项是否符合国家有关方针政策、法令、制度和计划，有无违反财经纪律，不按制度、手续、计划办理的事项；有无扩大成本、费用开支范围的情况，以及是否严格执行经济合同的有关规定，有无不讲经济效果、铺张浪费，甚至虚报冒领、贪污舞弊等不法行为。

二是审核原始凭证的完整性，即审查原始凭证的手续是否完备，应填写的项目是否填写齐全，有关经办人员是否都已签章，是否经过主管人员审批同意等。

三是审核原始凭证的正确性，例如审查文字和数字是否填写清楚，数字计算是否正确，大写与小写金额是否相符等。

原始凭证的审核是一项政策性很强的工作，也是十分细致和严肃的工作。会计机构和会计人员必须认真执行《会计法》所赋予的职责、权限，坚守制度、坚持原则，按照国家统一的会计制度的规定对原始凭证进行审核。

会计机构和会计人员审核原始凭证时，对于违反国家财经政策和制度规定的开支，应拒绝付款和报销；对于不真实、不合法的原始凭证不予受理，同时应当予以扣留，并向单位负责人报告，请求查明原因，追究当事人的责任；对记载不准确、不完整以及手续不完备、数字有差错的原始凭证，应当予以退回，并要求按照国家统一的会计制度的规定更正、补充。

原始凭证只有经过审核无误后，才能作为编制记账凭证和登记账簿的依据。

## 四、记账凭证

### (一) 记账凭证的含义及分类

记账凭证是由会计人员根据审核无误的原始凭证或汇总原始凭证填制，用来确定交易或者事项应借、应贷的会计科目和金额（会计分录），作为记账直接依据的会计凭证。

在实际工作中，不论是外来原始凭证还是自制原始凭证，它们都来自各个方面，格式和大小不一，而且没有标明应借、应贷的会计科目，如果直接据以登记账簿，容易发生差错。为了便于记账，防止差错，在登记账簿以前，一般先要根据原始凭证或汇总原始凭证填制记账凭证，填明交易或者事项的应借、应贷科目和金额，再据以登记账簿，并将原始凭证或汇总原始凭证作为记账凭证的附件。

记账凭证按其适用的交易或者事项，可以分为专用记账凭证和通用记账凭证两类。除大中型企业外，一般企业采用通用记账凭证。通用记账凭证一般被称为记账凭证（见表 2-19）。

表 2-19 记账凭证

年 月 日 ____字第____号

| 摘要 | 会计科目 | | 借方金额 | | | | | | | | | | | 贷方金额 | | | | | | | | | | | 记账符号 |
|---|---|---|---|---|---|---|---|---|---|---|---|---|---|---|---|---|---|---|---|---|---|---|---|---|---|
| | 总账科目 | 二级或明细科目 | 亿 | 千 | 百 | 十 | 万 | 千 | 百 | 十 | 元 | 角 | 分 | 亿 | 千 | 百 | 十 | 万 | 千 | 百 | 十 | 元 | 角 | 分 | |
| | | | | | | | | | | | | | | | | | | | | | | | | | |
| | | | | | | | | | | | | | | | | | | | | | | | | | |
| | | | | | | | | | | | | | | | | | | | | | | | | | |
| | | | | | | | | | | | | | | | | | | | | | | | | | |
| | | | | | | | | | | | | | | | | | | | | | | | | | |
| | | | | | | | | | | | | | | | | | | | | | | | | | |
| 金额合计 | | | | | | | | | | | | | | | | | | | | | | | | | |

附原始凭证 张

会计主管： 记账： 稽核： 出纳： 制单：

## （二）记账凭证的填制要求

记账凭证应当根据经过审核无误的原始凭证及有关资料填制。各种记账凭证的填制，除了严格达到填制原始凭证的要求外，还必须注意以下几点：

（1）记账凭证可以根据每一张原始凭证填制，或者根据若干张同类原始凭证汇总填制，也可以根据原始凭证汇总表填制，但不得把不同内容或类别的原始凭证汇总填制在一张记账凭证上，以保持科目对应关系清晰。

（2）除结账和更正错账的记账凭证可以不附原始凭证外，其他记账凭证必须附有原始凭证。如果一张原始凭证涉及几张记账凭证，可以把原始凭证附在一张主要的记账凭证后面，并在其他记账凭证上注明附有该原始凭证的记账凭证的编号或者附原始凭证复印件。

（3）一张原始凭证所列支出需要几个单位共同负担的，应当将其他单位负担的部分，给对方开具原始凭证分割单，进行结算。原始凭证分割单必须具备原始凭证的基本内容：凭证名称、填制凭证日期、填制凭证单位名称或者填制人姓名、经办人的签名或者盖章、接受凭证单位名称、交易或事项内容、数量、单价、金额和费用分摊情况等。

（4）记账凭证必须注明所附原始凭证的张数，以便复核所确定的会计分录是否正确，也便于日后查阅原始凭证。

（5）必须按国家有关部门统一规定的会计科目名称和核算内容，按实际交易或事项的内容，正确编制会计分录，以保证核算口径的一致，并便于综合汇总和信息交流。

（6）“摘要”栏应简明扼要填写交易或事项的内容，以便登记账簿，查阅凭证。

（7）正确填写记账凭证的日期。收、付款凭证应按货币资金收付的日期填写；转账凭证原则上应按收到原始凭证的日期填写。当一份转账凭证依据不同日期的某类原始凭证填制时，可按填制凭证日期填写。在月终时，若有些转账业务事项要等到下月初方可填制转账凭证，也可按月末的日期填写。

（8）记账凭证在一个月内应当连续编号，以便查核。在使用通用记账凭证时，可按交易或事项发生的顺序编号。采用收款凭证、付款凭证和转账凭证的，可采用“字号编号法”，即按凭证类别顺序编号，例如收字第×号、付字第×号、转字第×号等。也可采用“双重编号法”，即按总字顺序编号与按类别顺序编号相结合，例如某收款凭证为“总字第×号，收字第×号”。一笔交易或事项需要编制多张记账凭证时，可采用“分数编号法”，前面的整数表示交易或事项的顺序，分母表示总张数，分子表示第几张。例如，第 18 项交易或事项需要编制两张记账凭证时，其编号分别为“$18\frac{1}{2}$，$18\frac{2}{2}$”，其中“18”是凭证总顺序号，该笔交易或事项共有两张凭证，“$18\frac{1}{2}$”是其中的第一张凭证，“$18\frac{2}{2}$”是其中的第二张凭证。在使用单式记账凭证时，也可采用“分数编号法”。

(9) 在采用收款凭证、付款凭证和转账凭证等专用记账凭证的情况下，凡涉及库存现金和银行存款增加的交易或事项（即收款业务）的，填制收款凭证；凡涉及库存现金和银行存款减少的交易或事项（即付款业务）的，填制付款凭证；不涉及库存现金和银行存款增加或者减少的交易或事项（即转账业务）的，填制转账凭证。但是，涉及库存现金和银行存款之间相互划转的交易或事项的，按规定只填制付款凭证，以免重复记账。此外，若一笔交易或事项既涉及库存现金（或银行存款）的增加或者减少，又有转账业务时，应相应地填制库存现金（或银行存款）收款凭证或者付款凭证和转账凭证。

(10) 记账凭证填制完交易或事项后，如有空行，应当自金额栏最后一笔金额数字下的空行处至合计栏上的空行处划线注销。

(11) 实行会计电算化的单位，对于机制记账凭证，要认真审核，做到会计科目使用正确，数字准确无误。打印出的机制记账凭证要加盖制单人员、审核人员、记账人员及会计机构负责人、会计主管人员的印章或者签字。

#### （三）记账凭证的审核

为了保证记账凭证的正确性，企业必须建立记账凭证填制审核的责任制度，配备业务熟练、工作负责的会计人员做好记账凭证审核工作。没有经过审核的记账凭证，不能登记入账。记账凭证的审核内容主要包括以下几个方面：

(1) 记账凭证是否附有合法的原始凭证、汇总原始凭证，其张数、金额、内容与记账凭证是否相符。

(2) 记账凭证所确定的应借应贷会计科目和金额（会计分录）是否正确，一级科目金额与所属明细科目金额之和是否相等。

(3) 记账凭证应填的各项内容是否填写齐全，有关人员是否签名盖章。

如果在填制、审核记账凭证时发现错误，应当重新填制。已经登记入账的记账凭证，在当年内发现填写错误时，可以用红字填写一张与原内容相同的记账凭证，在“摘要”栏注明“注销×年×月×号凭证”字样，同时再用蓝字重新填制一张正确的记账凭证，注明“订正×年×月×号凭证”字样。如果会计科目没有错误，只是金额错误，也可以将正确数字与错误数字之间的差额，另编一张调整的记账凭证，调增金额用蓝字，调减金额用红字。发现以前年度记账凭证有错误的，应当用蓝字填制一张更正的记账凭证予以更正。

## 第五节 会计账簿

### 一、会计账簿的含义及意义

会计账簿简称账簿，是按照会计科目开设账户、账页，用来序时地、分类地登记一定时期全部交易或事项的簿籍。根据会计分录标明的应借、应贷会计科目和金额登记账户，在会计实务上，就是根据记账凭证登记账簿，即记账、过账。账簿是账户或会计科目的载体。设置和登记账簿，是会计核算又一种重要的方法。

在会计核算工作中，对每一项交易或事项，都必须取得和填制会计凭证。由于会计凭证数量很多，又很分散，而且只能零散地反映个别交易或事项的内容，不能连续、系统、全面、完整地反映和监督企业或单位在一定时期内某类和全部交易或事项的变化情况。为了给经济管理提供系统的核算资料，就需要运用登记账簿的方法，把分散在会计凭证上的大量的核算资料加以集中和归类整理，登记到账簿中去。

设置和登记账簿，是对会计信息进行加工整理的一种专门方法，是会计核算工作的一个重要环节，对加强经济管理具有十分重要的意义，可以概括如下：

第一，账簿是系统地归纳和积累会计核算资料的工具。通过登记账簿，把分散的核算资料系统化，全面、完整地反映资金增减变动情况，为经济管理提供总括和明细的核算指标，监督各项财产保管是否妥善，促进资金的合理使用。

第二，账簿提供的核算资料是进行成本计算和财务会计报告编制的依据。成本计算、财务会计报告的编制是否正确及时，都与账簿设置和登记质量有密切关系。

第三，利用账簿所提供的核算资料，可以开展会计分析和会计检查，以便考核计划完成情况，评价企业经营成果的好坏，改善经营管理。

## 二、会计账簿的种类

### （一）按其用途分类

账簿按其用途分为序时账簿、分类账簿和备查账簿三类。

1. 序时账簿

序时账簿，亦称日记账，是按照交易或事项发生的时间先后顺序逐日逐笔登记交易或事项的账簿。按记录内容的不同，其又分为专用日记账和通用日记账两种。

专用日记账，也称特种日记账，是专门用来登记某一类交易或事项的日记账，例如库存现金日记账、银行存款日记账、材料采购日记账和商品销售日记账等。各单位采用的专用日记账主要有库存现金日记账和银行存款日记账。

通用日记账，也称普通日记账，是用来登记企业单位全部交易或事项会计分录的日记账。在这种日记账中，根据全部交易或事项发生的顺序，逐日逐项编制会计分录，因而这种日记账也称分录日记账或分录簿。

通常，设置专用日记账的企业单位一般不再设置通用日记账，设置通用日记账的企业单位一般不再设置专用日记账，以免重复设账、记账。

2. 分类账簿

分类账簿通常称分类账，是对全部交易或事项按总分类账户和明细分类账户进行分类登记的账簿。按分类账提供指标的详细程度不同，可分为总分类账簿和明细分类账簿两种。

总分类账簿，简称总账，是根据总分类科目开设的，用以记录一定时期内全部的交易或事项，提供总括核算资料的分类账簿。总分类账具有汇总记录的特点，为了确保账簿记录及会计信息的正确性，提供会计要素的总括指标，必须按每一总分类科目开设相应的总分类账簿。

明细分类账簿，简称明细账，是根据总账科目所属明细科目开设的，用以记录某一类交易或事项明细项目，提供其明细核算资料的分类账。

3. 备查账簿

备查账簿又称辅助账簿，是对某些不能在日记账和分类账中记录的经济事项或记录不全的交易或事项进行补充登记的账簿。它主要是为某些交易或事项的经营决策提供必要的参考资料，如以经营租赁方式租入固定资产的登记簿、受托加工材料登记簿等。备查账簿不一定在每个单位都设置，而应根据各单位的实际需要确定。备查账簿没有固定的格式，可由各单位根据管理的需要自行设计，也可使用分类账的账页格式。

### （二）按其外表形式分类

账簿按其外表形式可分为订本账簿、活页账簿和卡片账簿。

1. 订本账簿

订本账簿简称订本账，是在账簿尚未使用前就将账页顺序编号并固定装订在一起的账簿。订本账簿具有避免账页失散和避免抽换账页的优点，但也存在账页不能增减、需要预留账页、不便分工记账等不足。在会计实务中，库存现金日记账、银行存款日记账均必须采用订本账簿，总分类账一般也大都采用订本账簿。

2. 活页账簿

活页账簿简称活页账，是账页不固定、采用活页形式组成的账簿。活页账簿具有可随时加入空白账页、便于分工记账等优点，但存在账页容易散失及被抽换等不足。所以在使用时应注意顺序编号并装订成册，同时妥善保管。在会计实务中，活页账簿主要适用于各种明细分类账。



3. 卡片账簿

卡片账簿简称卡片账，是由具有一定格式的卡片组成的账簿。卡片账簿与活页账的特点基本相同。在卡片账使用时，为防止散失和抽换，应顺序编号，并由有关人员在卡片上签章，同时装在卡片箱内由专人保管。在会计实务中，卡片账簿主要适用于实物资产明细账，如固定资产卡片账等。

上述账簿的种类如图 2-19 所示。

- 会计账簿
  - 按用途进行分类
    - 序时账簿
      - 专用日记账
        - 库存现金日记账
        - 银行存款日记账
      - 通用日记账
    - 分类账簿
      - 总分类账
      - 明细分类账
    - 备查账簿
  - 按外表形式分类
    - 订本账簿—— 库存现金日记账、银行存款日记账、总分类账
    - 活页账簿—— 明细分类账
    - 卡片账簿—— 实物资产明细账，如固定资产卡片账

**图 2-19　会计账簿种类示意图**

## 三、会计账簿的登记规则

### (一) 账簿启用的规则

为了保证账簿记录的合法性及账簿资料的完整性，启用会计账簿时，应在账簿封面上写明单位名称和账簿名称。在账簿扉页上应当附账簿启用及交接记录表，内容包括：启用日期、账簿页数、记账人员和会计机构负责人、会计主管人员姓名，并加盖名章和单位公章。记账人员或会计机构负责人、会计主管人员调动工作时，应当注明交接日期、接办人员或者监交人员姓名，并由交接双方人员签名或盖章。账簿启用及交接记录表的格式如表 2-20 所示。

**表 2-20　账簿启用及交接记录表**

<table>
<tr><td colspan="3">单位名称</td><td colspan="8"></td><td colspan="2">单位盖章</td></tr>
<tr><td colspan="3">账簿名称</td><td colspan="8"></td><td colspan="2" rowspan="6"></td></tr>
<tr><td colspan="3">账簿编号</td><td colspan="8">总　　册第　　册</td></tr>
<tr><td colspan="3">启用日期</td><td colspan="8">年　月　日　至　　年　月　日</td></tr>
<tr><td rowspan="3">经管人员</td><td colspan="5">主管</td><td colspan="5">记账</td></tr>
<tr><td colspan="3">姓名</td><td colspan="2">盖章</td><td colspan="3">姓名</td><td colspan="2">盖章</td></tr>
<tr><td colspan="3"></td><td colspan="2"></td><td colspan="3"></td><td colspan="2"></td></tr>
<tr><td rowspan="6">交接记录</td><td colspan="3">交接日期</td><td colspan="3">监交</td><td colspan="3">移交</td><td colspan="3">接管</td></tr>
<tr><td>年</td><td>月</td><td>日</td><td>职务</td><td>姓名</td><td>盖章</td><td>职务</td><td>姓名</td><td>盖章</td><td>职务</td><td>姓名</td><td>盖章</td></tr>
<tr><td></td><td></td><td></td><td></td><td></td><td></td><td></td><td></td><td></td><td></td><td></td><td></td></tr>
<tr><td></td><td></td><td></td><td></td><td></td><td></td><td></td><td></td><td></td><td></td><td></td><td></td></tr>
<tr><td></td><td></td><td></td><td></td><td></td><td></td><td></td><td></td><td></td><td></td><td></td><td></td></tr>
<tr><td></td><td></td><td></td><td></td><td></td><td></td><td></td><td></td><td></td><td></td><td></td><td></td></tr>
<tr><td colspan="4">备注</td><td colspan="9"></td></tr>
</table>

启用订本式账簿，应从第一页到最后一页顺序编写页数，不跳页、缺号。使用活页式账页，应按账户顺序编号，并须定期装订成册。装订后再按实际使用的账页顺序编写页码，另外加目录，记明每个账户的名称和页次。

此外，启用账簿时应在账簿右上角粘贴印花税票，并划线注销。如果是使用缴款书缴纳印花税的，则应在账簿右上角注明“印花税已缴”字样及缴纳的金额。

### （二）账簿登记的规则

账簿是重要的会计记录和会计档案，必须保持其规范化。为此，在登记账簿时，应当遵守以下基本规则的要求：

（1）必须以审核无误的会计凭证为依据，及时、准确、清楚地登记各种账簿。账簿中记录的各项内容，如日期、凭证字号、交易或事项内容摘要、金额等必须与凭证一致。登记完毕，应在记账凭证上签名或者盖章，并画“√”或注明所记账簿页次，表示已记账，避免重记或漏记。

（2）必须使用蓝、黑色墨水书写，不能使用圆珠笔（银行的复写账簿除外）或铅笔记账。

（3）下列情况，可以用红色墨水记账：

①按照红字冲账的记账凭证，冲销错误记录；

②在不设借贷等栏的多栏式账页中，登记减少数；

③在三栏式账户的余额栏前，如未印明余额方向的，在余额栏内登记负数余额；

④根据国家统一会计制度的规定可以用红字登记的其他会计记录。

（4）年度开始时，应将日记账、总分类账和明细分类账各种账户上年年终余额转记到新账簿各有关账户的第一行余额栏，并于“摘要”栏内注明“上年结转”或“年初余额”字样。

（5）总分类账和明细分类账中，应在首页注明账户名称和页次，必须按编写的页次逐页逐行连续登记，不得隔页、跳行，更不得撕毁或抽换账页。如发生跳行、隔页，应将空行、空页画对角斜红线注销，或者注明“此行空白”“此页空白”字样，并由记账人员签名或者盖章。

（6）一张账页记满需要在次页接记时，应结出本页的发生额及余额，将其写在本页最后一行和次页第一行的有关金额栏内，并在“摘要”栏内分别写明“转下页”“承前页”字样。

（7）对于有余额的账户，结出余额时，应在“借或贷”栏内写明“借”或“贷”字样，表示借方余额或贷方余额；没有余额的账户，应在“借或贷”栏内写“平”字，在“余额”栏内用“0”表示。

（8）记账时书写文字和数码字要符合规范。不写怪体字、错别字，不要潦草，字迹要端正、清晰，数字不要连写，不能写满格，一般应占格的1/3至1/2。严禁刮擦、挖补、涂改或用药水消除字迹。

（9）实行会计电算化的单位，总账和明细账应当定期打印。发生收款和付款业务的，在输入收款凭证和付款凭证的当天必须打印出库存现金日记账和银行存款日记账，并与库存现金核对无误。



## 四、会计账簿的设置和登记方法

### （一）日记账的设置和登记方法



1. 专用日记账的设置和登记

在实际工作中，常用的日记账是专用日记账。专用日记账是按照交易或事项发生和完成时间的先后顺序逐日逐笔进行登记的订本式账簿。专用日记账主要包括库存现金日记账和银行存款日记账。

库存现金日记账和银行存款日记账，其一般格式主要有“三栏式”和“多栏式”两种。在实际工作中，库存现金日记账和银行存款日记账一般采用“三栏式”（见表2-21）。

**表2-21　库存现金（银行存款）日记账**

第__页

| 年 | | 凭证 | | 摘要 | 对方科目 | 借方金额 | | | | | | | | | | 贷方金额 | | | | | | | | | | 余额 | | | | | | | | | | |
|---|---|---|---|---|---|---|---|---|---|---|---|---|---|---|---|---|---|---|---|---|---|---|---|---|---|---|---|---|---|---|---|---|---|---|---|---|
| 月 | 日 | 字 | 号 | | | 千 | 百 | 十 | 万 | 千 | 百 | 十 | 元 | 角 | 分 | 千 | 百 | 十 | 万 | 千 | 百 | 十 | 元 | 角 | 分 | 亿 | 千 | 百 | 十 | 万 | 千 | 百 | 十 | 元 | 角 | 分 |
| | | | | | | | | | | | | | | | | | | | | | | | | | | | | | | | | | | | | |
| | | | | | | | | | | | | | | | | | | | | | | | | | | | | | | | | | | | | |
| | | | | | | | | | | | | | | | | | | | | | | | | | | | | | | | | | | | | |
| | | | | | | | | | | | | | | | | | | | | | | | | | | | | | | | | | | | | |
| | | | | | | | | | | | | | | | | | | | | | | | | | | | | | | | | | | | | |
| | | | | | | | | | | | | | | | | | | | | | | | | | | | | | | | | | | | | |
| | | | | | | | | | | | | | | | | | | | | | | | | | | | | | | | | | | | | |
| | | | | | | | | | | | | | | | | | | | | | | | | | | | | | | | | | | | | |

### （二）总分类账的设置和登记方法

总分类账是按照总分类账户设置并登记的账簿，多为订本式。由于总分类账能够提供全面、综合、系统的核算资料，并为编制财务会计报告提供主要依据，因而各企业单位都要设置这种账簿。

总分类账一般采用“借方”“贷方”“余额”三栏式的账页格式，见表2-22。

**表2-22　总分类账**

会计科目：　　　　第　页

| 年 | | 凭证 | | 摘要 | 借方金额 | | | | | | | | | | 贷方金额 | | | | | | | | | | 借或贷 | 余额 | | | | | | | | | | |
|---|---|---|---|---|---|---|---|---|---|---|---|---|---|---|---|---|---|---|---|---|---|---|---|---|---|---|---|---|---|---|---|---|---|---|---|---|
| 月 | 日 | 字 | 号 | | 千 | 百 | 十 | 万 | 千 | 百 | 十 | 元 | 角 | 分 | 千 | 百 | 十 | 万 | 千 | 百 | 十 | 元 | 角 | 分 | | 亿 | 千 | 百 | 十 | 万 | 千 | 百 | 十 | 元 | 角 | 分 |
| | | | | | | | | | | | | | | | | | | | | | | | | | | | | | | | | | | | | |
| | | | | | | | | | | | | | | | | | | | | | | | | | | | | | | | | | | | | |
| | | | | | | | | | | | | | | | | | | | | | | | | | | | | | | | | | | | | |
| | | | | | | | | | | | | | | | | | | | | | | | | | | | | | | | | | | | | |
| | | | | | | | | | | | | | | | | | | | | | | | | | | | | | | | | | | | | |
| | | | | | | | | | | | | | | | | | | | | | | | | | | | | | | | | | | | | |
| | | | | | | | | | | | | | | | | | | | | | | | | | | | | | | | | | | | | |
| | | | | | | | | | | | | | | | | | | | | | | | | | | | | | | | | | | | | |
| | | | | | | | | | | | | | | | | | | | | | | | | | | | | | | | | | | | | |
| | | | | | | | | | | | | | | | | | | | | | | | | | | | | | | | | | | | | |

总分类账登记的依据和方法，主要取决于所采用的账务处理程序，它可以直接根据记账凭证逐笔登记，也可以通过一定的汇总方式（如科目汇总表），先把各种记账凭证汇总编制成科目汇总表或汇总记账凭证，再据以登记。月终，在全部交易或事项登记入账后，应结出各账户的本期发生额和期末余额。

### （三）明细分类账的设置和登记方法

明细分类账簿是根据有关明细分类账户设置并登记的账簿。它能提供交易或事项比较详细、具体的核算资料，以补充总账所提供核算资料的不足。因此，各企业单位在设置总账的同时，还应设置必要的明细账。

明细账是根据管理需要设置的，管理的需要不同，要求明细账记录和反映的内容也不一样。因此，实际工作中，明细账的格式多种多样，常用的主要有下面三种：

1. 三栏式明细账

三栏式明细账账页格式与表 2-23 的三栏式总账账页格式相同。由于它只有金额指标，没有实物指标，因而适用于“应收账款”“应付账款”“其他应收款”等只要求核算金额的明细账户。

**表 2-23 总分类账**

会计科目：　　　　　　　　　　　　　　　　　　　　　　　　　第　页

| 年 | | 凭证 | | 摘要 | 借方 | | | | | | | | | | | 贷方 | | | | | | | | | | | 借或贷 | 余额 | | | | | | | | | |
|---|---|---|---|---|---|---|---|---|---|---|---|---|---|---|---|---|---|---|---|---|---|---|---|---|---|---|---|---|---|---|---|---|---|---|---|---|---|
| 月 | 日 | 字 | 号 | | 金额 | | | | | | | | | | 对方科目 | 金额 | | | | | | | | | | 对方科目 | | 千 | 百 | 十 | 万 | 千 | 百 | 十 | 元 | 角 | 分 |
| | | | | | 千 | 百 | 十 | 万 | 千 | 百 | 十 | 元 | 角 | 分 | | 千 | 百 | 十 | 万 | 千 | 百 | 十 | 元 | 角 | 分 | | | | | | | | | | | | |
| | | | | | | | | | | | | | | | | | | | | | | | | | | | | | | | | | | | | | |
| | | | | | | | | | | | | | | | | | | | | | | | | | | | | | | | | | | | | | |
| | | | | | | | | | | | | | | | | | | | | | | | | | | | | | | | | | | | | | |
| | | | | | | | | | | | | | | | | | | | | | | | | | | | | | | | | | | | | | |
| | | | | | | | | | | | | | | | | | | | | | | | | | | | | | | | | | | | | | |
| | | | | | | | | | | | | | | | | | | | | | | | | | | | | | | | | | | | | | |
| | | | | | | | | | | | | | | | | | | | | | | | | | | | | | | | | | | | | | |

2. 数量金额式明细账

数量金额式明细账是指同时提供货币金额指标、实物数量指标的账页格式，见表 2-24。它一般适用于“原材料”“库存商品”等财产物资的明细账户，从金额和数量两个方面对财产物资进行双重核算，有利于加强财产物资的管理。

**表 2-24 明细分类账簿名称**

类别：　　　　　　　　　　　　　　　　　　　　　　　　　存放地点：

品名或规格：　　　　　　　　　　　　　　　　　　　　　　计量单位：

| 年 | | 凭证 | | 摘要 | 收入 | | | 发出 | | | 结存 | | |
|---|---|---|---|---|---|---|---|---|---|---|---|---|---|
| 月 | 日 | 字 | 号 | | 数量 | 单价 | 金额 | 数量 | 单价 | 金额 | 数量 | 单价 | 金额 |
| | | | | | | | | | | | | | |
| | | | | | | | | | | | | | |
| | | | | | | | | | | | | | |
| | | | | | | | | | | | | | |
| | | | | | | | | | | | | | |

3. 多栏式明细账

多栏式明细账是指将一个明细账户在一张账页上分设若干专栏予以登记和反映的账页格式。它适用于只记金额、不记数量，而且管理上要求反映其构成内容的成本、费用、收入、经营成果等明细分类账户。按明细分类账登记的交易或事项不同，多栏式明细分类账账页又分为借方多栏、贷方多栏和借贷方均多栏三种格式。

借方多栏式明细分类账的账页格式适用于借方需要设多个明细科目或明细项目的账户，如“材料采购”“生产成本”“制造费用”“管理费用”“财务费用”“营业外支出”等科目的明细分类核算，见表 2-25。

**表 2-25　明细分类账簿名称**

二级或明细科目：

| 年 | | 凭证 | | 摘要 | 借方（项目） | | | | | | 贷方 | 余额 |
|---|---|---|---|---|---|---|---|---|---|---|---|---|
| 月 | 日 | 字 | 号 | | | | | | | 合计 | | |
| | | | | | | | | | | | | |
| | | | | | | | | | | | | |
| | | | | | | | | | | | | |
| | | | | | | | | | | | | |
| | | | | | | | | | | | | |
| | | | | | | | | | | | | |

贷方多栏式明细分类账的账页格式适用于贷方需要设多个明细科目或明细项目的账户，如“主营业务收入”“营业外收入”等科目的明细分类核算，见表 2-26。

**表 2-26　明细分类账簿名称**

二级或明细科目：

| 年 | | 凭证 | | 摘　要 | 借方 | 贷方（项目） | | | | | | | 余额 |
|---|---|---|---|---|---|---|---|---|---|---|---|---|---|
| 月 | 日 | 字 | 号 | | | | | | | | | 合计 | |
| | | | | | | | | | | | | | |
| | | | | | | | | | | | | | |
| | | | | | | | | | | | | | |
| | | | | | | | | | | | | | |
| | | | | | | | | | | | | | |
| | | | | | | | | | | | | | |

各种明细分类账一般应根据记账凭证或原始凭证、汇总原始凭证逐日逐笔登记。对于多栏式明细账，如果只设借方专栏或直接按明细项目设专栏，则交易或事项的增加发生额用蓝色笔登记，交易或事项的减少发生额即贷方发生额用红色笔登记在相应专栏内，表示冲减增加发生额。

## 五、更正错账的方法

实际工作中，记账错误时有发生。有的错误，记账后可能马上被发现；但大部分错账常常在期末对账时才被发现。造成账簿记录错误的原因很多，主要原因有两类：一是记账或过账时发生笔误以及账户的发生额或余额计算错误；二是记账凭证编制错误，登记账簿时未予发觉。不管何种原因造成的错账，一经发现，不准涂改、挖补、刮擦或用药水消除字迹，不准重新抄写，而必须采用专门方法予以更正。

造成账簿记录错误的原因不同，更正错账采用的方法也不同。归纳起来，更正错账的方法主要有三种，即划线更正法、红字更正法、补充登记法。

### （一）划线更正法

在结账日前，若发现账簿记录中的文字或数字存在错误，但记账凭证并无错误，则属记账或过账时发生的笔误。这种错账即可采用划线更正法予以更正。

划线更正法也称红线更正法，其更正方法是：将错误的文字或数字画一条红色横线注销，但必须使原有字迹仍可辨认，以备查考；然后在划线上方用蓝字将正确的文字或数字填写在同一行的上方空白位置，并由更正人员在更正处加盖名章，以示责任。

应用划线更正法时，应当注意的是：对文字差错可只划去错误部分，而对于数字差错必须将错误数额全部划去，不允许只更正错误数额中的个别数字。

### （二）补充登记法

记账以后，若发现记账凭证和账簿所记金额小于应记金额，而应借、应贷的会计科目和记账方向均无错误，则应当采用补充登记法予以更正。更正的方法是：将少记的金额用蓝字填制一张与原错误记账凭证所记载的借贷方向、应借应贷会计科目相同的记账凭证，在“摘要”栏内写明：“补记某月某日第×号记账凭证少记金额”，并据以入账，以补记少记的金额，反映正确金额。

【例 2-5】某企业月终结转已验收入库材料的实际采购成本 112 800 元。这项交易或事项应当借记“原材料”科目 112 800 元，贷记“材料采购”科目 112 800 元。如果填制记账凭证时误为借记“原材料”科目 12 800 元，贷记“材料采购”科目 12 800 元，并已登记入账。

更正上述错误时，应用蓝字金额填制一张与原来错误记账凭证账户对应关系相同而金额为 100 000（112 800−12 800）元的记账凭证，补记原来少记的金额。记账凭证中的会计分录如下：

借：原材料　　100 000

　贷：材料采购　　100 000

根据这一记账凭证登记入账，补记原来少记的金额，即可更正错误记录。

### （三）红字更正法

红字更正法又称红字冲销法。红字更正法适用于登记账簿所依据的记账凭证错误且在记账之后方才发现的错账的更正。红字更正法分为两种方法，即红字全额冲销法和红字差额冲销法。

1. 红字全额冲销法

如果发现账簿记录的错误是由于记账凭证所列应借、应贷会计科目有错误而引起的，应该采用红字全额冲销法更正。其更正的程序是：首先，用红字填制一张与原错误记账凭证相同内容的记账凭证，但在“摘要”栏中应写明“冲销错账”以及错误凭证的号数和日期；其次，据以登记入账，用来冲销账簿记录中原记的错误记录；最后，用蓝字填制一张正确的记账凭证，在“摘要”栏中写明“更正错误”以及冲账凭证的号数和日期，并据以登记入账。

【例 2-6】某企业开出现金支票 3 000 元购置车间办公用品。这项交易或事项应当借记“制造费用”科目 3 000 元，贷记“银行存款”科目 3 000 元。如果填制记账凭证时误记为借记“管理费用”科目 3 000元，贷记“银行存款”科目 3 000 元，并已登记入账。

更正上述错误时，首先应当采用红字金额（□表示红字金额，下同）填制一张与原来错误记账凭证内容相同的记账凭证。记账凭证中的会计分录如下：

（1）借：管理费用　　[3 000]

　　贷：银行存款　　[3 000]

根据这一记账凭证用红字金额记账，冲销原来的错账。

其次，再用蓝字金额填制一张正确的记账凭证。记账凭证中的会计分录如下：

（2）借：制造费用　　3 000

　　贷：银行存款　　3 000

根据这一记账凭证登记入账，即可更正错误记录。

2. 红字差额冲销法

如果发现账簿记录的错误是由于记账凭证所列金额大于应记金额而引起的，而应借、应贷的会计科目没有错误，则应当采用红字差额冲销法予以更正。其更正的程序是：用蓝字填制一张应借、应贷会计科目与原错误记账凭证相同的记账凭证，但其金额则用红字填列多记的金额，并在“摘要”栏中写明“冲销多记金额”以及原错误记账凭证的号数和日期。然后将这一记账凭证登记入账，即可将原来多记的金额冲销，更正为正确的金额。





【例 2-7】某企业月终结转已生产完工验收入库产品的实际生产成本 38 660 元。这项交易或事项应当借记“库存商品”科目 38 660 元，贷记“生产成本”科目 38 660 元。如果填制记账凭证时误记为借记“库存商品”科目 83 660 元，贷记“生产成本”科目 83 660 元，并已登记入账。

更正上述错误时，应用红字金额填制一张与原来错误记账凭证账户对应关系相同而金额为 45 000（83 660-38 660）元的记账凭证，冲销原来多记的金额。记账凭证中的会计分录如下：

借：库存商品　　45 000

　　贷：生产成本　　45 000

根据这一记账凭证用红字金额登记入账，冲销原来多记的金额，即可更正错误记录。

需要指出的是：第一，采用红字更正法进行更正时，应当采用红字金额填制一张更正的记账凭证，以抵销原入账金额。用于更正的这张凭证，不得以蓝字金额及按借贷相反的方向编制，因为这样做，不能反映错账更正的内容。第二，因以前年度记账凭证填制错误而造成以前年度账簿记录错误的，由于以前年度已进行了会计决算，更换了账簿，不可能再将已经决算的数字进行红字冲销或蓝字补记，只能用蓝字填制更正凭证，并在发现错账当年内的有关账户中进行更正；用于更正的凭证“摘要”栏内，应当特别写明“更正××年度错账”的字样。如果发现以前年度账簿中的文字书写有误，仍应采用划线更正法进行更正。

## 六、对账和结账

所谓对账就是指核对账目，是对账簿记录的正确与否进行核对的工作。在会计核算中，记账时难免发生各种差错，造成账证不符、账账不符、账实不符。为了保证账簿记录的正确性，必须进行对账工作，通过对账来保证各种账簿记录真实、正确、完整，以确保账证相符、账账相符、账实相符。对账工作主要包括以下三方面内容：

### （一）账证核对

账证核对，是指将各种账簿的记录与有关记账凭证及其所附的原始凭证进行核对，做到账证相符。这种核对，一般是在日常编制会计凭证和记账过程中进行的，以检查所记账目是否正确。月终，如果发现账账不符，也可以再将账簿记录与有关会计凭证进行核对，以保证账证相符。

### （二）账账核对

账账核对是将各种账簿之间有关的金额进行核对，做到账账相符。其具体核对内容主要包括：

（1）总账“库存现金”“银行存款”账户的期末余额，分别与库存现金日记账、银行存款日记账的期末余额核对。

（2）总账账户的期末余额与其所属明细账户的期末余额之和核对。对于明细账户比较多的总账账户，可以根据各明细账户记录编制“明细分类账户本期发生额和余额明细表”，然后加计本期发生额、余额的合计数，与总账账户本期发生额、余额进行核对。

（3）会计部门设置的各种财产物资明细账（例如原材料明细账）的期末余额，与财产物资的保管部门（例如仓库、总务部门）和使用部门（例如各车间、行政管理部门）相应的财产物资明细账的期末余额核对。

（4）总账各账户期末的借方余额合计数与贷方余额合计数核对。为了进行这方面的核对，应当编制总账账户余额表，表中按照总账账户分行填列借方余额和贷方余额，然后加计借方余额合计数和贷方余额合计数，进行核对。在日常核算工作中，为简便起见，一般将“总分类账户本期发生额试算平衡表”和“总分类账户期末余额试算平衡表”合并为“总分类账户本期发生额及余额试算平衡表”（简称“总分类账户试算平衡表”）。

### （三）账实核对

账实核对是将各种财产账面余额与实存数额或实际余额进行核对，做到账实相符。账实核对的主要内容包括：

（1）库存现金日记账账面余额与库存现金实际库存数相互核对。

（2）银行存款日记账账面余额与开户银行账目相互核对。

（3）各种实物资产明细分类账账面余额与实物资产实存数相互核对。

（4）各种应收、应付款明细分类账账面余额与有关债务人、债权人的账目相互核对。

为了总结某一会计期间（月份、季度、半年度、年度）的经济活动情况，考核经营成果，企业必须使各种账簿的记录保持完整和正确，以便于编制财务会计报告。为此，必须对所登记的各种账簿定期进行结账工作。

结账是在期末（月末、季末、年末）将当期应记的交易或事项全部登记入账的基础上，结算、登记各种账簿本期发生额和期末余额的记账工作。

结账工作的内容和程序主要包括以下几个方面：

（1）结账前，首先要查明这个时期所发生的交易或事项是否已全部记入有关账簿，不能提前结账，也不得将本期发生的交易或事项延至下期登账。

（2）本期内所有的转账业务（即不涉及库存现金和银行存款增加、减少的交易或事项），应当编制记账凭证记入有关账户，结清转账业务，调整账户记录。其包括：已验收入库材料的实际采购成本，应转入“原材料”账户；长期待摊费用应按规定的比例摊配于本期产品成本或期间费用；制造费用应按一定标准分配、结转，记入“生产成本”账户；生产完工验收入库商品的实际生产成本，应转入“库存商品”账户；财产清查发现的盘盈盘亏应按规定转销入账；期末所有的收入账户和所有的费用账户，均应转入“本年利润”账户等。

（3）在本期全部交易或事项登记入账的基础上，应当结算和登记库存现金日记账、银行存款日记账以及总分类账和明细分类账各账户的本期发生额和期末余额。年度终了，应将余额结转下年。

结账工作分为月结、季结、半年结和年结四种。结账的具体方法是：

月结：应当在各账户本月份最后一笔记录下面画一通栏单条红线，在红线下结出本月发生额及余额。余额为0的，在“借或贷”栏内写上“平”字，在“余额”栏内写上“0”，在“摘要”栏内注明“×月份发生额及余额”或“本月合计”，然后在该行下面再画一通栏单条红线。

季结、半年结的方法与月结基本相同，可比照月结进行。

年结：年终决算，因涉及新年更换账簿，比较复杂。办理年结时，应在各账户12月份月结（或第四季度季结）行下面画一通栏单条红线，在红线下填列全年12个月月结发生额（或四个季度的季结发生额）合计及年末余额，在“摘要”栏内注明“本年发生额及余额”或“本年合计”；在此基础上，将账户的年初余额按借、贷相同方向抄列于下一行内，即将年初借方余额抄列在“借方”栏内，将年初贷方余额抄列在“贷方”栏内，并在“摘要”栏内注明“年初余额”或“上年结转”；紧接下一行，将账户年末余额按借、贷相反方向抄列在“借方”或“贷方”栏内，即将年末借方余额抄列在

“贷方”栏，将年末贷方余额抄列在“借方”栏，同时在该行“摘要”栏内注明“结转下年”；最后，将上述三行年结“借方”“贷方”栏的金额分别相加（如无差错，该借、贷合计金额应相等）填列在下一行，在该行“摘要”栏内注明“本年总计”或“合计”，在“本年总计”行下划通栏双条红线，表示封账。

更换新的账簿时，将各账户的年末余额以相同方向过入新账中即可，在新账页第一行的“摘要”栏内注明“上年结转”或“年初余额”。



## 第六节 财产清查



### 一、财产清查的含义

企业单位各项财产的增减变动及其结存情况，都要通过账簿记录来反映，因而从理论上说来，会计账簿记载的各项财产的增减结存情况与实际的各项财产的收发结存情况应当完全一致。但是，在实际工作中，各项财产的账存数额与实存数额常有不完全一致的情况。造成账实不符的原因是多方面的，一般说来主要有：在收发各项财产时，由于错收、错付、计量检验不准确等而发生品种、数量、质量上的差错；某些实物资产在保管过程中发生了自然损耗或升溢；因管理不善或工作人员失职而发生财产残损、霉变或短缺；因非常灾害造成财产损失；由于不法分子的营私舞弊、贪污盗窃等而发生财产损失；会计记账工作中出现漏记、错记或计算错误等。

所谓财产清查，就是在对账过程中借助特定的方法，确定相关财产在一定日期的实存数并进行账实对比的一种对账手段，它属于会计核算方法中登记会计账簿这一专门方法的范畴。在实际工作中，根据对账工作的需要，财产清查所要清查的财产主要是货币资金、实物资产和债权债务。

### 二、财产清查的作用

财产清查不仅是对账的一种手段，而且是企业单位经营管理不可缺少的一种经济管理制度和一项经济管理工作。企业单位在会计核算中，除了应加强会计凭证的日常审核，定期核对账簿记录，做到账证相符、账账相符以外，还必须定期或不定期地进行财产清查，做到账实相符，以保证账簿记录的正确性，为编制财务会计报告提供真实、客观、可靠的数据资料，并以此促进财产管理工作的改善，提高企业经营管理水平。

财产清查的重要作用可以概括如下：

第一，可以保证会计核算资料的真实可靠，有利于保证会计信息的质量。企业通过财产清查，可以确定各项财产的实存数，查明账实是否相符及账实差异的数额、原因和责任，并对账实不符财产的账面记录及时予以调整，做到账实一致，从而保证会计核算资料的正确性，为编制财务会计报告提供真实可靠的数据资料，保证会计信息的质量。

第二，有利于保证各项财产的安全完整和维护财经纪律的严肃性。企业通过财产清查，可以查明有无挪用、贪污、盗窃各项财产的情况，以便及时查处；可以查明有无因管理不善造成各项财产物资残损、霉变、损失浪费等情况，以便及时改进管理工作，保护财产物资的安全完整；可以查明各种往来款项的结算情况，发现长期不清的不合理的债权债务，从而促进企业单位及时清理，避免坏账损失，并自觉遵守财经纪律和结算制度。

第三，可以促进经营管理水平的提高。企业通过财产清查，可以摸清家底，查明各项财产的实存数，以便及时解决呆滞积压或储备不足等问题，从而改善库存结构，挖掘财产潜力，加速资金周转；可以查明财产物资收发、保管、报废及现金出纳、账款结算等手续制度的贯彻执行情况，发现薄弱环节和存在的问题，从而促使企业建立健全有关规章制度，提高经营管理水平。

此外，财产清查是进行资产评估的一项基础性工作，它对于正确地进行资产评估有重要的作用。

## 三、财产清查的种类

财产清查可以按不同的标准进行分类，主要有以下两种：

1. 按清查的对象和范围分类

财产清查按清查的对象和范围，可以分为全面清查和局部清查。

（1）全面清查。

全面清查就是对全部财产进行盘点和查对，其清查的对象包括企业的各项货币资金、实物资产、债权债务以及受托加工、保管、销售的材料、商品等物资。

全面清查具有范围广、内容多，需要投入的人力多，花费的时间较长等特点。一般说来，需要进行全面清查的情况主要是：①年终决算之前要进行全面清查，以确保年终决算会计资料的正确性，确保年度会计信息的真实可靠；②单位撤销、合并、联营、迁移、改制、改变隶属关系以及单位主要负责人调离工作时，需要进行全面清查，以明确有关经济责任；③开展清产核资时要进行全面清查，以摸清家底，准确核定资财。

（2）局部清查。

局部清查就是根据需要只对某一部分财产进行盘点和查对。

局部清查具有范围小、内容少，涉及人员不多，专业性较强等特点。通常，局部清查的具体对象、范围及时间，应当根据各企业单位经营管理的需要具体加以确定。一般说来，需要进行局部清查的情况主要是：①对于库存现金，每日业务终了时应由出纳人员清点，做到日清月结；②对于银行存款和各种银行借款，出纳人员每月应与银行核对；③对于各种贵重物资，每月至少应当清查盘点一次；④对于流动性较大或容易损耗的各种存货，应有计划地每月轮流进行盘点或重点抽查；⑤对于各种债权、债务，每年至少应与往来单位核对一至两次等。

2. 按清查的时间分类

财产清查按清查的时间，可以分为定期清查和不定期清查。

（1）定期清查。

定期清查是指根据管理制度或计划预先规定的时间对各项财产所进行的盘点和查对。它通常在年末、半年末、季末、月末结账时进行，目的在于确保会计核算资料的真实、正确。

定期清查的对象和范围，根据实际情况和需要确定，可以是全面清查，也可以是局部清查。一般情况下，在年末进行的是全面清查，在半年末、季末、月末进行的是局部清查。

（2）不定期清查。

不定期清查是指根据实际需要对各项财产进行的临时性盘点和查对，故也称为临时清查。

一般说来，需要进行不定期清查的情况主要是：①更换库存现金、实物资产的保管人员，在办理移交时进行的清查；②发生非常灾害或意外损失，在弄清毁损情况时进行的清查；③上级主管、审计、财政、银行等部门对本单位进行会计检查，在验证会计资料可靠性时进行的清查；④按照有关规定，在开展临时性清产核资时进行的清查；⑤单位撤销、合并、联营、迁移、改制、改变隶属关系以及单位主要负责人调离工作时进行的清查。

不定期清查的对象和范围应当根据实际情况和需要确定，可以是全面清查，也可以是局部清查。

## 四、财产清查的方法

1. 实物资产的清查方法

实物资产的清查是指对各种存货和固定资产等具有实物形态的财产物资进行盘点和查对，确定实存数，并查明其账实是否相符。在清查过程中，为了便于进行账实对比，既要确定实物资产的账面结存数，又要确定实物资产的实际结存数。

(1) 财产物资盘存制度。

财产物资盘存制度也就是确定实物资产账面结存数的方法。由于财产物资盘存制度所针对的主要是实物资产中的存货，因而也被称为存货盘存制度。在会计账簿中，由于实物资产增减变动及其结存情况的记录方式不同，财产物资盘存制度也就区分为永续盘存制和实地盘存制两种。

①永续盘存制。永续盘存制亦称账面盘存制，就是平时对实物资产的增加和减少都要根据相应的会计凭证在账簿中连续进行登记，并随时结出账面余额的一种管理制度。采用这种制度，期末账面结存数的确定方法为：

期末结存数=期初结存数+本期增加数-本期减少数

采用永续盘存制，其手续严密，有利于加强对实物资产的管理，并可通过账簿记录及时反映和随时了解实物资产的增减变化及结存情况。但是，其日常的核算工作量较大，并有可能发生账实不符的情况。在实际工作中，除少数特殊情况外，一般都应采用永续盘存制。

②实地盘存制。实地盘存制就是平时只在账簿中登记实物资产的增加数，不登记减少数，也不结计账面余额，期末通过实地盘点确定实物资产的实存数，并将这一实存数作为账面结存数，然后据以倒挤本期减少数，再据以登记账簿的一种管理制度。采用这种制度，实物资产的账面结存数是实地盘点得来的实存数。本期减少数的倒挤方法为：

本期减少数=期初结存数+本期增加数-期末结存数

采用实地盘存制，其日常核算工作较为简单，但由于手续不严密，账簿记录不完整，故难以发现实物资产管理中存在的问题，据以确定的本期减少数不一定符合客观实际。因此，非特殊原因，一般不采用实地盘存制。

(2) 实物资产实存数量的清查方法。

不同品种的实物资产，由于其实物形态、体积、重量、堆放方式等不尽相同，因而应采用不同的方法确定其实存数量。企业对实物资产实存数量的清查，较为常用的方法有实地盘点法、技术推算法等。

①实地盘点法。实地盘点法就是通过清点数量或用计量器具来逐一确定实物资产实存数量的方法。它是一种常用的方法，大多数实物资产的清查都可以采用这种方法进行。

②技术推算法。技术推算法不是逐一清点计数，而是运用一定技术方法推算确定实物资产的实存数量。在实际工作中，企业对一些价值低、数量大而又不便于逐一盘点的实物资产，如露天堆放的原煤、砂石等，可以在抽样盘点的基础上进行技术推算，确定其实存数量。

此外，对于委托外单位加工、保管、销售的材料、商品等实物资产，一般应采用询证核对的方法，通过函询、面询等方式，确定其实存数量。

为了明确经济责任，在进行实物资产的盘点时，其保管人员必须在场。在盘点过程中，应注意不要把受托加工、保管、销售的实物资产混为本企业的实物资产。对实物资产的盘点结果，应逐一在盘存单上如实登记，并由实物盘点人员和保管人员当场签章。盘存单是记录各项实物资产的实存数量，反映财产清查工作结果的原始凭证，其一般格式如表 2-27 所示。

**表 2-27　盘存单**

单位名称：　　　　　　　　　　盘点时间：

财产类别：　　　　　　　　　　存放地点：　　　　　　　　　　编号：

| 序号 | 名称 | 规格型号 | 计量单位 | 数量 | 单价 | 金额 | 备注 |
|---|---|---|---|---|---|---|---|
| | | | | | | | |
| | | | | | | | |
| | | | | | | | |
| | | | | | | | |

盘点人签章：　　　　　　　　　　保管人签章：

实物资产盘点完毕，应将盘存单记录的实存数与账存数逐项核对，查明其账实是否相符。当发现某些实物资产账实不符时，应据以编制实存账存对比表。实存账存对比表也称为盘点盈亏报告表，是用以确定实物资产盘盈或盘亏的数据和原因，调整账簿记录的重要原始凭证，其一般格式如表 2-28 所示。

**表 2-28 实存账存对比表**

单位名称： 年 月 日

| 序号 | 类别及名称 | 规格型号 | 计量单位 | 单价 | 实存 | | 账存 | | 账实对比 | | | | 备注 |
|---|---|---|---|---|---|---|---|---|---|---|---|---|---|
| | | | | | 数量 | 金额 | 数量 | 金额 | 盘盈 | | 盘亏 | | |
| | | | | | | | | | 数量 | 金额 | 数量 | 金额 | |
| | | | | | | | | | | | | | |
| | | | | | | | | | | | | | |
| | 金额合计 | | | | | | | | | | | | |

盘点人签章： 会计签章：

2. 货币资金的清查方法

货币资金的清查主要包括库存现金和银行存款的清查。

（1）库存现金的清查。

库存现金的清查，一般是采用实地盘点法确定其实存数，然后再将其与库存现金日记账的账面余额核对，从而查明账实是否相符及盈亏情况。

为了明确经济责任，在对库存现金进行盘点时，出纳人员必须在场。在清查过程中，应注意有无“白条”顶库、“公款私存”等违反现金管理制度的现象。库存现金盘点完毕，应根据盘点结果和库存现金日记账余额编制库存现金盘点报告表，并由盘点人员和出纳人员当场签章。库存现金盘点报告表兼有盘存单和“实存账存对比表”的作用，是反映库存现金实有数和调整账簿记录的重要原始凭证，其一般格式如表 2-29 所示。

**表 2-29 库存现金盘点报告表**

单位名称： 年 月 日

| 实存金额 | 账存金额 | 账实差异 | | 备 注 |
|---|---|---|---|---|
| | | 盘盈 | 盘亏 | |
| | | | | |

盘点人签章： 出纳员签章：

（2）银行存款的清查。

银行存款的清查是采用与开户银行核对账目的方法进行的，即将企业单位的银行存款日记账与银行转来的对账单逐笔进行核对，以查明银行存款日记账的记录是否真实可靠。在与银行核对账目之前，应当先详细检查银行存款日记账的正确性和完整性，然后再将其与银行对账单逐笔进行核对。

由于存在未达账项，即使企业和银行双方记账均无错漏，也常常会出现银行存款日记账余额与银行对账单余额不一致的情况。

所谓未达账项是指企业和银行双方之间由于对同一项业务的记账时间不一致而发生的一方已经入账，而另一方尚未入账的款项。未达账项有四种基本情况：①企业已收款而银行未收款；②企业已付款而银行未付款；③银行已收款而企业未收款；④银行已付款而企业未付款。

任何一种未达账项的存在，都会使银行存款日记账余额与银行对账单余额不符。因此，在与银行核对账目时，应首先查明未达账项，并据以编制银行存款余额调节表调整双方账面余额，以确定企业和银行双方记账是否正确。

在上述四种未达账项中，由于第①、④种会使账单余额小于日记账余额，第②、③种会使日记账余额小于对账单余额，因此，银行存款余额调节表的编制方法应当是：根据查明的未达账项，在企业与银行双方账面余额的基础上，各自补记对方已入账而本身未入账的未达账项金额，求出双方调整后的余额。

现举例说明银行存款余额调节表的编制方法。

【例 2-8】林城市鹿冲关办公家具制造厂 20××年 12 月 31 日银行存款日记账余额为 235 600 元，银行对账单余额为 217 228 元。经逐笔核对，发现有以下未达账项：

①企业存入转账支票 40 150 元，企业银行存款日记账中已做银行存款增加记录，银行对账单中未做记录；

②企业开出现金支票 2 900 元，企业银行存款日记账中已做银行存款减少记录，银行对账单中未做记录；

③企业委托银行向永泰工厂收取销货款 22 500 元，银行对账单中已做银行存款增加记录，企业银行存款日记账中未做记录；

④银行代企业支付水费 1 022 元，银行对账单中已做银行存款减少记录，企业银行存款日记账中未做记录；

⑤银行代企业支付电费 2 600 元，银行对账单中已做银行存款减少记录，企业银行存款日记账中未做记录。

根据以上未达账项所编制的银行存款余额调节表如表 2-30 所示。

**表 2-30　银行存款余额调节表**

20××年 12 月 31 日　　　　单位：元

| 项目 | 金额 | 项目 | 金额 |
|---|---|---|---|
| 银行存款日记账余额 | 235 600 | 银行对账单余额 | 217 228 |
| 加：银行已收企业未收款项 | | 加：企业已收银行未收款项 | |
| 银行代收销货款 | 22 500 | 存入转账支票 | 40 150 |
| 减：银行已付企业未付款项 | | 减：企业已付银行未付款项 | |
| 1. 银行代付水费 | 1 022 | 开出现金支票 | 2 900 |
| 2. 银行代付电费 | 2 600 | | |
| 调节后存款余额 | 254 478 | 调节后存款余额 | 254 478 |

编制银行存款余额调节表，如果调节后的双方余额相等（见表 2-30），则一般说明双方记账没有差错；若不相等，则表明记账有差错，应进一步核对，以查明原因，予以更正。

应当指出的是，银行对账单和银行存款余额调节表都只起对账依据的作用，不能作为更改银行存款日记账记录的凭证。对于银行已经入账而企业单位尚未入账的未达账项，应在有关结算凭证到达后再据以记账。此外，对于长期悬置的未达账项应及时查明原因并予以解决。

上述银行存款的清查方法，也适用于各种银行借款的清查。

3. 往来款项的清查方法

往来款项的清查也就是对各种应收及暂付、应付及暂收款项等债权、债务所进行的查对。

各种往来款项的清查方法与银行存款清查方法一样，也是采取同对方单位核对账目的方法。清查时，首先应检查本单位各项往来款项账目的正确性和完整性，在此基础上，根据有关明细账的记录，按往来单位分户抄制对账单，送交对方单位进行核对。对账单一般一式两联，其中一联作为回单。如果对方单位核对相符，应在回单上盖章退回；如果数字不符，应将不符的情况在回单上注明，或者另抄对账单退回本单位，作为进一步核对的依据。在核对过程中，如果发现未达账项，双方均应编制应收账款或应付账款余额调节表进行调整，其编制方法与银行存款余额调节表的编制方法相同。

往来款项清查完毕，应根据清查结果编制往来款项清查报告表，并填列各项债权、债务的余额。对于有争议的款项以及无法收回或支付的款项，应当将其情况在报告表上详细注明，以便及时采取措施进行处理。往来款项清查报告表的一般格式见表 2-31。

**表 2-31　往来款项清查报告表**

年　月　日　　　　单位：元

| 总账账户 | | 明细账户 | | 清查结果 | | 核对不符原因分析 | | | 备注 |
|---|---|---|---|---|---|---|---|---|---|
| 名称 | 余额 | 名称 | 余额 | 核对相符金额 | 核对不符金额 | 未达账项金额 | 争议款项金额 | 其他 | |
| | | | | | | | | | |
| | | | | | | | | | |
| | | | | | | | | | |
| | | | | | | | | | |
| | | | | | | | | | |

清查人员签章：　　　　　　　　经管人员签章：

## 五、财产清查的账务处理

财产清查的账务处理主要用到的会计科目是“待处理财产损溢”，根据财产物资（如库存现金、存货、固定资产等）盘盈或盘亏的具体情况进行处理。详见第四章流动资产中第二节货币资金和第五节存货以及第五章非流动资产中第一节固定资产。

## 综合练习题

扫一扫

# 第三章 企业主要经营过程的核算

## 第一节 企业主要经营过程核算概述

### 一、企业主要经营过程核算的内容

企业按行业划分，包括农、林、牧、渔业；采矿业，制造业，电力、燃气及水的生产和供应业，建筑业，交通运输、仓储和邮政业，信息传输、计算机服务和软件业，批发和零售业，住宿和餐饮业，金融业，房地产业，租赁和商务服务业，科学研究、技术服务和地质勘查业等多个行业。企业类型主要分为五类，分别是独资企业、合资企业、合作企业、股份公司和有限责任公司。

本章以制造业即工业企业为例进行讲述。

工业企业的主要经营过程一般可分为三个阶段，即供应过程、生产过程和销售过程。在企业经营过程中，经常发生各种不同的经济业务，企业的各会计要素也因此不断地发生变化。

在供应过程中，企业用货币资金购买各种材料，形成生产储备，用以保证生产的正常进行。在这一过程中，企业的货币资金资产转化为材料存货资产。企业在支付材料的价款和采购费用时，还会与供货方发生货款的结算关系。因此，材料采购和因采购而引起的与供货方的货款结算业务、支付采购费用和计算采购成本，就构成了供应过程中的主要经济业务。

在生产过程中，企业将原材料等劳动对象投入生产，经过工人的劳动加工，制造出适合于社会需要的产品。生产过程一方面是产品的制造过程，另一方面又是物化劳动和活劳动的消耗过程。在这一过程中，企业要发生各项生产费用，如：材料的消耗、支付职工薪酬、厂房及机器设备等固定资产的折旧等。这一过程使得企业一部分材料存货价值、货币资金和一部分固定资产价值转化为在产品存货价值，形成在产品成本，并随着产品的加工完成，产成品的验收入库，在产品存货又转化为产成品存货。所以，归集发生的生产费用，再将生产费用在完工产品和在产品之间进行分配，计算完工产品的生产成本是企业生产过程的主要经济业务。

在销售过程中，企业通过产品的销售，收回货币资金，将产成品又转化为货币资金，从而完成其一个经营周期。在这一过程中，销售产品、支付销售费用、缴纳销售税金、与购货方的货款结算并计算销货成本是其主要经济业务。

工业企业的经营活动，通过供、产、销三个过程，完成了一个生产经营循环。为了及时地总结企业在一定时期内的财务成果，还需要将各种收入、费用相比较，计算出企业是盈利还是亏损。对于实现的利润应按照国家的有关规定和企业的分配制度进行分配，即一部分由企业提取形成公积金，一部分要以股利或利润的形式分配给企业的投资者。这些也是主要经营过程中的另一个重要核算内容。

## 二、资金循环和资金周转

工业企业的经营活动，其主要内容分为供应过程、生产过程和销售过程三个过程，简称供、产、销，从购买原材料支付货币资金，生产产品，产品完工入库，到销售产品，收回货币资金，完成了一个生产经营循环。正常情况下，收回的货币资金要比购买原材料时支付的货币资金金额大，扣除销售费用、管理费用等相关费用后的金额即为企业的盈利。企业有了盈利，才能发放职工工资，缴纳相关税费，向投资者支付股利等，才能保证企业的正常经营。

企业的生产分为简单再生产和扩大再生产。一个生产经营循环结束后，企业用收回的货币资金又购买原材料进行下一次的生产，但规模在原有基础上进行（营利用于分红），叫简单再生产；如果规模有所扩大（比如，股东的分红不分，将资金用于下一次的扩大规模的生产），叫扩大再生产。

从供应过程、生产过程到销售过程，原材料变成在产品，在产品完工后变成产成品，其对应的资金形态也在发生变化，从货币资金形态，到储备资金形态，到生产资金形态，到成品资金形态，通过完工产品的销售，收到货款，最后又回到货币资金形态。资金形态从起于货币资金，最后又回到货币资金，这一过程叫资金循环；完成了一个生产经营循环后，进入下一个循环，连续不断的资金循环叫资金周转。

当然，工业企业除了要对主要经营过程中发生的经济业务进行核算外，还须对企业生产经营活动中发生的其他经济业务进行核算。例如：接受投资业务、对外投资业务、债权债务业务、固定资产增减业务，以及所有者权益变化业务等。

## 三、成本计算的内容

在工业企业里，成本是一项综合性的经济指标，从一定意义上能反映一个企业的效率和工作质量。工业企业在供、产、销过程中，通常要计算三种成本：一是供应过程的材料采购成本，一般纳税人材料的采购成本包括买价、运杂费、运输途中合理损耗、入库前的挑选整理费用和进口关税；二是生产过程的生产成本，它由直接材料、直接人工和制造费用构成；三是销售过程的产品销售成本，也就是产品的生产成本。因此成本计算就是把供应、生产和销售过程中发生的各项费用，按照一定的对象和标准进行归集和分配，以计算出各对象的总成本和单位成本。成本计算是会计核算的七种专门方法之一，通过成本的计算，可以促进企业不断提高经营管理水平，控制和降低成本。同时，通过成本资料，也会为制定产品售价提供依据。

为了全面地反映和监督一个企业供、产、销各阶段的财务成果的形成及其分配等各项经济业务，正确地归集和分配生产费用，计算各种成本，应根据有关业务的具体内容和成本计算的具体要求，分别设置和运用不同的账户进行核算。

## 四、工业企业的会计核算基础

会计处理基础，亦称会计记账基础，简称会计基础，是指确定一个会计期间收入和费用的标准。企业在持续的生产经营过程中，不断取得收入，也不断发生费用，将收入和费用相配比后，就可以计算出经营期间的财务成果。但会计分期核算要求划清本期与非本期的界限，这就出现了收入和支出的收支期和归属期不一致的问题。收支期是指收入收到和费用支付的会计期间；归属期是指应获得收入和应负担费用的会计期间。所以，以什么标准确认本期的收入和费用，在会计上就有两种方法可供选择，即收付实现制和权责发生制。

### （一）收付实现制

收付实现制，又称实收实付制，或称现金制。它是以收入或费用是否实际收到或支付为标准来确认收入和费用的一种会计处理方法。收付实现制主要包含以下四项内容：

(1) 凡是本期收到的收入，不管是否归属本期，都作为本期收入处理。

(2) 凡是本期支付的费用，不管是否归属本期，都作为本期费用处理。

(3) 凡不是本期收到的收入，即使归属本期，也不作为本期收入处理。

(4) 凡不是本期支付的费用，即使归属本期，也不作为本期费用处理。

**(二) 权责发生制**

权责发生制又称应收应付制，或称应计制。它是以收入或费用是否应该归属本期为标准来确认各期收入和费用的一种会计处理方法。权责发生制主要包含以下四项内容：

(1) 凡是本期已实现的收入，不管款项是否收到，都作为本期收入处理。

(2) 凡是本期已发生的费用，不管款项是否付出，都作为本期费用处理。

(3) 凡不是本期实现的收入，即使款项已收到，也不作为本期收入处理。

(4) 凡不是本期发生的费用，即使款项已支付，也不作为本期费用处理。

【例 3-1】根据下列经济业务内容，按收付实现制和权责发生制计算企业 20××年 9 月份的收入、费用及损益。

(1) 9 月份支付 9 月的职工薪酬 12 000 元，其中 2 人未领工资 2 000 元存入银行。

(2) 本月收到 8 月份的应收账款 5 000 元，存入银行。

(3) 本月销售产品 70 000 元，货款未收到。

(4) 计提本月短期借款利息 400 元。

(5) 本月收到购货单位预付货款 30 000 元存入银行，企业下月交货。

(6) 以银行存款预付 9—12 月租金 8 000 元，本月承担 2 000 元。

具体计算如表 3-1 所示。

**表 3-1 案例计算** 单位：元

| 题号 | 收付实现制 | | 权责发生制 | |
|---|---|---|---|---|
| | 收入 | 费用 | 收入 | 费用 |
| 1 | | 10 000 | | 12 000 |
| 2 | 5 000 | | | |
| 3 | | | 70 000 | |
| 4 | | | | 400 |
| 5 | 30 000 | | | |
| 6 | | 8 000 | | 2 000 |
| 损益 | (5 000+30 000)-(10 000+8 000)= 17 000 | | 70 000-(12 000+400+2 000)= 55 600 | |

由【例 3-1】可知，在收付实现制会计处理基础上，对收入和费用的确认是以是否实际收到或付出为标准，而不是以是否应该收到或付出为标准。所以收付实现制不符合配比性原则的要求，把预收款项或预付费用当作本期的收入或费用；而把应收款项或应付费用不计入当期收入或费用，因此计算出来的损益结果不准确。目前，只有行政事业单位的会计核算基础采用收付实现制。

与收付实现制相反，在权责发生制会计处理基础上，对收入和费用的确认是以是否应该收到或付出为标准，而不是以是否实际收到或付出为标准。所以，权责发生制能弥补收付实现制的不足，符合配比性原则的要求，能正确地计算各期损益。目前，我国企业会计核算统一采用权责发生制作为会计核算基础。

## 第二节　筹资过程的核算

第一章在讲述会计等式时讲到，资产等于权益，权益即资产的来源。工业企业生产经营所需资金的主要来源，一是各方投入，包括国家投入、其他单位投入、个人投入、外商投入等；二是借入，包括向银行借款（短期借款和长期借款）和通过发行债券的形式向公众借款等。

筹资即筹集资金。资金是企业的“血液”，在企业的生产经营活动中具有非常重要的作用。企业要进行正常的生产经营活动，首先要有一定的货币资金，通过购买机器设备、原材料等进行生产，生产出的产品通过销售后收回新一轮的货币资金。如此往复，形成资金的循环与周转。企业如果没有资金或者产品销售后不能按期收回资金或者收回的资金量不足，导致资金链断裂，企业就无法开展正常的生产经营活动。

企业资金的筹集无外乎两个方面，一是业主投入，二是借入。资金就是资产，资产的来源叫权益，因此，得到会计学上的第一个等式：

资产=权益

业主投入的叫业主权益，就是所有者权益；借入的叫债主权益，表现为负债。因此，得到会计学上的第二个等式：

资产=负债+所有者权益

从本节开始，我们将按照资金的流动顺序，通过相关案例的讲解，使大家熟悉工业企业生产经营活动的各个环节，并熟练掌握各个环节的会计核算，包括筹资过程、供应过程、生产过程、销售过程和财务成果的形成及分配。

### 一、资本金的核算

设立企业必须要有法定资本金。资本金是指企业在工商行政管理部门登记的注册资金，按照投资主体分为国家资本金、法人资本金、个人资本金及外商资本金等。投资者可以用现金、实物资产（原材料、房屋、汽车等）、无形资产等形式向企业投资。

企业筹集的资本金，企业依法享有经营权，在企业经营期内，投资者除依法转让外，不得以任何方式抽回，法律、行政法规另有规定的除外。

#### （一）资本金核算应设置的主要账户

（1）“实收资本”或“股本”账户。一般企业用“实收资本”账户，上市公司用“股本”账户。本章内容中涉及的相关内容均用“实收资本”账户。“实收资本”是所有者权益类账户，用来核算企业实际收到投资人投入的资本。贷方登记投资者向企业投入的现金、实物及无形资产等投资，借方登记按法定程序返还的投资款，余额反映在贷方，表示投资者投入资本的实有数额。

企业收到投资者投入的房屋、机器设备等固定资产，无形资产、存货等，应按投资各方确认的价值，借记“固定资产”“无形资产”“原材料”“应交税费——应交增值税（进项税额）”等科目，贷记本科目。本科目应按投资人设置明细账，进行明细分类核算。

（2）“固定资产”账户。“固定资产”账户属于资产类账户，用来核算企业的固定资产原价。借方登记购建、调进、投入的固定资产增加数，贷方登记调出、投出、报废的固定资产减少数。借方余额反映实有固定资产的价值。该账户应按固定资产项目进行明细核算。企业的固定资产要按规定计提折旧——累计折旧（具体内容详见第五章）。

（3）“累计折旧”账户。“累计折旧”账户是“固定资产”账户的备抵账户，属于资产类账户，用来核算企业固定资产的累计折旧数额。贷方登记计提的固定资产折旧，借方登记调出、投出或报废固定资产的折旧，余额在贷方，表示现有固定资产的累计折旧额。

（4）“无形资产”账户。“无形资产”账户属于资产类账户，用来核算企业的专利权、非专利技术、商标权、著作权、土地使用权和特许经营权各种无形资产的价值。借方登记企业购入或自行创造并按法律程序申请取得和其他单位投资转入的无形资产价值，贷方登记对外投资等减少的无形资产，余额反映在借方，表示无形资产的价值。该账户应按无形资产项目进行明细核算。无形资产分使用寿命有限的无形资产和使用寿命无限的无形资产。使用寿命有限的无形资产在使用期限内要进行摊销——累计摊销（摊销方法一般用直线法，具体内容详见第六章）。

（5）“累计摊销”账户。“累计摊销”账户是“无形资产”账户的备抵账户，属于资产类账户，用来核算企业对使用寿命有限的无形资产计提的累计摊销。该账户贷方登记无形资产的摊销额，借方登记无形资产减少相对应的摊销额。期末贷方余额，反映企业无形资产累计摊销额。

（6）“应交税费”账户。“应交税费”账户属于负债类账户，用来核算企业应交和实交的各项税费情况。其中“应交税费——应交增值税”账户用来核算企业的应交增值税，借方记录企业采购材料物资时，向供应单位支付的进项税额，贷方反映企业销售商品时向购买单位收取的销项税额。期末一般为贷方余额，表示本期应缴纳的增值税。一般纳税企业购进材料和销售产品等都会涉及增值税的核算，购进材料时计入“应交税费——应交增值税（进项税额）”的借方，销售产品时计入“应交税费——应交增值税（销项税额）”的贷方。期末：应交增值税=销项税额-进项税额。本章涉及增值税相关内容核算的企业均为增值税一般纳税企业，即“应交税费——应交增值税”账户有进项税额和销项税额。

（7）“银行存款”账户。“银行存款”账户属于资产类账户，用来核算企业存入银行的各种款项。借方登记存入的款项，贷方登记提取或支出的款项，余额在借方，表示企业存放在银行的款项实有数。

（8）“短期借款”账户。“短期借款”账户属于负债类账户，用来核算企业从银行或其他机构取得的期限一年（含）内的借款，一般为临时性生产资金借款。贷方登记取得的借款，借方登记归还的借款。余额在贷方，表示企业尚未归还的短期借款数额。

（9）“应付利息”账户。“应付利息”账户属于负债类账户，用来核算企业按权责发生制计提的短期借款的利息。贷方登记按月计提的借款利息（或应付但还未付的利息），借方登记归还的借款利息。余额在贷方，表示企业还未支付的利息。

（10）“财务费用”账户。“财务费用”账户属于损益类账户，用来核算企业的利息金额或银行手续费。借方登记企业的利息费用或银行手续费。期末结转“本年利润”时记贷方。损益类账户期末结转“本年利润”后无余额。

### （二）资本金核算

举例：甲工厂发生下列经济业务

【例 3-2】A 公司购入无须安装的新设备一套，计 50 000 元，增值税 6 500 元，设备已交付使用。

这项经济业务的发生，使企业的固定资产新增 50 000 元，增值税 6 500 元，使得固定投资即企业实收资本增加 56 500 元。这项经济业务涉及“固定资产”“应交税费——应交增值税（进项税额）”和“实收资本”三个账户，固定资产原价的增加，应记入“固定资产”账户的借方，增值税计入“应交税费——应交增值税（进项税额）”的借方，实收资本的增加，应记入“实收资本”或“股本”账户的贷方。编制会计分录如下：

| | |
|---|---|
| 借：固定资产——设备 | 50 000 |
| 　　应交税费——应交增值税（进项税额） | 6 500 |
| 　贷：实收资本——A 公司 | 56 500 |

如果企业收到的是投资者投入的货币资金、存货或无形资产时，其会计分录如下：

| | |
|---|---|
| 借：银行存款 | ××× |
| 　贷：实收资本 | ××× |

借：原材料或无形资产　　×××
　　应交税费——应交增值税（进项税额）　　×××
　　贷：实收资本（或股本）　　×××

## 二、借款业务的核算

### （一）短期借款业务的核算

企业的借入款项包括短期借款与长期借款两种。短期借款是指企业从银行或其他机构取得的期限在一年（含）内的借款，一般为生产经营需要的临时资金借款。

关于短期借款利息的处理，有一种情况是如果利息较少，可于支付时一次性计入“财务费用”账户。

借：财务费用　　×××
　　贷：银行存款　　×××

【例 3-3】企业有一笔三个月期借款到期，现支付本金及利息 101 500 元，其中本金 100 000 元，利息 1 500 元。

借：短期借款　　100 000
　　财务费用　　1 500
　　贷：银行存款　　101 500

另一种情况是如果金额较大，根据权责发生制原则，采用按月计提的方法进行处理，计提利息时：

借：财务费用　　×××
　　贷：应付利息　　×××

支付时：

借：应付利息　　×××
　　贷：银行存款　　×××

【例 3-4】企业向银行申请半年期流动资金借款 5 000 万元，年利率 8.4%，利息按月计提，按季结算。

相关业务处理如下：

①取得借款。

借：银行借款　　50 000 000
　　贷：短期借款　　50 000 000

②计提第一个月利息。

借：财务费用　　350 000
　　贷：应付利息　　350 000

③计提第二个月利息。

借：财务费用　　350 000
　　贷：应付利息　　350 000

④支付前三个月利息。

借：财务费用　　350 000
　　应付利息　　700 000
　　贷：银行存款　　1 050 000

⑤计提第四个月利息。

借：财务费用　　350 000
　　贷：应付利息　　350 000

⑥计提第五个月利息。

借：财务费用　　350 000

　贷：应付利息　　350 000

⑦到期还本并支付后三个月利息。

借：短期借款　　50 000 000

　　财务费用　　350 000

　　应付利息　　700 000

　贷：银行存款　　51 050 000

### （二）长期借款业务的核算

1. “长期借款”账户

“长期借款”账户属于负债类账户，用来核算企业借入的期限在一年以上的各种借款。贷方登记借入款项数，借方登记偿还款项数，余额在贷方，表示尚未偿还的长期借款数。

2. 长期借款业务核算举例

【例 3-5】企业向银行申请购置设备贷款 100 000 元，借款期限为两年，已经批准并办妥手续，借款已存入银行。

这项经济业务的发生，使企业的银行存款增加 100 000 元，同时使企业的长期借款增加 100 000 元。因此，这项经济业务涉及“银行存款”与“长期借款”两个账户，银行存款的增加，应记入“银行存款”账户的借方，长期借款的增加，应记入“长期借款”账户的贷方。

编制会计分录如下：

借：银行存款　　100 000

　贷：长期借款　　100 000

以上借款归还时做相反的分录。

长期借款业务核算时的利息处理在第六章第三节讲述，此处不涉及。

# 第三节　供应过程的核算

## 一、供应过程的核算内容

工业企业的供应过程，是生产的准备阶段（储备资金形态），这一过程的主要经济业务是组织材料采购，即企业以货币资金购买各种原材料、燃料、周转材料（低值易耗品、包装物）等，作为生产储备，以保证生产的需要。在采购过程中，企业要向有关单位支付材料价款、增值税及运杂费、装卸费等各种采购费用，还要同有关单位发生结算关系。因此采购业务和结算业务，是供应过程的主要经济业务。

原材料的核算有实际成本和计划成本两种。本章所涉及原材料核算的相关内容均为实际成本（不涉及计划成本）。

## 二、供应过程核算应设置的主要账户

企业采购是按计划进行的，材料资金的储备，也有核定的定额。为了核算和监督材料的采购成本，考核采购储备资金的占用情况，以及核算和监督货款的结欠情况，需要设置和运用以下几个主要账户[应交税费——应交增值税（进项税额）账户在本章第二节中已涉及]。

### （一）“在途物资”账户

“在途物资”账户属于资产类账户，专门用来核算企业采用实际成本法时外购材料的采购成本，是计算和确定材料实际采购成本的账户。借方用来登记本期因采购材料支付的材料采购成本，贷方用来登记已验收入库转入原材料账户的实际采购成本。月末，如果材料均已入库，该账户无余额；如有尚未验收入库的在途材料，则为借方余额，反映期末尚未验收入库的在途材料所占用的资金。“在途物资”账户，可以反映供应过程所发生的各种外购材料的实际采购成本。

为了具体核算和监督各种材料的实际采购成本，企业应按购入材料的种类或主要品种设置明细分类账户，进行明细分类核算，计算每种材料的实际采购成本。

### （二）“原材料”账户

“原材料”账户属于资产类账户，用来核算企业库存的各种材料，包括原料及主要材料、辅助材料、外购半成品、修理用备件、包装材料、燃料等的实际成本。账户的借方用来登记由“在途物资”账户贷方转入的外购已验收入库原材料的实际成本，贷方用来登记发出原材料的实际成本。月末借方余额，反映库存原材料的实际成本，即原材料储备资金的占用额。

本账户应按原材料的保管地点、类别、品种及规格设置材料明细账，进行明细分类核算。

### （三）“应付账款”账户

“应付账款”账户属于负债类账户，用来核算企业因购买材料、物资和接受劳务供应等而应付给供应单位的款项。本账户的贷方用来登记购入材料物资但尚未支付的货款，借方用来登记已偿还给供应单位的货款。月末贷方余额，表示还欠供应单位的债务款，本账户应按照供应单位设置明细账。

“应付账款”账户是一个结算账户，属于债权债务结算的账户主要还有“应收账款”“预收账款”“预付账款”“应收票据”“应付票据”“应付利息”“应付股利”“其他应收款”“其他应付款”等。

### （四）“库存现金”账户

“库存现金”账户属于资产类账户，核算企业的库存现金，借方登记现金的收入数，贷方登记现金的支出数。余额在借方，表示现金的库存数。

库存现金的使用按照国家相关规定执行（详见第五章货币资金）。在材料采购业务中，涉及现金支付搬运费等情况时，计入材料采购成本。如果材料未入库，计入“在途物资”；如果材料已经入库，计入“原材料”。

## 三、材料采购的核算（材料按实际成本核算）

【例 3-6】漓江工厂（增值税一般纳税人）2019 年 12 月开始生产经营，该年 12 月份发生下列经济业务（业务 1 至业务 42）：

【业务 1】5 日从光明工厂购入甲材料 30 吨，单价 500 元，共计货款 15 000 元，增值税进项税额 1 950元，材料尚未入库，货款以银行存款支付。

这项经济业务的发生，一方面使甲材料采购成本增加 15 000 元，增值税进项税额增加 1 950 元；另一方面，使银行存款减少 16 950 元。材料采购成本和增值税进项税额增加，分别记入“在途物资”账户和“应交税费”账户借方，银行存款减少，记入“银行存款”账户贷方。编制会计分录如下：

| | | |
|---|---|---|
| 借：在途物资——甲材料 | 15 000 | |
| 　　应交税费——应交增值税（进项税额） | 1 950 | |
| 　贷：银行存款 | | 16 950 |

【业务 2】8 日以银行存款支付 5 日所购甲材料的运杂费 400 元。

这项经济业务的发生，一方面使材料采购费用增加400 元，另一方面使企业的银行存款减少了 400 元。材料采购费用是材料采购成本的组成部分，采购费用增加，应记入“在途物资”账户的借方，银行存款减少，应记入“银行存款”账户的贷方。编制会计分录如下：

借：在途物资——甲材料　　400

　贷：银行存款　　400

【业务3】10日，向广源工厂购入乙、丙两种材料，其中，乙材料1 200千克，单价30元，共36 000元；丙材料1 000千克，单价50元，共50 000元。总计86 000元。增值税税率13%，增值税额11 180元。以上价款均以银行存款支付，材料未到。

这项经济业务的发生，一方面使乙、丙两种材料采购成本增加86 000元，增值税进项税额增加11 180元；另一方面，使银行存款减少97 180元。材料采购成本和增值税进项税额增加，分别记入"在途物资"账户和"应交税费"账户的借方，银行存款减少，记入"银行存款"账户的贷方。编制会计分录如下：

借：在途物资——乙材料　　36 000

　　　　　　——丙材料　　50 000

　　应交税费——应交增值税（进项税额）　　11 180

　贷：银行存款　　97 180

【业务4】12日以银行存款支付购入上述乙材料、丙材料的运杂费440元。

同批购入的材料其品种在两种以上时，所发生的共同承担的运杂费，应选用合适恰当的分配标准，在该批材料的各品种之间进行合理分配，以便分别计算确定它们的采购成本。就材料而言，分配标准有重量、体积、件数和价值等。假定本例的运杂费按乙、丙材料的重量分配，其方法如下：

分配率=运杂费/乙、丙材料的重量=440/（1 200千克+1 000千克）=0.20（元/千克）

则：

乙材料应分配的运杂费=1 200千克×0.20元/千克=240（元）

丙材料应分配的运杂费=1 000千克×0.20元/千克=200（元）

合　计　　440（元）

根据以上分摊结果应在"在途物资"总分类账户的借方登记440元，银行存款账户的贷方登记440元。同时在"在途物资——乙材料"明细账户借方运杂费栏登记240元，在"在途物资——丙材料"明细账户借方运杂费栏登记200元，以便分别计算确定它们的实际采购成本。编制会计分录如下：

借：在途物资——乙材料　　240

　　　　　　——丙材料　　200

　贷：银行存款　　440

【业务5】20日，以银行存款35 850元归还前欠大华工厂货款。

这项经济业务的发生，一方面使一笔债务应付账款减少35 850元，另一方面使银行存款减少35 850元。应付账款的减少，应记入"应付账款"账户的借方，银行存款的减少应记入"银行存款"账户的贷方。编制会计分录如下：

借：应付账款——大华工厂　　35 850

　贷：银行存款　　35 850

【业务6】25日，向华西公司所购甲材料15吨，每吨500元，发票价格7 500元，增值税进项税额975元。华西工厂代垫运杂费200元，货款、增值税款和运杂费均已从银行存款中支付，但材料尚在运输途中。

这项经济业务的发生，一方面使企业材料采购成本、增值税进项税额分别增加7 700元和975元。另一方面由于款项已付，使企业银行存款减少8 675元。编制会计分录如下：

借：在途物资——甲材料　　7 700

　　应交税费——应交增值税（进项税额）　　975

　贷：银行存款　　8 675

【业务7】30日，上述购入的甲、乙、丙材料入库，按其实际采购成本入账。

根据“在途物资”各明细账户的记录计算（见表3-2、3-3、3-4），甲材料实际采购成本总额为23 100（15 000+400+7 700）元，其中从光明工厂购进的30吨已入库，从华西公司购进的15吨还没有运到企业；乙材料实际采购成本为36 240元，丙材料的实际采购成本为50 200元，乙材料和丙材料均已入库。分别从在途物资总分类账户的贷方转入“原材料”账户的借方，编制会计分录如下：

借：原材料——甲材料　　15 400

　　　　——乙材料　　36 240

　　　　——丙材料　　50 200

　贷：在途物资——甲材料　　15 400

　　　　　　——乙材料　　36 240

　　　　　　——丙材料　　50 200

如果购进材料时，材料已入库，但有关发票单据未到，这属于货到单未到，先将材料入库，暂不入账，待发票单据到达时，再入账。如果月末有关发票单据仍未到达，先暂估入账。

借：原材料——×材料　　×××

　贷：应付账款——暂估　　×××

下月初红字冲销：

借：原材料　　×××

　贷：应付账款——暂估　　×××

或者做相反分录冲销：

借：应付账款——暂估　　×××

　贷：原材料——×材料　　×××

待发票单据到达时，再入账。

借：原材料——×材料　　×××

　　应交税费——应交增值税（进项税额）　　×××

　贷：银行存款　　×××

## 四、材料采购成本的计算

材料采购成本的计算，就是把企业在供应过程所支付的材料买价和各项采购费用，按照材料的品种并根据成本项目计算各种材料的采购总成本和单位成本。各种材料的采购成本是通过“在途物资”明细分类账户提供的资料来归集计算的。

“在途物资”明细分类账户借方发生额是按规定的材料采购成本项目设置专栏的，材料采购成本主要由下列各项组成：

（1）买价，即购买材料的货款（不包括增值税）；

（2）运杂费，包括运费、装卸费、保险费、包装费、采购过程中的仓储费等；

（3）运输途中的合理损耗，就是运输过程中可能发生的正常损耗；

（4）入库前的挑选整理费用，包括挑选整理中发生的工、费支出和必要的耗费，并扣除回收的下脚废料价值；

（5）购入材料的进口关税等。

以上五项应直接计入各种材料的采购成本；如果运输的几种材料是不能分清的，应按材料的重量或买价，等比例分摊计入各种材料的采购成本。

采购人员的差旅费、专设机构的经费、企业供应部门和仓库的经费（包括入库后对材料的整理挑选费用），列作管理费用，不列入材料采购成本。

企业对两种以上的材料共同负担的费用，应进行必要的计算和分配。分配的标准是：对运杂费、包装费、装卸搬运费等，一般按材料重量比例分配，整理挑选费一般按买价比例分配。

根据供应过程核算【例 3-6】列举的业务 1—7 的会计分录，记入有关总分类账户和明细分类账户（供应过程的其他总分类核算略）。下面将“在途物资”明细分类账户中的记录以表 3-2、表 3-3 及表 3-4 列示如下（期初余额假定为零）。

**表 3-2　在途物资明细账（甲材料）**

材料名称：甲材料　　　　第　页

| 2020 年 | | 凭证 | | 摘要 | 借方 | | | | 贷方 | 借或贷 | 余额 |
|---|---|---|---|---|---|---|---|---|---|---|---|
| 月 | 日 | 字 | 号 | | 买价 | 运杂费 | | 合计 | | | |
| 5 | 5 | 1 | | 购入 30 吨，每吨 500 元 | 15 000 | | | 15 000 | | 借 | 15 000 |
| | 8 | 2 | | 运费 400 元 | | 400 | | 400 | | 借 | 15 400 |
| | 25 | 6 | | 购入 15 吨，每吨 500 元 运费 200 元 | 7 500 | 200 | | 7 700 | | 借 | 23 100 |
| | 30 | 7 | | 结转采购成本 | | | | | 15 400 | 借 | 7 700 |
| 5 | 30 | | | 本期发生额及余额 | 22 500 | 600 | | 23 100 | 15 400 | 借 | 7 700 |

**表 3-3　在途物资明细账（乙材料）**

材料名称：乙材料　　　　第　页

| 2020 年 | | 凭证 | | 摘要 | 借方 | | | | 贷方 | 借或贷 | 余额 |
|---|---|---|---|---|---|---|---|---|---|---|---|
| 月 | 日 | 字 | 号 | | 买价 | 运杂费 | | 合计 | | | |
| 5 | 10 | 3 | | 购 1 200 千克，每千克 30 元 | 36 000 | | | 36 000 | | 借 | 36 000 |
| | 12 | 4 | | 分摊运杂费 | | 240 | | 240 | | 借 | 36 240 |
| | 30 | 7 | | 结转采购成本 | | | | | 36 240 | 平 | 0 |
| 5 | 30 | | | 本期发生额及余额 | 36 000 | 240 | | 36 240 | 36 240 | 平 | 0 |

**表 3-4　在途物资明细账（丙材料）**

材料名称：丙材料　　　　第　页

| 2020 年 | | 凭证 | | 摘要 | 借方 | | | | 贷方 | 借或贷 | 余额 |
|---|---|---|---|---|---|---|---|---|---|---|---|
| 月 | 日 | 字 | 号 | | 买价 | 运杂费 | | 合计 | | | |
| 5 | 10 | 3 | | 购入 1 000 吨，每吨 50 元 | 50 000 | | | 50 000 | | 借 | 50 000 |
| | 12 | 4 | | 分摊运杂费 | | 200 | | 200 | | 借 | 50 200 |
| | 30 | 7 | | 结转采购成本 | | | | | 50 200 | 平 | 0 |
| 5 | 30 | | | 本期发生额及余额 | 50 000 | 200 | | 50 200 | 50 200 | 平 | 0 |

根据甲、乙、丙三种材料的在途物资明细账资料，编制材料采购成本计算表（见表 3-5）。

**表 3-5　材料采购成本计算**　　　　单位：元

| 成本项目 | 甲材料 | | 乙材料 | | 丙材料 | |
|---|---|---|---|---|---|---|
| | 总成本（45 吨） | 单位成本 | 总成本（1 200 千克） | 单位成本 | 总成本（1 000 千克） | 单位成本 |
| 买价 | 22 500 | 500 | 36 000 | 30 | 50 000 | 50 |
| 运杂费 | 600 | 13. 33 | 240 | 0. 2 | 200 | 0. 2 |
| 材料采购成本 | 23 100 | 513. 33 | 36 240 | 30. 2 | 50 200 | 50. 2 |

实际操作中，凭材料采购成本计算表及有关单据填制记账凭证，办理入库手续。

## 第四节　生产过程的核算

### 一、生产过程的核算内容

生产过程是产品的制造过程，它是工业企业主要经营过程的第二阶段，是工业企业再生产过程的中心环节，企业的全部经济业务都是围绕着生产过程而展开的。在这一过程中，将原材料加工成产品要发生一系列的耗费，一定时期内产品生产过程所发生的费用，称之为生产费用。它包括的主要内容有：消耗的各种材料、支付给职工的薪酬、固定资产的折旧费和因生产经营管理活动而发生的各项费用支出。工业企业的生产费用按一定种类的产品来归集，称为产品的生产成本或制造成本。生产过程的核算，主要是生产费用归集、分配和产品生产成本的计算。

生产费用按一定种类的产品进行归集时，若费用能分清应由哪种产品承担，可直接计入该种产品成本的费用，称之为直接费用或直接成本，如产品直接耗用的原材料、支付给直接生产工人的薪酬等。若费用不能分清应由哪种产品承担，则不能直接计入产品成本，而必须先行归集，然后按一定标准分配计入产品成本的费用，称之为间接费用或间接成本，如间接耗用材料，车间管理技术人员的薪酬，厂房和机器设备的折旧费、水电费等。

### 二、生产过程核算应设置的主要账户

为了核算与监督生产费用的发生，归集企业在一定时期内生产产品所发生的各项生产费用，计算并确定产品的实际生产成本，以便考核产品生产计划、产品成本计划和管理费用预算的执行情况，就需要设置和运用一系列的成本费用账户，如“生产成本”“制造费用”“管理费用”“财务费用”等账户，还要运用“库存商品”“固定资产”“累计折旧”“应付职工薪酬”等资产、负债类账户以及其他账户。

#### （一）“生产成本”账户

“生产成本”账户属于成本类账户，用来核算企业进行工业性生产，包括生产各种产品（如产成品、自制半成品、提供劳务等）、自制材料、自制工具、自制设备等所发生的各项费用。凡不能直接计入产品成本计算对象的间接费用，先在“制造费用”账户汇集，月份终了，再按一定分配标准，分配计入有关产品成本，再通过本账户核算。本账户的借方登记生产产品发生的各种直接材料、直接人工和其他直接费用以及分配转入的制造费用，贷方登记结转完工产品的实际生产成本，月末借方余额，表示尚未完工的在产品成本，也就是生产资金的占用额。本账户应当按照基本生产成本和辅助生产成本进行明细核算。基本生产成本应当分别按照基本生产车间和成本核算对象（如产品的品种、类别、订单、批别、生产阶段等）设置明细账，并按照规定的成本项目设置专栏。为简化核算，本章涉及产品生产时，“生产成本”账户直接按产品品种设置明细账户（如甲产品、乙产品或A产品、B产品等）。

#### （二）“制造费用”账户

“制造费用”账户属于成本类账户，用来核算企业生产产品和提供劳务而发生的各项间接费用，包括车间管理人员的薪酬、固定资产折旧费、办公费、水电费、劳动保护费、季节性及修理期间的停工损失、机物料消耗等。这些费用先通过本账户进行归集，然后按照一定的分配标准（生产产品工人的工资总额或生产产品的工时数），在各种产品之间进行分配。账户借方登记月份内车间发生的各项费用，贷方登记转入“生产成本”账户的各种产品成本应负担的制造费用，除季节性生产企业外，本账户月末应无余额。本账户应当按照不同的生产车间、部门和费用项目进行明细核算。

### （三）“管理费用”账户

管理费用是企业为组织和管理企业生产经营所发生的相关费用，包括企业的董事会和行政管理部门在企业的经营管理中发生的或者应由企业统一负担的公司经费（包括行政管理部门职工薪酬、修理费、折旧费、物料消耗、低值易耗品摊销、办公费和差旅费等）、董事会会费（包括董事会成员津贴、会议费和差旅费等）、聘请中介机构费、咨询费（含顾问费）、诉讼费、业务招待费、研究费用、排污费、绿化费、生产车间发生的修理费、企业无法查明原因的现金短缺、存货定额内合理损耗和计量差错导致的存货盘盈等。企业发生的与固定资产有关的后续支出费用，如固定资产大修理费、更新改造支出、房屋的装修费用等，没有满足固定资产准则规定的固定资产确认条件的，计入有关费用科目；如果满足资本化的计入“在建工程”（完工后转入“固定资产”）。管理费用应当按照费用项目进行明细核算。发生管理费用时，借记本账户，贷记“银行存款”“库存现金”“应付职工薪酬”“累计折旧”“待处理财产损溢”等账户。结转本年利润时，借记“本年利润”，贷记本账户。

管理费用账户应按费用项目设置明细账户，也可设置多栏式的费用明细账。期末结转本年利润后，本账户应无余额。

### （四）“财务费用”账户

财务费用是企业为筹集生产经营所需资金等而发生的筹资费用，包括利息支出（减利息收入）、汇兑差额以及相关的手续费、企业发生的现金折扣或收到的现金折扣等。为购建或生产满足资本化条件的资产发生的应予资本化的借款费用，在“在建工程”等科目核算，不在“财务费用”科目核算。财务费用应当按照费用项目进行明细核算。发生财务费用时，借记本账户，贷记“银行存款”“应付利息”等账户。结转本年利润时，借记“本年利润”，贷记本账户。

财务费用账户应按费用项目设置明细账。结转本年利润后，本账户应无余额。

### （五）“应付利息”账户

“应付利息”账户属于负债类账户，用来核算企业按照规定预先提取但尚未实际支出的费用，如应付借款利息。账户的贷方登记应按月预先提取的利息费用，借方登记已支付的利息费用。期末贷方余额表示已经预提但尚未支付的利息费用。

### （六）其他账户

生产过程的核算除设置运用上述账户外，还需设置运用一些其他有关账户，如“应付职工薪酬”“累计折旧”“库存商品”等一系列的账户。这些账户的核算内容和核算方法，将结合下面的经济业务加以说明。

## 三、生产过程的业务核算

现结合工业企业生产过程中主要经济业务的核算，着重说明上述相关账户的运用。

漓江工厂20××年12月发生下列经济业务（相关账户的期初余额为已知数）：

【业务8】从仓库领用下列材料，供制造产品和一般耗用，见表3-6（假设领用的材料单价与供应过程无联系）。

表 3-6　本月耗用材料汇总

| 成本项目 | 甲材料 | | 乙材料 | | 丙材料 | | 金额合计/元 |
|---|---|---|---|---|---|---|---|
| | 数量/吨 | 金额/元 | 数量/千克 | 金额/元 | 数量/千克 | 金额/元 | |
| （1）生产 A 产品耗用 | 30 | 15 255 | 1 000 | 31 000 | | | 46 255 |
| 生产 B 产品耗用 | 20 | 10 170 | 1 000 | 31 000 | | | 41 170 |
| （2）车间一般耗用 | | | | | 400 | 20 080 | 20 080 |
| （3）管理部门耗用 | | | | | 100 | 5 020 | 5 020 |
| 合计 | 50 | 25 425 | 2 000 | 62 000 | 500 | 25 100 | 112 525 |

本月耗用材料，使库存原材料减少，应记入“原材料”账户的贷方，同时应按不同用途，将制造产品直接耗用的材料记入“生产成本”账户的借方，将车间一般耗用的材料，记入“制造费用”账户的借方，企业管理部门耗用的材料，记入“管理费用”账户的借方。

由于生产 A、B 两种产品，“生产成本”总分类账户下，应分设“A 产品”“B 产品”两个明细分类账户。

这笔经济业务编制会计分录如下：

借：生产成本——A 产品　　46 255
　　　　　　——B 产品　　41 170
　　制造费用　　20 080
　　管理费用　　5 020
　贷：原材料——甲材料　　25 425
　　　　　　——乙材料　　62 000
　　　　　　——丙材料　　25 100

【业务 9】向银行提取现金 111 200 元，备发本月工资。

这项经济业务的发生，使企业的库存现金增加了 111 200 元，银行存款减少111 200元。现金的增加，应记入“库存现金”账户的借方，银行存款的减少，应记入“银行存款”账户的贷方。

这笔经济业务应编制会计分录如下：

借：库存现金　　111 200
　贷：银行存款　　111 200

【业务 10】以现金支付本月职工工资 111 200 元。

职工工资属于职工薪酬，职工薪酬是指企业根据有关规定应付给职工的各种薪酬。为了核算和监督职工薪酬费用分配，需要设置“应付职工薪酬”账户，并按照“工资”“职工福利”“社会保险费”“住房公积金”“工会经费”“职工教育经费”“非货币性福利”“辞退福利”等应付职工薪酬项目进行明细核算。

该账户属于负债类账户，贷方登记职工薪酬的分配数，借方登记职工薪酬的实际支付款项和扣收的各种款项，月末余额反映本月已分配的职工薪酬和已发放职工薪酬之间的差额，借方余额表示实际多支付的职工薪酬数，贷方余额表示应付未付职工薪酬数。

这笔经济业务编制会计分录如下：

借：应付职工薪酬　　111 200
　贷：库存现金　　111 200

【业务 11】月末，根据工时和考勤记录，计算出应付职工工资如下：

制造 A 产品生产工人工资　　30 000 元
制造 B 产品生产工人工资　　40 000 元

车间技术、管理人员工资　　20 000元
厂部行政管理人员工资　　21 200元
合计　　111 200元

职工工资的分配，反映生产费用的增加。生产工人工资，是直接从事产品制造的人工费用，应记入“生产成本”账户；车间管理人员工资应记入“制造费用”；厂部管理人员工资应记入“管理费用”账户。同时将已分配的工资记入“应付职工薪酬”账户的贷方，表示应付给职工的工资数额。

这笔经济业务编制会计分录如下：

借：生产成本——A产品　　30 000
　　　　　　——B产品　　40 000
　　制造费用　　20 000
　　管理费用　　21 200
　贷：应付职工薪酬——工资　　111 200

【业务12】企业按照规定的折旧率，计提本月固定资产折旧额。其中：

生产车间的厂房和机器设备等固定资产折旧　　18 000元
厂部行政管理部门使用的固定资产折旧　　2 000元
合计　　20 000元

固定资产在生产过程中，由于使用而损耗的价值，叫作固定资产折旧。生产车间的折旧费，是产品成本的组成部分，应按期计入产品成本，由于折旧费不能直接确定计入哪一种产品，因此，先记入“制造费用”账户，然后再进行分配，转入“生产成本”账户，最终计入产品成本。企业行政管理部门使用的固定资产的折旧费，应按期记入“管理费用”账户，期末余额转入“本年利润”账户，抵减本期收入。

计提固定资产折旧，表明固定资产的价值因磨损而减少。固定资产价值的减少，本应记入“固定资产”账户的贷方，但为了反映固定资产的原始价值、折旧和净值情况，固定资产因磨损而减少的价值，不直接记入“固定资产”账户的贷方，而是设置“累计折旧”账户，在“累计折旧”账户的贷方，反映计提的固定资产折旧。前已述及“累计折旧”账户按其性质属于资产类账户，按其用途结构，它是一个备抵账户，用来调整固定资产的原始价值，贷方登记按月提取的折旧数，借方登记已提折旧的减少数或转销数，余额表示累计折旧额。固定资产的原值减去固定资产累计折旧额就是固定资产的净值。

这笔经济业务应编制会计分录如下：

借：制造费用　　18 000
　　管理费用　　2 000
　贷：累计折旧　　20 000

【业务13】生产车间购买办公用品（不考虑相关税费），以银行存款支付1 600元。

这笔业务，使企业的费用增加，银行存款减少。因此，应将发生的办公费记入“制造费用”账户的借方，支付的银行存款记入“银行存款”账户的贷方。

这笔经济业务应编制会计分录如下：

借：制造费用　　1 600
　贷：银行存款　　1 600

【业务14】计提本月应负担的短期借款利息2 000元。

企业向银行借款，根据规定应按期结算借款利息，借款利息应在财务费用中列支。为了正确计算各月损益，每月应将借款利息平均计提。利息是一种费用，计提时记入“财务费用”账户的借方和“应付利息”账户的贷方。

这笔经济业务应编制会计分录如下：

借：财务费用　　2 000
　贷：应付利息　　2 000

【业务15】用银行存款支付本月电费4 200元（不考虑相关税费），按电表计算，A产品生产耗电1 500元，B产品生产耗电1 800元，车间照明用电300元，企业管理部门照明用电600元。

这项经济业务的发生，一方面使企业的银行存款减少了4 200元，应记入“银行存款”账户的贷方；另一方面，所支付的直接用于A产品和B产品的电费应记入“生产成本”账户的借方，车间照明用电费300元，应记入“制造费用”账户的借方，企业管理部门照明用电600元，应记入“管理费用”账户的借方。

这笔经济业务应编制会计分录如下：

借：生产成本——A产品　　1 500

　　　　　　——B产品　　1 800

　　制造费用　　300

　　管理费用　　600

　贷：银行存款　　4 200

【业务16】以现金购买车间办公用品320元，企业管理部门办公用品300元（均不考虑相关税费）。

这项经济业务的发生，使现金减少了620元，应记入“库存现金”账户的贷方，车间购买的办公用品，应记入“制造费用”账户的借方，企业管理部门购买的办公用品，应记入“管理费用”账户的借方。

这笔经济业务应编制会计分录如下：

借：制造费用　　320

　　管理费用　　300

　贷：库存现金　　620

【业务17】以银行存款支付车间劳保用品费2 000元（不考虑相关税费）。

车间劳保用品是车间的一项费用，应由制造费用开支。一方面应记入“制造费用”账户的借方，同时记入“银行存款”账户的贷方。

这笔经济业务应编制会计分录如下：

借：制造费用　　2 000

　贷：银行存款　　2 000

【业务18】用银行存款支付短期借款利息3 000元（经查以前已经预提2 700元）。

这项经济业务的发生，说明实际支付的银行借款利息大于预提数300元。以银行存款支付借款利息，应记入“银行存款”账户的贷方，已预提2 700元，应予冲账，记入“应付利息”账户的借方，实际支出大于预提数的差额，应记入“财务费用”账户的借方。

这笔经济业务应编制会计分录如下：

借：应付利息　　2 700

　　财务费用　　300

　贷：银行存款　　3 000

【业务19】将本月发生的制造费用总额62 300元转入“生产成本”账户。由于漓江工厂生产的产品有A、B两种，所以还应将制造费用按照一定的分配标准（生产工人的工资和生产产品的工时）在各种产品之间进行分配，以便计算它们的制造成本。假定漓江工厂以生产工人的工资作为分配标准，计算A、B两种产品应负担的制造费用如下：

$$\text{制造费用分配率}=\frac{\text{制造费用总额}}{\text{生产工人工资}}$$

$$=\frac{62\ 300}{30\ 000+40\ 000}$$

$$=0.89$$

A 产品负担的制造费用=30 000×0.89=26 700（元）

B 产品负担的制造费用=62 300−26 700=35 600（元）

根据这一分配结果，这笔经济业务应编制会计分录如下：

借：生产成本——A 产品　　26 700

　　　　　——B 产品　　35 600

　贷：制造费用　　62 300



【业务 20】本月生产 A 产品 1 000 件，全部完工并验收入库，生产总成本为120 455元，B 产品 1 500件，尚未制造完工。

为了核算和监督库存的各种产品的实际成本，需要设置和运用“库存商品”账户。该账户属于资产类账户，借方登记生产完工并已验收入库的产成品实际生产成本，贷方登记出库产品的实际成本，借方余额表示库存产成品的实际生产成本. 该账户可按产品品种规格设置明细分类账户，进行明细核算。为了反映产成品的增加，就要将完工的产成品的实际生产成本从“生产成本”账户的贷方转入“库存商品”账户的借方。B 产品尚未完工，下月继续生产，其生产费用（在产品成本）全部结转下期，不必编制会计分录。



这笔经济业务应编制会计分录如下：

借：库存商品——A 产品　　120 455

　贷：生产成本——A 产品　　120 455

根据业务 8 至业务 20，将漓江工厂 5 月份生产过程的总分类核算和“生产成本”明细分类账户中的记录以图 3-1、表 3-7 以及表 3-8 加以列示。

原材料

| | |
|---|---|
| 期初余额　41 970 | （8）112 525 |
| （7）101 840 | |

库存商品

| | |
|---|---|
| 期初余额　214 045 | |
| （20）120 455 | |

应付职工薪酬—工资

| | |
|---|---|
| （10）111 200 | （11）111 200 |

累计折旧

| | |
|---|---|
| | （12）20 000 |

财务费用

| | |
|---|---|
| （14）2 000 | |
| （18）300 | |

制造费用

| | |
|---|---|
| （8）20 080 | （19）62 300 |
| （11）20 000 | |
| （12）18 000 | |
| （13）1 600 | |
| （15）300 | |
| （16）320 | |
| （17）2 000 | |
| 本期发生额　62 300 | 本期发生额　62 300 |

生产成本—A产品

| | |
|---|---|
| 期初余额　16 000 | （20）120 455 |
| （8）46 255 | |
| （11）30 000 | |
| （15）1 500 | |
| （19）26 700 | |
| 本期发生额　104 455 | 本期发生额　120 455 |

生产成本—B产品

| | |
|---|---|
| 期初余额　4 930 | |
| （8）41 170 | |
| （11）40 000 | |
| （15）1 800 | |
| （19）35 600 | |
| 本期发生额　118 570 | |
| 期末余额　123 500 | |

**图 3-1（a）　生产过程的总分类核算（1）**

| 库存现金 | |
| --- | --- |
| 期初余额　800 | （10）111 200 |
| （9）111 200 | （16）620 |

| 银行存款 | |
| --- | --- |
| 期初余额　230 000 | （9）111 200 |
| | （13）1 600 |
| | （15）4 200 |
| | （17）2 000 |
| | （18）3 000 |

| 应付利息 | |
| --- | --- |
| （18）2 700 | 期初余额　2 700 |
| | （14）2 000 |

| 管理费用 | |
| --- | --- |
| （8）5 020 | |
| （11）21 200 | |
| （12）2 000 | |
| （15）600 | |
| （16）300 | |

**图 3-1（b）　生产过程的总分类核算（2）**

**表 3-7　生产成本明细分类账**

产品名称：A 产品　　　　　　　　　　　　　　　　　　　　　　　　　单位：元

| 2020 年 | | 凭证号数 | 摘要 | 借方 | | | | |
| --- | --- | --- | --- | --- | --- | --- | --- | --- |
| 月 | 日 | | | 直接材料 | 直接人工 | 其他直接费用 | 制造费用 | 合计 |
| 5 | 1 | | 期初余额 | 10 000 | 4 000 | 200 | 1 800 | 16 000 |
| | | 8 | 生产投料 | 46 255 | | | | 46 255 |
| | | 11 | 生产工人工资 | | 30 000 | | | 30 000 |
| | | 15 | 耗用电费 | | | 1 500 | | 1 500 |
| | | 19 | 分配制造费用 | | | | 26 700 | 26 700 |
| | | 20 | 结转完工产品成本 | 56 255 | 34 000 | 1 700 | 28 500 | 120 455 |
| | 31 | | 期末余额 | | | | | |

**表 3-8　生产成本明细分类账**

产品名称：B 产品　　　　　　　　　　　　　　　　　　　　　　　　　单位：元

| 2020 年 | | 凭证号数 | 摘要 | 借方 | | | | |
| --- | --- | --- | --- | --- | --- | --- | --- | --- |
| 月 | 日 | | | 直接材料 | 直接人工 | 其他直接费用 | 制造费用 | 合计 |
| 5 | 1 | | 期初余额 | 3 500 | 500 | 150 | 780 | 4 930 |
| | | 8 | 生产投料 | 41 170 | | | | 41 170 |
| | | 11 | 生产工人工资 | | 40 000 | | | 40 000 |
| | | 15 | 耗用电费 | | | 1 800 | | 1 800 |
| | | 19 | 分配制造费用 | | | | 35 600 | 35 600 |
| | | 20 | 结转完工产品成本 | | | | | |
| | 31 | | 期末余额 | 44 670 | 40 500 | 1 950 | 36 380 | 123 500 |

根据生产成本明细分类账户的资料，编制产品生产成本计算表，计算完工的 A 产品实际生产总成本和单位成本，产品生产成本计算表的格式及其编制用表 3-9 列示如下：

表 3-9　产品生产成本计算

产品名称：A 产品（数量 1 000 件）　　2020 年 5 月　　单位：元

| 成本项目 | 总成本（1 000 件） | 单位成本 |
|---|---|---|
| 直接材料 | 56 255 | 56.255 |
| 直接人工 | 34 000 | 34 |
| 其他直接费用 | 1 700 | 1.7 |
| 制造费用 | 28 500 | 28.5 |
| 合计 | 120 455 | 120.455 |





## 四、产品生产成本计算的基本程序

产品生产成本是工业企业在一定时期内为生产一定品种和数量的产品所支出的一切费用，包括直接耗用的原材料、燃料和动力、人工费用以及制造费用等。产品生产成本的计算，就是将生产过程中发生的应计入产品成本的生产费用，按照成本或类别，进行归集和分配，计算各种产品的总成本和单位成本。产品成本的计算和生产费用的核算是同步进行的。归集和分配各项生产费用的过程就是成本计算的过程。成本计算是会计核算七种方法中的一种。企业在计算产品的过程中，必须遵循一定的基本程序。成本计算的一般程序如下：

### （一）确定成本计算对象

成本计算对象，就是为计算产品成本而确定的归集生产费用的各个对象，也就是成本的承担者。确定成本计算的对象，是设置产品成本明细账、分配生产费用和计算产品成本的前提。

一般来说，产品计算对象是企业生产的产品。但是，在不同的企业（车间）里，产品生产特点往往是不同的，因而，具体的成本计算对象主要是根据产品的生产特点并结合成本管理的要求来确定的。通常，在装配式的单件、小批生产情况下，由于产品生产是按订单或批别组织的，这就要求计算每张订单或每批产品的成本，其成本计算对象就是产品的订单或批别。在装配式的大量生产情况下，产成品是由零（部）件装配而成的，所以要将每一品种的产成品作为成本计算对象。在产品生产成本计算过程中，一般要求按每个成本计算对象开设产品成本明细账或产品成本计算单，用以归集生产费用，计算产品生产成本。

### （二）按成本项目归集和分配生产费用

产品生产费用在生产过程中又具有不同的经济用途，有的直接用于产品生产，有的用于生产单位的一般消耗，还有的是生产中所发生的损失。为此根据成本管理的要求，把产品生产费用按其经济用途划分成若干类，用以反映产品成本的构成。产品生产费用按其经济用途的分类，称之为成本项目。成本项目的分类，是根据管理上的要求来确定的，一般可设置“直接材料”“直接人工”“其他直接费用”和“制造费用”四个成本项目。

直接材料：是指直接用于产品生产的各种材料消耗。

直接人工：是指直接为从事产品生产人员的薪酬等。

其他直接费用：是指直接为生产产品发生的其他直接费用。如动力费用等制造费用是指企业内部的生产单位为组织和管理生产活动而发生的各项间接费用，如车间管理人员的工资、车间房屋建筑物和机器设备的折旧费、办公费、水电费、机物料消耗和劳动保护费等。

企业行政管理部门为组织和管理生产经营活动而发生的管理费用，应作为期间费用，直接计入当期损益，不计入产品生产成本。期间费用包括管理费用、财务费用、销售费用。期间费用属于损益类会计科目，期末要结转本年利润，结转后无余额。

按照成本项目将所发生的产品生产费用归集分配到成本计算对象上，就构成了这一对象的生产成本，即产品生产成本。

**（三）确定成本计算期**

所谓成本计算期，就是计算产品成本时，对生产费用计入产品成本所规定的起讫日期，也就是每次计算产品成本的期间。产品的生产特点不同，对产品成本计算的要求不同，产品成本计算期也就有所区别。例如，在工业生产中，在大单大批生产情况下，每月都有一部分产品完工以供销售，这就要求定期地按月计算产品成本；在单件、小批生产情况下，各张订单或各批产品的生产周期各不相同，一般要等到一张订单所列产品或一批产品全部完工后才能计算其成本，这就要求以产品的生产周期为成本计算期。因而，单件、小批生产企业的产品成本计算，具有不定期性质。

应该指出，不论产品成本计算期是否定期，企业都必须经常地、及时地进行生产费用的归集和分配，并在每月底把在账户上已登记的数额加以结计，以便考核产品成本的发生情况，并使产成品的成本计算能及时进行。

**（四）计算完工产品成本**

企业在将本期所发生的产品生产费用按成本项目归集分配到各产品成本明细账上后，就可以计算各种产品的总成本和单位成本。

当成本计算期与生产周期一致时，如果产品完工，发生的生产费用应全部计入完工产品成本；如果产品未完工，发生的生产费用都应作为在产品成本。当成本计算期与生产周期不一致时，就要根据具体情况，选择合理的方法，将产品生产费用在完工产品和在产品之间进行分配。

（1）在月末没有在产品的情况下，产品成本明细账中按成本项目归集的生产费用之和（如果有月初在产品，还应包括月初在产品的生产费用，下同）就是该完工产品的总成本，将总成本除以完工产品的产量就是该产品的单位成本。

（2）在月末没有完工产品的情况下，产品成本明细账中按成本项目归集的生产费用之和就是该在产品的总成本。

（3）在月末既有完工产品又有在产品的情况下，产品成本明细账中按成本项目归集的生产费用之和，应采用适当的分配方法，在该产品的完工产品和在产品之间进行分配，然后才能计算出完工产品的总成本和单位成本。

由于每种产品本月发生的生产费用和月初在产品之和，就是本月完工产品成本和月末在产品成本的合计数，用公式表示为：

月初在产品成本+本月生产费用=本月完工产品成本+月末在产品成本

因而，本月完工产品成本可计算如下：

本月完工产品成本=月初在产品成本+本月生产费用-月末在产品成本

在计算出完工产品成本之后，还应按成本计算对象编制产品成本计算表，按成本项目列示该完工产品的总成本和单位成本。

关于生产费用在完工产品和在产品之间如何进行分配的问题，属于成本会计的核算范畴，此处不讲述。

## 第五节　销售过程的核算

### 一、销售过程核算内容

工业企业产品的销售过程是企业生产经营过程的最后阶段，也是产品价值实现的过程。企业通过产品的销售收入获取货币资金，以保证企业再生产的进行。在销售过程中，工业企业的成品资金转化为货币资金，从而完成一次资金循环或周转。

销售过程的主要核算内容是企业售出产品，按照销售价格收取产品价款，确认销售收入，计算产品的销售成本，支付各种销售费用如运杂费、包装费、广告费等，使企业的成本和费用从销售收入中得到补偿。此外，企业还需按照国家税法缴纳销售税费。最后，确定营业利润。



## 二、销售过程核算应设置的主要账户

为了正确反映产品销售收入、销售税费、销售成本和往来结算业务，企业需要设置和运用以下几个账户：



### （一）“主营业务收入”账户

“主营业务收入”账户是损益类账户中的收入类账户，用来核算企业根据收入准则确认的销售商品、提供劳务等主营业务的收入。本账户按照主营业务的种类进行明细核算。企业销售商品或提供劳务实现的销售收入，应按照实际收到或应收的价款，借记“银行存款”“应收账款”“应收票据”等账户，按销售收入的金额，贷记本账户，按专用发票上注明的增值税额，贷记“应交税费——应交增值税（销项税额）”账户。企业本期发生的销售退回或销售折让，按应冲减的商品销售收入，借记本账户，按专用发票上注明的应冲减的增值税销项税额，借记“应交税费——应交增值税（销项税额）”账户，按实际支付或应退还的价款，贷记“银行存款”“应收账款”等账户。期末，应将本账户的余额转入“本年利润”账户，结转后本账户应无余额。

### （二）“主营业务成本”账户

“主营业务成本”账户是损益类账户中的费用类账户，用来核算企业根据收入准则确认销售商品、提供劳务等主营业务收入时应结转的成本。该账户借方登记企业销售各种商品、提供的各种劳务等的实际成本，贷方登记成本的减少或结转数。采用计划成本或售价核算库存商品的，平时的营业成本按计划成本或售价结转，月末，还应结转本月销售商品应分摊的产品成本差异或商品进销差价。企业本期发生的销售退回，一般可以直接从本月的销售商品数量中减去，也可以单独计算本月销售退回的商品成本，借记“库存商品”等账户，贷记本账户。期末，应将本账户的余额转入“本年利润”账户，结转后本账户应无余额。

### （三）“销售费用”账户

“销售费用”账户属损益类账户中的费用类账户，用来核算企业销售商品和材料、提供劳务的过程中发生的各种费用，包括保险费、包装费、展览费和广告费、商品维修费、预计产品质量保证损失、运杂费、装卸费等以及为销售本企业商品而专设的销售机构（含销售网点、售后服务网点等）的职工薪酬、业务费、折旧费等经营费用。销售费用应当按照费用项目进行明细核算。本账户借方登记销售费用的发生，贷方登记结转本年利润数。期末，结转“本年利润”后，本账户应无余额。

### （四）“税金及附加”账户

“税金及附加”账户属损益类账户中的费用类账户，用来核算企业经营活动发生的消费税、城市维护建设税和教育费附加等相关税费。房产税、车船税、城镇土地使用税、印花税也在本账户核算。企业按规定计算确定的与经营活动相关的税费，借记本账户，贷记“应交税费”等账户。期末，应将本账户余额转入“本年利润”账户，结转后本账户应无余额。

### （五）“应收账款”账户

“应收账款”账户属于资产类账户，用来核算企业因销售商品、产品及提供劳务等经营活动应收取的款项。因销售商品、产品、提供劳务等，合同或协议价款的收取如果采用递延方式、实质上具有融资性质的，在“长期应收款”账户核算，不在本账户核算。应收账款应当按照债务人进行明细核算。本账户借方登记应收账款的增加数，贷方登记应收账款的减少或回收数。本账户期末借方余额，反映企业尚未收回的应收账款；期末如为贷方余额，反映企业预收的账款。

### （六）“应收票据”账户

“应收票据”账户属于资产类账户，核算企业因销售商品、产品及提供劳务等而收到的商业汇票，包括银行承兑汇票和商业承兑汇票。企业应当按照开出、承兑商业汇票的单位进行明细核算。借方登记企业因销售商品、产品、提供劳务等而收到经过承兑的商业汇票，商业汇票到期时记入贷方。本账户期末借方余额，反映企业持有的商业汇票的票面金额。

### （七）“预收账款”账户

“预收账款”账户属于负债类账户，核算企业按照合同规定向购货单位预收的款项。预收账款情况不多的，也可将预收款项业务并入“应收账款”账户核算。本账户应按购货单位进行明细核算。贷方登记企业向购货单位预收的款项，借方登记预收账款的结算数。本科目期末贷方余额，反映企业向购货单位预收的款项；期末如为借方余额，反映企业应由购货单位补付的款项。

### （八）“应交税费”账户

“应交税费”账户属于负债类账户，核算企业按照税法规定计算应缴纳的各种税费。我国现行征收的税费包括：增值税、消费税、城市维护建设税、教育费附加、地方教育附加、企业所得税、个人所得税、车辆购置税、车船税、城镇土地使用税、土地增值税、房产税、印花税、资源税、耕地占用税、契税、关税、烟叶税、船舶吨税、环境保护税、矿产资源补偿费等。企业设置“应交税费”科目核算各种税费，增加在贷方，减少在借方，期末余额一般在贷方，表示企业应缴但还未缴需要在下月缴纳的税费。但印花税、耕地占用税、契税、车辆购置税等不通过“应交税费”账户核算（相关内容见第七章应交税费）。

本章内容主要涉及增值税。增值税是以商品（含应税劳务、应税行为）在流转过程中实现的增值额作为计税依据而征收的一种流转税。增值税的征税范围包括：①销售货物；②加工修理修配劳务；③服务类，如交通运输服务、建筑服务、邮政服务、电信服务、金融服务、现代服务、生活服务；④销售无形资产和不动产；⑤进口货物。

一般纳税人应纳税额=当期销项税额-当期进项税额

增值税可以抵扣的进项税额依据主要包括：①增值税专用发票；②从海关取得的完税凭证；③农产品发票；④道路、桥闸通行费。

应交税费账户应当按照应交税费的税种进行明细核算。应交增值税还应分别以“进项税额”“销项税额”“进项税额转出”“已交税金”等专栏进行明细核算。

## 三、销售过程税金的计算与核算

在销售过程中，企业要依税法规定缴纳销售税金，按纳税对象划分为增值税、消费税、城市维护建设税等，现分别说明其计算与核算方法。

### （一）增值税

增值税是以商品生产流通和劳动服务各个环节的增值因素为征税对象的一种流转税。所谓增值是指一个纳税人在其生产经营活动中所创造的新增价值，也可认为是纳税人在一定时期内销售产品或提供劳务所取得的收入大于其购进商品或接受劳务时所支付金额的差额。由于增值因素在经济生活中是一个难以精确计算的数据，增值操作大都采用间接操作办法，即以商品销售额为计税依据，同时允许从税额中扣除上一环节已缴纳的税款。

所有销售增值税应税产品和应税劳务的工商企业单位及个人均为增值税纳税义务人。增值税实行价外计税，即以不含增值税税金的价格为计税依据，基本税率13%。一般纳税人（不包括小规模纳税企业）增值税应纳税额计算公式如下：

应纳税额=当期销项税额-当期进项税额

销项税额=销售额×适用税率

销售额如包含了增值税额，则应换算为不含税销售额，计算方法为：

销售额=含税销售额÷（1+税率）

销售额进项税额为当期购进货物时从销售方取得的增值税专用发票上注明的增值税额。

增值税账务处理方法如下：

企业在“应交税费”科目下设“应交增值税”明细科目，在“应交增值税”明细账中，应设置“进项税额”“已交税金”“销项税额”“进项税额转出”等专栏。“进项税额”专栏，记录企业购入货物或接受劳务所支付的，准予从销项税额中抵扣的增值税额。“销项税额”专栏，记录企业销售货物或提供应税劳务应收的增值税额。“已交税金”专栏，记录企业已缴纳的增值税额。“进项税额转出”专栏，记录企业的购进货物、在产品、产成品等发生非正常损失以及其他原因，不应从销项税额中抵扣，按规定转出的进项税额。

本章有关增值税核算的内容主要涉及“应交税费——应交增值税（销项税额）”和“应交税费——应交增值税（进项税额）”两部分，其他有关内容在第七章负债中讲述。

### （二）消费税

消费税是指在我国境内生产、委托加工和进口应税消费品的单位和个人缴纳的一种税，消费税是对特定的消费品和消费行为按其流转额征收的一种税。消费税的税目有：烟、酒、高档化妆品、贵重首饰及珠宝玉石、鞭炮焰火、成品油、小汽车、摩托车、高尔夫球及球具、高档手表、游艇、木制一次性筷子、实木地板、电池、涂料。凡生产加工和进口应税消费品的单位和个人为纳税义务人。

消费税有从价定率、从量定额和复合计税三种征收方法。

应纳消费税的计算公式为：

应纳消费税额=销售额×适用税率　或=销售量×单位税额

或采用以上两种方法复合计税。

销售额不包括向购买单位收取的增值税额，如为含税销售额，则应换算为不含税销售额，再行计提消费税。

消费税不同于增值税，增值税是价外税，而消费税是价内税。增值税是销售货物、提供劳务等普遍征收的流转税（只是税率有所不同，例如一般纳税人的税率为13%，运输企业的税率为9%等），而消费税是销售特定消费品或特定消费行为按其流转额征收的一种税，针对不同的消费品和消费行为税率不同，如15%、45%等。

企业销售应税消费品时，除了要交增值税外，还要计算应交的消费税，记入“税金及附加”账户的借方，贷记“应交税费——应交消费税”。

### （三）城市维护建设税

它是国家为适应城市建设需要开征的一种税。纳税依据为增值税、消费税，税率依纳税人所在地不同而有所区别：纳税人所在地为市区的，税率为7%，纳税人所在地为县城、镇的，税率为5%，纳税人所在地不是城市、县城或镇的，税率为1%。计算公式为：应纳城市维护建设税额=（当期应纳增值税税额+消费税税额）×适用税率，此外，凡缴纳增值税、消费税的单位或个人还应按此两税税额的

3%计提教育费附加。

城市维护建设税是以增值税、消费税为计税依据征收的一种税，是一种税中费。

应交城市维护建设税=（实际缴纳增值税+实缴消费税）×税率

另外，企业还要按应交流转税（增值税、消费税）的一定比例（3%）计算缴纳教育费附加。

应缴教育费附加=（实际缴纳增值税+实缴消费税）×3%

会计分录如下：

借：税金及附加

贷：应缴税费——应缴城市维护建设税

——应缴教育费附加

## 四、销售过程的业务核算举例

现仍以漓江工厂（增值税一般纳税人）的业务为例，将销售过程的核算举例说明如下：假设漓江工厂上月有库存A产品500件，每件生产成本也为120.455元。

【业务21】售出A产品800件，每件售价300元，货款240 000元，增值税税率13%，增值税税额31 200元，款存入银行。

该业务的发生，一方面表明企业取得销售收入240 000元，增值税销项税额31 200元（240 000×13%=31 200），另一方面表明企业银行存款增加271 200元。取得的销售收入应记入“主营业务收入”账户贷方，增值税额记入“应交税费——应交增值税（销项税额）”账户贷方，款存入银行，记入“银行存款”账户借方，编制会计分录如下：

| | | |
|---|---|---|
| 借：银行存款 | 271 200 | |
| 贷：主营业务收入 | | 240 000 |
| 应交税费——应交增值税（销项税额） | | 31 200 |

【业务22】售给大华公司A产品500件，每件售价300元，货款150 000元，增值税税额19 500元，货款尚未收讫。

这项经济业务的发生，一方面表明企业取得销售收入和销项增值税额，另一方面，款项暂欠，表示企业对购买单位的债权增加。取得的销售收入和增值税销项税额分别记入“主营业务收入”和“应交税费”账户贷方，债权增加记入“应收账款”账户借方，编制会计分录如下：

| | | |
|---|---|---|
| 借：应收账款——大华公司 | 169 500 | |
| 贷：主营业务收入 | | 150 000 |
| 应交税费——应交增值税（销项税额） | | 19 500 |

【业务23】售给大丰公司A产品100件，单价300元，货款30 000元，增值税税额3 900元，采用商业承兑汇票结算，当即收到票面为33 900元的商业汇票一张，承兑期三个月。

这笔经济业务的发生，使企业的销售收入、增值税额、应收票据同时增加，编制会计分录如下：

| | | |
|---|---|---|
| 借：应收票据——商业承兑汇票（大丰公司） | 33 900 | |
| 贷：主营业务收入 | | 30 000 |
| 应交税费——应交增值税（销项税额） | | 3 900 |

【业务24】企业本月销售不含税甲类应税消费品15 000元，消费税税率45%。

应纳消费税=15 000×45%=6 750（元）

企业计提的应税消费税额，反映税金及附加与应交税费同时增加，编制会计分录如下：

| | | |
|---|---|---|
| 借：税金及附加 | 6 750 | |
| 贷：应交税费——应交消费税 | | 6 750 |

【业务25】以银行存款支付产品宣传广告费600元。

企业销售过程发生的宣传广告费，属于产品销售费用，应记入“销售费用”账户借方，费用以银行存款支付，应记入“银行存款”账户贷方，编制会计分录如下：

借：销售费用　　600

　贷：银行存款　　600

【业务26】月终结算已售A产品1 400件（800+500+100=1 400）的实际生产成本168 637元（已知A产品单位成本为120.455元，本月销售数量1 400×120.455元/件=168 637元）。

销售产品，使企业的库存产品减少，应记入“库存商品”账户贷方，已售产品的生产成本，是产品销售成本的增加，应记入“主营业务成本”账户借方。编制会计分录如下：

借：主营业务成本　　168 637

　贷：库存商品　　168 637

【业务27】月末按应上交增值税额47 245元（销售过程销项税额（31 200+19 500+3 900）-供应过程进项税额（1 950+11 180+975）=40 495（元）），计提消费税6 750元，按两项税额之和的7%计提城市维护建设税，按3%计提教育费附加。

计提城市维护建设税：(40 495+6 750)×7%=3 307.15（元）

计提教育费附加：(40 495+6 750)×3%=1 417.35（元）

计提的城市维护建设税及教育费附加，记入“税金及附加”账户的借方，城市维护建设税和教育费附加未上缴之前，属于企业欠税务机关的款项，应记入“应交税费”账户的贷方，编制会计分录如下：

借：税金及附加　　4 724.50

　贷：应交税费——应交城市维护建设税　　3 307.15

　　　　　　——应交教育费附加　　1 417.35

## 第六节　财务成果形成及分配的核算

### 一、财务成果的形成

财务成果是指企业在一定时期内（月、季、年度）从事生产经营活动所取得的利润或发生的亏损。它是反映企业工作质量的一个重要指标。

工业企业的利润总额由营业利润和营业外收支净额构成。即：

利润总额=营业利润+营业外收支净额

其中：

营业外收支净额=营业外收入-营业外支出

营业利润=营业收入-营业成本-税金及附加-销售费用-管理费用-研发费用-财务费用-资产减值损失-信用减值损失+其他收益+投资收益+公允价值变动收益+资产处置收益

营业收入=主营业务收入+其他业务收入

营业成本=主营业务成本+其他业务成本

营业利润由营业收入（包括主营业收入和其他业务收入）减去营业成本（包括主营业务成本和其他业务成本）、税金及附加、销售费用、管理费用、研发费用、财务费用、资产减值损失、信用减值损失，加上其他收益、投资收益、公允价值变动收益、资产处置收益构成。

投资收益指企业对外投资分得的利润或者股利及债券投资的利息收入。投资损失是指企业转让、出售股票、债券，其收回投资小于投出资金数额的差额。投资净收益是指投资收益扣除投资损失后的数额。“投资收益”是损益类科目，期末结转“本年利润”后无余额。

营业外收入是指与企业生产经营无直接关系的各项收入，是企业在营业利润以外取得的收入，包括捐赠收入、获得的赔款收入、无法查明的现金长款收入、无法支付的应付账款收入等。发生营业外收入时，借记有关科目，贷记“营业外收入”。期末结转“本年利润”后无余额。

营业外支出是指与企业生产经营无直接关系的各项支出，是企业在营业利润以外发生的支出，包括固定资产盈亏、捐赠支出、罚款支出、赔偿金违约金支出、非常损失等。发生营业外支出时，借记“营业外支出”，贷记有关科目。期末结转“本年利润”后无余额。

## 二、净利润的形成

净利润是指利润总额减去企业所得税后的利润。为了核算企业按规定从本期损益中减去的所得税的情况，应设置“所得税费用”账户。“所得税费用”账户是损益类账户，按所得税条例的规定计算确定应缴纳的所得税额，借记“所得税费用”账户，贷记“应交税费——应交所得税”账户。缴纳所得税时，借记“应交税费——应交所得税”账户，贷记“银行存款”等账户。期末将“所得税费用”账户余额转入“本年利润”账户，借记“本年利润”账户，贷记“所得税费用”账户，结转后“所得税费用”账户无余额。

所得税的相关计算如下：

应纳所得税额=应纳税所得额×所得税税率

企业所得税税率为25%。盈利需要缴纳所得税，亏损则不交所得税。应纳所得税额是指企业根据营利情况应该缴纳的所得税数额。企业需缴纳多少所得税，取决于企业的营利情况，即本年利润的多少；但也要考虑有无调整项目。

应纳税所得额=税前会计利润（即利润总额）+（或-）调整项目

在无调整项目或调整项目为零的情况下，企业应该缴纳的所得税即应纳所得税额=利润总额×25%。

所得税费用=利润总额×25%

企业应该缴纳多少所得税，除了和利润总额、调整项目、税率有关外，首先要考虑近5年企业有无还未弥补的亏损。如果有近5年还未弥补的亏损，先用利润总额（假设无调整项目或调整项目为零）弥补亏损，剩余部分才交所得税。例如，第一年亏损的50万元，则不交所得税；第二年盈利30万元，用30万元的盈利弥补上年亏损50万元，还有20万元的亏损，则第二年也不交所得税；第三年盈利46万元，用46万元弥补上年未弥补的亏损20万元后剩余26万元，则按26万元交所得税。

应纳所得税额=26×25%=6.5（万元）。这叫税前弥补。

如果连续5年亏损没有弥补完，第六年企业盈利，则不能税前弥补，需按第六年企业盈利情况先交所得税后再弥补亏损。

净利润=利润总额-所得税费用

本章涉及的相关业务调整项目均假设为零。调整项目有加有减，哪些项目要加，哪些项目要减，不在此处讲述。

## 三、利润的分配

根据《中华人民共和国公司法》（以下简称《公司法》）等有关法规的规定，企业当年实现的净利润，一般应当按照如下顺序进行分配：

（1）弥补以前年度的亏损。按照企业财务制度规定，企业当年发生的亏损可连续五年用以后年度实现的税前利润弥补。

（2）提取法定盈余公积。法定盈余公积是企业按规定从净利润中提取的用于积累的资金，提取比例为净利润的10%。法定盈余公积主要用于扩大生产，也可用于弥补亏损或转增资本。

（3）提取任意盈余公积。任意盈余公积是企业在计提了法定盈余公积之后，根据企业需要经股东会或者股东大会决议，从净利润中提取的一种积累资金，提取比例由企业自行确定。其用途与法定盈余公积相同。

(4) 向投资者分配利润（投资者包括国家、其他单位、个人、外商等）。

(5) 未分配利润。留下一定比例的利润作为未分配利润，留待以后年度分配，以丰补歉。

上述利润的分配顺序是：企业以前年度亏损未弥补完，不得提取法定公积金，在未提法定公积金前，不得向投资者分配股利。

企业以前年度未分配的利润可以并入本年度向投资者分配，当年无利润时，一般不向投资者分配利润。

## 四、财务成果核算应设置的主要账户

### (一)“本年利润”账户

“本年利润”账户属于所有者权益类账户，用来核算企业当年实现的净利润（或发生的净亏损）。贷方登记转入的“主营业务收入”“其他业务收入”“营业外收入”等账户的期末余额，借方登记转入的“主营业务成本”“销售费用”“税金及附加”“管理费用”“财务费用”“其他业务成本”“营业外支出”等账户的期末余额。投资收益账户，如为净收益，转入本账户的贷方，如为投资损失，转入本账户的借方。经上述结转后，就可算出企业本期实现的利润总额（或亏损总额）。“所得税费用”账户余额，转入“本年利润”账户借方，将所得税额结转后，“本年利润”账户的贷方余额即为企业税后净利润。

年度终了，应将本年利润净额或亏损净额结转“利润分配——未分配利润”账户，结转后，本账户应无余额。

### (二)“利润分配”账户

“利润分配”账户属所有者权益类账户，用来核算企业利润的分配（或亏损的弥补）和历年分配（或弥补亏损）后的结存余额。本账户的借方登记利润分配数和年终结转的亏损总额，贷方登记弥补的亏损数和年终结转的利润净额。年末贷方余额为历年积存未分配利润，借方余额为未弥补亏损。本账户分别设置“提取法定盈余公积”“提取任意盈余公积”“应付股利”“盈余公积补亏”和“未分配利润”等进行明细核算。

### (三)“盈余公积”账户

“盈余公积”账户属于所有者权益类账户，核算企业从净利润中提取的盈余公积。本账户分别设置“法定盈余公积”“任意盈余公积”等进行明细核算。本账户的贷方登记提取的盈余公积，借方登记盈余公积的补亏数额和转增资本数额，期末贷方余额为提取的盈余公积余额。

### (四)“投资收益”账户

“投资收益”账户属损益类账户，用来核算企业对外投资取得的收益（或亏损），如长期股权投资确认的投资收益或投资损失、企业处置交易性金融资产的收益或损失等。本账户贷方登记取得的投资收入，借方登记发生的投资损失，期末如为贷方余额，表示实现的投资净收益，如为借方余额，表示发生的投资净损失。期末应将本账户余额转入“本年利润”账户，结转后本账户应无余额。本账户按照投资项目进行明细核算。

### (五)“营业外收入”账户

“营业外收入”账户属于损益类账户，用来核算企业发生的与其经营活动无直接关系的各项净收入，主要包括处置非流动资产利得、非货币性资产交换利得、债务重组利得、罚没利得、政府补助利得、确实无法支付而按规定程序经批准后转作营业外收入的应付款项等。本账户贷方登记发生的各项营业外收入，借方登记期末结转的“本年利润”账户数额。本账户按照营业外收入项目进行明细核算。期末，应将本账户余额转入“本年利润”账户，结转后本账户应无余额。

#### （六）“营业外支出”账户

“营业外支出”账户属于损益类账户，用来核算企业发生的与其经营活动无直接关系的各项净支出，包括处置非流动资产损失、非货币性资产交换损失、债务重组损失、罚款支出、捐赠支出、非常损失等。本账户借方登记发生的营业外支出数额，贷方登记期末结转“本年利润”账户的营业外支出数额，结转后本账户应无余额。本账户按照支出项目进行明细核算。

#### （七）“所得税费用”账户

“所得税费用”账户属于损益类账户，用来核算企业根据所得税准则确认的应从当期利润总额中扣除的所得税费用。本账户借方登记应记入当期损益的所得税费用，贷方登记期末结转“本年利润”账户的数额，结转后本账户应无余额。

### 五、财务成果核算举例

#### （一）营业外收支的核算

【业务28】月末，经批准转销前欠外单位货款1 800元。

欠外单位的货款是“应付账款”，因对方原因导致不能支付的应付账款，经批准转销时记入“营业外收入”。

这笔经济业务应编制会计分录如下：

借：应付账款　　1 800

　贷：营业外收入　　1 800

【业务29】月末，经批准转销运输原材料发生的海事沉船损失1 400元。

发生的海事沉船损失，已记入“待处理财产损溢”账户的借方，海事沉船损失属于非常损失，月末经批准转销，应记入“营业外支出”账户的借方，转销这笔财产损失，应记入“待处理财产损溢”账户的贷方。

这笔经济业务应编制会计分录如下：

借：营业外支出　　1 400

　贷：待处理财产损溢　　1 400

【业务30】本月以现金支付罚款500元。

罚款支出与正常的生产经营无关，属于营业外支出内容。营业外支出的增加记入“营业外支出”账户借方，现金减少记入“库存现金”账户贷方。

借：营业外支出　　500

　贷：库存现金　　500

#### （二）利润汇总的核算

漓江工厂20××年10月底进行期末结账，结账时其利润汇总业务如图3-2所示。

【业务31】月末，将所有收入账户与支出账户结转“本年利润”账户。本月收入与支出账户的总分类账户见图4-2所示。

主营业务收入

| | |
|---|---|
| （51）420 000 | （21）240 000 |
| | （22）150 000 |
| | （25）50 000 |
| 本期发生额 420 000 | 本期发生额 420 000 |

主营业务成本

| | |
|---|---|
| （25）168 637 | （51）168 637 |
| 本期发生额 168 637 | 本期发生额 168 637 |

销售费用

| | |
|---|---|
| （25）600 | （51）600 |
| 本期发生额 600 | 本期发生额 600 |

税金及附加

| | |
|---|---|
| （24）6 750 | （51）11 720.5 |
| （27）4 724.5 | |
| 本期发生额 11 474.5 | 本期发生额 11 474.5 |

财务费用

| | |
|---|---|
| （14）2 000 | （31）2 300 |
| （18）300 | |
| 本期发生额 2 300 | 本期发生额 2 300 |

所得税费用

| | |
|---|---|
| （32）51 942.12 | （33）51 942.12 |
| 本期发生额 51 942.12 | 本期发生额 51 942.12 |

营业外收入

| | |
|---|---|
| （25）1 800 | （31）1 800 |
| 本期发生额 1 800 | 本期发生额 1 800 |

营业外支出

| | |
|---|---|
| （29）1 400 | （51）1 900 |
| （30）500 | |
| 本期发生额 1 900 | 本期发生额 1 900 |

管理费用

| | |
|---|---|
| （8）5 020 | （31）29 120 |
| （11）21 200 | |
| （12）2 000 | |
| （15）600 | |
| （16）300 | |
| 本期发生额 29 120 | 本期发生额 29 120 |

本年利润

| | |
|---|---|
| （31）214 031.5 | 期初余额 |
| （33）514 942.12 | （31）421 800 |
| 本期发生额 265 973.62 | 本期发生额 421 800 |
| | 期末余额 155 826.38 |

**图 3-2 利润汇总及利润分配的总分类核算**

（1）月末将收入账户余额转入“本年利润”账户贷方，编制会计分录如下：

| | |
|---|---|
| 借：主营业务收入 | 420 000 |
| 　　营业外收入 | 1 800 |
| 　贷：本年利润 | 421 800 |

（2）月末，将支出账户余额转入“本年利润”账户借方，编制会计分录如下：

| | |
|---|---|
| 借：本年利润 | 214 031.5 |
| 　贷：主营业务成本 | 168 637 |
| 　　　销售费用 | 600 |
| 　　　税金及附加 | 11 474.5 |
| 　　　营业外支出 | 1 900 |
| 　　　财务费用 | 2 300 |
| 　　　管理费用 | 29 120 |

经过上述结转，各损益类账户均不再有余额，在“本年利润”账户中，集中反映了漓江工厂2019年12月份的全部收支。

利润总额=收入-费用=421 800-214 031.5=207 768.5（元）

根据以上【业务1】至【业务31】的会计分录，登录有关收支总分类账户（明细分类账户登记从略）及“本年利润”账户。计算出本月利润总额为 207 768. 5（421 800−214 031. 5=207 768. 5）元。

【业务 32】根据上述损益账户计算出本月利润总额为 207 768. 5 元，按 25%计提所得税。

本月应缴纳所得税：207 768. 5×25%=51 942. 12（元）

这笔经济业务，编制会计分录如下：

借：所得税费用　　51 942. 12

　贷：应交税费——应交所得税　　51 942. 12

【业务 33】月末将“所得税费用”账户余额 51 942. 12 元转入“本年利润”账户，编制会计分录如下：

借：本年利润　　51 942. 12

　贷：所得税费用　　51 942. 12

将【业务 32】、【业务 33】会计分录登记“所得税费用”及“本年利润”的总分类账（明细分类账登记从略）。

净利润=利润总额−所得税费用=207 768. 5−51 942. 12=155 826. 38（元）

### （三）利润分配的核算

【例 3-6】中的漓江工厂经过【业务 1】至【业务 33】，涉及供应过程、生产过程、销售过程，从购买原材料、生产产品，到销售产品，实现利润总额 207 768. 5 元，上交所得税 51 942. 12 元（25%）后净利润为 155 826. 38 元，转入“利润分配——未分配利润”账户。（所得税按利润总额的 25%计算，不考虑调整项目或调整项目为零。前面已有讲述）

【业务 34】将本年利润（净利润）结转“利润分配——未分配利润”。

本年利润是净利润，贷方余额 155 826. 38 元，转入“利润分配——未分配利润”账户。

这笔经济业务，应编制会计分录如下：

借：本年利润　　155 826. 38

　贷：利润分配——未分配利润　　155 826. 38

如果是亏损，做相反分录。

【业务 35】企业按净利润的 10%提取法定盈余公积金。（假设不提取任意盈余公积）

本月企业实现利润总额 207 768. 5 元，减去所得税费用 51 942. 12 元，净利润为 155 826. 38 元，则应提取的盈余公积金为：155 826. 38×10%=15 582. 64 元（保留两位小数）。企业提取法定盈余公积金，是盈余公积的增加，应记入“盈余公积”账户的贷方，企业的利润经过分配以后，可供所有者分配的税后利润减少，应记入“利润分配”账户的借方。

这笔经济业务，应编制会计分录如下：

借：利润分配——提取盈余公积　　15 582. 64

　贷：盈余公积——法定盈余公积　　15 582. 64

【业务 36】企业股东大会决议，向投资者分配利润 20 000 元。

应付给投资者的利润是通过“应付股利”账户核算的。“应付股利”账户属于负债类账户，用来核算企业应付给投资者的利润，根据“谁投资、谁受益”的原则，按出资比例计算其应分得的利润。企业计算出应付给投资者的股利时，记入本账户的贷方，支付股利时，记入本账户的借方。本账户期末余额一般在贷方，表示应付而暂未付的利润。本例计提的应付股利，是应付股利的增加，应记入“应付股利”账户的贷方，同时是利润分配的减少，应记入“利润分配”账户的借方。

这笔经济业务，应编制会计分录如下：

借：利润分配——应付股利　　20 000

　贷：应付股利　　20 000

【业务 37】将“利润分配”账户内的其他明细科目余额转入“未分配利润”明细账户。其结转的分录如下：

借：利润分配——未分配利润　　35 582.64

　贷：利润分配——提取法定盈余公积　　15 582.64

　　　　　　——应付股利　　20 000



经过上述结转后，“利润分配”账户除了“未分配利润”明细账外，其他各明细账户的余额都已结平。在“未分配利润”明细账户中若为贷方余额，则为未分配的利润；若为借方余额，则为未弥补的亏损。



本例中，未分配利润是155 826.38元，提取盈余公积15 582.64元（10%），向投资者分配20 000元（股东大会决议），共分配了35 582.64元，漓江工厂最后的未分配利润是120 243.74（155 826.38-15 582.64-20 000）元。

“利润分配—未分配利润”的“T”形账如图3-3所示：

利润分配——未分配利润

| | |
|---|---|
| （37）35 582.64 | （34）155 826.38 |
| | 期末余额　120 243.74 |

**图3-3　利润分配——未分配利润**

通过以上计算得出，“利润分配——未分配利润”是从“本年利润”结转而来的（业务34），利润进行分配时记入利润分配的借方（业务35、业务36），分配结束后将分配的金额结转到“利润分配——未分配利润”账户的借方，表示已经分配了的统计数额。因此，“利润分配——未分配利润”的贷方表示还未分配的利润，借方表示已经分配了的利润，未分配的利润减去已经分配了的利润即贷方减去借方的差额就是最后还剩余的利润，并入下年和下一年的利润进行分配。如果下一年亏损，则自动弥补亏损。

综上所述，“利润分配——未分配利润”包含两方面的内容，贷方表示未分配的利润，借方表示已经分配了的利润，贷方与借方相抵后的余额表示还剩余的利润。当然，如果刚好全部分完，则没有余额。

## 第七节　资金退出企业的核算

工业企业的主要经济业务，除了上述供应、生产、销售三个经营过程的业务以外，还有资金投入与资金退出企业的业务。资金退出企业的业务，包括上缴税金和利润、归还银行借款和其他单位的应付款项以及按照法定程序批准退还投资者投入的资本等。

### 一、缴纳税金的核算

工业企业应按规定的日期，将应上缴的税金及时足额上缴国家财税部门。

【业务38】将应交所得税51 942.12元，以银行存款解缴国库。

上缴税金是应交税费的减少，应记入“应交税费”账户的借方，银行存款同时减少，应记入“银行存款”账户的贷方。

这笔经济业务应编制会计分录如下：

借：应交税费——应交所得税　　51 942.12

　贷：银行存款　　51 942.12

### 二、归还银行借款的核算

【业务39】以银行存款12 000元，归还银行短期借款10 000元，利息2 000元（利息已预提）。

归还银行短期借款，是短期借款的减少，应记入“短期借款”账户的借方。应归还的利息，按权责发生制原则，原已预提记入“应付利息”账户贷方，归还则记入“应付利息”账户借方。银行存款的减少，记入“银行存款”账户的贷方。

这笔经济业务应编制会计分录如下：

借：短期借款　　10 000

　　应付利息　　2 000

　贷：银行存款　　12 000

## 三、支付利润的核算

企业按规定计算出应付给投资者的股利，包括应付国家、其他单位以及个人的投资股利，应如期支付。

【业务40】以银行存款支付应付给投资者股利20 000元。

支付投资者股利，是应付股利的减少，应记入“应付股利”账户的借方，同时记入“银行存款”账户的贷方。

这笔经济业务编制会计分录如下：

借：应付股利　　20 000

　贷：银行存款　　20 000

## 四、退还投资款的核算

投资者投入企业的资本，一般不得随意变动，如因企业营业期届满，或违反国家法律被依法撤销，或企业宣告破产，则应退还投资者投入的资本，企业经法定程序报经批准减少注册资本的，可以返还部分投资。

【业务41】企业经法定程序批准，返还定向募集内部职工的投资款100 000元，用银行支付。

退还职工个人投资，是实收资本的减少，应记入“实收资本”账户借方，以银行存款支付，反映银行存款的减少，记入“银行存款”账户的贷方。这笔经济业务，应编制如下会计分录：

借：实收资本　　100 000

　贷：银行存款　　100 000

## 五、偿还应付款项的核算

企业在购销过程中形成的应付款项，应遵守结算纪律，及时办理结算，不应相互拖欠的货款。

【业务42】以银行存款偿还原欠光明工厂的货款8 000元。

这笔经济业务的发生，一方面使银行存款减少8 000元，应记入“银行存款”账户的贷方，同时使“应付账款”减少8 000元，应记入“应付账款”账户的借方。

编制会计分录如下：

借：应付账款　　8 000

　贷：银行存款　　8 000

## 综合练习题

扫一扫

# 第四章 流动资产

## 第一节 流动资产概述

### 一、流动资产的含义

流动资产是指企业在一年或者超过一年的一个营业周期内变现或者耗用的资产，包括货币资金、交易性金融资产、应收及预付款项和存货等。

货币资金是指存在于货币形态，用于购买材料物资、支付工资以及支付各种零星开支的款项，包括库存现金、银行存款和其他货币资金。

交易性金融资产，是指企业持有的以公允价值计量且其变动计入当期损益的金融资产，包括以交易为目的所持有的债券投资、股票投资、基金投资等。

应收及预付款项包括应收票据、应收账款、其他应收款、预付账款等。

存货是指企业在生产经营过程中为销售或者耗用而储存的各种资产，包括商品、产成品、半成品、在产品以及原材料、燃料、周转材料、委托加工物资等。

流动资产周转速度快，变现能力强。加强对流动资产业务的核算和监督，有利于确定流动资产业务的合法性、合规性，有利于检查流动资产业务账务处理的正确性，揭露其存在的弊端，提高流动资产的使用效益。

### 二、流动资产的特点

流动资产的特点有三个：

第一，周转速度快。流动资产在使用中经过一个生产经营周期，就将全部或部分价值转移到所形成的商品中，构成成本费用的组成部分，然后从营业收入中得到补偿。有的流动资产在使用中可能还会改变其实物形态。

第二，变现能力强。各种形态的流动资产都可以在较短的时间内出售和变卖，具有较强的变现能力，是企业对外支付和偿还债务的重要保证。

第三，形态多样化。流动资产在周转过程中不断改变其形态，依次由货币形态开始，经过供应、生产、销售等环节，从一种形态转化为另一种形态，最后又变为货币资金形态。

### 三、流动资产的确认条件

流动资产是企业资产的重要组成部分，将一项资源确认为流动资产，需要符合资产的定义，还应同时满足以下两个条件：

（1）与该资源有关的经济利益很可能流入企业。从资产的定义可以看出，流动资产能为企业带来经济利益，但在现实生活中，由于经济环境瞬息万变，与流动资产有关的经济利益能否流入企业或者能够流入多少实际上带有不确定性。因此，流动资产的确认还应与经济利益流入企业的不确定性程度的判断结合起来。

（2）该资源的成本或者价值能够可靠地计量。只有当有关资源的成本或者价值能够可靠地计量时，流动资产才能予以确认。在实务中，企业取得的许多流动资产都需要付出成本。例如，企业生产产品所需的原材料以及证券市场上购买的股票、债券、基金等。这些流动资产只有实际发生的成本能够可靠计量时，才符合流动资产确认的计量条件。

## 第二节 货币资金

货币资金是指企业在生产经营过程中处于货币形态的那部分资金，包括库存现金、银行存款和其他货币资金。

货币资金可以随时作为支付手段，是流动资产中最活跃的部分。任何企业进行生产经营活动都必须持有一定数量的货币资金。因此货币资金在企业核算中占有重要地位。同时，货币资金也是不法分子盗窃、贪污、挪用的重要对象，因此加强对货币资金的管理与控制就显得尤为重要。

### 一、库存现金

库存现金是指存放于企业财会部门由出纳员经管的货币，是企业流动性最强的资产。

在会计核算上，现金的概念有广义和狭义之分，狭义的现金指的就是库存现金，包括人民币和外币；广义的现金除了狭义的现金内容之外，还包括银行存款和其他可以普遍接受的流通手段，如银行本票、银行汇票、支票等。此处所指的现金是狭义的现金，即库存现金。

#### （一）现金的管理

由于支付方式的便利化，我国企业对于现金的使用越来越少，对于确实需要使用现金的地方才会使用现金。企业的现金由出纳保管，需要登记“库存现金日记账”，每天清点，做到日清月结。一般情况下，企业都采用转账结算。

#### （二）现金的核算

企业在日常经营过程中，会发生与现金收、付有关的经济业务，企业应当设置“库存现金”总分类账反映现金的增减变化。企业还应设置现金日记账，以便对现金增减变动的过程及结果进行序时核算。有外币现金的企业，还应当分别按人民币和外币设置现金日记账进行明细核算。对于同时存在不同币种的企业，在会计上只能选择一个币种作为记账本位币，但应该分别按币种设立明细账进行明细核算。

“库存现金”账户属于资产类账户，借方登记库存现金的增加，贷方登记库存现金的减少，期末余额在借方，反映企业实际持有的库存现金。企业内部各部门周转使用的备用金，可以通过“其他应收款——备用金”科目进行核算，也可以单独设置“备用金”科目进行核算。

1. 现金收入的核算

企业由于销售商品、提供劳务以及从银行提取现金等而发生现金收入业务时，出纳员应根据审核无误的原始凭证收讫现金后，在有关原始凭证上加盖“现金收讫”戳记，然后由会计人员根据原始凭证编制记账凭证，并据以登记库存现金总账，出纳员根据记账凭证登记库存现金日记账。

【例 4-1】20××年1月8日，甲公司开出现金支票从银行提取现金3 000元，以备零星开支。编制会计分录如下：

借：库存现金　　3 000

　贷：银行存款　　3 000

【例 4-2】20××年1月9日，甲公司收到A公司包装物押金800元，以现金支付。编制会计分录如下：

借：库存现金　　800

　贷：其他应付款——A公司　　800

2. 现金支出的核算

企业日常发生现金支出业务时，出纳员应根据审核无误的原始凭证支付现金，并在有关的原始凭证上加盖“现金付讫”戳记，会计根据原始凭证编制记账凭证，并据以登记库存现金总账，出纳员根据记账凭证登记库存现金日记账。

每日终了出纳员应当在现金日记账上计算出当日的现金收入合计额、支出合计额和结余，并将现金日记账的账面余额与实际库存现金金额核对，保证账实相符；月度终了，现金日记账的余额应当与库存现金总账的余额核对，做到账账相符。

【例 4-3】20××年1月10日，企业职工李娅借差旅费现金800元。编制会计分录如下：

借：其他应收款——李娅　　800

　贷：库存现金　　800

假设20××年1月20日，李娅出差回来，报销差旅费1 000元，差额现金补付。

借：管理费用　　1 000

　贷：其他应收款——李娅　　800

　　库存现金　　200

【例 4-4】20××年1月11日，甲公司用现金7 500元发放职工困难补助。职工困难补助应在职工福利费中开支。其会计分录为：

借：应付职工薪酬——职工福利　　7 500

　贷：库存现金　　7 500

企业在经营过程中，经常会发生一些日常零星开支，如办公用品的采购、小额差旅费等。对于这些零星开支，由于金额小、发生频繁，为了便于管理并减少工作量，按照重要性原则，可建立备用金制度。

备用金制度，是指会计部门根据现金使用部门日常零星开支10天或半个月的需要事先核定现金使用定额，由现金使用部门按定额一次领出，以后按实际支出核销，并随时补足定额的一种现金管理制度。

企业应设置“其他应收款——备用金”科目对备用金进行核算。有关部门在第一次领用定额备用金时，应借记“其他应收款——备用金”账户，贷记“库存现金”或“银行存款”账户；以后报销时补足定额，借记有关费用账户，贷记“库存现金”账户。在这种情况下，有关部门的备用金始终保持着核定的数额。而只有在取消某一部门的定额备用金，在最后一次报销并收回现金余额时，才贷记“其他应收款——备用金”账户，表示该项定额备用金予以取消。企业也可以直接使用“备用金”账户进行核算。

【例 4-5】某企业为总务部门建立定额备用金的有关业务如下：

（1）某企业准备为总务部门建立备用金定额2 000元，以备日常零星开支的需要。总务部门领取现金支票时的会计分录为：

借：其他应收款——备用金（总务部门）　　2 000

　贷：银行存款　　2 000

(2) 总务部门报销购买办公用品的开支共计 904 元（其中，增值税税额 104 元），以现金支付。报销和补足定额的会计分录为：

借：管理费用　800

　　应交税费——应交增值税（进项税额）　104

　贷：库存现金　904

注：报销多少补多少，补足到 2 000 元。

(3) 如果企业不再为总务部门设置备用金，决定收回该部门的备用金。总务部门在最后一次报销费用开支 1 017 元（其中，增值税 117 元）后交回剩余的现金 983 元，会计分录为：

借：管理费用　900

　　应交税费——应交增值税（进项税额）　117

　　库存现金　983

　贷：其他应收款——备用金（总务部门）　2 000

使用和经管备用金的部门，应设置备用金登记簿。每一次支付费用和向会计部门报销都应做详细的记录，并保管好有关的凭证。会计部门应经常检查各种备用金的使用情况，检查备用金登记簿中的记录、未报销的费用凭证以及备用金的余额。未报销的费用凭证加上备用金余额必须与备用金定额相等，否则，应查找原因。对于挪用备用金的非法行为，应坚决制止；对不合理的开支，应提出意见，拒绝报销。

### （三）库存现金清查

企业出纳记录的现金日记账要定期与会计记录的现金总账进行核对，以保证不出错账，做到账账相符（见图 4-1）。

**图 4-1　账账相符**

同时，企业还要定期或不定期对现金进行清查，并根据清查结果编制现金盘点表。企业应当组成清查小组采用实地盘点的方法对现金进行盘点。在清查时，出纳员必须在场。通过实地盘点确定现金实有数，然后与现金日记账的余额核对确认是否相符。清查之后应将清查结果填列到现金盘点报告表（见表 4-1）中，并由现金清查人员和出纳员签字盖章。

**表 4-1　现金盘点报告**

年　月　日　　　　单位：元

| 实存现金 | 账面现金 | 对比结果 | | 备注 |
|---|---|---|---|---|
| | | 盘盈金额 | 盘亏金额 | |
| | | | | |

会计主管：　　　　盘点人：　　　　出纳员：

对于在盘点过程中发现的长、短款情况，必须及时查明原因，并报有关部门批准。造成现金账实不符的原因主要分为以下两大类：一类是会计人员操作失误造成的，另一类是人为舞弊造成的。具体有以下几种情况：

(1) 出纳员收、付现金时出现差错；

(2) 出纳员在保管现金的过程中由于疏忽而丢失了现金；

(3) 发生现金收、付业务时实际收到或付出了现金，但未进行账务处理；

(4) 发生现金收、付业务时所编制的会计分录中金额产生错误或记错了账户；

(5) 依据现金收、付款凭证登记现金日记账时发生错误；

(6) 现金被盗等。



针对不同的原因造成的现金盘盈或盘亏，企业应当采取不同的方法进行账务处理。现金清查过程中发现的长款（盘盈）或短款（盘亏），应根据现金盘点报告表以及有关批准文件进行批准前和批准后的账务处理。现金长、短款通过“待处理财产损溢——待处理流动资产损溢”账户进行核算。



现金长、短款在批准前的处理以实际存在的库存现金为准，当现金盘盈时，增加“库存现金”账户的记录，以保证账实相符，同时记入“待处理财产损溢——待处理流动资产损溢”账户，等待批准处理。当库存现金盘亏时，应冲减库存现金账户的记录，以保证账实相符，同时记入“待处理财产损溢——待处理流动资产损溢”账户等待批准处理。

现金长、短款在批准后应视不同的原因采取不同的方法进行处理。一般来说，对于无法查明原因的现金长款，经批准后增加营业外收入；对于应付其他单位或个人的长款，应记入“其他应付款——××单位或个人”账户。对于现金短缺，如果是应由责任人赔偿或由保险公司赔偿的，应转记入“其他应收款——××单位或××赔偿人”科目；如果是由于经营管理不善造成的非常损失或无法查明原因的，应增加企业的管理费用。

下面举例说明现金长、短款批准前后的账务处理：

【例 4-6】甲公司在财产清查中发现现金短缺 600 元，经查明，由出纳员王丹责任赔偿。批准前和批准后的账务处理如下：

批准前：

借：待处理财产损溢——待处理流动资产损溢　　600

　贷：库存现金　　600

批准后：

借：其他应收款——王丹　　600

　贷：待处理财产损溢——待处理流动资产损溢　　600

收到出纳员赔款：

借：库存现金　　600

　贷：其他应收款——王丹　　600

【例 4-7】甲公司在财产清查中发现现金短缺 1 800 元，经反复查对，原因不明。批准前和批准后的业务处理如下：

批准前：

借：待处理财产损溢——待处理流动资产损溢　　1 800

　贷：库存现金　　1 800

批准后：

借：管理费用——库存现金短缺　　1 800

　贷：待处理财产损溢——待处理流动资产损溢　　1 800

【例 4-8】甲公司在财产清查中发现现金溢余 200 元，经反复查对，原因不明。批准前和批准后的业务处理如下：

批准前：

借：库存现金　　2 00

　贷：待处理财产损溢——待处理流动资产损溢　　200

批准后：

借：待处理财产损溢——待处理流动资产损溢　　200

　贷：营业外收入——库存现金盘盈　　200

## 二、银行存款

银行存款是企业存入银行或其他金融机构的各种款项。广义的银行存款包括银行结算户存款、其他货币资金和专项存款等款项。狭义的银行存款仅指存入银行结算户的款项。企业的银行存款包括人民币存款和外币存款。

### （一）银行存款账户的管理

企业应根据中国人民银行制定的《银行账户管理办法》和《支付结算办法》的规定，在银行开立基本存款账户、一般存款账户、临时存款账户和专用存款账户。

基本存款账户是办理转账结算和现金收付的主要账户，经营活动的日常资金收付以及工资、奖金和现金的支取均通过该账户办理；企业只能在一家银行开立一个基本存款账户。

一般存款账户是存款人因借款或其他结算需要，在基本存款账户开户银行以外的银行营业机构开立的银行结算账户。企业可以通过基本存款账户办理转账结算和现金缴存，但不能办理现金支取。企业开立一般存款账户没有数量限制，但一般存款账户不能在存款人基本存款账户的开户银行开立。

临时存款账户是企业因临时经营活动需要而开立的账户，企业可以通过本账户办理转账结算和根据国家现金管理的规定办理现金的收付业务。

专用存款账户是指企业因特定用途的需要而开立的账户，企业特定用途的资金（基建资金、技改资金、特殊储备资金等）可以通过该账户办理。

企业通过银行办理结算业务时，应当严格执行银行结算制度的规定。银行存款管理的主要内容包括：

（1）企业除按规定留存的库存现金以外，所有货币资金都必须存入银行，企业的一切收付款项，除制度规定可用现金支付的部分外，都必须通过银行办理转账结算。

（2）企业应当严格遵守银行结算纪律，不准签发没有资金保证的票据或远期支票，套取银行信用；不准签发、取得和转让没有真实交易和债权债务的票据，套取银行和他人资金；不准无理由拒绝付款，任意占用他人资金；不准违反规定开立和使用银行账户。

（3）企业应当及时核对银行账户，确保银行存款账面余额与银行对账单相符。对银行账户核对过程中发现的未达账项，企业应查明原因，及时处理。

**■相关案例**

张先生是一家小企业的总经理，2025 年 1 月，他签发了一张 30 000 元的支票给另外一家企业，对方银行财务人员去银行取钱时被告知，该支票为空头支票，形成退票。张先生收到银行开出的 1 500 元罚单，要求其在 15 个工作日内缴清罚款。但之后张先生忙于其他事情，忘记交罚款。2020 年 8 月，他突然想起罚款这件事情，急忙拿去银行查询，结果令他大吃一惊：由于拖欠时间太长，银行又按比例每天加收滞纳金，结果，1 500 元变成了 20 000 元。

根据《票据管理实施办法》第三十一条的规定，签发空头支票或者签发与其预留的签章不符的支票，不以骗取钱财为目的的，由中国人民银行处以票面金额的 5%但不低于 1 000 元的罚款；持票人有权要求出票人赔偿支票金额 2%的赔偿金。

### （二）银行存款的核算

为了随时掌握企业银行存款的增减变化过程（动态）及其结果（静态），合理调度资金和获取货币资金收支信息，需要设置“银行存款”账户。该账户属于资产类账户，借方登记银行存款的增加，贷方登记银行存款的减少，期末余额在借方，反映企业实际银行存款数额。企业将款项存入银行等金融机构时，应根据有关原始凭证借记“银行存款”账户；提取或支付在银行等金融机构中的存款时，贷记“银行存款”账户。

【例 4-9】甲公司收到黄河公司上月所欠货款 15 000 元的转账支票一张。

这是一笔收款业务，应该根据银行进账单编制记账凭证。

借：银行存款　　15 000

　贷：应收账款——黄河公司　　15 000

【例 4-10】甲公司开出转账支票支付本月购买办公用品的款项 2 000 元，增值税税额 260 元。

这是一笔付款业务，应根据支票存根和收据等原始凭证编制记账凭证。

借：管理费用——办公费　　2 000

　　应交税费——应交增值税（进项税额）　　260

　贷：银行存款　　2 260

企业应当设置银行存款日记账，按照银行存款收付业务发生时间的先后顺序逐日逐笔登记，每日业务终了应结出余额。企业应至少每月一次将银行存款日记账的记录与银行对账单进行核对，并保证其相符，即对银行存款进行清查。如果发现不符，则应采取有关方法进行处理。

有外币业务的企业，应在“银行存款”账户下分别按人民币和外币设置“银行存款日记账”进行银行存款的明细核算。

### （三）银行存款的核对

企业应定期将银行存款日记账的记录与银行对账单进行核对（至少每月一次），银行存款账面余额与银行存款对账单之间如果存在差异，应编制银行存款余额调节表进行调节。

导致银行存款账面余额与银行对账单余额不一致的原因主要有两个方面：一是错误导致，如记账错误；二是未达账项导致。

一般情况下，记账错误的情况不会发生，因为单位记账有会计和出纳两人记账，会计记银行存款总账，出纳记银行存款日记账，双方首先要进行核对；银行的记账一般也不会有错误。导致银行存款日记账余额与银行对账单余额不一致的原因主要是未达账项。

未达账项（简称未达账）是指企业和开户银行之间，由于凭证传递时间不一致，导致一方已登记入账而另一方尚未入账的款项。

未达账项有两大类：一类是企业已记账而银行未记账的账项；另一类是银行已记账而企业未记账的账项。具体来说未达账项有以下四种：

（1）银行已收款记账，企业未记账的账项（银行已收企业未收），如托收货款收账等；

（2）银行已付款记账，企业未记账的账项（银行已付企业未付），如银行代企业支付的水电费等；

（3）企业已收款记账，银行未记账的账项（企业已收银行未收），如企业收到外单位开的支票等；

（4）企业已付款记账，银行未记账的账项（企业已付银行未付），如企业开出付款支票，但持票人尚未到银行办理转账手续等。

上述任何一种未达账项的存在，都会使企业银行存款日记账的余额与银行对账单的余额不符。当发生（1）、（4）两种情况时，企业的银行存款日记账账面余额将小于银行对账单余额；当发生（2）、（3）两种情况时，企业的银行存款日记账的账面余额将大于银行对账单余额。

企业在与银行对账时首先应查明是否存在未达账项，如果存在未达账项，应编制银行存款余额调节表。如果调节后的余额相符，则说明企业与银行双方记账过程基本正确，且调节后的余额是企业实际可以动用的银行存款限额。如果调节后的余额不相等，则说明企业和开户银行双方记账过程可能存在错误：如果属于开户银行的错误，应当立即由银行核查更正；如果是企业的错误，应查明错误所在，区别漏记、重记、错记、串记等情况，分别采用正确的方法进行更正（见第三章错账更正的方法）。

综上所述，银行存款日记账账面余额和银行对账单余额不一致的原因有两类：一是错账，二是未达账。但一般情况下，企业和银行双方产生错账的可能性很小。因为，在企业内部，出纳记的日记账余额要和会计记的总账余额核对一致；而银行要面对很多家企业，利用大数据平台，一般也不会发生错误。因此，银行存款日记账账面余额和银行对账单余额不一致的原因主要是未达账。

银行存款余额调节表的编制可以用公式计算，归纳为“分别加减对方”。对方指的是银行和企业。

银行对账单余额+企业已收银行未收−企业已付银行未付=银行存款日记账余额+银行已收企业未收−银行已付企业未付

【例 4−11】2024 年 6 月 30 日，甲公司银行存款日记账的余额为 5 400 000 元，银行转来的对账单余额为 8 300 000 元。经逐笔核对，发现以下未达账项：

（1）公司于 6 月 27 日送存转账支票 6 000 000 元，并已登记银行存款增加，但银行尚未记账。

（2）6 月 28 日，企业委托银行代收某公司货款 4 800 000 元，银行收妥并登记入账，但企业尚未收到收款通知。

（3）企业开出转账支票 4 500 000 元，但持票单位尚未到银行办理转账，银行尚未记账。

（4）银行代企业支付电费 400 000 元，银行已登记企业存款减少，但企业未收到银行付款通知。

根据上述资料编制银行存款余额调节表，如表 4−2 所示。

**表 4−2　银行存款余额调节表**

2024 年 6 月 30 日　　　　单位：元

| 项目 | 金额 | 项目 | 金额 |
|---|---|---|---|
| 银行对账单余额 | 8 300 000 | 银行存款日记账余额 | 5 400 000 |
| 加：企业已收，银行未收 | 6 000 000 | 加：银行已收，企业未收 | 4 800 000 |
| 减：企业已付，银行未付 | 4 500 000 | 减：银行已付，企业未付 | 400 000 |
| 调节后存款余额 | 9 800 000 | 调节后存款余额 | 9 800 000 |

需要指出的是，按照我国会计制度的规定，对于未达账项，企业不能以银行存款余额调节表作为原始凭证调节银行存款日记账的账面记录：对于银行已经记录而企业尚未记录的未达账项，企业应该在实际收到有关的收、付款结算凭证后再进行相关的账务处理。企业之所以采取这样的方法进行处理，一方面是为了简化会计核算工作，防止重复记账，同时也考虑到企业正常的经营过程中，会计期末的未达账项影响效果一般不会很大，转变成已达账项的时间也不会很长；另一方面是基于在权责发生制会计处理基础的要求下，收入和费用的确认与收款和付款的记录不在同一个会计期间完成是正常的。因而，对未达账项暂不进行处理并不影响企业本期经营成果的确定。由此可知，编制银行存款余额调节表只起到对账的作用，而不能将银行存款余额调节表作为调整账面记录的依据。

## 三、其他货币资金

### （一）其他货币资金的内容

其他货币资金是指企业除库存现金、银行存款以外的其他各种货币资金，主要包括银行汇票存款、银行本票存款、信用卡存款、信用证保证金存款、存出投资款和外埠存款等。

（1）银行汇票存款，是指企业为了取得银行汇票，按照规定存入银行的款项。

银行汇票是指由出票银行签发的，由其在见票时按照实际结算金额无条件支付给收款人或持票人的票据。单位和个人各种款项的结算，均可使用银行汇票。银行汇票可以用于转账，填明“现金”字样的银行汇票可以用于支取现金。

银行汇票的提示付款期为自出票日起一个月，持票人超过提示期限付款的，银行不予受理。收款人可以将银行汇票背书转让给被背书人。银行汇票的背书转让，以不超过出票金额的实际结算金额为准。但未填明实际结算金额或实际结算金额超过出票金额的银行汇票，不得背书转让。银行汇票丢失，失票人可以凭人民法院出具的其享有票据权利的证明，向出票银行请求付款或退款。

银行汇票的样式如图 4-2 所示。

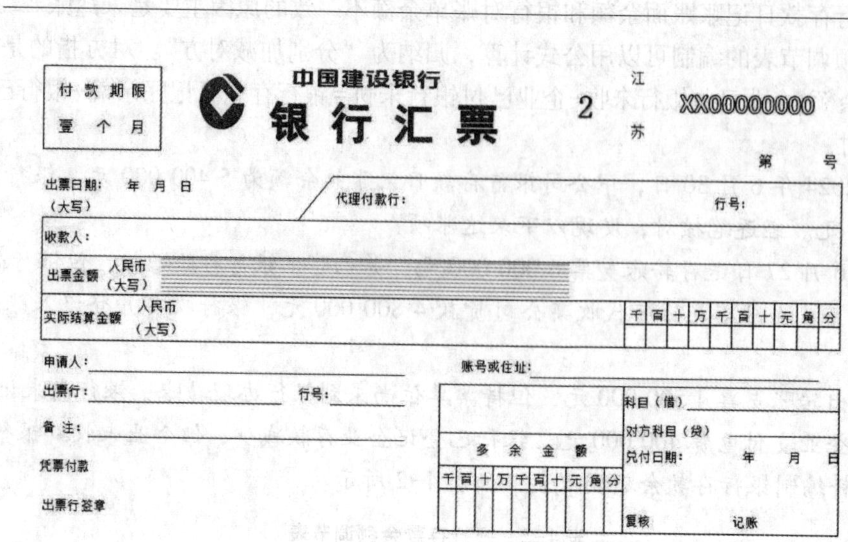


图 4-2 银行汇票

企业办理银行汇票的流程如图 4-3 所示（其他如银行本票等办理的流程大同小异）。

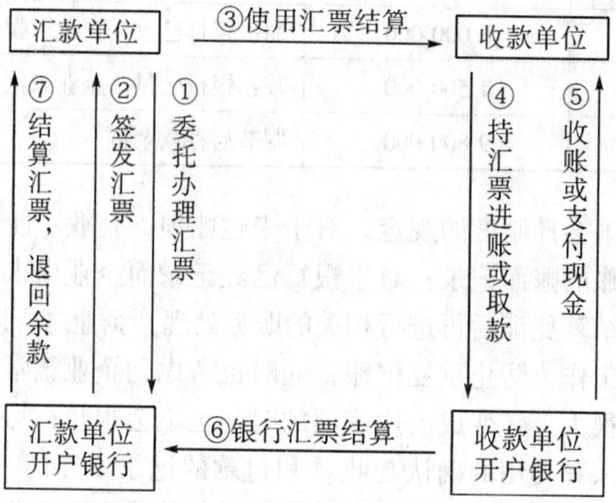


图 4-3 企业办理银行汇票的流程

（2）银行本票存款，是指企业为了取得银行本票按规定存入银行的款项。

银行本票是指银行签发的，承诺自己在见票时无条件支付确定的金额给收款人或持票人的票据。单位和个人在同一票据交换区域需要支付的各种款项，均可使用银行本票。银行本票可以用于转账，填明“现金”字样的银行本票可以用于支取现金。

银行本票分为不定额本票和定额本票两种。定额本票面额为 1 000 元、5 000 元、10 000 元和 50 000元。银行本票的提示付款期限自出票日起最长不超过两个月。在有效期内，银行见票付款。持票人超过提示付款期限的，银行不予受理。

银行本票的样式如图 4-4 所示。

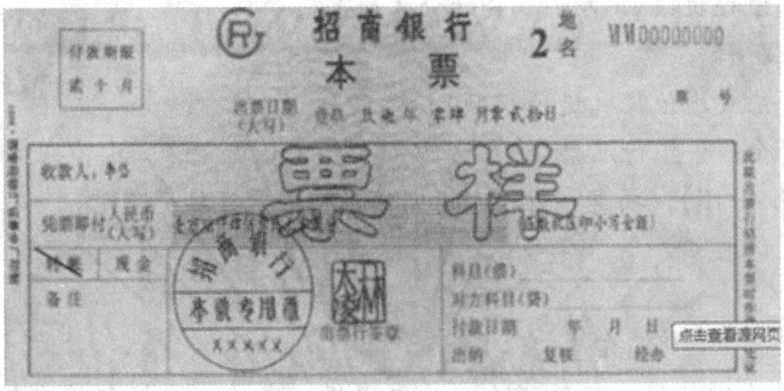


图 4-4　银行本票

（3）信用卡存款，是指企业为取得信用卡而存入银行信用卡专户的款项。

凡在中国境内金融机构开立基本存款账户的单位都可申请单位卡。单位卡账户的资金一律从其基本存款账户存入，不得交存现金，不得将销货收入的款项存入其账户。持卡人可持信用卡在特约单位购物、消费，但不得用于 10 万元以上的交易、劳务供应款项的结算，不得支取现金。

信用卡的样式如图 4-5 所示。

图 4-5　信用卡

（4）信用证保证金存款，是指企业依照申请人的申请开立的、对相符交单予以付款的承诺。信用证有国际信用证和国内信用证之分。这里主要指国内信用证，以人民币计价。信用证的开立和转让，应当具有真实的贸易背景。信用证只限于转账结算，不得支取现金。

（5）存出投资款，是指企业为购买股票、债券、基金等根据有关规定存入在证券公司指定银行开立的投资款专户的款项。

（6）外埠存款，是指企业到外地进行临时或零星采购时，汇往采购地银行开立采购专户的款项。该账户的存款不计利息，只付不收，付完清户。

### （二）其他货币资金的核算

为了核算其他货币资金的变动及其结余情况，企业应当设置“其他货币资金”账户。该账户属于资产类账户，借方登记其他货币资金的增加，贷方登记其他货币资金的减少，期末余额在借方，反映企业实际持有的其他货币资金的金额。本账户按其他货币资金的种类设置明细账户进行明细核算。

【例 4-12】福喜公司向开户银行存入款项 120 万元，申请办理银行汇票（银行已办理）。

会计分录如下：

借：其他货币资金——银行汇票　　　　1 200 000

　贷：银行存款　　　　　　　　　　　　1 200 000

【例 4-13】承【例 4-12】，福喜公司（一般纳税人）用上述资金购买甲材料，价款为 100 万元，增值税专用发票注明增值税税额13万元。会计分录如下：

借：原材料——甲材料　　1 000 000
　　应交税费——应交增值税（进项税额）　　130 000
　贷：其他货币资金——银行汇票　　1 130 000

【例4-14】承【例4-13】，福喜公司收到退回的银行汇票存款7万元。

会计分录如下：

借：银行存款　　70 000
　贷：其他货币资金——银行汇票　　70 000

【例4-15】甲公司为增值税一般纳税人，为取得银行本票，向银行填交银行本票申请书，并将11 300元银行存款转作银行本票存款。公司取得银行本票后，应根据银行盖章退回的银行本票申请书存根联填制银行付款凭证。甲公司用银行本票购买办公用品10 000元，增值税专用发票上注明的增值税税额为1 300元。

甲公司应编制如下会计分录：

借：其他货币资金——银行本票　　11 300
　贷：银行存款　　11 300

借：管理费用　　10 000
　　应交税费——应交增值税（进项税额）　　1 300
　贷：其他货币资金——银行本票　　11 300

【例4-16】甲公司向开户银行申请汇款750 000元开立采购专户。汇出款项时，根据有关凭证编制如下的会计分录：

借：其他货币资金——外埠存款　　750 000
　贷：银行存款　　750 000

采购员交来采购甲材料的发票，注明价款400 000元，增值税税额为52 000元，材料未到。根据购货发票等单据编制如下会计分录：

借：在途物资——甲材料　　400 000
　　应交税费——应交增值税（进项税额）　　52 000
　贷：其他货币资金——外埠存款　　452 000

材料入库时编制：

借：原材料——甲材料　　400 000
　贷：在途物资——甲材料　　400 000

采购员完成采购业务，将剩余的外埠存款转回本地银行。应根据银行的收账通知编制如下会计分录：

借：银行存款　　298 000
　贷：其他货币资金——外埠存款　　298 000

【例4-17】甲公司于2024年8月24日向银行申领信用卡，向银行交存50 000元，2024年9月10日，该公司用信用卡支付购书款3 000元，增值税专用发票上注明的值税税额为270元。甲公司应编制如下会计分录：

借：其他货币——资金信用卡　　50 000
　贷：银行存款　　50 000

借：管理费用　　3 000
　　应交税费——应交增值税（进项税额）　　2 70
　贷：其他货币资金——信用卡　　3 270

# 第三节　应收及预付款项

应收及预付款项是指企业在日常生产经营过程中发生的各项债权，包括应收款项和预付款项。应收款项包括应收票据、应收账款、应收股利、应收利息和其他应收款等；预付款项则是指企业按照合同规定预付的款项，如预付账款。

## 一、应收票据

### （一）应收票据的概述

应收票据是指企业因销售商品、提供劳务等而收到的商业汇票。商业汇票是出票人签发的，委托付款人在指定日期无条件支付确定的金额给收款人或者持票人的票据。商业汇票的付款期限由交易双方共同商定，一般为1~3个月，最长不得超过6个月（电子商业汇票可延长至1年）。商业汇票的提示付款期限为10天。

**■注　释**

票据按是否立即兑付，分为即期票据和远期票据。即期票据是见票即付的票据，远期票据是必须到特定日期才能兑付的票据。

商业汇票按承兑人不同，分为商业承兑汇票和银行承兑汇票（见图4-6）。

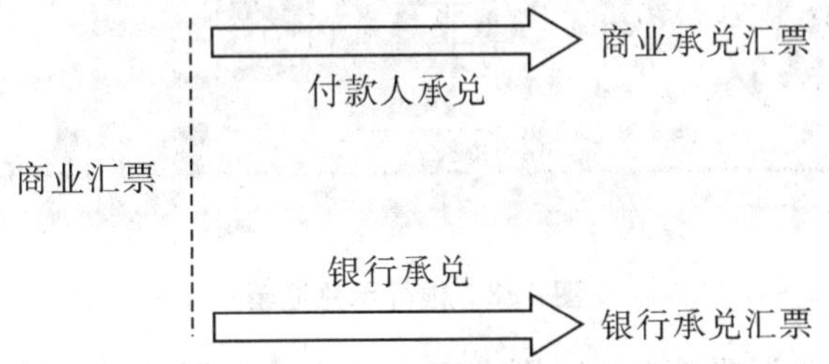


**图4-6　商业汇票的分类**

商业承兑汇票是指由付款人签发并承兑，或由收款人签发交由付款人承兑的汇票。商业承兑汇票的付款人应在收到付款通知的当日通知银行付款；接到通知日的次日起三日内（遇法定节假日顺延）未通知银行付款的，视同付款人承诺付款；账户不足支付的，银行应填制付款人未付票款通知书。

银行承兑汇票是指由在承兑银行开立存款账户的存款人（即出票人）签发，由承兑银行承兑的汇票。企业申请使用银行承兑汇票时，应向承兑银行按票面金额的万分之五缴纳手续费；出票人于汇票到期前未能足额交存票款时，承兑银行无条件付款，并对出票人尚未支付的汇票金额按照每天万分之五计收利息。

商业汇票按是否带息，分为带息票据和不带息票据。带息票据是指票据到期时，付款方除了需要支付票据本身的款项外，还要支付一定利息的票据。我国实行的是不带息票据。

商业承兑汇票和银行承兑汇票的样式分别见图4-7及图4-8。

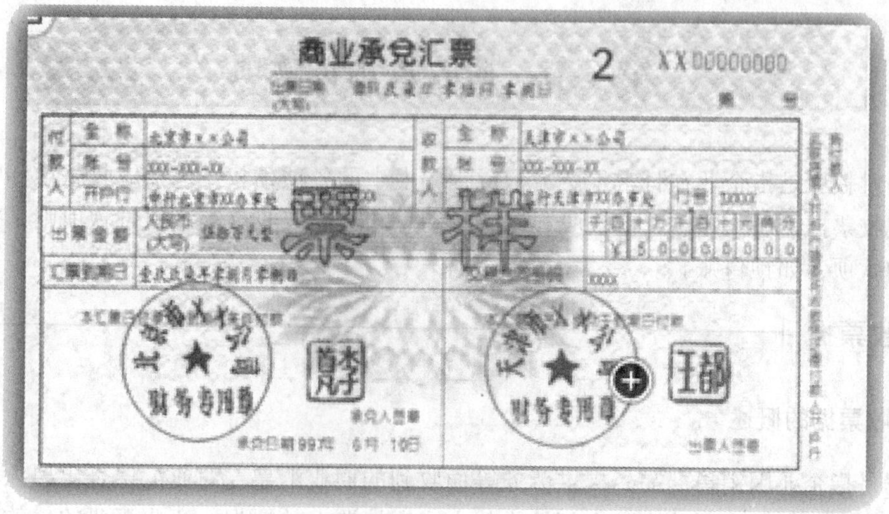


图 4-7　商业承兑汇票

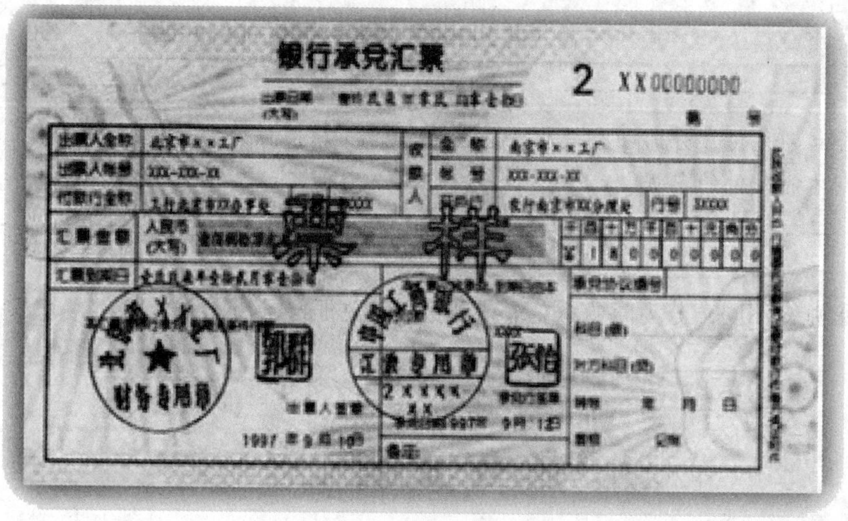


图 4-8　银行承兑汇票

商业承兑汇票和银行承兑汇票最大的区别在于：商业承兑汇票以付款人的信誉为担保，银行承兑汇票以银行的信誉为担保。因此，对收款人而言，银行承兑汇票的风险远低于商业承兑汇票。因为，商业承兑汇票到期时，有可能付款方无款支付；而银行承兑汇票到期时，即使付款方无款支付，其开户银行要先行垫付给收款方。

与应收账款不同，应收票据需要依据在赊销业务中由债权人或债务人签发的表明债务人在约定时日应偿付约定金额的书面文件而受到法律保护，具有较强的法律约束力，一般认为应收票据的变现能力比应收账款强。因此，在资产负债表上，应收票据排列在应收账款前。

### （二）应收票据的账务处理

为了反映和监督应收票据取得、票款收回等情况，企业应当设置“应收票据”账户。该账户属于资产类账户，借方登记应收票据的面值，贷方登记到期收回票款或到期前向银行贴现的应收票据的票面余额，期末余额在借方，反映企业持有的商业汇票的票面金额。“应收票据”账户可按照开出、承兑商业汇票的单位进行明细核算，并设置“应收票据”备查簿，逐笔记录商业汇票的种类、号数、出票日、交易合同号、付款人、承兑人、背书人、到期日、背书转让日、收款日、收款金额等信息，以备查考。商业汇票到期结清票款或退票后，应在备查簿中予以注销。

1. 应收票据的取得和收回票款

企业因销售货物或提供劳务收到票据时，借记“应收票据”账户，贷记“主营业务收入”“其他业务收入”“应交税费——应交增值税（销项税额）”等账户。票据到期收回款项时，借记“银行存款”，贷记“应收票据”账户。如果是商业承兑汇票，票据到期时，付款方无款支付，则转为“应收账款”。

应收票据的核算如图 4-9 所示。

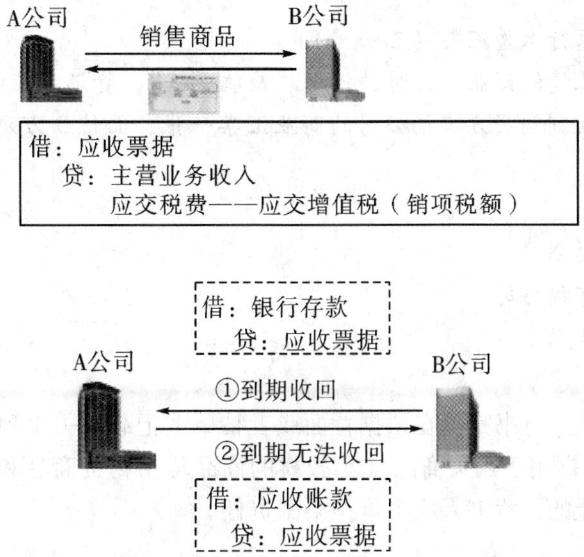


**图 4-9　应收票据核算图示**

【例 4-18】甲公司向长江公司销售一批产品，货款为 100 万元，增值税税率为 13%，收到一张 3 个月期的商业承兑汇票，票面金额为 113 万元。

甲公司编制分录如下：

借：应收票据——商业承兑汇票（长江公司）　　1 130 000
　贷：主营业务收入　　1 000 000
　　应交税费——应交增值税（销项税额）　　130 000

3 个月后，票据到期，甲公司收到款项 1 130 000 元，存入银行。

甲公司编制分录如下：

借：银行存款　　1 130 000
　贷：应收票据——商业承兑汇票（长江公司）　　1 130 000

假设 3 个月后票据到期，长江公司无款支付。甲公司编制分录如下：

借：应收账款——长江公司　　1 130 000
　贷：应收票据——商业承兑汇票（长江公司）　　1 130 000

上例中，甲公司收到的是商业承兑汇票，可能会出现到期付款方长江公司无款支付的情况，转为应收账款。如果是银行承兑汇票，票据到期时，甲公司就一定能收到款项。因为如果付款方长江公司无款支付，则由其开户银行垫付。

【例 4-19】甲公司为增值税一般纳税人，2024 年 9 月 1 日向乙公司（增值税一般纳税人）销售一批产品，价款为 1 500 000 元，增值税税率为 13%，款项尚未收到，已办妥托收手续。

甲公司应编制如下会计分录：

借：应收账款——乙公司　　1 695 000
　贷：主营业务收入　　1 500 000
　　应交税费——应交增值税（销项税额）　　195 000

2024 年 9 月 15 日，甲公司收到乙公司寄来的一张 3 个月期的银行承兑汇票，面值为 1 695 000 元，抵付产品价款和增值税款。甲公司应编制如下会计分录：

借：应收票据——银行承兑汇票（乙公司）　　1 695 000

　贷：应收账款——乙公司　　1 695 000

2024 年 12 月 15 日，甲公司持有的上述票据到期，收回票面金额 1 695 000 元存入银行。

甲公司应编制如下会计分录：

借：银行存款　　1 695 000

　贷：应收票据——银行承兑汇票（乙公司）　　1 695 000

企业收到欠款方用于抵债的商业汇票时，借记“应收票据”，贷记“应收账款”账户。

【例 4-20】福喜公司收到购买方有福公司的商业汇票一张，面值 5 万元，用于抵偿 1 个月前的购货款。

会计分录如下：

借：应收票据——有福公司　　50 000

　贷：应收账款——有福公司　　50 000

2. 应收票据的转让和贴现

（1）应收票据的转让。

商业汇票可以背书转让。背书是指在票据背面或者粘单上记载有关事项并签章的票据行为（见图 4-10）。企业可以将应收票据用于购买商品（本教材的商品均指物资商品和劳务商品等）付款的支付行为或用于抵债。背书转让的，背书人应当承担票据责任。

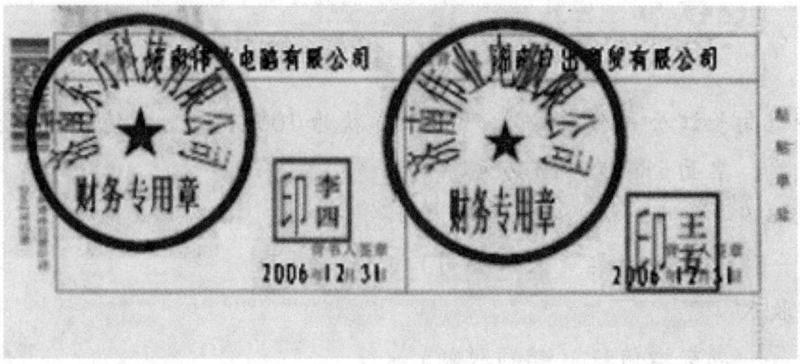


图 4-10　背书

【例 4-21】甲公司为增值税一般纳税人，假定于 2024 年 10 月 15 日将票面金额为 168 万元的应收票据背书转让，以取得生产经营所需的 A 种材料，该材料价款为 150 万元，适用的增值税税率为 13%。不足款项已用银行存款支付给对方。

甲公司应编制如下会计分录：

借：原材料——A 材料　　1 500 000

　　应交税费——应交增值税（进项税额）　　195 000

　贷：应收票据　　1 680 000

　　　银行存款　　15 000

【例 4-22】光明公司原欠有福公司货款 10 万元，现将持有的一个月到期华贵公司开具的面值 10 万元的银行承兑汇票背书转让给有福公司用于抵债。

会计分录如下：

借：应付账款——有福公司　　100 000

　贷：应收票据——银行承兑汇票（华贵公司）　　100 000

商业汇票的核算对于收款方而言，叫“应收票据”，对于付款方而言，则叫“应付票据”。如果是商业承兑汇票，票据到期时，付款方无款支付，则把“应付票据”转为“应付账款”；如果是银行承兑汇票，票据到期时付款方无款支付，款项由开户银行垫付给收款方，则把“应付票据”转为“短期借款”（相关核算内容见第七章第二节）。

（2）应收票据的贴现。

应收票据的贴现是指票据持有人将未到期的商业汇票背书后转让给银行，银行从票据金额中扣除按银行贴现率计算确定的贴现利息，然后将余额付给持票人的行为。

贴现是一种融通资金的行为，当企业资金短缺时，可以采用这一方式来融通资金。对于银行而言，就是买入未到期的票据，预先按一定利率扣除贴现日起至票据到期日止的利息，将余额付给贴现者的一种交易行为。贴现的商业汇票一般为银行承兑汇票。

应收票据到期日的确定有两种方法：按月计算和按日计算。按月计算时，应以到期月份与出票日同一天为票据到期日。例如，4月15日签发的3个月票据，到期日为7月15日。月末签发的票据，无论月份大小，以到期月份的月末那一天为到期日。如8月31日签发的1个月票据，到期日为9月30日。按日计算时，应从出票日起按实际经过天数扣足为止。习惯上，出票日和到期日只算一天。即“算头不算尾”或“算尾不算头”。例如，7月28日签发90天期的票据，到期日为10月26日。

应收票据贴现时，银行从票据金额中扣除的利息叫贴现利息（简称贴现息）。贴现利息对于企业而言，就是一种融资费用，记入“财务费用”科目。

贴现利息的计算公式如下：

贴现利息=面值×贴现率×贴现期　（票据期限-持有期=贴现期）

贴现净额=面值-贴现利息

会计分录如下：

借：银行存款

　　财务费用——贴现利息

　贷：应收票据

【例4-23】C公司将一批产品销售给B公司，价税合计10万元，收到B公司签发的一张面值为10万元半年期的银行承兑汇票。该票据C公司已持有两个月，现向银行贴现，贴现率为9%。

计算如下：

贴现利息 $=100\,000\times9\%\times\frac{1}{3}=3\,000$（元）

贴现净额 $=100\,000-3\,000=97\,000$（元）

会计分录如下：

| | |
|---|---|
| 借：银行存款 | 97 000 |
| 　　财务费用——贴现利息 | 3 000 |
| 　贷：应收票据 | 100 000 |

【例4-24】C公司于2024年3月5日持B公司2024年1月10日签发的一张应于4月10日到期，面值10万元的商业汇票向银行贴现。贴现率为9%。

计算如下：

贴现利息 $=100\,000\times9\%/12\times36/30=900$（元）　（注：银行每月平均按30天计算）

或 $=100\,000\times\frac{9}{100}\times\frac{36}{360}=900$（元）

贴现净额 $=100\,000-900=99\,100$（元）

会计分录如下：

| | |
|---|---|
| 借：银行存款 | 99 100 |
| 　　财务费用——贴现利息 | 900 |
| 　贷：应收票据 | 100 000 |

应收票据的贴现如图 4-11 所示。

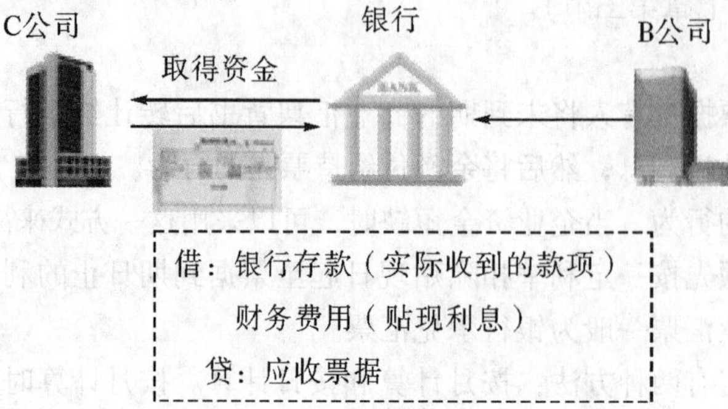


图 4-11　应收票据的贴现

## 二、应收账款

应收账款是指企业在日常活动中，因销售商品、提供劳务等经营活动，应向购货单位或接受劳务单位收取的款项，主要包括销售商品或提供劳务等应向债务人收取的价款、增值税销项税额和代购货单位垫付的包装费、运杂费等，如图 4-12 所示。

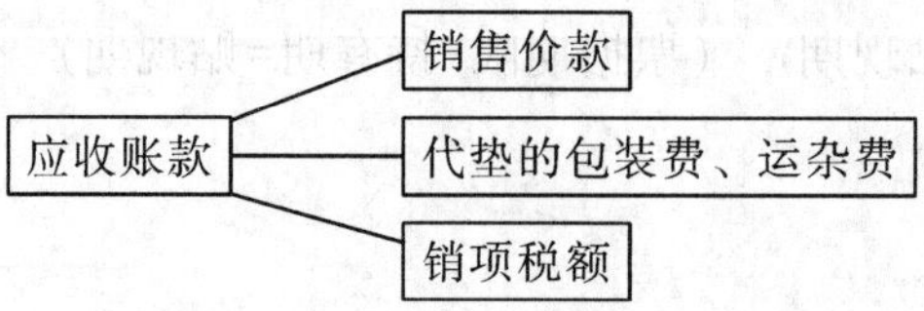


图 4-12　应收账款

应收账款代表企业获得未来经济利益（未来现金流入）的权利。应收账款的产生是由于企业间商业信用的存在，企业在交易时，不立即结算账款，也不签发任何票据，而是以挂账的形式明确双方的债权债务关系。

为了反映和监督应收账款的增减变动及其结存情况，企业应设置“应收账款”科目。该科目属于资产类科目，借方登记应收账款的增加，贷方登记应收账款的收回及确认的坏账损失，期末余额一般在借方，反映企业尚未收回的应收账款。

应收账款如果期末余额在贷方，则反映企业预收的账款。资产负债表日，“应收账款”明细账的贷方余额并入“预收款项”项目填列。不单独设置“预收账款”科目的企业，预收的账款也在“应收账款”科目核算。该账户按债务单位设置明细账。

资产负债表上，“应收账款”项目是根据应收账款明细账的借方余额和预收账款明细账的借方余额合计减应收账款计提的坏账准备后的金额填列。

### （一）应收账款的账务处理

确认应收账款需要依据一些表明商品或劳务提供过程已经完成，债权债务关系已经成立的书面文件，如销售合同、商品出库单、发票和发运单、银行托收凭证等。

应收账款作为一种在未来能够收回的债权，应该按照未来可得现金的现值入账，但是，由于应收账款转化为现金的期限一般不会超过一年，其现值与交易发生日确定的金额不会有很大的差别，所以在实际工作中，遵循重要性原则，对应收账款都是以其成交价格计量，即按照交易日的实际发生额确认应收账款的入账价值。

【例 4-25】甲公司采用托收结算的方式向黄河公司销售商品一批，货款为 300 000 元，增值税税额为 39 000 元，以银行存款代垫运费 6 000 元，已经办理托收手续。甲公司编制如下会计分录：

借：应收账款——黄河公司　　345 000

贷：主营业务收入　　300 000

　应交税费——应交增值税（销项税额）　　39 000

　银行存款　　6 000

甲公司实际收到款项时：

借：银行存款　　345 000

　贷：应收账款——黄河公司　　345 000

### （二）商业折扣和现金折扣

1. 商业折扣

商业折扣是指企业销售商品或提供劳务时，将价目单中的报价打一个折扣后提供给客户，扣减数额一般以原价的百分数表示，如某企业提供的商业折扣为原价的5%或20%等。商业折扣是企业为鼓励客户多购商品而在产品标价上给予的付款优惠，也可以理解为“打折”。

企业在提供商业折扣的情况下，应收账款的入账价值按扣除商业折扣后的实际售价确认。

2. 现金折扣

现金折扣是指在赊销的情况下，债权人为了鼓励债务人在赊销期内尽早付款而给债务人的一种债务扣除，债务人在赊销期内的不同时间付款可享受不同比例的折扣。现金折扣的表示方式一般是“折扣/付款期限”，如2/10，1/20，*N*/30等，其含义分别是：在10天内付款折扣为2%，20天内付款折扣为1%，30天内付款则不给予折扣。

现金折扣是企业为鼓励客户尽早付款而给予的一种付款优惠，有总价法和净价法两种核算方法，我国采用总价法核算。

【例4-26】甲公司销售折扣政策如下：采购金额小于等于10万元，不打折；采购金额大于10万元给予95%的折扣。公司采用赊销的方式销售一批价值12万元（不含税）的商品给客户，并开出增值税专用发票，增值税税率13%。

甲公司编制会计分录如下：

打折后不含税销售额＝120 000×95%＝114 000（元）

增值税额＝114 000×13%＝14 820（元）

借：应收账款　　128 820

　贷：主营业务收入　　114 000

　　应交税费——应交增值税（销项税额）　　14 820

【例4-27】光明公司向福喜商场销售500台喜鹊牌电视机，原售价5 650元/台（含税，增值税税率13%）。经协商，光明公司给予福喜商场八折优惠。现商品已经发出，并已开具增值税专用发票，款未收。现金折扣条件为2/10，1/20，*N*/30。每台电视机成本为3 000元。福喜商场10日内付来款项（现金折扣不考虑增值税）。

光明公司编制会计分录如下：

（1）销售产品时：

借：应收账款——福喜商场　　2 260 000

　贷：主营业务收入——喜鹊牌电视机　　2 000 000

　　应交税费——应交增值税（销项税额）　　260 000

（2）结转产品成本时：

借：主营业务成本——喜鹊牌电视机　　1 500 000

　贷：库存商品——喜鹊牌电视机　　1 500 000

（3）收到福喜商场款项时：

借：银行存款　　2 220 000

财务费用　　　　　　　　　　　　　　　　　　　　　　40 000

贷：应收账款——福喜商场　　　　　　　　　　　　　　　2 260 000

## 三、预付账款

预付账款是指企业按照合同规定预付的款项，如预付的材料、商品采购款、在建工程价款等。

为了反映和监督预付账款的增减变动及其结存情况，企业应当设置“预付账款”科目。“预付账款”科目的借方登记预付的款项及补付的款项，贷方登记收到所购物资时根据有关发票账单记入“原材料”等科目及收回多付款项的金额，期末余额在借方，反映企业实际预付的款项；如果期末余额在贷方，则反映企业应补付的款项。

企业在预付款项时，应借记“预付账款”科目，贷记“银行存款”科目；收到所购物资时，应借记“原材料”等科目，贷记“预付账款”科目。该账户按单位设置明细账进行明细核算。

对于预付账款业务不多的企业，可以不设置“预付账款”账户，而将预付的款项记入“应付账款”账户核算。

预付账款的账务处理如图 4-13 和图 4-14 所示。

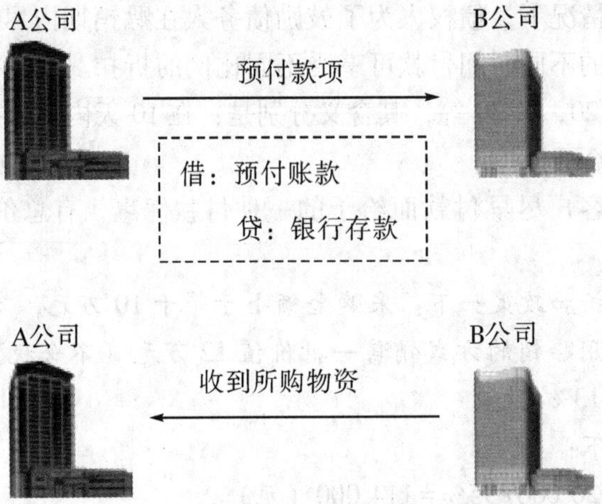


**图 4-13　预付账款的账务处理（1）**

借：原材料等

　　应交税费——应交增值税（进项税额）

　贷：预付账款

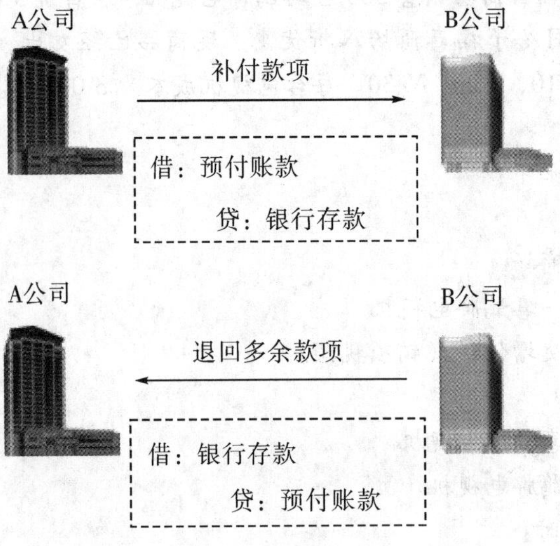


**图 4-14　预付账款的账务处理（2）**

【例 4-28】2024 年 4 月 1 日，A 公司向 B 公司采购甲材料 5 吨，所需支付的货款总额为 40 000 元（不含税）。按照合同规定 A 公司向 B 公司预付货款 50%，验收货物后补付剩余货款。

A 公司编制分录如下：

预付货款时：

借：预付账款——B 公司　　20 000

　贷：银行存款　　20 000

收到 B 公司发来的 5 吨材料，验收无误，A 公司以银行存款补付所欠款项25 200元。

借：原材料——甲材料　　40 000

　应交税费——应交增值税（进项税额）　　5 200

　贷：预付账款——B 公司　　45 200

补付尾款时：

借：预付账款——B 公司　　25 200

　贷：银行存款　　25 200

上例中，A 公司收到材料后即补付了剩余款项（尾款），钱货两清，因此，预付账款没有余额。如果 A 公司收到材料后还没有补付尾款，则“预付账款”科目出现贷方余额，表示应补付 B 公司的尾款。期末，填列资产负债表时，并入“应付账款”项目填列（具体填列方法见第十章第二节）。

上例中，对 B 公司而言，非收入准则下，叫“预收账款”，但收入准则下，叫“合同负债”。具体核算内容见第七章第二节。

预付账款借方、贷方的核算内容图示如图 4-15 所示。

预付账款

| | |
|---|---|
| ①预付的款项 | ①收到货物时结转的预付款项 |
| ②补付的款项 | ②收回多余款项 |

图 4-15

## 四、应收股利和应收利息

### （一）应收股利的账务处理

应收股利是指企业应收取的现金股利或应收取其他单位分配的利润。为了反映和监督应收股利的增减变动及其结存情况，企业应设置“应收股利”科目。“应收股利”科目的借方登记应收现金股利或利润的增加，贷方登记收到的现金股利或利润，期末余额一般在借方，反映企业尚未收到的现金股利或利润。“应收股利”科目应当按照被投资单位设置的明细科目进行核算。

企业在持有以公允价值计量且其变动计入当期损益的金融资产（交易性金融资产）期间，被投资单位宣告发放现金股利，按应享有的份额，确认为当期损益，借记“应收股利”科目，贷记“投资收益”科目。企业在持有长期股权投资期间，被投资单位宣告发放现金股利或利润，按应享有的份额，借记“应收股利”科目，贷记科目应区分两种情况，对于采用成本法核算的长期股权投资，贷记“投资收益”科目；对于采用权益法核算的长期股权投资，贷记“长期股权投资——损益调整”科目。

【例 4-29】甲公司持有丙上市公司股票，且作为以公允价值计量且其变动计入当期损益的金融资产（交易性金融资产）进行管理和核算。2024 年 5 月 10 日，丙上市公司发放 2018 年现金股利，甲公司按其持有该上市公司股份计算确定的应分得的现金股利为 200 000 元。假定不考虑相关税费。甲公司应编制如下会计分录：

借：应收股利——丙上市公司　　200 000

　贷：投资收益——丙上市公司　　200 000

【例 4-30】承【例 4-29】，2024 年 5 月 30 日，甲公司收到丙上市公司发放的现金股利 200 000 元。款项已存入银行。假定不考虑相关税费。甲公司应编制如下会计分录：

借：其他货币资金——存出投资款　　200 000

　贷：应收股利——丙上市公司　　200 000



### （二）应收利息的账务处理

应收利息是指企业根据合同或协议规定应向债务人收取的利息。为了反映和监督应收利息的增减变动及其结存情况，企业应设置“应收利息”科目。“应收利息”科目的借方登记应收利息的增加，贷方登记收到的利息，期末余额一般在借方，反映企业尚未收到的利息。“应收利息”科目应当按照借款人或被投资单位设置的明细科目进行核算。



【例 4-31】甲公司持有庚公司债券投资，2024 年 1 月 11 日，甲公司收到庚公司通知，拟向其支付 2023 年利息 100 000 元，款项尚未支付。假定不考虑相关税费。甲公司应编制如下会计分录：

借：应收利息——庚公司　　100 000

　贷：投资收益——庚公司　　100 000

## 五、其他应收款

其他应收款是指企业除应收票据、应收账款、预付账款、应收股利和应收利息等以外的其他各种应收及暂付款项。其主要内容包括：

（1）应收的各种赔款、罚款，如因企业财产等遭受意外损失而向保险公司收取的赔款等；

（2）应收的出租包装物的租金；

（3）应向职工收取的各种垫付款项，如为职工垫付的水电费、医药费、房租费等；

（4）存出保证金，如租入包装物支付的押金；

（5）其他各种应收、暂付款项。

为了反映和监督其他应收款的增减变动及其结存情况，企业应设置“其他应收款”科目进行核算。借方登记其他应收款的增加，贷方登记其他应收款的收回。期末余额一般在借方，反映企业尚未收回的其他应收款项。“其他应收款”科目按对方单位或个人设置明细科目进行明细核算。

企业发生各种其他应收款项时，应借记“其他应收款”科目，贷记“银行存款”“固定资产清理”等科目。收回其他应收款时，借记“银行存款”“应付职工薪酬”等科目，贷记“其他应收款”科目。

企业应定期对其他应收款进行检查，预计可能发生的坏账损失，并计提坏账准备。在资产负债表上，“其他应收款”项目是根据“其他应收款”“应收股利”“应收利息”科目的期末余额合计数，减去相应计提的坏账准备后的余额填列。

【例 4-32】2024 年 4 月 10 日，甲公司租入包装物一批，以银行存款向出租人乙公司支付押金 2 000元。编制会计分录如下：

借：其他应收款——存出保证金（乙公司）　　2 000

　贷：银行存款　　2 000

2024 年 6 月 1 日，甲公司将包装物退还乙公司，收到乙公司退回的押金 2 000 元，存入银行。编制会计分录如下：

借：银行存款　　2 000

　贷：其他应收款——存出保证金（乙公司）　　2 000

【例 4-33】福喜公司（一般纳税人）向光明公司出租一批包装物，不含税租金收入 20 000 元，增值税 2 600 元，款未收。

会计分录如下：

借：其他应收款——光明公司　　22 600

贷：其他业务收入　　20 000

　　应交税费——应交增值税（销项税额）　　2 600

【例 4-34】甲公司以银行存款替副总经理王丹垫付应由其个人负担的医疗费 5 000 元，拟从其工资中扣回。应编制如下会计分录：

（1）垫支时：

借：其他应收款——王丹　　5 000

　贷：银行存款　　5 000

（2）扣款时：

借：应付职工薪酬　　5 000

　贷：其他应收款——王丹　　5 000

## 六、应收款项减值

企业的各项应收款项（包括应收账款、应收票据、预付账款、应收股利、应收利息、其他应收款），可能会因购货人拒付、破产、死亡等原因而无法收回。这类无法收回的应收款项就是坏账。企业因坏账而遭受的损失称为坏账损失或减值损失。

企业应具体分析各债务单位的财务状况和现金流量状况，对于有确凿证据表明确实不能收回的或收回可能性不大的应收款项，应确认为坏账。根据我国会计准则的规定，符合下列条件之一的应收款项，应确认为坏账：

（1）债务人破产，依照破产清算程序进行清偿后，确实无法收回的部分；

（2）债务人死亡，依其破产财产清偿后，确实无法收回的部分；

（3）债务人在较长时期（3 年以上）未履行偿债义务，确实无法收回或收回的可能性极小的应收款项。

应收款项减值的核算有两种核算方法，即直接转销法和备抵法（见图 4-16）。我国企业会计准则规定，应收款项减值的核算采用备抵法，不得采用直接转销法。

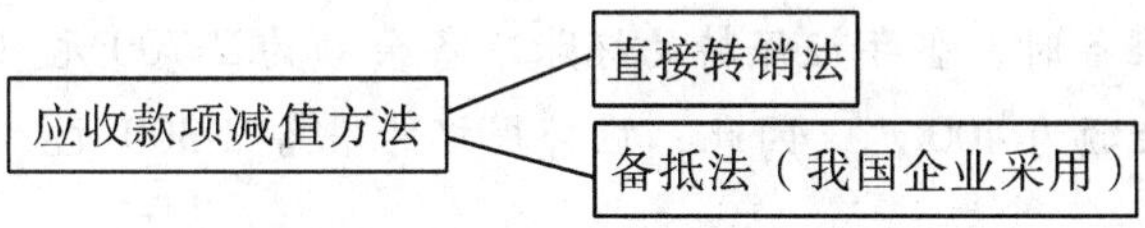


**图 4-16　应收款项减值方法**

本内容的应收款项主要以应收账款进行讲述。

### （一）直接转销法

企业在日常核算中对应收款项可能发生的坏账损失不予考虑，只有在实际发生坏账时，才作为坏账损失计入当期损益（信用减值损失），直接冲减应收款项。

借：信用减值损失

　贷：应收账款

企业运用这种核算方法不需设置“坏账准备”科目进行核算，账务处理比较简单，但是不符合权责发生制和配比原则的要求，也不符合资产的定义。因此，我国《企业会计准则》规定，坏账损失的核算不采用直接转销法，而是采用备抵法。

### （二）备抵法

备抵法是采用一定的方法按期估计坏账损失，计入当期损益（信用减值损失），同时建立坏账准备。待实际发生坏账时，冲销已计提的坏账准备和应收款项。

采用备抵法核算坏账损失，企业必须设置“坏账准备”科目，贷方登记当期计提的坏账准备、收回已转销的应收账款而恢复的坏账准备，借方登记实际发生的坏账损失金额和冲减的坏账准备金额，期末贷方余额反映企业已计提但尚未转销的坏账准备。在资产负债表中，“坏账准备”科目作为应收账款的抵减项进行列示。

在备抵法下，企业应当根据实际情况合理估计当期坏账损失金额，由于企业发生坏账损失带有很大的不确定性，所以只能以过去的经验为基础，参照当前的信用政策、经济环境和市场行情等确定当期减值损失金额。坏账准备的计提方法包括应收账款余额百分比法、账龄分析法、销货百分比法和个别认定法。本教材涉及坏账的计提采用应收账款余额百分比法。

应收账款余额百分比法是根据会计期末应收账款的余额乘以估计的坏账损失率，来确定应计提的坏账准备的方法。这种方法下，坏账损失的发生数与应收账款的余额直接相关，因为，企业的应收账款越多，发生坏账的可能性就越大，因此，按应收账款余额的一定比率计提的坏账准备符合配比原则。期末坏账准备的数额必须与期末应收账款的余额保持在预先确定的比率（估计的坏账损失率）上，并将这一数额与“坏账准备”账户的期末余额进行比较，如果要求保持的坏账准备数额大于“坏账准备”账户的期末余额，应增加计提坏账准备；反之，则应冲减坏账准备。

【例 4-35】甲公司 2022 年年末应收账款余额为 800 000 元，假设从该年起企业开始计提坏账准备，坏账准备的提取比例为 0.3%，2023 年企业发生坏账损失 2 000 元，年末应收账款余额为 900 000 元；2024 年企业发生坏账损失 500 元，年末应收账款余额为 600 000 元。采用应收账款余额百分比法计提坏账准备。

有关账务处理如下：

2022 年年末开始计提坏账准备时，当年应计提的坏账准备为 2 400 元（800 000 ×0.3%）：

借：信用减值损失　　2 400

　贷：坏账准备　　2 400

2023 年发生坏账损失 2 000 元，会计分录为：

借：坏账准备　　2 000

　贷：应收账款　　2 000

2023 年年末计提坏账准备时，当年应保持的坏账准备余额为 2 700 元（900 000 ×0.3%），而“坏账准备”账户的期末贷方余额为 400 元，因此，应补提坏账准备 2 300 元。会计分录为：

借：信用减值损失　　2 300

　贷：坏账准备　　2 300

2024 年发生坏账 500 元，会计分录为：

借：坏账准备　　500

　贷：应收账款　　500

2024 年年末计提坏账准备时，当年应保持的坏账准备余额为 1 800 元（600 000 ×0.3%），而“坏账准备”账户的期末贷方余额为 2 200 元，应冲销坏账准备 400 元。会计分录为：

借：坏账准备　　400

　贷：信用减值损失　　400

【例 4-36】光明公司对坏账损失的核算采用应收账款余额百分比法，提取率为 0.4%。

（1）光明公司从 2021 年起开始计提坏账准备，该年年末“应收账款”余额 100 万元。

$$应提坏账准备=1\ 000\ 000\times\frac{4}{1\ 000}=4\ 000（元）$$

实际提坏账准备=4 000-0=4 000（元）

分录：

借：信用减值损失　　4 000

　贷：坏账准备　　4 000

(2) 2022 年年末应收账款余额 250 万元。

应提坏账准备 $=2\ 500\ 000\times\frac{4}{1\ 000}=10\ 000$（元）

实际提坏账准备 $=10\ 000-4\ 000=6\ 000$（元）

分录：

借：信用减值损失　　6 000

　贷：坏账准备　　6 000

(3) 2023 年年末应收账款余额 220 万元。

应提坏账准备 $=2\ 200\ 000\times\frac{4}{1\ 000}=8\ 800$（元）

实际提坏账准备 $=8\ 800-10\ 000=-1\ 200$（元）

分录：

借：坏账准备　　1 200

　贷：信用减值损失　　1 200

(4) 2024 年 6 月确认一笔坏账 18 000 元。

借：坏账准备　　18 000

　贷：应收账款　　18 000

(5) 2024 年 10 月，上述已核销的坏账又收回 5 000 元。

借：应收账款　　5 000

　贷：坏账准备　　5 000

借：银行存款　　5 000

　贷：应收账款　　5 000

(6) 2024 年年末应收账款余额 200 万元。

应提坏账准备 $=2\ 000\ 000\times\frac{4}{1\ 000}=8\ 000$（元）

实际提坏账准备 $=8\ 000-(-4\ 200)=12\ 200$（元）

分录：

借：信用减值损失　　12 200

　贷：坏账准备　　12 200

【例 4-37】某企业“坏账准备”期初余额 2 000 元（贷方），本期发生坏账损失 5 000元。期末“应收账款”余额 1 200 000 元，按 0.4%计提坏账准备。

应提坏账准备 $=1\ 200\ 000\times\frac{0.4}{100}=4\ 800$（元）

实际提坏账准备 $=4\ 800-(2\ 000-5\ 000)=7\ 800$（元）

分录：

借：信用减值损失　　7 800

　贷：坏账准备　　7 800

“坏账准备”科目属于资产类科目，但它是一个资产备抵科目。因此，增加在贷方，减少在借方，期末余额为贷方余额。下列科目如“存货跌价准备”“固定资产减值准备”“无形资产减值准备”“长期股权投资减值准备”以及“累计折旧”“累计摊销”等科目也是资产备抵科目，性质与“坏账准备”科目相同。

通过以上【例 4-35】、【例 4-36】和【例 4-37】得出，坏账准备的计算公式为：

坏账准备的应有余额=应收账款的账面余额×坏账准备的计提比率

当期应计提的坏账准备=坏账准备的应有余额-坏账准备的已有余额（贷方正数，借方负数）

当期应计提的坏账准备也就是当期实际计提或者冲销的坏账准备。坏账准备的核算其实就是四个步骤：①计提；②冲销；③发生坏账；④以前发生的坏账又收回。

“坏账准备”科目的核算内容如图 4-17 所示。

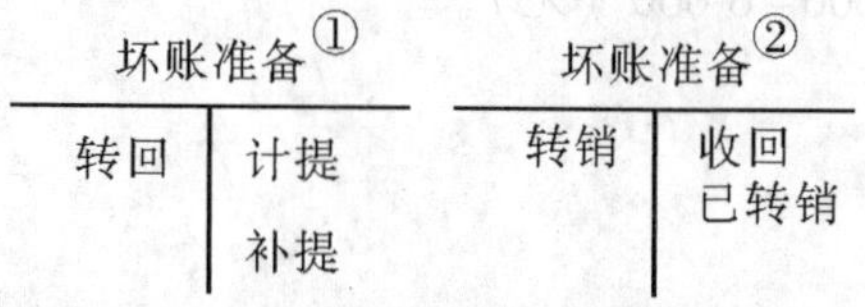


**图 4-17 “坏账准备”科目的核算内容**



值得注意的是，在资产负债表上，“应收账款”项目是根据“应收账款”和“预收账款”科目所属各明细账的期末借方余额合计数减去“坏账准备”科目中有关应收账款计提的坏账准备期末余额后的净额填列（具体填列方法见第九章第二节）。

# 第四节 交易性金融资产

## 一、交易性金融资产的内容

### （一）金融资产的内容

在企业全部资产中，库存现金、银行存款、应收账款、应收票据、贷款、其他应收款、应收利息、债券投资、股票投资、基金投资及衍生金融资产等统称为金融资产。

### （二）金融资产的分类

根据企业管理金融资产的业务模式和金融资产的合同现金流量特征，《企业会计准则第 22 号——金融工具确认和计量》（2018）将金融资产划分为以下三类：

（1）以摊余成本计量的金融资产；

（2）以公允价值计量且其变动计入其他综合收益的金融资产；

（3）以公允价值计量且其变动计入当期损益的金融资产。

### （三）交易性金融资产

1. 交易性金融资产的概念

企业金融资产中以公允价值计量且其变动计入当期损益的金融资产称为“交易性金融资产”。交易性金融资产是企业为了近期内出售而持有的金融资产，如企业以赚取差价为目的从二级市场购入的股票、债券、基金等；或者是在初始确认时属于集中管理的可辨认金融工具组合的一部分，且有客观证据表明近期实际存在短期获利模式的金融资产等，如企业管理的以公允价值进行业绩考核的某项投资组合。

2. 交易性金融资产的特点

交易性金融资产的特点有：

（1）近期内出售；

（2）一般为股票、债券等；

（3）以公允价值计量且其变动计入当期损益。

企业持有交易性金融资产的目的是通过交易性活动，即频繁地购买和出售，从市场价格的短期波动中，赚取买卖差价，使企业闲置的资金能获得较高的投资回报。交易性金融资产预期能在短期内变现以满足日常经营的需要，因此，在资产负债表中作为流动资产列示。

需要说明的是，企业持有交易性金融资产的行为可能只是偶尔为之，并非为了实现业务目标而不可或缺。

## 二、交易性金融资产的账务处理

### （一）主要会计科目

为了反映和监督交易性金融资产的取得、收取现金股利或利息、出售等情况，企业应当设置“交易性金融资产”“公允价值变动损益”“投资收益”等科目进行核算。

“交易性金融资产”科目核算企业分类为以公允价值计量且其变动计入当期损益的金融资产。“交易性金融资产”科目的借方登记交易性金融资产的取得成本、资产负债表日其公允价值高于账面余额的差额，以及出售交易性金融资产时结转公允价值低于账面余额的变动金额；贷方登记资产负债表日其公允价值低于账面余额的差额，以及企业出售交易性金融资产时结转的成本和公允价值高于账面余额的变动金额。企业应当按照交易性金融资产的类别和品种，分别设置“成本”“公允价值变动”等明细科目进行核算。

“公允价值变动损益”科目核算企业交易性金融资产等的公允价值变动而形成的应计入当期损益的利得或损失。“公允价值变动损益”科目的借方登记资产负债表日企业持有的交易性金融资产等的公允价值低于账面余额的差额；贷方登记资产负债表日企业持有的交易性金融资产等的公允价值高于账面余额的差额。

“投资收益”科目核算企业持有交易性金融资产等的期间内取得的投资收益以及出售交易性金融资产等实现的投资收益或投资损失，借方登记企业取得交易性金融资产时支付的交易费用、出售交易性金融资产等发生的投资损失，贷方登记企业持有交易性金融资产等的期间内取得的投资收益以及出售交易性金融资产等实现的投资收益。“投资收益”科目应当按照投资项目设置明细科目进行核算。

“投资收益”科目的核算内容如图 4-18 所示。

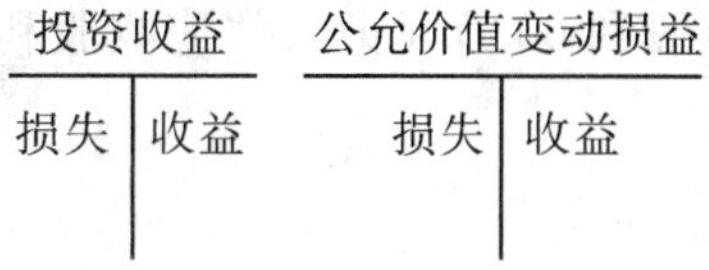


**图 4-18　“投资收益”科目的核算内容**

企业将存款转到在证券公司开立的资金账户上时的账务处理如下：

借：其他货币资金——存出投资款

　贷：银行存款

当企业需要使用资金（如购买材料等）时，可以将在证券公司资金账户上的钱款转到银行存款户上。账务处理如下：

借：银行存款

　贷：其他货币资金——存出投资款

也就是说，两者可以相互转换。因此，有些时候，也将“其他货币资金——存出投资款”直接写成“银行存款”。

### （二）取得交易性金融资产

企业取得交易性金融资产时，应当按照该金融资产取得时的公允价值作为其初始入账金额。金融资产的公允价值，应当以市场交易价格为基础确定。

企业取得交易性金融资产所支付价款中包含的已宣告但尚未发放的现金股利或已到付息期但尚未

领取的债券利息，应当单独确认为应收项目。

企业取得交易性金融资产所发生的相关交易费用应当在发生时计入当期损益，冲减投资收益，发生交易费用取得增值税专用发票的，进项税额经认证后可从当月销项税额中扣除。交易费用是指可直接归属于购买、发行或处置金融工具的增量费用。增量费用是指企业没有发生购买、发行或处置相关金融工具的情形就不会发生的费用，包括支付给代理机构、咨询公司、券商、证券交易所、政府有关部门等的手续费、佣金、相关税费以及其他必要支出，不包括债券溢价、折价、融资费用、内部管理成本和持有成本等与交易不直接相关的费用。

企业取得交易性金融资产，应当按照该金融资产取得时的公允价值，借记“交易性金融资产——成本”科目，按照发生的交易费用，借记“投资收益”科目，发生交易费用取得增值税专用发票的，按其注明的增值税进项税额，借记“应交税费——应交增值税（进项税额）”科目，按照所支付价款中包含的已宣告但尚未发放的现金股利或已到付息期但尚未领取的债券利息，借记“应收股利”或“应收利息”科目，按照实际支付的金额，贷记“其他货币资金——存出投资款”（有时候也直接贷记“银行存款”）科目。

【例4-38】2023年6月1日，甲公司从上海证券交易所购入A上市公司股票100万股，公允价值为10元/股（其中包含已宣告但尚未发放的现金股利0.6元/股），另支付相关交易费用25 000元，取得的增值税专用发票上注明的增值税税额为1 500元。甲公司将其划分为交易性金融资产进行管理和核算。

甲公司应编制如下会计分录：

| | | |
|---|---|---|
| 借：交易性金融资产——成本（A公司股票） | 9 400 000 | |
| 　　投资收益——A上市公司股票 | 25 000 | |
| 　　应交税费——应交增值税（进项税额） | 1 500 | |
| 　　应收股利——A上市公司股票 | 600 000 | |
| 　贷：其他货币资金——存出投资款 | | 10 026 500 |

本例中，取得交易性金融资产所发生的相关交易费用2.5万元记入“投资收益”科目，支付价款中所包含的已宣告但尚未发放的现金股利60万元记入“应收股利”科目，而不记入“交易性金融资产——成本”科目。

### （三）持有交易性金融资产

企业持有交易性金融资产期间对于购买时被投资单位宣告发放的现金股利或已到付息期但尚未领取的债券利息已记入了“应收股利”或“应收利息”科目。实际收到时，借记“其他货币资金”等科目，贷记“应收股利”或“应收利息”科目。

对于持有交易性金融资产后被投资单位新宣告发放的现金股利或购买后到付息期但尚未领取的债券利息，借记“应收股利”或“应收利息”科目，贷记“投资收益”科目。

需要强调的是，企业只有在同时满足三个条件时，才能确认交易性金融资产所取得的股利或利息收入并计入当期损益：一是企业收取股利或利息的权利已经确立（例如被投资单位已宣告）；二是与股利或利息相关的经济利益很可能流入企业；三是股利或利息的金额能够可靠计量。

【例4-39】承【例4-38】假定2023年6月20日，甲公司收到A上市公司向其发放的现金股利60万元存入银行。假定不考虑相关税费。甲公司应编制如下会计分录：

| | | |
|---|---|---|
| 借：其他货币资金——存出投资款 | 600 000 | |
| 　贷：应收股利——A上市公司股票 | | 600 000 |

【例4-40】承【例4-38】，假定2024年3月20日，A上市公司宣告发放2023年现金股利，甲公司按其持有该上市公司股份计算确定的应分得的现金股利为80万元。假定不考虑相关税费。甲公司应编制如下会计分录：

借：应收股利——A上市公司股票　　800 000

　贷：投资收益——A上市公司股票　　800 000

在本例中，甲公司取得A上市公司宣告发放的现金股利同时满足了前述确认股利收入并计入当期损益的三个条件。

企业应当在资产负债表日按照交易性金融资产公允价值高于其账面余额的差额，借记“交易性金融资产——公允价值变动”科目，贷记“公允价值变动损益”科目；公允价值低于其账面余额的差额做相反会计分录，借记“公允价值变动损益”科目，贷记“交易性金融资产——公允价值变动”科目。“公允价值变动损益”科目属于损益类科目，期末结转“本年利润”科目后无余额。

【例4-41】承【例4-38】，假定2023年6月30日，甲公司持有A上市公司股票的公允价值为860万元；2023年12月31日，甲公司持有A上市公司股票的公允价值为1 240万元。不考虑相关税费和其他因素。甲公司应编制如下会计分录：

（1）2023年6月30日，确认A上市公司股票的公允价值变动损益时：

借：公允价值变动损益——A上市公司股票　　800 000

　贷：交易性金融资产——公允价值变动（A上市公司股票）　　800 000

（2）2023年12月31日，确认A上市公司股票的公允价值变动损益时：

借：交易性金融资产——公允价值变动（A上市公司股票）　　3 800 000

　贷：公允价值变动损益——A上市公司股票　　3 800 000

在本例中，2023年6月30日作为资产负债表日，甲公司持有A上市公司股票在该日公允价值860万元，小于账面余额80（940-860）万元，应记入“公允价值变动损益”科目的借方；2023年12月31日作为资产负债表日，甲公司持有A上市公司股票在该日公允价值1 240万元，大于账面余额380（1 240-860）万元，应记入“公允价值变动损益”科目的贷方。

### （四）出售交易性金融资产

企业出售交易性金融资产时，应当将该金融资产出售时的公允价值与其账面余额之间的差额作为投资损益进行会计处理。

企业出售交易性金融资产，应当按照实际收到的金额，借记“其他货币资金”等科目，按照该金融资产的账面余额的成本部分，贷记“交易性金融资产——成本”科目，按照该金融资产的账面余额的公允价值变动部分，贷记或借记“交易性金融资产——公允价值变动”科目，按照其差额，贷记或借记“投资收益”科目。

【例4-42】承【例4-38】、【例4-41】，假定2024年5月31日，甲公司出售所持有的全部A上市公司股票，价款为1 210万元。不考虑相关税费和其他因素。甲公司应编制如下会计分录：

借：其他货币资金——存出投资款　　12 100 000

　　投资收益——A上市公司股票　　300 000

　贷：交易性金融资产——成本（A上市公司股票）　　9 400 000

　　　　　　　　　　——公允价值变动　　3 000 000

本例中，2024年5月31日，甲公司出售持有A上市公司全部股票的价款1 210万元与账面余额1 240万元（即2023年12月31日的公允价值1 240万元）的差额30万元应当作为投资损失，记入“投资收益”科目的借方。

交易性金融资产的账务处理其实就是三个步骤：①取得；②持有；③出售。只是要注意的是，取得时支付的价款中是否有已宣告但尚未发放的现金股利或已到付息期但尚未领取的债券利息，如果有，要计入应收项目（即应收股利或应收利息），而不是计入交易性金融资产的成本；持有期间公允价值的变动记入“交易性金融资产——公允价值变动”（借方或贷方）和“公允价值变动损益”（借方或贷方）科目；出售时按实际收到金额借记“其他货币资金——存出投资款”等科目，贷记“交易性金融资产——

成本”，借记或贷记“交易性金融资产——公允价值变动”科目，差额记入“投资收益”科目。

### （五）转让金融商品应交增值税

金融商品转让按照卖出价扣除买入价（不需要扣除已宣告未发放现金股利和已到付息期未领取的利息）后的余额作为销售额计算增值税，即转让金融商品按盈亏相抵后的余额为销售额。若相抵后出现负差，可结转下一纳税期与下期转让金融商品销售额互抵，但年末时仍出现负差的，不得转入下一会计年度。





转让金融资产当月月末，如产生转让收益，则按应纳税额，借记“投资收益”等科目，贷记“应交税费——转让金融商品应交增值税”科目；如产生转让损失，则按可结转下月抵扣税额，借记“应交税费——转让金融商品应交增值税”科目，贷记“投资收益”等科目。

年末，如果“应交税费——转让金融商品应交增值税”科目有借方余额，说明本年度的金融商品转让损失无法弥补，且本年度的金融资产转让损失不可转入下年度继续抵减转让金融资产的收益，应将“应交税费——转让金融商品应交增值税”科目的借方余额转出。因此，应借记“投资收益”等科目，贷记“应交税费——转让金融商品应交增值税”科目。

【例 4-43】承【例 4-38】和【例 4-42】计算该项业务转让金融商品应交增值税。

转让金融商品应交增值税 =（12 100 000-10 000 000）/（1+6%）×6% = 126 000（元）

乙公司应编制如下会计分录：

借：投资收益　　126 000

　贷：应交税费——转让金融商品应交增值税　　126 000

## 第五节　存货

### 一、存货概述

### （一）存货的内容

存货是指企业在日常生产经营过程中持有以备出售的产成品或商品、处在生产过程中的在产品、准备在生产过程或提供劳务过程中耗用的材料或物料等，包括各类材料、在产品、半成品、商品以及包装物、低值易耗品等。

存货通常在一年或者超过一年的一个营业周期内变现或者耗用，因此存货属于企业的流动资产。企业持有存货的最终目的是生产耗用或者出售，而不是自用，这是存货区别于固定资产等最显著的特征。

（1）原材料。原材料是指企业在生产过程中经加工将改变其形态或性质并构成产品主要实体的各种原料及主要材料、辅助材料、外购半成品（外购件）、修理用备件（备品备件）、包装材料、燃料等。

（2）在产品。在产品是指企业正在制造尚未完工的生产物，包括正在各个生产工序加工的产品和已加工完毕但尚未检验或已检验但尚未办理入库手续的产品。

（3）半成品。半成品是指经过一定生产过程并已检验合格交付半成品仓库保管，但尚未制造完工，仍需进一步加工的中间产品。半成品需要进一步加工成产成品，但也可以用于出售。

（4）产成品。产成品是指企业已经完成全部生产过程并已验收入库，可以按照合同规定的条件送交订货单位，或者可以作为商品对外销售的产品。企业接受来料加工制造的代制品和为外单位加工修理的代修品，制造和修理完成验收入库后，应视同企业的产成品。

（5）商品。商品是指商品流通企业外购或委托加工完成验收入库用于销售的各种商品。

（6）包装物。包装物是指为了包装本企业的商品而储备的各种包装容器，如桶、箱、瓶、坛、袋等。其主要作用是盛装、装潢产品或商品，不包括包装绳。

（7）低值易耗品。低值易耗品是指不能作为固定资产核算的各种用具物品，如工具、管理用具、玻璃器皿、劳动保护用品以及在生产经营过程中周转使用的容器等。其特点是单位价值较低，或使用期限相对于固定资产较短，在使用过程中保持其原有实物形态基本不变。

（8）委托代销商品。委托代销商品是指企业委托其他单位代销的商品。

**（二）存货成本的确定**

存货应当按照成本进行初始计量。存货成本包括采购成本、加工成本和其他成本。

（1）存货的采购成本。

存货的采购成本，通常包括买价、运杂费（运输费、装卸费、保险费等）、运输途中合理损耗、相关税费（如进口关税等）和入库前的挑选整理费用。

需要注意的是：一般纳税人购入存货支付的增值税可以抵扣，单独记入“应交税费——应交增值税（进项税额）”科目，不计入存货的采购成本。关税、资源税、消费税及小规模纳税人不能抵扣的增值税进项税额计入存货的采购成本。运输途中的合理损耗计入存货的采购成本，但非正常损耗的不计入存货的采购成本，计入当期损益（营业外支出）或其他应收款。

企业在存货采购入库后发生的储存费用，应在发生时计入当期损益（管理费用）。但是，在生产过程中为达到下一个生产阶段所必需的仓储费用应计入存货成本。比如，某种酒类产品生产企业为使生产的酒达到规定的产品质量标准而必须发生的仓储费用，应计入酒的成本，而不应计入当期损益。

商品流通企业在采购商品过程中发生的运输费、装卸费、保险费以及其他可归属于存货采购成本的费用等进货费用，应当计入存货采购成本，也可以先进行归集，期末根据所购商品的存销情况进行分摊。对于已售商品的进货费用，计入当期损益（主营业务成本）；对于未售商品的进货费用，计入期末存货成本。企业采购商品的进货费用金额较小的，可以在发生时直接计入当期损益。

【例 4-44】某企业为增值税一般纳税人，本月购入甲材料 2 060 千克，每千克单价 50 元，增值税税额 13 390 元，另支付运杂费 3 500 元，运输途中发生合理损耗 60 千克，入库前发生挑选整理费用 620 元。计算该批材料入库的实际单位成本。

该批材料入库的实际单位成本＝入库材料的总成本/入库材料的实际数量＝（2 060×50+3 500+620）/（2 060−60）＝53.56（元/千克）

【例 4-45】甲企业为增值税小规模纳税人，本月采购原材料 2 060 千克，每千克 50 元（含增值税），运输途中的合理损耗为 60 千克，入库前的挑选整理费为 500 元，计算该批原材料的入账价值和入库单价。

该批原材料的入账价值＝2 060×50+500＝103 500（元）

该批原材料的入库单价＝103 500/2 000＝51.75（元/千克）

（2）存货的加工成本。

存货的加工成本是指在存货的加工过程中发生的追加费用，包括直接人工以及按照一定方法分配的制造费用。直接人工是指企业在生产产品过程中发生的直接从事产品生产人员的职工薪酬。制造费用是指企业为生产产品而发生的各项间接费用。

（3）存货的其他成本。

存货的其他成本是指除采购成本、加工成本以外的，使存货达到目前状态所发生的其他支出。为特定客户设计产品所发生的、可直接确定的设计费用应计入存货的成本。但是企业设计产品发生的设计费用通常应计入当期损益。

### （三）发出存货的计价方法

企业的存货根据需要，会陆续从仓库发出，用于消耗或销售等，处于不断的流转过程中。企业发出的存货可以按实际成本核算，也可以按计划成本核算。如果采用计划成本核算，会计期末应调整为实际成本。

在实际成本核算方式下，企业可以采用的发出存货成本的计价方法包括先进先出法、月末一次加权平均法、移动加权平均法和个别计价法等。

1. 先进先出法

先进先出法是指以先购入的存货应先发出（销售或者耗用）的这样一种存货实物流动假设为前提，对发出存货进行计价的一种方法。采用这种方法，先购入的存货成本在后购入的存货成本之前转出，据此确定发出存货和期末存货成本。具体方法是：收入存货时，逐笔登记收入存货的数量、单价和金额；发出存货时，按照先进先出的原则逐笔登记存货的发出成本和结存金额。

先进先出法可以随时结转存货发出成本，但较频繁。如果存货收发业务较多，且存货单价不稳定时，其工作量较大。在物价持续上升时，期末存货成本接近于市价，而发出成本较低，会高估企业当期利润和库存存货价值；反之，会低估企业存货价值和当期利润。

先进先出法下计算发出存货和结存存货成本的公式为：

发出存货成本=发出存货数量×先入库存货的单位成本

期末结存存货成本=期初结存存货成本+本期收入存货成本-本期发出存货成本

【例4-46】甲公司会计政策规定，发出存货按先进先出法核算。该公司2020年3月份原材料——甲材料的明细账如表4-3所示。根据资料，用先进先出法计算本期发出甲材料和期末结存甲材料的成本，见表4-4所示。

表4-3　原材料明细账

| 日期 | 摘要 | 数量/件 | 单价/（元·件） | 金额/元 |
|---|---|---|---|---|
| 2024. 3. 1 | 期初结存 | 500 | 50 | 25 000 |
| 2024. 3. 8 | 购入 | 400 | 51 | 20 400 |
| 2024. 3. 10 | 领用（发出） | 800 | | |
| 2024. 3. 15 | 购入 | 1 600 | 46 | 73 600 |
| 2024. 3. 20 | 领用（发出） | 400 | | |
| 2024. 3. 22 | 购入 | 700 | 45 | 31 500 |
| 2024. 3. 22 | 领用（发出） | 800 | | |

表4-4　先进先出法

原材料名称：甲材料　　　　数量单位：件　　　　金额单位：元

| 日期 | 摘要 | 收入 | | | 发出 | | | 结存 | | |
|---|---|---|---|---|---|---|---|---|---|---|
| | | 数量 | 单价 | 金额 | 数量 | 单价 | 金额 | 数量 | 单价 | 金额 |
| 3. 1 | 期初 | | | | | | | 500 | 50 | 25 000 |
| 3. 8 | 购入 | 400 | 51 | 20 400 | | | | 500<br>400 | 50<br>51 | 25 000<br>20 400 |
| 3. 10 | 领用 | | | | 500<br>300 | 50<br>51 | 25 000<br>15 300 | 100 | 51 | 5 100 |
| 3. 15 | 购入 | 1 600 | 46 | 73 600 | | | | 100<br>1 600 | 51<br>46 | 5 100<br>73 600 |

表4-4(续)

| 日期 | 摘要 | 收入 | | | 发出 | | | 结存 | | |
|---|---|---|---|---|---|---|---|---|---|---|
| | | 数量 | 单价 | 金额 | 数量 | 单价 | 金额 | 数量 | 单价 | 金额 |
| 3.20 | 领用 | | | | 100<br>300 | 51<br>46 | 5 100<br>13 800 | 1 300 | 46 | 59 800 |
| 3.22 | 购入 | 700 | 45 | 31 500 | | | | 1 300<br>700 | 46<br>45 | 59 800<br>31 500 |
| 3.28 | 领用 | | | | 800 | 46 | 36 800 | 500<br>700 | 46<br>45 | 23 000<br>31 500 |
| 3.31 | 合计 | 2 700 | — | 125 500 | 2 000 | — | 96 000 | 500<br>700 | 46<br>45 | 23 000<br>31 500 |

2. 月末一次加权平均法

月末一次加权平均法是以期初结存存货成本与本月入库存货成本之和除以期初结存存货数量与本期入库存货数量之和确定的存货平均单位成本为依据，计算发出存货成本的一种方法。月末一次加权平均法下有关项目的计算公式为：

存货单位成本＝［月初库存存货的实际成本+$\sum$（本月各批进货的实际单位成本×本月各批进货的数量）］/（月初库存存货数量+本月各批进货数量之和）

本月发出存货成本＝本月发出存货数量×存货单位成本

本月月末库存存货成本＝月末库存存货数量×存货单位成本

或者本月月末库存存货成本＝月初库存存货实际成本+本月收入存货的实际成本−本期发出存货的实际成本

【例 4-47】沿用【例 4-46】的资料，假设甲公司采用月末一次加权平均法计算存货成本，则该公司 2020 年 3 月份原材料明细账如表 4-5 所示。

**表 4-5　原材料明细账**

原材料名称：甲材料　　　　数量单位：件　　　　金额单位：元

| 日期 | 摘要 | 收入 | | | 发出 | | | 结存 | | |
|---|---|---|---|---|---|---|---|---|---|---|
| | | 数量 | 单价 | 金额 | 数量 | 单价 | 金额 | 数量 | 单价 | 金额 |
| 3.1 | 期初 | | | | | | | 500 | 50 | 25 000 |
| 3.8 | 购入 | 400 | 51 | 20 400 | | | | 900 | | |
| 3.10 | 领用 | | | | 800 | | | 100 | | |
| 3.15 | 购入 | 1 600 | 46 | 73 600 | | | | 1 700 | | |
| 3.20 | 领用 | | | | 400 | | | 1 300 | | |
| 3.22 | 购入 | 700 | 45 | 31 500 | | | | 2 000 | | |
| 3.28 | 领用 | | | | 800 | | | 1 200 | | |
| 3.31 | 合计 | 2 700 | — | 125 500 | 2 000 | 47.03 | 94 060 | 1 200 | 47.03 | 56 440 |

注：保留两位小数。

采用月末一次加权平均法，甲公司只需要在月末计算一次加权平均单价即可。

表 4-5 中的有关计算说明如下：

甲材料平均单位成本＝（25 000+125 500）÷（500+2 700）＝47.03（元）

本月发出甲材料应结转的成本＝2 000×47.03＝94 060（元）

期末结存甲材料的成本＝25 000+125 500−94 060＝56 440（元）

通过以上计算可以看出，月末一次加权平均法期初结存有数量、单价、金额，购入时有数量、单价、金额，但发出时只记数量，结存也只结存数量。期末计算出一个总的加权平均单位成本，以此为基础计算本月发出存货的成本和期末结存存货的成本，因此核算工作比较简单，很多企业都采用这种方法。

3. 移动加权平均法

移动加权平均法是指以每次进货的成本加上原有库存存货的成本，除以每次进货数量加上原有库存存货数量，据以计算加权平均单位成本，作为在下次进货前计算各次发出存货成本依据的一种方法。

【例 4-48】沿用【例 4-46】的资料，假设甲公司采用移动加权平均法计算存货成本，则该公司 3 月份原材料的明细账如表 4-6 所示。





表 4-6　原材料明细账

原材料名称：甲材料　　　　数量单位：件　　　　金额单位：元

| 日期 | 摘要 | 收入 | | | 发出 | | | 结存 | | |
|---|---|---|---|---|---|---|---|---|---|---|
| | | 数量 | 单价 | 金额 | 数量 | 单价 | 金额 | 数量 | 单价 | 金额 |
| 3.1 | 期初 | | | | | | | 500 | 50 | 25 000 |
| 3.8 | 购入 | 400 | 51 | 20 400 | | | | 900 | 50.44 | 45 400 |
| 3.10 | 领用 | | | | 800 | 50.44 | 40 352 | 100 | 50.44 | 5 048 |
| 3.15 | 购入 | 1 600 | 46 | 73 600 | | | | 1 700 | 46.26 | 78 648 |
| 3.20 | 领用 | | | | 400 | 46.26 | 18 504 | 1 300 | 46.26 | 60 144 |
| 3.22 | 购入 | 700 | 45 | 31 500 | | | | 2 000 | 45.82 | 91 644 |
| 3.28 | 领用 | | | | 800 | 45.82 | 36 656 | 1 200 | 45.82 | 54 988 |
| 3.31 | 合计 | 2 700 | — | 125 500 | 2 000 | | 95 512 | 1 200 | 45.82 | 54 988 |

注：保留两位小数。

采用移动加权平均法，甲公司在每次购入存货后，都要重新计算一次存货的平均单位成本。表4-6中的有关计算说明如下：

3 月 8 日加权平均单位成本：(25 000+20 400) ÷ (500+400) = 50.44（元）

3 月 10 日领用原材料应结转的成本：800×50.44=40 352（元）

3 月 15 日加权平均单位成本：(5 048+73 600) ÷ (100+1 600) = 46.26（元）

3 月 20 日领用原材料应结转的成本：400×46.26=18 504（元）

3 月 22 日加权平均单位成本：(60 144+31 500) ÷ (1 300+700) = 45.82（元）

3 月 28 日领用原材料应结转的成本：800×45.82=36 656（元）

采用移动加权平均法，每购进一批存货，就要计算一次加权平均单位成本，能够随时反映发出存货和库存存货的成本，企业管理当局可以及时了解存货的结存情况，而且计算出来的发出和结存存货的成本比较均衡和准确，比较符合配比原则。但对于收发货较频繁的企业，这种方法就显得计算复杂，工作量较大。

4. 个别计价法

个别计价法是指按照某批存货的实际单位成本作为发出存货的单位成本，计算发出存货成本的一种方法。这种方法的成本流转与实物流转一致，各种存货必须是可以具体辨认的，而且各种存货都要有入库时的详细记录。

个别计价法的成本计算准确，符合实际情况，但在存货收发频繁的情况下，其发出成本分辨的工作量较大。因此，这种方法一般来说适用于为某一特定项目专门购入并单独保管的存货，而不能用于可以互换使用的存货，如珠宝、名画等贵重物品。

## 二、原材料

原材料是指企业在生产过程中经过加工改变其形态或性质并构成产品主要实体的各种原料、主要材料和外购半成品，以及不构成产品实体但有助于产品形成的辅助材料。原材料具体包括原料及主要材料、辅助材料、外购半成品（外购件）、修理用备件（备品备件）、包装材料、燃料等。

原材料的日常收入、发出及结存可以采用实际成本核算，也可以采用计划成本核算。

### （一）采用实际成本核算

1. 主要会计科目

原材料采用实际成本核算时，材料的收入、发出及结存，无论总分类核算还是明细分类核算，均按照实际成本计价。使用的会计科目有“原材料”“在途物资”等，“原材料”科目的借方、贷方及余额均以实际成本计价，不存在成本差异的计算与结转问题。但采用实际成本核算，日常反映不出材料成本是节约还是超支，从而不便于反映和考核物资采购业务对经营成果的影响。因此，这种方法通常适用于材料收发业务较少的企业。在实务工作中，对于材料收发业务较多并且计划成本资料较为健全、准确的企业，一般可以采用计划成本进行材料收入、发出的核算。

“原材料”科目用于核算企业库存各种材料的收入、发出与结存情况。在原材料按实际成本核算时，“原材料”科目的借方登记入库材料的实际成本，贷方登记发出材料的实际成本，期末余额在借方，反映企业库存材料的实际成本。“原材料”科目应按照材料的保管地点（仓库）、材料的类别、品种和规格等设置明细账进行明细核算。

“在途物资”科目用于核算企业采用实际成本（进价）进行材料、商品等物资的日常核算、价款已付尚未验收入库的各种物资（即在途物资）的采购成本，本科目应当按照供应单位和物资品种进行明细核算。“在途物资”科目的借方登记企业购入的在途物资的实际成本，贷方登记验收入库的在途物资的实际成本，期末余额在借方，反映企业在途物资的采购成本。“在途物资”科目应按照供应单位和物资品种设置明细账进行明细核算。

“应付账款”科目用于核算企业因购买材料、商品和接受劳务等经营活动应支付的款项。“应付账款”科目的贷方登记企业因购入材料、商品和接受劳务等尚未支付的款项，借方登记支付的应付账款，期末余额一般在贷方，反映企业尚未支付的应付账款。“应付账款”科目应按照债权人设置明细科目进行明细核算。

2. 原材料的账务处理

（1）购入材料。

①单货同到（材料已验收入库，发票单据已收到）。

【例 4-49】甲公司购入 C 材料一批，增值税专用发票上注明的价款为 500 000 元，增值税税额为 65 000 元，运费 5 000 元，增值税税额 450 元，款项已用转账支票付讫，材料已验收入库。甲公司为增值税一般纳税人，采用实际成本进行材料日常核算，应编制如下会计分录：

| | | |
|---|---|---|
| 借：原材料——C 材料 | 505 000 | |
| 　　应交税费——应交增值税（进项税额） | 65 450 | |
| 　贷：银行存款 | | 570 450 |

【例 4-50】甲公司持银行汇票 1 808 000 元购入 D 材料一批，增值税专用发票上注明的价款为 1 600 000元，增值税税额为 208 000 元，材料已验收入库。甲公司为增值税一般纳税人，采用实际成本进行材料日常核算，应编制如下会计分录：

| | | |
|---|---|---|
| 借：原材料——D 材料 | 1 600 000 | |
| 　　应交税费——应交增值税（进项税额） | 208 000 | |
| 　贷：其他货币资金——银行汇票 | | 1 808 000 |

购入材料时，单货同到的情况，如果款已付，贷记“银行存款”“其他货币资金”“应付票据”等科目；如果款未付，贷记“应付账款”科目。

②单到货未到（发票单据已收到，材料未到）。

【例 4-51】甲公司采用汇兑结算方式购入 F 材料一批，发票单据已收到，取得的增值税专用发票上注明的价款为20 000元，增值税税额为2 600元，运费2 000元，增值税税额180元，材料尚未到达。甲公司为增值税一般纳税人，采用实际成本进行材料日常核算，应编制如下会计分录：

借：在途物资——F材料　　22 000

　　应交税费——应交增值税（进项税额）　　2 780

　贷：银行存款　　24 780



【例4-52】承【例4-51】，上述购入的F材料已收到，并验收入库。甲公司应编制如下会计分录：

借：原材料——F材料　　22 000

　贷：在途物资——F材料　　22 000

③货到单未到（材料已经验收入库，发票单据未收到）。



【例4-53】甲公司为增值税一般纳税人，购入H材料一批，材料已验收入库，月末发票账单尚未收到，按随货单确定成本，暂估价值为30 000元。甲公司采用实际成本进行材料日常核算，应编制如下会计分录：

借：原材料——H材料　　30 000

　贷：应付账款——暂估　　30 000

下月初，冲销原暂估入账金额：

借：应付账款——暂估　　30 000

　贷：原材料——H材料　　30 000

货到单未到的情况下，收到材料时，将材料验收入库，不做账，待发票单据到达时，按单货同到入账。如果月末发票单据仍未到达，按暂估价入账；下月初，冲销原暂估入账金额。待收到发票账单后再按照实际金额记账。

【例4-54】承【例4-53】上述购入的H材料于次月收到发票账单，增值税专用发票上注明的价款为31 000元，增值税税额为4 030元，用银行存款付讫。甲公司为增值税一般纳税人，采用实际成本进行材料日常核算，应编制如下会计分录：

借：原材料——H材料　　31 000

　　应交税费——应交增值税（进项税额）　　4 030

　贷：银行存款　　35 030

（2）发出材料。

企业发出材料主要有以下几种情形：①生产经营领用材料，企业按照领用材料的用途，借记“生产成本”“制造费用”“销售费用”“管理费用”等科目，贷记“原材料”科目；②出售材料结转成本，借记“其他业务成本”科目，贷记“原材料”科目；③发出委托外单位加工的材料，借记“委托加工物资”科目，贷记“原材料”科目（见图4-19）。

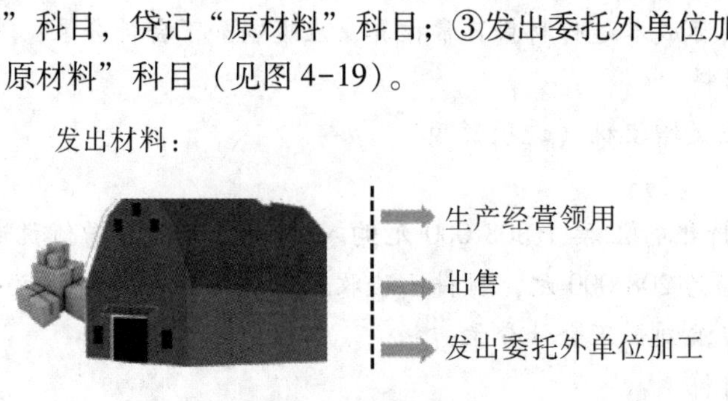


**图4-19　发出材料的分类**

①生产经营领用。

借：生产成本（直接生产产品）

　　制造费用（车间一般耗用）

　　管理费用（行政管理部门领用）

　　销售费用（销售部门领用）

贷：原材料

②出售材料。

借：其他业务成本

贷：原材料

③委托外单位加工。

借：委托加工物资

贷：原材料

企业采用实际成本进行材料日常核算的，发出材料的实际成本，可以采用先进先出法、月末一次加权平均法、移动加权平均法或个别计价法计算确定。

【例4-55】甲公司库存材料采用实际成本法核算，按月末一次加权平均法计算发出材料成本。2024年3月1日结存B材料3 000千克，每千克实际成本为10元；3月5日和3月20日分别购入该材料9 000千克和6 000千克，每千克实际成本分别为11元和12元；3月10日和3月25日分别发出B材料10 500千克和6 000千克，全部用于生产车间生产产品。3月份，B材料发出和结存成本计算结果如下：

B材料平均单位成本=（30 000+171 000）÷（3 000+15 000）=11.17（元）

本月发出B材料的成本=16 500×11.17=184 305（元）

月末结存B材料的成本=30 000+171 000−184 305=16 695（元）

甲公司2024年3月发出B材料用于生产产品，采用实际成本进行材料日常核算，3月31日结转3月发出B材料成本应编制如下会计分录：

| | | |
|---|---|---|
| 借：生产成本——基本生产成本 | 184 305 | |
| 贷：原材料——B材料 | | 184 305 |

【例4-56】甲公司为增值税一般纳税人，根据发料凭证汇总表的记录，2024年1月份基本生产车间领用K材料500 000元，辅助生产车间领用K材料40 000元，车间管理部门领用K材料5 000元，销售机构领用K材料1 000元，企业行政管理部门领用K材料4 000元，计550 000元。甲公司采用实际成本进行材料日常核算，应编制如下会计分录：

| | | |
|---|---|---|
| 借：生产成本——基本生产成本 | 500 000 | |
| ——辅助生产成本 | 40 000 | |
| 制造费用 | 5 000 | |
| 销售费用 | 1 000 | |
| 管理费用 | 4 000 | |
| 贷：原材料——K材料 | | 550 000 |

### （二）采用计划成本核算

1. 主要会计科目

材料采用计划成本核算时，材料的收入、发出及结存，无论总分类核算还是明细分类核算，均按照计划成本计价。使用的会计科目有“原材料”“材料采购”“材料成本差异”等。材料实际成本与计划成本的差异，通过“材料成本差异”科目核算。月末，计算本月发出应负担的成本差异并进行分摊，根据领用材料的用途计入相关资产的成本或当期损益，从而将发出材料的计划成本调整为实际成本。

“原材料”科目用于核算库存各种材料的收入、发出与结存情况。在采用计划成本核算材料时，“原材料”科目的借方登记入库材料的计划成本，贷方登记发出材料的计划成本，期末余额在借方，反映企业库存材料的计划成本。

“材料采购”科目借方登记采购材料的实际成本，贷方登记入库材料的计划成本，借方金额大于贷方金额表示超支，从“材料采购”科目贷方转入“材料成本差异”科目的借方；贷方金额大于借方金额表示节约，从“材料采购”科目借方转入“材料成本差异”科目的贷方；期末为借方余额，反映企业在途材料的实际采购成本。

“材料成本差异”科目反映企业已入库各种材料的实际成本与计划成本的差异，借方登记超支差异及发出材料应负担的节约差异，贷方登记节约差异及发出材料应负担的超支差异。期末如为借方余额，反映企业库存材料的实际成本大于计划成本的差异（超支差异）；如为贷方余额，反映企业库存材料实际成本小于计划成本的差异（ 节约差异）。





2. 原材料的账务处理

（1）购入材料时：

借：材料采购（实际成本）

　　应交税费——应交增值税（进项税额）

　贷：银行存款/其他货币资金等

（2）材料入库时：

借：原材料（计划成本）

　贷：材料采购（实际成本）

　　　材料成本差异（或借）

【例 4-57】光明公司为增值税一般纳税人，原材料采用计划成本核算。2024 年 5 月发生有关材料购进的业务如下：

（1）5 月 1 日，从大洋工厂购入 A 材料，货款 56 000 元，增值税税额 7 280 元，运费 2 000 元，增值税税额 180 元，共计款项 65 460 元以存款支付，材料未到。

| | | |
|---|---|---|
| 借：材料采购——大洋工厂 | 58 000 | |
| 　　应交税费——应交增值税（进项税额） | 7 460 | |
| 　贷：银行存款 | | 65 460 |

（2）5 月 5 日，从大洋工厂购进的 A 材料运到验收入库，该材料的计划成本为62 000元。

| | | |
|---|---|---|
| 借：原材料——A 材料 | 62 000 | |
| 　贷：材料采购——大洋工厂 | | 58 000 |
| 　　　材料成本差异 | | 4 000 |

（3）5 月 10 日，从田利工厂购入 B 材料，货款计 36 160 元（含税），款项已支付，材料入库；B 材料的计划成本为 31 000 元。

| | | |
|---|---|---|
| 借：材料采购——大洋工厂 | 32 000 | |
| 　　应交税费——应交增值税（进项税额） | 4 160 | |
| 　贷：银行存款 | | 36 160 |

同时：

| | | |
|---|---|---|
| 借：原材料——B 材料 | 31 000 | |
| 　　材料成本差异 | 1 000 | |
| 　贷：材料采购——大洋工厂 | | 32 000 |

也可以将上述两笔分录合做一笔分录：

| | | |
|---|---|---|
| 借：原材料——B 材料 | 31 000 | |
| 　　应交税费——应交增值税（进项税额） | 4 160 | |
| 　　材料成本差异 | 1 000 | |
| 　贷：银行存款 | | 36 160 |

（4）5 月 15 日，收到红岩工厂发来 C 材料 500 千克入库，发票单据未到。

该笔业务暂不做账。

（5）5月20日，收到红岩工厂C材料有关发票单据，贷款20 000元，增值税税额2 600元，运费600元，增值税54元，C材料的计划成本为20 000元。

借：原材料——C材料　　20 000

　　应交税费——应交增值税（进项税额）　　2 654

　　材料成本差异　　600

　贷：银行存款　　23 254

（6）5月23日，从光娅公司购进D材料400 000元，增值税税额52 000元，运杂费3 200元（其中运费3 000元，杂费200元），增值税税额270元。款项共计455 470元，已支付，材料未到。

借：材料采购——光娅公司　　403 200

　　应交税费——应交增值税（进项税额）　　52 270

　贷：银行存款　　455 470

（7）5月26日，从光娅公司购进的D材料运到验收入库，计划成本为390 000元。

借：原材料——D材料　　390 000

　　材料成本差异　　13 200

　贷：材料采购——光娅公司　　403 200

（8）5月29日，以现金支付D材料的搬运费110元。

借：材料成本差异　　110

　贷：库存现金　　110

通过以上业务可以看出，原材料采用计划成本核算，购进材料时，材料未入库，记入“材料采购”科目，材料入库记入“原材料”科目。“材料采购”是实际成本，“原材料”是计划成本，两者的差额记入“材料成本差异”，超支在借方，节约在贷方。

“材料成本差异”科目属于资产类科目，但它是资产备抵附加科目，因此，期末可能是借方余额，也可能是贷方余额。

实际成本大于计划成本，为超支；实际成本小于计划成本，为节约（见图4-20）。

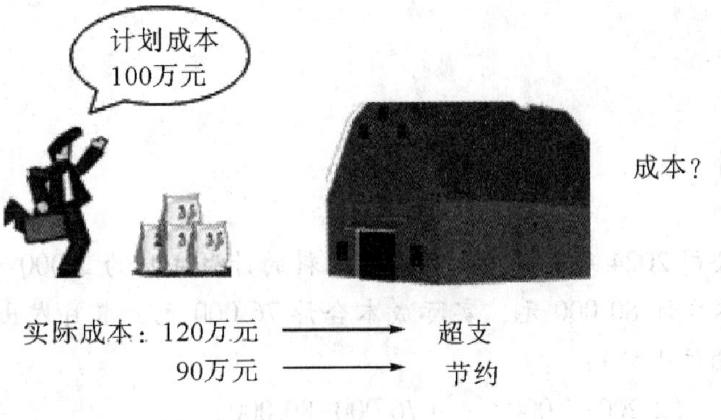


**图4-20　实际成本与计划成本**

（2）发出材料。

原材料采用计划成本核算，企业发出材料的情形和按实际成本核算一样，主要有以下几种：①生产经营领用材料；②出售材料；③发出委托外单位加工的材料。所不同的是：发出材料时，要结转“材料成本差异”。

在会计实务工作中，企业平时发出原材料，不编制会计分录，通常在月末，根据领料单等编制发料凭证汇总表结转发出材料的成本。借记相关成本费用科目，贷记“原材料”科目，并结转材料成本差异。

需要注意的是，企业发出材料应负担的成本差异应当按期（月）分摊，不得在季末或年末一次计算。

$$\text{材料成本差异率}=\frac{\text{期初结存材料的成本差异}+\text{本期验收入库材料的成本差异}}{\text{期初结存材料的计划成本}+\text{本期验收入库材料的计划成本}}\times100\%$$

注：超支差异用正数，节约差异用负数。

发出材料应分摊的差异额=发出材料的计划成本×材料成本差异率

结存材料应分摊的差异额=结存材料的计划成本×材料成本差异率

或=期初差异额+本期差异额-发出差异额

【例 4-58】某企业原材料采用计划成本核算，月末有关科目资料如图 4-21 所示（单位：元）。

| （借） | 原材料 | | （贷） |
|---|---|---|---|
| 期初： | 50 000 | 本期生产产品领用 | 150 000 |
| 本期购入 | 170 000 | 生产车间领用 | 50 000 |

| （借） | 材料成本差异 | | （贷） |
|---|---|---|---|
| 期初： | 200 | 本期 | 2 400 |

图 4-21　月末有关科目资料

$$\text{材料成本差异率}=\frac{200+(-2\,400)}{50\,000+170\,000}\times100\%=-1\%$$

生产品领用材料应分摊的差异=150 000×（-1%）=1 500（元）

生产车间领用材料应分摊的差异=50 000×（-1%）=-500（元）

结存材料应分摊的差异=20 000×（-1%）=-200（元）

分录：

借：生产成本　　148 500

　　制造费用　　49 500

　　材料成本差异　　2 000

　贷：原材料　　200 000

【例 4-59】长远公司 2024 年 6 月 1 日，库存材料的计划成本为 2 000 元，实际成本 2 200 元，本月收入材料的计划成本合计 80 000 元，实际成本合计 76 000 元，本月发出材料的计划成本为 50 000 元，计算如下（保留两位小数）：

①$\text{材料成本差异率}=\frac{(2\,200-2\,000)+(76\,000-80\,000)}{2\,000+80\,000}\times100\%=4.63\%$

②发出材料应负担的材料差异额=50 000×（-4.63%）=-2 315（元）

③发出材料的实际成本=50 000-2 315=47 685（元）

④月末结存材料应负担的材料成本差异额=200+（-4 000）+2 315=-1 485（元）

⑤月末结存材料的计划成本=2 000+80 000-50 000=32 000（元）

⑥月末结存材料的实际成本=32 000-1 485=30 515（元）

【例 4-60】光明公司为增值税一般纳税人，“原材料——A 材料”采用计划成本核算，计划成本每千克 12 元，期初余额 58 000 元。“材料成本差异”期初借方余额 4 500 元，2024 年 5 月发生下列经济业务：

（1）5 月 2 日，购进 A 材料 1 500 千克，每千克 11.3 元（含税），运费 500 元，增值税税额 45 元，款项已支付，材料已入库。

借：原材料——A 材料　　18 000

　应交税费——应交增值税（进项税额）　　1 995

　贷：银行存款　　17 495

　　材料成本差异——A 材料　　2 500

(2) 5 月 5 日，购进 A 材料 2 000 千克，每千克 13 元（不含税），运费 1 000 元，增值税税额 90 元，以存款支付，材料价税款以商业汇票支付，材料未到。

借：材料采购——A 材料　　27 000

　应交税费——应交增值税（进项税额）　　3 470

　贷：银行存款　　1 090

　　应付票据　　29 380

(3) 5 月 10 日上述材料运到，验收入库。

借：原材料——A 材料　　24 000

　材料成本差异——A 材料　　3 000

　贷：材料采购——A 材料　　27 000

(4) 5 月 31 日，根据发料凭证汇总表，生产甲产品存用 A 材料 4 000 千克，车间领用 A 材料 500 千克，厂部领用 500 千克，销售部门领用 100 千克。

借：生产成本　　48 000

　制造费用　　6 000

　管理费用　　6 000

　销售费用　　1 200

　贷：原材料——A 材料　　61 200

(5) 5 月 31 日，月末计算分摊本月领用的材料成本差异，并编制相关分录。

材料成本差异率＝（4 500−2 500+3 000）/（58 000+18 000+24 000）×100%＝5%

生产甲产品领用材料应分摊的差异额＝48 000×5%＝2 400（元）

生产领用材料应分摊的差异额＝6 000×5%＝300（元）

厂部领用材料应分摊的差异额＝6 000×5%＝300（元）

销售部门领用材料应分摊的差异额＝1 200×5%＝60（元）

分录：

借：生产成本　　2 400

　制造费用　　300

　管理费用　　300

　销售费用　　60

　贷：材料成本差异——A 材料　　3 060

【例 4-61】某企业为增值税一般纳税人，增值税税率为 13%，销售一批材料，价税合计为 5 876 元。款已收到。该批材料计划成本为 4 200 元，材料成本差异率为−2%。不考虑其他因素。

借：银行存款　　5 876

　贷：其他业务收入　　5 200

　　应交税费——应交增值税（销项税额）　　676

借：其他业务成本　　4 116

　材料成本差异　　84

　贷：原材料　　4 200

销售材料应确认的损益＝5 200−4 116＝1 084（元）

通过以上例题，把原材料按计划成本核算发出材料账务处理的关键点总结如下：

（1）原材料按计划成本核算，购进材料入库时，材料成本差异超支在借方，节约在贷方；

（2）发出材料时，要先计算材料成本差异率，超支用正数，节约用负数；

（3）编制会计分录按相反方向结转材料成本差异，超支结转到贷方，节约结转到借方。



## 三、周转材料

周转材料，是指企业能够多次使用，不符合固定资产定义，逐渐转移其价值但仍保持原有形态的材料物品。企业的周转材料包括包装物和低值易耗品等。

### （一）包装物



1. 包装物的内容

包装物，是指为了包装商品而储备的各种包装容器，如桶、箱、瓶、坛、袋等。其具体包括：

（1）生产过程中用于包装产品作为产品组成部分的包装物。

（2）随同商品出售不单独计价的包装物。

（3）随同商品出售要单独计价的包装物。

（4）出借给购买单位使用的包装物。

（5）出租给购买单位使用的包装物。

2. 包装物的账务处理

为了反映和监督包装物的增减变动及其价值损耗、结存等情况，企业应当设置“周转材料——包装物”科目进行核算，借方登记包装物的增加，贷方登记包装物的减少，期末余额在借方，反映企业期末结存包装物的金额。

企业购进包装物的核算和购进原材料的核算类似，会计分录为：

借：周转材料——包装物

　　应交税费——应交增值税（进项税额）

　贷：银行存款等

如果包装物按计划成本核算，还要借记或贷记“材料成本差异”（超支在借方，节约在贷方）。一般情况下，企业所用包装物金额不是太大，采用实际成本核算。此处不再举例。

企业出租、出借及周转使用的包装物在使用过程中价值会逐渐减少，因此，需要对包装物的价值进行摊销。包装物价值摊销方法一般有三种：一次转销法、分期（次）摊销法及五五摊销法。一次转销法是在发出包装物时，一次全额转销包装物的实际成本；分期（次）摊销法是在一定期限内分期（次）平均摊销包装物的实际成本；五五摊销法是发出包装物时，先摊销包装物实际成本的一半（50%），待报废或收回包装物时再摊销包装物实际成本的另一半（50%）。如果有残料，需扣除残料价值。

（1）生产领用包装物。

生产领用包装物作为产品的组成部分，借记“生产成本”科目，贷记“周转材料——包装物”科目。如包装物按计划成本计价，还应同时结转材料成本差异。

【例 4-62】甲公司为增值税一般纳税人，对包装物采用计划成本核算，某月生产产品领用包装物的计划成本为 100 000 元，材料成本差异率 3%。甲公司应编制如下会计分录：

借：生产成本　　103 000

　贷：周转材料——包装物　　100 000

　　　材料成本差异　　3 000

（2）随同商品出售不单独计价的包装物。

随同商品出售不单独计价的包装物，应借记“销售费用”科目，贷记“周转材料——包装物”科目。如包装物按计划成本计价，还应同时结转材料成本差异。

【例 4-63】甲公司为增值税一般纳税人，对包装物采用计划成本核算，某月销售商品领用不单独计价包装物的计划成本为 50 000 元，材料成本差异率为-3%。甲公司应编制如下会计分录：

借：销售费用　　48 500
　　材料成本差异　　1 500
　贷：周转材料——包装物　　50 000

（3）随同商品出售要单独计价的包装物。

随同商品出售单独计价的包装物，按照实际取得的金额，借记“银行存款”等科目，按照其销售收入，贷记“其他业务收入”科目，按照增值税专用发票上注明的增值税销项税额，贷记“应交税费——应交增值税（销项税额）”科目；同时，结转成本，借记“其他业务成本”科目，贷记“周转材料——包装物”科目。如包装物按计划成本计价，还应同时结转材料成本差异。

【例 4-64】甲公司为增值税一般纳税人，对包装物采用计划成本核算，某月销售商品领用单独计价包装物的计划成本为 80 000 元，材料成本差异率 5%。销售收入为 100 000 元，取得的增值税专用发票上注明的增值税税额为 13 000 元，款项已存入银行。甲公司应编制如下会计分录：

①出售单独计价包装物时：

借：银行存款　　113 000
　贷：其他业务收入　　100 000
　　　应交税费——应交增值税（销项税额）　　13 000

②结转所售单独计价包装物的成本：

借：其他业务成本　　84 000
　贷：周转材料——包装物　　80 000
　　　材料成本差异　　4 000

（4）出借包装物。

有时企业因销售产品或商品，将包装物以出借的形式，借给客户暂时使用，并与客户约定一定时间内归还。为了保证及时返还和承担妥善保管包装物的经管责任，企业出借包装物时，一般要向客户收取一定数额的押金（存入保证金），计入其他应付款，归还包装物时再将押金退还给客户。出借的包装物价值需要分期（次）摊销或一次转销或五五摊销，计入销售费用。如包装物按计划成本计价，还应同时结转材料成本差异。

【例 4-65】企业出借包装物一批，包装物实际成本 1 000 元，收取押金 1 500 元。包装物价值摊销采用分期摊销法，计划分 5 期在 1 年内平均摊销。

领用包装物时：

借：周转材料——包装物（出借）　　1 000
　贷：周转材料——包装物（在库）　　1 000

收取押金时：

借：银行存款　　1 500
　贷：其他应付款——存入保证金　　1 500

分期摊销时（每期摊销 200 元）：

借：销售费用　　200
　贷：周转材料——包装物（出借）　　200

退还押金时：

借：其他应付款——存入保证金　　1 500
　贷：银行存款　　1 500

如果对方单位没有返还包装物或包装物损坏，则将其押金没收，无须退还。将其他应付款转为其他业务收入。

（5）出租包装物。

有时企业因销售产品或商品，将包装物以出租的形式，租给客户暂时使用。与出借不同的是，出借只向客户收取一定数额的押金（存入保证金），没有租金。而出租除了要收押金外，还要收取一定数额的租金。收取的押金以后要退还，计入其他应付款。出租包装物是企业（专门经营包装物租赁除外）的一项其他业务活动。出租期间，企业按约定收取的包装物租金，应计入其他业务收入。出租的包装物价值需要分期（次）摊销或一次转销或五五摊销，记入“其他业务成本”科目。如包装物按计划成本计价，还应同时结转材料成本差异。

【例 4-66】企业出租新包装物 100 个给乙公司，包装物实际总成本 8 000 元，收取押金 10 000 元。每月收取租金 904 元（其中增值税税额 104 元）。双方约定租期 1 年，否则，押金不退；租期满后，根据包装物退回情况退还押金。包装物价值摊销采用五五摊销法。

收到押金时：

| | | |
|---|---|---|
| 借：银行存款 | 10 000 | |
| 　贷：其他应付款——存入保证金 | | 10 000 |

发出包装物时：

| | | |
|---|---|---|
| 借：周转材料——包装物（出租） | 8 000 | |
| 　贷：周转材料——包装物（在库） | | 8 000 |

每月收取租金时：

| | | |
|---|---|---|
| 借：银行存款 | 904 | |
| 　贷：其他业务收入 | | 800 |
| 　　　应交税费——应交增值税（销项税额） | | 104 |

月末摊销包装物成本的 50%时：

| | | |
|---|---|---|
| 借：其他业务成本 | 4 000 | |
| 　贷：周转材料——包装物（摊销） | | 4 000 |

1 年后乙公司退回包装物 80 个，退还押金 8 000 元（80×100）。退回的包装物报废，残料作为修理用材料使用，估计价值 500 元。

| | | |
|---|---|---|
| 借：其他应付款——存入保证金 | 8 000 | |
| 　贷：银行存款 | | 8 000 |
| 借：其他应付款——存入保证金 | 2 000 | |
| 　贷：其他业务收入 | | 1 769. 91 |
| 　　　应交税费——应交增值税（销项税额） | | 230. 09 |
| 借：原材料 | 500 | |
| 　　其他业务成本 | 3 500 | |
| 　贷：周转材料——包装物（摊销） | | 4 000 |
| 借：周转材料——包装物（摊销） | 8 000 | |
| 　贷：周转材料——包装物（出租） | | 8 000 |

企业出借的包装物如果收回后发生维修费用，借记“销售费用”科目，贷记“库存现金”“银行存款”“应付职工薪酬”“原材料”等科目。出租的包装物如果收回后发生维修费用，借记“其他业务成本”科目，贷记同上相关科目。

### （二）低值易耗品

1. 低值易耗品的内容

作为存货核算和管理的低值易耗品，一般划分为一般工具、专用工具、替换设备、管理用具、劳动保护用品和其他用具等。

2. 低值易耗品的账务处理

为了反映和监督低值易耗品的增减变动及其结存情况，企业应当设置“周转材料——低值易耗品”科目。借方登记低值易耗品的增加，贷方登记低值易耗品的减少，期末余额在借方，通常反映企业期末结存低值易耗品的金额。

企业购进低值易耗品的账务处理与购进包装物的账务处理类似，此处不再讲述。低值易耗品与包装物一样，因金额不是太大，一般采用实际成本核算。

与包装物相同，低值易耗品的摊销方法也有三种，即一次转销法、分期（次）摊销法、五五摊销法。低值易耗品金额较小的，可在领用时一次计入成本费用，但为加强实物管理，应当在备查簿中进行登记。

采用分次摊销法摊销低值易耗品，低值易耗品在领用时摊销其账面价值的单次平均摊销额，计入相关成本费用。分次摊销法适用于可供多次反复使用的低值易耗品。在采用分次摊销法的情况下，需要单独设置“周转材料——低值易耗品——在用”“周转材料——低值易耗品——在库”“周转材料——低值易耗品——摊销”明细科目。

五五摊销法是一种特殊的分次摊销法（摊销两次），因此，需要设置的会计科目与分次摊销法一致。领用时，从“在库”转入“在用”，并摊销其价值的一半；报废时再摊销其价值的另一半（如有残值，扣除残料价值）。

低值易耗品如果按计划成本核算，摊销时要结转材料成本差异。

【例 4-67】企业生产车间本月领用工具一批，计划成本 2 000 元，材料成本差异率-2%，一次摊销。

借：制造费用　　1 960

　　材料成本差异　　40

　贷：周转材料——低值易耗品　　2 000

【例 4-68】企业车间领用模具 5 个，每个实际成本 550 元，采用五五摊销法，模具报废时，残料出售，每个收得现金 10 元。

①领用时：

借：周转材料——低值易耗品（在用）　　2 750

　贷：周转材料——低值易耗品（在库）　　2 750

借：制造费用　　1 375（2 750×50%）

　贷：周转材料——低值易耗品（摊销）　　1 375

②报废时：

借：制造费用　　1 325（1 375-50）

　　库存现金　　50

　贷：周转材料——低值易耗品（推销）　　1 375

同时：

借：周转材料——低值易耗品（推销）　　2 750

　贷：周转材料——低值易耗品（在用）　　2 750

## 四、委托加工物资

委托加工物资是指企业委托外单位加工的各种材料、商品等物资。与材料或商品销售不同，委托加工材料发出后，虽然其保管地点发生位移，但材料或商品仍属于企业存货范畴。经过加工，材料或商品不仅实物形态、性能和使用价值可能发生变化，加工过程中也要消耗其他材料，发生加工费、税费，导致被加工材料或商品的成本增加。

企业委托外单位加工物资的成本包括加工中实际耗用物资的成本、支付的加工费用及应负担的运杂费、支付的相关税费等。委托加工物资核算内容主要包括拨付加工物资、支付加工费用和税金、收回加工物资和剩余物资等。

为了反映和监督委托加工物资增减变动及其结存情况，企业应当设置“委托加工物资”科目，借方登记委托加工物资的实际成本，贷方登记加工完成验收入库的物资的实际成本和剩余物资的实际成本，期末余额在借方，反映企业尚未完工的委托加工物资的实际成本等。





【例 4-69】利群公司为增值税一般纳税人，将一批烟叶委托贵烟公司加工成烟丝，发出烟叶一批，计划成本 200 000 元，材料成本差异率 3%；用银行存款支付往返运费，取得增值税专用发票注明价款 2 000 元，税率为 9%；以银行存款支付加工费，增值税专用发票上注明价款 4 000 元，增值税税额为 520 元；以银行存款支付消费税 90 000 元（消费税税率为 30%）。烟丝加工完成后收回，计划成本为 250 000 元。

（1）发出烟叶时：

借：委托加工物资　　206 000

　贷：原材料　　200 000

　　材料成本差异　　6 000

（2）支付运费时：

借：委托加工物资　　2 000

　　应交税费——应交增值税（进项税额）　　180

　贷：银行存款　　2 180

（3）支付加工费时：

借：委托加工物资　　4 000

　　应交税费——应交增值税（进项税额）　　520

　贷：银行存款　　4 520

（4）计算消费税：

消费税的计算公式如下：

消费税的组成计税价格=（材料实际成本+加工费）÷（1-消费税税率）

贵烟公司代扣代缴的消费税=消费税的组成计税价格×税率

委托加工的物资如果是应税消费品，即涉及消费税的，由加工方代扣代缴，记入“委托加工物资”或“应交税费——应交消费税”。加工物资收回后用于直接销售的，记入“委托加工物资”科目；收回后用于继续加工的，记入“应交税费——应交消费税”科目。

贵烟公司代扣代缴的消费税=（206 000+4 000）÷（1-30%）×30%

=300 000×30%

=90 000（元）

（5）假设本例烟丝收回后用于直接出售，支付消费税时：

借：委托加工物资　　90 000

　贷：银行存款　　90 000

（6）加工完成的烟丝收回后用于直接出售，作库存商品入库。烟丝验收入库时：

借：库存商品　　250 000

　　材料成本差异　　52 000

　贷：委托加工物资　　302 000

（7）如果假设本例烟丝收回后用于继续加工，支付消费税时：

借：应交税费——应交消费税　　90 000

　贷：银行存款　　90 000

（8）加工完成的烟丝收回后用于继续加工，作原材料入库。烟丝验收入库时：

| | | |
|---|---|---|
| 借：原材料 | 250 000 | |
| 　贷：委托加工物资 | | 212 000 |
| 　　材料成本差异 | | 38 000 |

通过上例得出，委托加工物资包括的内容如图 4-22 所示（支付的税费可能是消费税等）：

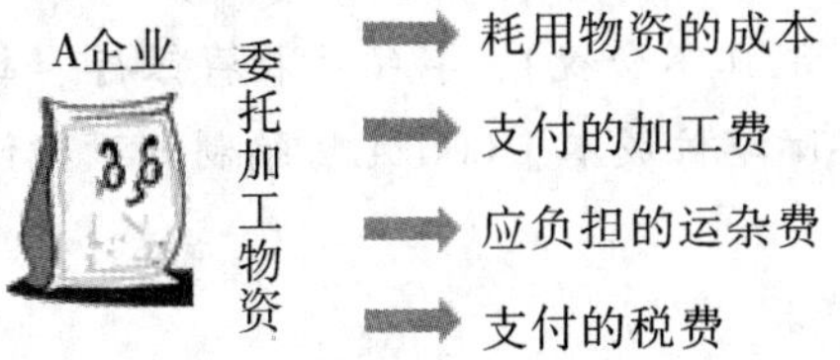


图 4-22　委托加工物资的内容

委托加工物资特别需要注意的是，如果加工物资涉及消费税的（即加工的物资是一种要交消费税的物品），消费税由受托方代收代缴。收回后用于直接销售的，支付的消费税记入“委托加工物资”科目；收回后用于继续加工的，支付的消费税记入“应交税费——应交消费税”科目。这样就导致“委托加工物资”科目的总成本金额不一致。如果加工完成收回后的物资采用实际成本核算，影响“原材料”或“库存商品”的入账价值；如果加工完成收回后的物资采用计划成本核算，则影响“材料成本差异”的入账金额。

## 五、库存商品

### （一）库存商品的内容

库存商品是指企业完成全部生产过程并已验收入库、合乎标准规格和技术条件，可以按照合同规定的条件送交订货单位，或可以作为商品对外销售的产品以及外购或委托加工完成验收入库用于销售的各种商品。

库存商品具体包括库存产成品、外购商品、存放在门市部准备出售的商品、发出展览的商品、寄存在外的商品、接受来料加工制造的代制品和为外单位加工修理的代修品等。已完成销售手续但购买单位在月末未提取的产品，不应作为企业的库存商品，而应作为代管商品处理，单独设置“代管商品”备查簿进行登记。

为了反映和监督库存商品的增减变动及其结存情况，企业应当设置“库存商品”科目，借方登记验收入库的库存商品成本，贷方登记发出的库存商品成本，期末余额在借方，反映各种库存商品的实际成本。“库存商品”科目一般按商品的品种设置明细科目进行核算。

### （二）库存商品的账务处理

1. 生产完工入库商品

对于库存商品采用实际成本核算的企业，当产品完成生产并验收入库时，应按实际成本，借记“库存商品”科目，贷记“生产成本——基本生产成本”科目。

【例 4-70】甲公司商品入库汇总表记载，某月已验收入库 Y 产品 1 000 台，实际单位成本 5 000 元，共计 5 000 000 元；Z 产品 200 台，实际单位成本 1 000 元，共计 200 000 元。甲公司应编制如下会计分录：

| | | |
|---|---|---|
| 借：库存商品——Y 产品 | 5 000 000 | |
| 　　　　　——Z 产品 | 2 000 000 | |
| 　贷：生产成本——基本生产成本——Y 产品 | | 5 000 000 |
| 　　　　　　　　　　　　　——Z 产品 | | 2 000 000 |

2. 销售商品

企业销售产成品按规定确认收入的同时，应计算、结转与收入相关的产成品成本。产成品销售成本的计算与结转，通常是在期（月）末进行。采用实际成本进行产成品日常核算的，应根据本期（月）销售产品数量及其相应的单位生产成本（按先进先出法、加权平均法或个别计价法计算）计算确定本期产品销售成本总额，借记“主营业务成本”科目，贷记“库存商品”科目。

【例 4-71】甲公司为增值税一般纳税人，本月共销售 Y 产品 500 台，单价 6 000 元（不含税），共销售 Z 产品 1 500 台，单价 2 000 元（不含税），款项已收存银行。本月采用加权平均法计算的 Y 产品实际单位成本 5 000 元，Z 产品实际单位成本 1 000 元。编制如下会计分录：

借：银行存款　　6 780 000
　贷：主营业务收入——Y 产品　　3 000 000
　　　　　　　　——Z 产品　　3 000 000
　　应交税费——应交增值税（销项税额）　　780 000
借：主营业务成本　　4 000 000
　贷：库存商品——Y 产品　　2 500 000
　　　　　　——Z 产品　　1 500 000

企业生产完工入库的产品叫作库存商品（见图 4-23）。企业要生产产品，前期需要有一定的货币资金购买原材料，通过对材料的加工，完成产品的生产。因此，要经过筹资过程、供应过程、生产过程。库存商品需要对外销售，进入销售过程。通过销售产品，收回更多资金。产品销售后获得收入，扣除相关费用后，就是利润。有了利润才能提取盈余公积、向投资者分配利润。相关内容第四章有详细讲述，第八章、第九章也有涉及，此处不再重述。

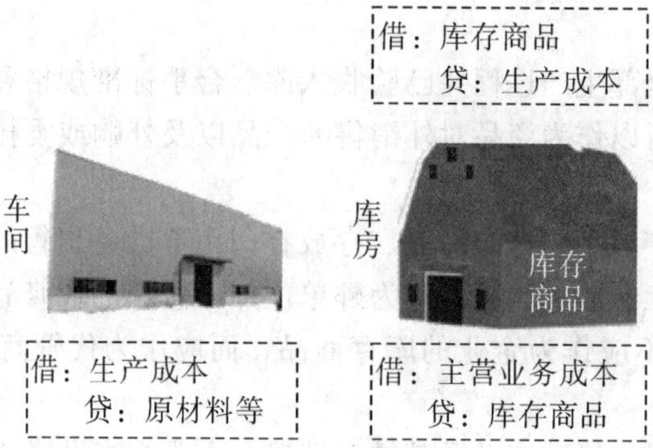


图 4-23　**库存商品**

3. 商品流通企业的库存商品

（1）外购商品。

商业批发企业采用数量进价金额核算法，同时以数量和进价金额反映商品的增减变动及结存情况。

【例 4-72】某企业对商品采用进价金额核算法进行核算，当月从外地购进乙商品，货款 90 400 元（含税，增值税税率 13%），款项已付，商品已入库。

借：库存商品——乙商品　　80 000
　　应交税费——应交增值税（进项税额）　　10 400
　贷：银行存款　　90 400

商业零售企业采用售价金额核算法进行核算，平时商品的购入、加工收回、销售均按售价记账，售价与进价的差额通过商品进销差价科目核算。期末计算进销差价率和本期已销商品应分摊的进销差价，据以调整本期已销商品的成本。

【例 4-73】某商场对商品采用售价金额核算法进行核算，当月从外地购进 B 商品，货款 22 600 元（含税，增值税税率 13%），发票单据已收到，支付款项，商品未到。该批的零售价为 28 000 元。

借：在途物资——B 商品　　20 000

　应交税费——应交增值税（进项税额）　　2 600

　贷：银行存款　　22 600

几日后，B 商品到达验收入库。

借：库存商品——B 商品　　28 000

　贷：在途物资——B 商品　　20 000

　　商品进销差价　　8 000

（2）发出商品。

对于商业批发企业，商品发出的计价除采用先进先出法、加权平均法、个别计价法外，还可以采用毛利率法。这一方法是商品流通企业常用的计算本期商品销售成本和期末库存商品成本的方法。商品流通企业由于经营商品的品种繁多，如果分品种计算商品成本，工作量将大大增加，而且一般来讲，商品流通企业同类商品的毛利率大致相同，采用这种存货计价方法既能减轻工作量，也能满足对存货管理的需要。

相关计算公式如下：

毛利率=销售毛利/销售净额×100%

销售净额=商品销售收入-销售退回和折让

本期销售成本=本期销售净额-本期销售毛利

期末存货成本=期初存货成本+本期购货成本-本期销售成本

【例 4-74】某批发商采用毛利率法进行核算，2023 年 5 月 1 日针织品存货 1 800 万元，本月购进 3 000万元，本月销售收入 3 400 万元，上季度该类商品毛利率为 25%。计算本月已销商品和月末库存商品的成本。

销售毛利=3 400×25%=850（万元）

本月销售成本=3 400-850=2 550（万元）

月末库存商品成本=（1 800+3 000）-2 550=2 250（万元）

对于从事商业零售业务的企业（如百货公司、超市等），由于经营的商品种类、品种、规格等繁多，而且要求按商品的零售价格标记，采用其他成本计算结转方法比较困难，所以一般采用售价金额核算法进行核算，需要计算商品进销差价率。

商品进销差价率=总差价÷总售价×100%

$$=\frac{期初库存商品进销差价+本期购入商品进销差价}{期初库存商品售价+本期购入商品售价}\times100\%$$

本期销售商品应分摊的商品进销差价=本期商品销售收入×商品进销差价率

本期销售商品=本期商品销售收入-本期销售商品应分摊的商品进销差价

【例 4-75】某超市采用售价金额核算法核算，2020 年 6 月期初库存商品的进价成本为 100 万元，售价总额为 110 万元，本月购进该商品的进价成本为 75 万元，售价总额为 90 万元，本月销售收入为 120 万元。有关计算如下（金额单位万元）：

商品进销差价率=（10+15）/（110+90）×100%=12. 5%

已销商品应分摊的商品进销差价=120×12. 5%=15（万元）

本期销售商品的实际成本=120-15=105（万元）

期末结存商品的实际成本=100+75-105=70（万元）

如果企业的商品进销差价率各期之间比较均衡，其也可以采用上期商品进销差价率分摊本期的商品进销差价。年度终了，应对商品进销差价进行核实调整。但在实际工作中，批发业的进销差价率是较为稳定的，而零售业的进销差价率波动较大。因此，商业零售企业可能需要每期计算商品进销差价率。

## 六、存货清查

存货清查是指通过对存货的实地盘点，确定存货的实有数量并与账面结存数核对，从而确定存货实存数与账面结存数是否相符的一种专门方法。

为了完成企业的正常生产经营，企业需要持有各种各样的存货，在存货的收发、计量和核算过程中难免发生差错、自然损耗、丢失、被盗等问题。为了保证存货的真实性、完整性，做到账实相符，就必须对存货进行清查。

企业会计准则规定，企业的存货应当定期、不定期地进行盘点，每年至少盘点一次。存货的清查结果可能是账存与实存相符，也可能不符，造成账实不符的原因有两方面：一是记账有误；二是发生盘盈（实存大于账存）或盘亏（实存小于账存）。对于记账错误可以按照规定的错账更正方法进行更正。对于存货的盘盈、盘亏，应根据存货盘存单、存货盈亏报告单（实存账存对比表）进行相关的处理，以保证账实相符。

存货清查结果如果与账面记录不符。应于会计期末前查明原因，并根据企业的管理权限，经企业股东大会、董事会、经理（厂长）会议或类似机构批准后，在期末结账前处理完毕。盘盈的存货应冲减当期的管理费用。盘亏的存货在减去过失人或保险公司等赔款和残料价值之后，计入当期的管理费用；属于非常损失的，计入营业外支出。

### （一）存货盘盈的核算

企业发生盘盈时，借记“原材料”“库存商品”等科目，贷记“待处理财产损溢——待处理流动资产损溢”科目；按管理权限批准后，借记“待处理财产损溢——待处理流动资产损溢”科目，贷记“管理费用”科目。

【例4-76】甲公司在财产清查中盘盈J材料1 000千克，单位成本60元，经查属于材料收发计算方面的错误。甲公司会计分录编制如下：

批准处理前：

借：原材料　　60 000

　贷：待处理财产损溢——待处理流动资产损溢　　60 000

批准处理后：

借：待处理财产损溢——待处理流动资产损溢　　60 000

　贷：管理费用　　60 000

### （二）存货盘亏的核算

企业发生存货盘亏及损毁时，借记“待处理财产损溢——待处理流动资产损溢”账户，贷记“原材料”“库存商品”等科目；按管理权限批准后，对于入库的残料价值，记入“原材料”等科目；对于应由保险公司和过失人的赔偿款，记入“其他应收款”科目；扣除残料价值和应由保险公司、过失人赔偿后的净损失，属于一般经营损失的部分，记入“管理费用”科目，属于非常损失的部分，记入“营业外支出”科目（见图4-24）。

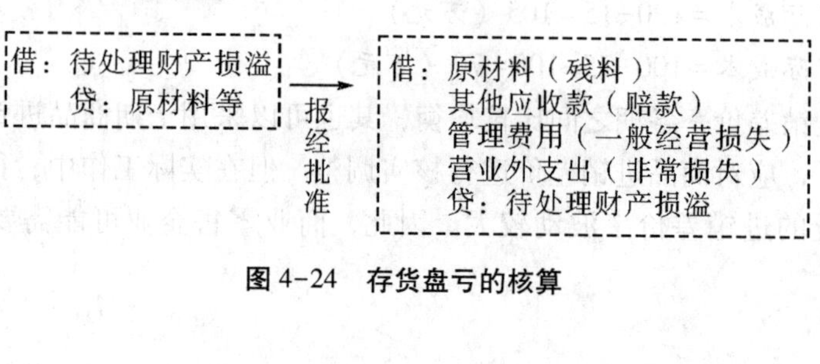


图4-24　存货盘亏的核算

关于存货盘亏，企业应当注意增值税进项税额的处理。属于自然灾害造成损失的存货盘亏，进项税额不需要转出，但是由于管理不善而造成的损失，进项税额需要转出。会计处理为：在扣除残料入库价值、保险赔款和过失人赔偿后，将净损失记入“营业外支出”科目。

属于非正常损失的情形有：

（1）自然灾害损失；

（2）因管理不善造成存货丢失或者腐烂等；

（3）其他非正常损失。

【例 4-77】甲公司在财产清查中发现损毁 B 材料 300 千克，实际成本为 30 000 元，相关增值税专用发票上注明的增值税税额为 3 900 元。经查属于材料保管员王丽的过失造成的，按规定由其个人赔偿 20 000 元。甲公司应编制如下会计分录：

（1）批准处理前：

借：待处理财产损溢——待处理流动资产损溢　　33 900

　贷：原材料——B 材料　　30 000

　　应交税费——应交增值税（进项税额转出）　　3 900

（2）批准处理后：

借：其他应收款——王丽　　20 000

　管理费用　　13 900

　贷：待处理财产损溢——待处理流动资产损溢　　33 900

【例 4-78】甲公司为增值税一般纳税人，因台风造成一批库存 A 材料毁损，实际成本为 70 000 元，相关增值税专用发票上注明的增值税税额为 9 100 元。根据保险合同约定，应由平安保险公司赔偿 50 000 元。甲公司应编制如下会计分录，两步走：

（1）第一步，批准处理前：

借：待处理财产损溢——待处理流动资产损溢　　70 000

　贷：原材料——A 材料　　70 000

（2）第二步，批准处理后：

借：其他应收款——平安保险公司　　50 000

　营业外支出——非常损失　　20 000

　贷：待处理财产损溢——待处理流动资产损溢　　70 000

## 七、存货减值

### （一）存货期末计量的方法

在会计期末，存货应当按照成本与可变现净值孰低进行计量。

成本与可变现净值孰低是指对期末存货按照成本与可变现净值两者之中较低者进行计量的方法。即在资产负债表日，当存货成本低于可变现净值时，存货按成本计量；当存货成本高于可变现净值时，存货按可变现净值计量，同时按照成本高于可变现净值的差额计提存货跌价准备，计入当期损益（资产减值损失）（见图 4-25）。

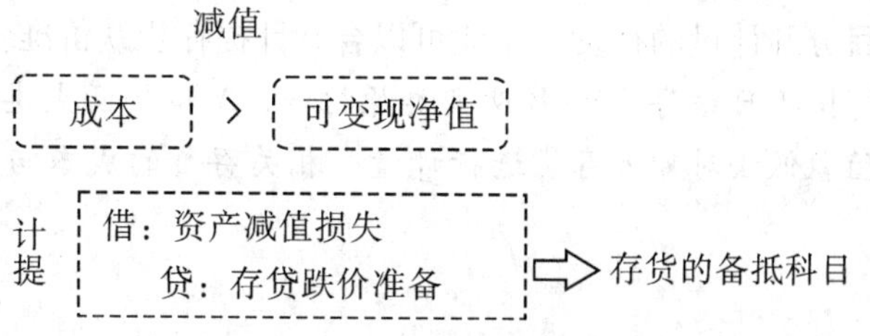


图 4-25　存货减值的计量方法

成本是指期末存货的实际成本；可变现净值是指在日常活动中，存货的估计售价减去至完工时估计将要发生的成本、估计的销售费用以及相关税费后的金额。即：

可变现净值=估计售价-至完工时估计将要发生的成本-估计的销售费用-相关税费

例如，下列各项中，影响企业资产负债表日存货的可变现净值的有（　　）。

A. 存货的账面价值

B. 销售存货过程中估计的销售费用及相关税费

C. 存货的估计售价

D. 存货至完工估计将要发生的成本

『正确答案』BCD

『答案解析』可变现净值是指在日常活动中，存货的估计售价减去至完工时估计将要发生的成本、估计的销售费用以及估计的相关税费后的金额。



### （二）存货减值的迹象

企业应当在期末判断存货是否存在减值的迹象。只有存在存货可能发生减值的迹象时，才进行减值测试。当存货存在下列情况之一的，表明存货的可变现净值低于成本：

（1）该存货的市场价格持续下跌，并且在可预见的未来无回升的希望。

（2）企业使用该项原材料生产的产品成本大于产品的销售价格。

（3）企业因产品更新换代，原有库存原材料已不适应新产品的需要，而该原材料的市场价格又低于其账面成本。

（4）因企业所提供的商品或劳务过时或消费者偏好改变而使市场的需求发生变化，导致市场价格逐渐下跌。

（5）其他足以证明该项存货实质上已经发生减值的情形。

存货存在下列情况之一的，表明存货的可变现净值为零：霉烂变质的存货；已过期且无转让价值的存货；生产中已不再需要，并且已无使用价值和转让价值的存货；其他足以证明已无使用价值和转让价值的存货。

### （三）存货跌价准备的账务处理

1. 存货跌价准备的提取方法

在比较成本与可变现净值时，通常有以下三种方法可供选择：

（1）单项比较法。在这种方式下，企业将每个存货项目的成本与其可变现净值逐一进行比较，按较低者计量存货，并且按成本高于可变现净值的差额计提存货跌价准备。

（2）分类比较法。在这种方式下，企业按存货类别的成本的总额与可变现净值的总额进行比较，每个存货类别均取较低者确定存货期末价值。

（3）总额比较法。在这种方式下，企业按全部存货的总成本与可变现净值总额相比较，以较低数作为期末全部存货的成本。

企业通常应当按照单个存货项目计提存货跌价准备。对于数量繁多、单价较低的存货，企业可以按照存货类别计提存货跌价准备。与在同一地区生产和销售的产品系列相关、具有相同或类似最终用途或目的且难以与其他项目分开计量的存货，企业可以合并计提存货跌价准备。

【例 4-79】甲公司 12 月 31 日结存 A 和 B 两大类原材料，A 和 B 两大类原材料各有两种型号。该公司采用成本与可变现净值孰低法对期末存货进行计量。相关存货的成本与可变现净值比较的结果如表 4-6 所示。

表 4-6　期末存货的减值测试表　　单位：元

| 存货项目 | | 成本 | 可变现净值 | 确定的存货期末计价 | | |
|---|---|---|---|---|---|---|
| | | | | 单项比较法（1） | 分类比较法（2） | 总额比较法（3） |
| A类 | A-1 | 150 000 | 120 000 | 120 000 | | |
| | A-2 | 600 000 | 680 000 | 600 000 | | |
| 小计 | | 750 000 | 800 000 | | 750 000 | |
| B类 | B-1 | 900 000 | 850 000 | 850 000 | | |
| | B-2 | 250 000 | 210 000 | 210 000 | | |
| 小计 | | 1 150 000 | 1 060 000 | | 1 060 000 | |
| 合计 | | 1 900 000 | 1 860 000 | 1 780 000 | | 1 860 000 |

根据表 4-6 的测试结果，采用单项比较法、分类比较法和总额比较法计算的存货跌价准备分别如下：

（1）采用单项比较法应计提的存货跌价准备。

（150 000-120 000）+（900 000-850 000）+（250 000-210 000）= 120 000（元）

（2）采用分类比较法应计提的存货跌价准备。

1 150 000-1 060 000＝90 000（元）

（3）采用总额比较法应计提的存货跌价准备。

1 900 000-1 860 000＝40 000（元）

2. 存货跌价准备的计提和转回

企业应设置“存货跌价准备”账户核算企业存货发生减值时计提的存货跌价准备。在资产负债表日，企业确定存货发生减值的，按存货可变现净值与成本的差额，借记“资产减值损失”账户，贷记“存货跌价准备”账户。以前减记存货价值的影响因素已经消失的，减记的金额应当予以恢复，并在原已计提的存货跌价准备金额内转回，转回的金额计入当期损益。但转回的金额以将存货跌价准备的余额冲减至零为限。“存货跌价准备”科目属于资产备抵科目，增加在贷方，减少在借方，期末如果有余额，为贷方余额。

【例 4-80】甲公司采用“成本与可变现净值孰低法”对期末存货进行计量。

（1）2023 年 12 月 31 日，甲公司 A 产品的账面成本为 250 000 元，由于 A 产品市场价格下跌，库存 A 产品的预计可变现净值为 200 000 元。

A 产品应计提存货跌价准备：250 000-200 000＝50 000（元）

甲公司应做如下会计分录：

借：资产减值损失　　50 000

　贷：存货跌价准备　　50 000

（2）2024 年 6 月 30 日，由于 A 产品市场价格有所上升，使得该批 A 产品的预计可变现净值变为 230 000 元。

A 产品应计提存货跌价准备：250 000-230 000＝20 000（元）

由于前期已对该批存货计提了 50 000 元的存货跌价准备，当期应冲减已计提的存货跌价准备 30 000（50 000-20 000）元，冲减额小于已计提的存货跌价准备50 000元，因此，应转回的存货跌价准备为 30 000 元。甲公司应做如下会计分录：

借：存货跌价准备　　30 000

　贷：资产减值损失　　30 000

（3）2024 年 12 月 31 日，由于 A 产品市场价格进一步上升，A 产品的可变现净值又有所恢复，预计 A 产品的可变现净值为 258 000 元。

到本期末，A 产品已不再发生减值，原计提的存货跌价准备应冲回，但对 A 产品已计提的存货跌价准备余额冲减至零为限。当期应转回的存货跌价准备为 20 000 元而不是 28 000 元。

甲公司应做如下会计分录：

借：存货跌价准备　　20 000

　贷：资产减值损失　　20 000

企业售出商品结转成本时，如果原来有计提的存货跌价准备，要一并结转。

【例 4-81】企业销售一批产品，售价 20 000 元，增值税税额 2 600 元，款已收存银行。该批产品的成本 15 000 元。经查，该批产品以前已计提存货跌价准备 3 000 元。

（1）确认收入：

借：银行存款　　22 600

　贷：主营业务收入　　20 000

　　　应交税费——应交增值税（销项税额）　　2 600

（2）结转成本：

借：主营业务成本　　12 000

　　存货跌价准备　　3 000

　贷：库存商品　　15 000

需要强调的是，确定存货可变现净值的前提是企业的日常经营活动，如果不是正常的生产经营活动，比如企业处于清算过程，那么不能按照存货准则的规定确定存货的可变现净值。另外，可变现净值表现为存货的预计未来净现金流量，而不是简单地等于存货的售价或合同价。存货在销售过程中可能发生的销售费用和相关税费，以及为达到预定可销售状态还可能发生的加工成本等相关支出，构成现金流入的抵减项目。企业预计的销售存货现金流量，扣除这些抵减项目后，才能确定存货的可变现净值。

企业确定存货的可变现净值，应当以取得的确凿证据为基础，并且考虑持有存货的目的、资产负债表日后事项的影响等因素。为生产而持有的材料等，用其生产的产成品的可变现净值高于成本的，该材料仍然按照成本计量；材料价格的下降表明产成品的可变现净值低于成本的，该材料应当按照可变现净值计量。也就是说，材料存货在期末通常按照成本计量，除非企业用其生产的产品发生了跌价，并且该跌价是由材料本身的价格下跌所引发的，才需要考虑计算材料存货的可变现净值，然后将该材料的可变现净值与成本进行比较，从而确定材料存货是否发生了跌价问题。

为执行销售合同或者劳务合同而持有的存货，其可变现净值应当以合同价格为基础计算。企业持有存货的数量多于销售合同订购数量的，超出部分存货的可变现净值应当以销售价格为基础计算。

## 综合练习题

扫一扫

# 第五章 非流动资产

非流动资产是指在一年以上或超过一年的一个营业周期以上才能变现的资产，如长期股权投资等，或使用期在一年以上的资产，如固定资产等。

（1）固定资产。固定资产是指使用年限在规定年限以上，单位价值在规定标准以上，并在使用过程中保持原有实物形态的资产，包括房屋及建筑物、机器设备、运输设备、工具等。

（2）无形资产。无形资产是指企业长期使用而没有实物形态的非货币性资产，包括专利权、非专利技术、商标权、著作权、土地使用权和特许经营权。

（3）长期待摊费用。长期待摊费用是指不能全部计入当年损益，应当在以后年度内分期摊销的各项费用，包括租入固定资产的改良支出，以及摊销期在一年以上的其他待摊费用。

（4）长期股权投资。长期股权投资是指不准备在一年内变现的投资。

一般情况下，非流动资产具有资金占用较多、企业持有的时间较长、周转速度较慢、变现能力较差等特点。因此，对非流动资产的管理和会计处理，应按照各自不同的特点，分别采用不同的程序和方法。

## 第一节　固定资产

### 一、固定资产概述

#### （一）固定资产的概念和特征

1. 固定资产的概念

固定资产是指同时具有以下特征的有形资产：

（1）为生产商品、提供劳务、出租或经营管理而持有；

（2）使用寿命一般超过一个会计年度。

固定资产是指单位价值较大，使用期限较长（1 年以上），在使用中基本不改变原有实物形态，但价值有所损耗的各种机器设备，如汽车、房屋、建筑物、工具等有形资产。

从这一定义可以看出，固定资产为“有形资产”，是“看得见，摸得着的”，企业管理者持有固定资产的目的是为生产经营提供必要的生产资料。

2. 固定资产的特征

（1）企业持有固定资产是出于生产商品、提供劳务、出租或经营管理的需要，而不像存货为了对外出售。这一特征是固定资产区别于存货等流动资产的重要标志。

（2）企业使用固定资产的期限较长，使用寿命一般超过一个会计年度。这一特征表明企业固定资产属于非流动资产，其给企业带来的收益超过一年，能在一年以上的时间里为企业创造经济利益。

（3）有形资产。固定资产是企业的实体资产，是“看得见，摸得着”的资产。在使用中基本不改变原有实物形态。



### （二）固定资产的分类

固定资产根据不同的管理需要和核算要求，可以进行不同的分类。主要有以下三种分类方法：

1. 按经济用途分类

按照经济用途可以将固定资产划分为生产经营用固定资产和非生产经营用固定资产两大类。



生产经营用固定资产是指直接参加或直接服务于生产经营过程的各种固定资产，如用于企业生产经营的房屋、建筑物、机器设备等。

非生产经营用固定资产是指不直接服务于生产经营过程的各种固定资产，如用于职工福利、文化娱乐、卫生保健等方面的房屋、建筑物、设施和器具等。

2. 按固定资产的来源分类

固定资产按来源可分为外购的固定资产、自行建造的固定资产、投资者投入的固定资产、融资租入的固定资产、改建扩建新增的固定资产、接受抵债取得的固定资产、非货币性资产交换换人的固定资产、接受捐赠的固定资产及盘盈的固定资产等。

对固定资产合理进行分类，有利于管理者更好地管理和使用固定资产，使其充分发挥出该有的经济效能。而在会计实务中，正确地认识固定资产的分类，有助于我们更好地理解固定资产相关的账户设置要求。

3. 综合分类

按固定资产的经济用途和使用情况等进行综合分类，我们可以把企业的固定资产划分为七大类：

（1）生产经营用固定资产。

（2）非生产经营用固定资产。

（3）租出固定资产（是企业在经营租赁方式下出租给外单位使用的固定资产）。

（4）不需用固定资产。

（5）未使用固定资产。

（6）土地（这里的“土地”指过去已经估价单独入账的土地。因征地而支付的补偿费，应计入与土地有关的房屋、建筑物的价值内，不单独作为土地价值入账。企业取得的土地使用权，应作为无形资产管理和核算，不作为固定资产）。

（7）租入固定资产（指企业短期租赁和低价值资产租赁租入的固定资产，在租赁期内，应视同自有固定资产进行管理）。

### （三）固定资产的确认和计量

1. 固定资产的确认

固定资产只有在同时满足以下两个条件时，才能加以确认：

（1）该固定资产包含的经济利益很可能流入企业。

这一条件解决企业在什么时候应当将固定资产作为企业所拥有或控制的资源进行反映，企业必须要有一定的证据对所确认固定资产未来经济利益流入企业的确定程度做出可靠的估计，只有在企业确认通过该项资产很可能获得报酬时才确认为企业的固定资产。

（2）该固定资产的成本能够可靠地计量。这一条件解决企业应当以多少金额确认固定资产的入账价值。任何资产的形成都是要付出相应的对价的，对于固定资产的成本确认并不是一件难事，大部分固定资产的初始价值就是交易时的价格，对于自行建造的固定资产，其成本就是建造过程当中合理的、可资本化的费用。

2. 固定资产的计量

固定资产应当按照成本进行初始计量。固定资产的成本，是指企业购建某项固定资产达到预定可使用状态前所发生的一切合理、必要的支出。这些支出包括直接发生的价款、相关税费、运杂费、包装费和安装成本等，也包括间接发生的，如应承担的借款利息资本化部分、外币专门借款汇兑差额以及应分摊的其他间接费用。

## 二、取得固定资产

### （一）主要会计科目

为了反映和监督固定资产的取得、计提折旧和处置等情况，企业一般要设置“固定资产”“累计折旧”“在建工程”“工程物资”“固定资产清理”等科目。

“固定资产”科目核算企业固定资产的原价，借方登记企业增加的固定资产原价，贷方登记企业减少的固定资产原价，期末借方余额反映企业期末固定资产的账面原价。企业应当设置“固定资产登记簿”和“固定资产卡片”，按固定资产类别、使用部门和每项固定资产进行明细核算。

“累计折旧”科目属于“固定资产”的调整科目，核算企业固定资产的累计折旧，贷方登记企业计提的固定资产折旧，借方登记处置固定资产转出的累计折旧，期末贷方余额反映企业固定资产的累计折旧额。

“在建工程”科目核算企业基建、更新改造等在建工程发生的支出，借方登记企业各项在建工程的实际支出，贷方登记完工工程转出的成本，期末借方余额反映企业尚未达到预定可使用状态的在建工程的成本。

“工程物资”科目核算企业为在建工程而准备的各种物资的实际成本，借方登记企业购入工程物资的成本，贷方登记领用工程物资的成本，期末借方余额反映企业为在建工程准备的各种物资的成本。

“固定资产清理”科目核算企业因出售、报废、毁损、对外投资、非货币性资产交换、债务重组等原因转入清理的固定资产价值以及在清理过程中发生的清理费用和清理收益。该科目借方登记转出的固定资产账面价值、清理过程中应支付的相关税费及其他费用，贷方登记出售固定资产取得的价款、残料价值和变价收入。期末借方余额，反映企业尚未清理完毕的固定资产清理净损失，期末如为贷方余额，则反映企业尚未清理完毕的固定资产清理净收益。固定资产清理完成，其借方登记转出的清理净收益，贷方登记转出的清理净损失，清理净损益结转后，“固定资产清理”科目无余额。企业应当按照被清理的固定资产项目设置明细账，进行明细核算。

此外，企业固定资产、在建工程、工程物资发生减值的，还应当设置“固定资产减值准备”“在建工程减值准备”“工程物资减值准备”等科目进行核算。

### （二）外购固定资产

企业外购的固定资产，应按实际支付的购买价款、相关税费、使固定资产达到预定可使用状态前所发生的可归属于该项资产的运输费、装卸费、安装费和专业人员服务费等作为固定资产的取得成本。其中，相关税费不包括按照现行增值税制度规定，可以从销项税额中抵扣的增值税进项税额。购入固定资产后为掌握该固定资产使用操作发生的员工培训费计入当期损益。外购固定资产分为购入不需要安装的固定资产和购入需要安装的固定资产两类。

1. 不需要安装的固定资产

对于购入不需要安装的固定资产，当交易完成时，直接确认为企业的固定资产，借记“固定资产”“应交税费——应交增值税（进项税额）”，贷记“银行存款”等。

企业作为小规模纳税人，购入固定资产发生的增值税进项税额不能抵扣，应计入固定资产成本。

企业以一笔款项购入多项没有单独标价的固定资产，应将各项资产单独确认为固定资产，并按各项固定资产公允价值的比例对总成本进行分配，分别确定各项固定资产的成本。

【例 5-1】春华实业股份有限公司购入一台不需要安装的设备，取得的增值税专用发票上注明设备价款 50 000 元，增值税税额为 6 500 元，另支付了包装费、装卸费等合计 1 500 元。上述款项企业均已通过银行存款支付。其账务处理如下：

借：固定资产　　51 500

　　应交税费——应交增值税（进项税额）　　6 500

　贷：银行存款　　58 000

2. 需要安装的固定资产

企业购入需要安装的固定资产，先记入“在建工程”科目，待安装完毕达到预定可使用状态，再转入“固定资产”科目。

【例 5-2】春华实业股份有限公司于 2024 年 4 月 1 日购入一台需要安装的设备，取得的增值税专用发票上注明设备价款 50 000 元，增值税税额为 6 500 元，另支付了包装费、装卸费等合计 1 500 元。安装过程中，领用原材料 800 元。4 月 5 日，设备安装完毕达到预定可使用状态。上述款项企业均已通过银行存款支付。

账务处理如下：

①2024 年 4 月 1 日，购入设备时：

借：在建工程　　51 500

　　应交税费——应交增值税（进项税额）　　6 500

　贷：银行存款　　58 000

②当日，领取原材料时：

借：在建工程　　800

　贷：原材料　　800

③2024 年 4 月 5 日，安装完毕时：

借：固定资产　　58 800

　贷：在建工程　　58 800

【例 5-3】甲公司为增值税小规模纳税人，2024 年 5 月 10 日用银行存款购入一台需要安装的设备，取得的增值税专用发票上注明的价款为 100 000 元，增值税税额为13 000元，支付安装费并取得增值税专用发票，注明安装费 20 000 元，增值税税额1 800元。甲公司应编制如下会计分录：

（1）购入进行安装时：

借：在建工程　　113 000

　贷：银行存款　　113 000

（2）支付安装费时：

借：在建工程　　21 800

　贷：银行存款　　21 800

（3）设备安装完毕交付使用时：

该设备的成本＝113 000+21 800＝134 800（元）

借：固定资产　　134 800

　贷：在建工程　　134 800

【例 5-4】2024 年 7 月 1 日，甲公司向乙公司（为增值税一般纳税人）一次购进了三台不同型号且具有不同生产能力的设备 A、B、C，取得的增值税专用发票上注明的价款为 10 000 万元，增值税税额为 1 300 万元，另支付包装费 75 万元，增值税税额 4.5 万元，全部以银行存款转账支付。假设设备 A、B、C 的公允价值分别为 4 500 万元、3 850 万元和 1 650 万元。甲公司为增值税一般纳税人，应编制如下会计分录：

(1) 确定应计入固定资产成本的金额，包括购买价款、包装费：

应计入固定资产的成本＝10 000+75＝10 075（万元）

(2) 确定设备 A、B、C 的价值分配比例：

A 设备应分配的固定资产价值比例＝4 500÷（4 500+3 850+1 650）×100%＝45%

B 设备应分配的固定资产价值比例＝3 850÷（4 500+3 850+1 650）×100%＝38.5%

C 设备应分配的固定资产价值比例＝1 650÷（4 500+3 850+1 650）×100%＝16.5%

(3) 确定 A、B、C 设备各自的成本：

A 设备的成本＝10 075×45%＝4 533.75（万元）

B 设备的成本＝10 075×38.5%＝3 878.875（万元）

C 设备的成本＝10 075×16.5%＝1 662.375（万元）

(4) 甲公司应编制如下会计分录：

| | | |
|---|---|---|
| 借：固定资产——A 设备 | 45 337 500 | |
| ——B 设备 | 38 788 750 | |
| ——C 设备 | 16 623 750 | |
| 应交税费——应交增值税（进项税额） | 13 045 000 | |
| 贷：银行存款 | | 113 795 000 |

**（三）建造固定资产**

企业自行建造固定资产，应当按照建造该项资产达到预定可使用状态前所发生的必要支出，作为固定资产的成本。

企业自行建造固定资产，应先通过“在建工程”科目核算，工程达到预定可使用状态时，再从“在建工程”科目转入“固定资产”科目。企业自行建造固定资产，主要有自营和出包两种方式（见图 5-1）。由于采用的建设方式不同，其会计处理也不同。

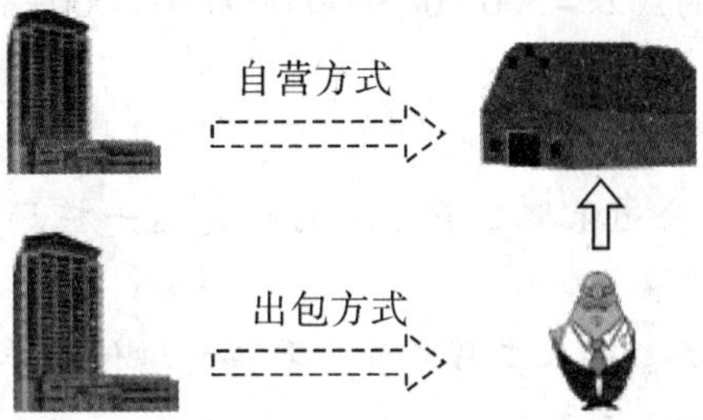


**图 5-1 自营和出包的区别**

1. 自营工程

自营工程是指企业自行组织工程物资采购、自行组织施工人员施工的建筑工程和安装工程。购入工程物资时，按已认证的增值税专用发票上注明的价款，借记“工程物资”科目；按增值税专用发票上注明的增值税进项税额，借记“应交税费——应交增值税（进项税额）”科目，按应实际支付或应付的金额，贷记“银行存款”“应付账款”等科目。领用工程物资时，借记“在建工程科目”，贷记“工程物资”科目。在建工程领用本企业原材料时，借记“在建工程”科目，贷记“原材料”等科目。在建工程领用本企业生产的商品时，借记“在建工程”科目，贷记“库存商品”科目。自营工程发生的其他费用（如分配工程人员薪酬等），借记“在建工程”科目，贷记“银行存款”“应付职工薪酬”等科目。自营工程达到预定可使用状态时，按其成本，借记“固定资产”科目，贷记“在建工程”科目。

【例 5-5】甲公司为增值税一般纳税人，2024 年 6 月 1 日，自行建造厂房一幢，购入为工程准备的各种物资500 000元，增值税专用发票上注明的增值税税额为65 000元，全部用于工程建设。领用本企业生产的水泥一批，实际成本为400 000元，领用原材料70 000元。应计工程人员工资100 000元。支付的其他费用并取得增值税专用发票，注明安装费30 000元，税率9%，增值税税额2 700元。工程完工并达到预定可使用状态，甲公司应编制如下会计分录：





（1）购入工程物资时：

借：工程物资　500 000

　应交税费——应交增值税（进项税额）　65 000

　贷：银行存款　565 000

（2）领用工程物资时：

借：在建工程　500 000

　贷：工程物资　500 000

（3）工程领用本企业生产的水泥时：

借：在建工程　400 000

　贷：库存商品　400 000

（4）分配工程人员薪酬时：

借：在建工程　100 000

　贷：应付职工薪酬　100 000

（5）支付工程发生的其他费用时：

借：在建工程　30 000

　应交税费——应交增值税（进项税额）　2 700

　贷：银行存款　32 700

（6）工程领用材料时：

借：在建工程　70 000

　贷：原材料　70 000

（7）工程完工转入固定资产的成本=500 000+400 000+100 000+30 000+70 000=1 100 000（元）。

借：固定资产　1 100 000

　贷：在建工程　1 100 000

【例5-6】春华实业股份有限公司采取自营方式自行建造一栋厂房。在建造过程中主要发生下列支出：

（1）2024年1月6日用银行存款购入工程物资，取得的增值税专用发票上注明价100 000元，增值税税额13 000元，工程物资已验收入库。

（2）2024年1月20日工程开工，当日实际领用工程物资70 000元，领用库存材料一批，实际成本8 000元。建造厂房工程应承担工人工资10 370元。

（3）厂房于2024年5月20日完工，并达到预定使用状态。其账务处理过程如下：

①2024年1月6日，购入工程物资时。

借：工程物资　100 000

　应交税费——应交增值税（进项税额）　13 000

　贷：银行存款　113 000

②2024年1月20日，领用工程物资时。

借：在建工程　70 000

　贷：工程物资　70 000

③2024年1月20日，领用库存材料时。

借：在建工程　8 000

贷：原材料 8 000

④结转应由工程负担的直接人工费。

借：在建工程 10 370

贷：应付职工薪酬 10 370

⑤2024 年 4 月 30 日，工程完工，并达到预定可使用状态，计算并结转工程成本。

借：固定资产 88 370

贷：在建工程 88 370

2. 出包工程

出包工程是指企业通过招标方式将工程项目发包给建造承包商，由建造承包商组织施工的建筑工程和安装工程。企业采用出包方式进行的固定资产工程，其工程的具体支出主要由建造承包商核算，在这种方式下，“在建工程”科目主要是反映企业与建造承包商办理工程价款结算的情况，企业支付给建造承包商的工程价款作为工程成本，通过“在建工程”科目核算。

企业按合同估计的发包工程进度和合同规定向建造承包商结算的进度款，并由对方开具增值税专用发票，按增值税专用发票上注明的价款，借记“在建工程”科目，按增值税专用发票上注明的增值税进项税额，借记“应交税费——应交增值税（进项税额）”科目，按应实际支付的金额，贷记“银行存款”科目。工程达到预定可使用状态时，按其成本，借记“固定资产”科目，贷记“在建工程”科目。

【例 5-7】甲公司为增值税一般纳税人，2023 年 7 月 1 日，将一幢厂房的建造工程出包给丙公司（为增值税一般纳税人）承建，按合理估计的发包工程进度和合同规定向丙公司结算进度款并取得丙公司开具的增值税专用发票，注明工程款 600 000 元，税率 9%，增值税税额 54 000 元。2024 年 7 月 1 日，工程完工后，收到丙公司有关工程的结算单据和增值税专用发票，补付工程款并取得丙公司开具的增值税专用发票，注明工程款 400 000 元，税率 9%，增值税税额 36 000 元。工程完工并达到预定可使用状态，甲公司应编制如下会计分录：

（1）按合理估计的发包工程进度和合同规定向丙公司结算进度款时：

借：在建工程 600 000

应交税费——应交增值税（进项税额） 54 000

贷：银行存款 654 000

（2）补付工程款时：

借：在建工程 400 000

应交税费——应交增值税（进项税额） 36 000

贷：银行存款 436 000

（3）工程完工并达到预定可使用状态时：

借：固定资产 1 000 000

贷：在建工程 1 000 000

## 三、固定资产折旧

### （一）折旧的概念

固定资产折旧是指对固定资产在预计使用寿命期限内，按照事先确定的方法对应计折旧额进行的一种分摊。固定资产在使用过程中由于磨损和外部环境因素的影响等，其价值会发生减少，这部分减少的价值就是折旧。

应计折旧额是指应当计提折旧的固定资产的原价扣除其预计净残值后的金额。已计提减值准备的，还应当扣除已计提的减值准备的累计金额。

影响固定资产折旧的主要因素有四个：固定资产原价、预计净残值、固定资产减值准备及固定资产的使用寿命。

（1）固定资产原价。

固定资产原价，又称原始价值，简称原价或原值，是指固定资产的成本。

（2）预计净残值。

预计净残值，是指假定固定资产预计使用寿命已满并处于使用寿命终了时的预期状态，企业目前从该项资产处置中获得的扣除预计处置费用后的金额。

（3）固定资产减值准备。

固定资产减值准备，是指固定资产已计提的固定资产减值准备累计金额。

（4）固定资产的使用寿命。

固定资产的使用寿命，是指企业使用固定资产的预计期间，或者该固定资产所能生产产品或提供劳务的数量。企业确定固定资产使用寿命时，应当考虑下列因素：该项资产的预计生产能力或实物产量；该项资产预计有形损耗，如设备使用中发生磨损、房屋建筑物受到自然侵蚀等；该项资产预计无形损耗，如因新技术的出现而使现有的资产技术水平相对陈旧、市场需求变化使产品过时等；法律或者类似规定对该项资产使用的限制。

应计折旧额=固定资产的原价-预计净残值-已计提的减值准备

预计净残值=预计残值-预计清理费用

净残值率=预计净残值/原值×100%

企业应当根据固定资产的性质和使用情况，合理确定固定资产的使用寿命和预计净残值。预计净残值一经确定，不得随意变更。但是符合《企业会计准则第4号——固定资产》第十九条规定的除外。

【例5-8】某项固定资产原值50 000元，预计使用5年，报废时预计残值2 400元，预计清理费用400元。

净残值=2 400-400=2 000（元）

应计折旧额=50 000-2 000=48 000（元）

每年平均计提折旧额=48 000÷5=9 600（元）

净残值率=（2 400-400）/50 000×100%=4%

【例5-9】福喜公司购入宝马牌拖拉机一辆，原价12万元，预计使用年限为5年，预计净残值为2万元，采用年限平均法计提折旧。使用2年后计提减值准备3万元，减值前后折旧年限和折旧方法均不变。计算该公司前三年的折旧额。

第1年折旧额=（120 000-20 000）/5=20 000（元）

第2年折旧额=（120 000-20 000）/5=20 000（元）

第3年折旧额=（120 000-20 000-40 000-30 000）/（5-2）=10 000（元）

本例中，采用年限平均法计提折旧，没有减值准备的情况下，每年计提的折旧额相等（第1年和第2年）。但计提了减值准备后，计提的折旧额会发生变化（第3年）。也就是说，发生减值后，要用固定资产的原价减去预计净残值、已经计提的折旧及减值准备后的金额，再除以余下的年份。

影响固定资产折旧的四个因素如图5-2所示。

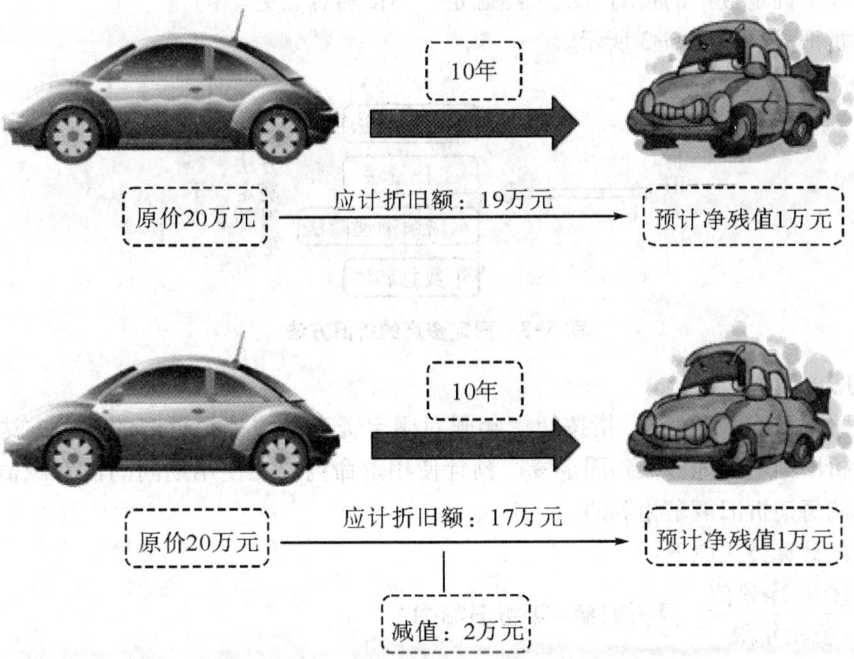


**图 5-2　影响固定资产折旧的四个因素**

通过图 5-2 可看出，影响固定资产折旧的因素是：原价、预计净残值、预计使用年限、减值准备。

图 5-2 的上面部分：原价 20 万元，预计净残值 1 万元，使用年限 10 年，没有减值准备，则应计折旧额为 19 万元（20-1）。图 5-2 的下面部分：原价 20 万元，预计净残值 1 万元，使用年限 10 年，计提的减值准备 2 万元，则应计折旧额为 17 万元（20-1-2）。

### （二）计提折旧的范围

（1）房屋和建筑物（不论使用与否）均要计提折旧。

（2）使用中的固定资产要提折旧，未使用的固定资产也要计提折旧。

（3）出租（租入）固定资产，由出租方（产权方）计提折旧。

（4）接受对外投资的固定资产，由接受投资方（使用方）计提折旧。

（5）本月增加的固定资产，本月不提折旧；本月减少的固定资产本月照提折旧。

例如：期初固定资产 50 万元，本月购进一台设备 30 万元，本月报废一台设备 20 万元，如果按 4%计提折旧，本月应提折旧多少？

本月应提折旧额＝500 000×4‰＝2 000（元）

假设下月无购进也无报废。下月应提折旧额是多少？

下月应提折旧额＝（500 000+300 000-200 000）×4‰＝2 400（元）

（6）已提足折旧，继续使用的固定资产不再计提折旧；未提足折旧提前报废的固定资产不再计提折旧。

（7）融资租入的固定资产要提折旧（实质重于形式原则的具体体现）。

（8）已单独作价入账的土地不提折旧。

（9）处于更新改造过程中的固定资产不提折旧。

（10）处于大修理、小修理期间的固定资产要提折旧。

（11）已达到预计可使用状态但尚未办理竣工决算的固定资产，按照估计价值计提折旧。

### （三）固定资产折旧的方法

固定资产应当按月计提折旧。企业应当根据与固定资产有关的经济利益的预期实现方式，合理选择固定资产折旧方法。固定资产折旧方法包括年限平均法（又称直线法）、工作量法、双倍余额递减法和年数总和法等。固定资产的折旧方法一经确定，不得随意变更。

固定资产的折旧方法如图 5-3 所示。

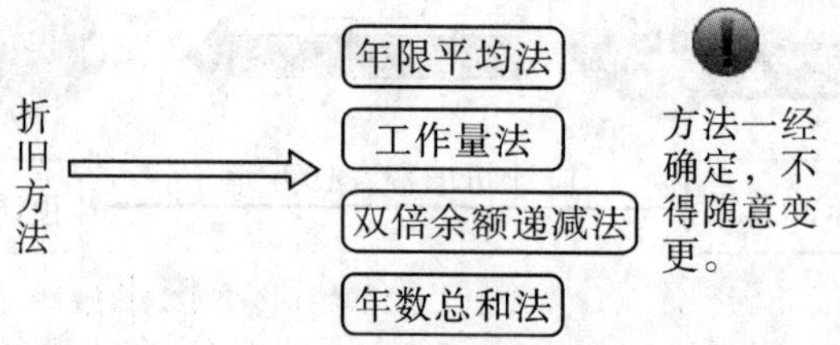


**图 5-3　固定资产的折旧方法**

1. 年限平均法

年限平均法（又称直线法），是指按使用年限对固定资产平均计提折旧的一种方法。其特点是将固定资产的应计折旧额均衡地分摊到固定资产预计使用寿命内。在使用期间内没有减值的情况下，采用这种方法计算的每期折旧额是相等的。

年限平均法的计算公式如下：

$$年折旧额=\frac{原值-净残值}{使用年限}，月折旧额=年折旧额\div12$$

$$年折旧率=\frac{年折旧额}{原值}\times100\%，月折旧率=年折旧额\div12\times100\%$$

$$净残值率=\frac{净残值}{原值}\times100\%$$

【例 5-10】企业有一台设备，原价 50 000 元，预计使用 5 年，报废时，预计残值 2 400 元；预计清理费用 400 元，按年限平均法计提折旧。

$$年折旧额=\frac{50\ 000-（2\ 400-400）}{5}=9\ 600（元）$$

$$月折旧额=9\ 600\div12=800（元）$$

$$年折旧率=\frac{9\ 600}{50\ 000}\times100\%=19.2\%$$

$$月折旧率=19.2\%\div12=1.6\%$$

【例 5-11】企业有一台设备，原价 100 000 元，预计使用 5 年，预计净残值率 4%。计算：

$$年折旧额=\frac{100\ 000-（100\ 000\times4\%）}{5}=19\ 200（元）$$

$$年折旧率=\frac{19\ 200}{100\ 000}\times100\%=19.2\%$$

$$月折旧额=19\ 200\div12=1\ 600（元）$$

$$月折旧率=19.2\%\div12=1.6\%$$

通过以上例题看出，年限平均法下，年折旧额和年折旧率的计算也可以使用下列公式：

$$年折旧额=\frac{原价-预计净残值}{预计使用年限}$$

$$年折旧率=\frac{1-预计净残值率}{预计使用年限}\times100\%$$

2. 工作量法

工作量法是指按每期固定资产工作量的多少计提折旧的一种方法。

工作量法的计算公式如下：

$$单位工作量折旧额=\frac{原价-预计净残值}{预计总工作量}$$

月折旧额=该项固定资产当月工作量×单位工作量折旧额

【例 5-12】某企业有一辆运货卡车，原价 80 000 元，预计残值率 5%，预计总行驶里程 200 000 千米，本月行驶 8 000 千米，用工作量法计算本月折旧额。

$$每一工作量折旧额=\frac{80\ 000-（80\ 000\times 5\%）}{200\ 000}=0.38 元/千米$$

3. 年数总和法

年数总和法是指按固定资产应计提折旧总额和某年尚可使用年数占该固定资产预计可使用年数总和的比重（即年折旧率）计提折旧的一种方法。

【例 5-13】企业有一台设备，原价 50 000 元，预计使用年限 5 年，预计净残值率 4%，用年数总和法计算各年折旧（见表 5-1）。

**表 5-1　固定资产折旧计算表（年数总和法）**　　单位：元

| 使用年份 | 应计折旧额 | 年折旧率 | 年折旧额 | 累计折旧 |
|---|---|---|---|---|
| 1 | 48 000 | 5/15 | 16 000 | 16 000 |
| 2 | 48 000 | 4/15 | 12 800 | 28 800 |
| 3 | 48 000 | 3/15 | 9 600 | 38 400 |
| 4 | 48 000 | 2/15 | 6 400 | 44 800 |
| 5 | 48 000 | 1/15 | 3 200 | 48 000 |

年数总和法各年中固定资产的应计折旧额（原价减去净残值）的余额始终保持不变，一直在改变的是年折旧率，并且随着时间的延长，年折旧率呈现出下降的趋势，对应的年折旧额也不断减少。

4. 双倍余额递减法

双倍余额递减法是指在不考虑固定资产预计净残值的情况下，根据每期期初固定资产账面净值和直线法折旧率的双倍计算固定资产折旧的一种方法。

双倍余额递减法在计算固定资产折旧时，期初先暂不考虑净残值，在固定资产使用寿命到期前两年内，将固定资产账面净值扣除预计净残值后的余额平均摊销。

双倍余额递减法的计算公式如下：

$$双倍直线折旧率=2\times\frac{1}{使用年限}\times 100\%$$（注：双倍直线折旧率就是年折旧率）

年折旧额=该年年初固定资产账面净值×折旧率

月折旧额=年折旧额÷12

固定资产的相关概念：

固定资产的账面余额就是固定资产的账面原价或账面原值，即固定资产取得时的历史成本。

固定资产的账面净值=固定资产原价-累计折旧（也就是折余价值）

固定资产的账面价值=固定资产原价-累计折旧-减值准备

资产负债表中，“固定资产”项目根据“固定资产”科目的期末余额减去“累计折旧”和“固定资产减值准备”科目的期末余额后的金额，以及“固定资产清理”科目的期末余额填列。

【例 5-14】企业有一台设备，原值 50 000 元，净残值率 4%。使用年限 5 年，用双倍余额递减法计算各年折旧（见表 5-2）。

**表 5-2　固定资产折旧计算表（双倍余额递减法）**　　单位：元

| 使用年份 | 期初账面净值 | 年折旧率 | 年折旧额 | 累计折旧 | 期末账面净额 |
|---|---|---|---|---|---|
| 1 | 50 000 | 40% | 20 000 | 20 000 | 30 000 |

表5-2(续)

| 使用年份 | 期初账面净值 | 年折旧率 | 年折旧额 | 累计折旧 | 期末账面净额 |
|---|---|---|---|---|---|
| 2 | 30 000 | 40% | 12 000 | 32 000 | 18 000 |
| 3 | 18 000 | 40% | 7 200 | 39 200 | 10 800 |
| 4 | 10 800 | — | 4 400 | 43 600 | 6 400 |
| 5 | 6 400 | — | 4 400 | 48 000 | 2 000 |



双倍直线折旧率 $=2\times\frac{1}{5}\times100\%=40\%$（注：双倍直线折旧率就是年折旧率）



最后两年（第4年、第5年）不能再用40%的折旧率计算折旧，要改用直线法计提折旧。

第4年和第5两年每年折旧额 $=\frac{48\ 000-39\ 200}{2}=4\ 400$（元）

或 $=\frac{10\ 800-2\ 000}{2}=4\ 400$（元）

双倍余额递减法在固定资产使用到期前的最后两年之前，年折旧率保持不变，计提的年折旧额逐渐减少，最后两年改用直线法平均计提折旧，因此，最后两年的年折旧额是相等的。

固定资产折旧的四种方法——年限平均法（又称直线法）、工作量法、年数总和法和双倍余额递减法中，前三种方法在计算固定资产折旧额时均须考虑净残值，双倍余额递减法期初暂不考虑净残值，固定资产使用到期前的最后两年再考虑净残值。

双倍余额递减法和年数总和法是固定资产使用期初多提折旧，后面少提折旧的方法，又称为加速折旧法（或递减折旧法）。其目的是预防固定资产提前报废或处置时固定资产少提折旧的问题。

上面两例加速折旧法计算的是年折旧额，在实际工作中要将年折旧额除以12以求得月折旧额。

加速折旧法的特点是：第一，可以使固定资产的使用成本大致保持相同。第二，可以使收入和费用合理配比。第三，使固定资产账面净值比较接近于市价。

企业至少应当于每年年度终了，对固定资产的使用寿命、预计净残值和折旧方法进行复核。使用寿命预计数与原先估计数有差异的，应当调整固定资产使用寿命。预计净残值预计数与原先估计数有差异的，应当调整预计净残值。与固定资产有关的经济利益预期实现方式有重大改变的，应当改变固定资产折旧方法。

固定资产使用寿命、预计净残值和折旧方法的改变应当作为会计估计变更进行会计处理。

**（四）固定资产折旧的账务处理**

固定资产应当按月计提折旧，设置“累计折旧”科目，用于核算计提的折旧额，并根据固定资产的受益对象分配计入相关资产的成本或者当期损益中。例如，企业管理部门使用的固定资产计提的折旧费用，应计入管理费用；生产部门使用的固定资产计提的折旧费用，应计入制造费用；销售部门使用的固定资产计提的折旧费用，应计入销售费用等。

【例5-15】春华实业公司2024年7月31日，应计提的固定资产累计折旧为48 000元。其中管理部门办公楼应计提折旧17 600元，生产部门生产设备应计提折旧18 200元，销售部门专设销售用设备应计提折旧12 200元。应编制的会计分录为：

借：管理费用　　17 600

　　制造费用　　18 200

　　销售费用　　12 200

　贷：累计折旧　　48 000

【例5-16】2024年3月，福喜公司应计提的固定资产折旧额为20万元，其中管理部门计提折旧

10 万元，销售部门计提折旧 4 万元，生产车间计提折旧 3 万元，出租设备计提折旧 2 万元，建造厂房使用设备计提折旧 1 万元。

会计分录如下：

借：管理费用　　100 000

　　销售费用　　40 000

　　制造费用　　30 000

　　其他业务成本　　20 000

　　在建工程　　10 000

　贷：累计折旧　　200 000

## 四、固定资产的后续支出

固定资产的后续支出，是指固定资产在使用过程中发生的更新改造支出、修理费用等。

企业应当将与固定资产有关的更新改造等后续支出，满足固定资产确认条件的，计入固定资产成本；不可资本化的后续支出，如固定资产日常修理费用计入当期损益（管理费用、销售费用、其他业务成本等）（见表 5-3）。

**表 5-3　固定资产的后续支出类型及会计处理原则**

| 后续支出类型 | 会计处理原则 |
|---|---|
| 资本化支出 | 计入固定资产成本 |
| 费用化支出 | 计入当期损益 |

【例 5-17】2024 年 3 月，福喜公司（一般纳税人）用银行存款支付设备日常修理费价款 10 万元，增值税税额 1.3 万元，其中生产车间 4 万元，行政管理部门 3 万元，销售部门 2 万元，出租设备 1 万元。

会计分录如下：

借：制造费用　　40 000

　　管理费用　　30 000

　　销售费用　　20 000

　　其他业务成本　　10 000

　　应交税费——应交增值税（进项税额）　　13 000

　贷：银行存款　　113 000

固定资产的更新改造等后续支出满足固定资产确认条件的，应当计入固定资产成本，如有被替换的部分，应同时将被替换部分的账面价值从该固定资产原账面价值中扣除。

【例 5-18】甲航空公司为增值税一般纳税人，2024 年 12 月购入一架飞机总计花费 8 000 万元（含发动机），发动机当时的购买价为 500 万元。甲航空公司未将发动机作为一项单独的固定资产进行核算。2023 年 6 月末，甲航空公司开辟新航线，航程增加。为延长飞机的空中飞行时间，公司决定更换一部性能更为先进的发动机。公司以银行存款购入新发动机一台，增值税专用发票上注明的购买价为 700 万元，增值税税额为 91 万元；另支付安装费用并取得增值税专用发票，注明安装费 10 万元，税率 9%，增值税税额 0.9 万元。假定飞机的年折旧率为 3%，不考虑预计净残值的影响，替换下的老发动机报废且无残值收入。甲航空公司应编制如下会计分录：

（1）2023 年 6 月末初飞机的累计折旧金额 = 80 000 000×3%×8.5 = 20 400 000（元），将固定资产转入在建工程：

借：在建工程　　59 600 000

　　累计折旧　　20 400 000

贷：固定资产　80 000 000

（2）购入并安装新发动机：

借：工程物资　7 000 000

应交税费——应交增值税（进项税额）　910 000

贷：银行存款　7 910 000

借：在建工程　7 000 000

贷：工程物资　7 000 000

（3）支付安装费用：

借：在建工程　100 000

应交税费——应交增值税（进项税额）　9 000

贷：银行存款　109 000

（4）2023年年初老发动机的账面价值=5 000 000-5 000 000×3%×8.5=3 725 000（元），终止确认老发动机的账面价值：

借：营业外支出　3 725 000

贷：在建工程　3 725 000

（5）新发动机安装完毕，投入使用，固定资产的入账价值=59 600 000+7 000 000+100 000-3 725 000=62 975 000（元）：

借：固定资产　62 975 000

贷：在建工程　62 975 000

固定资产的后续支出分为资本化的后续支出和费用化的后续支出，如果该项支出使得固定资产使用寿命延长或产量增加或产品成本降低或固定资产价值增加等，就将其予以资本化（先记入“在建工程”，达到预定可使用状态再转入固定资产）。固定资产在进行更新改造时，不再计提折旧（因已将固定资产转到“在建工程”了）。更新改造后按新的入账价值重新计算折旧。日常维护费用，直接计入当期损益（管理费用、销售费用、其他业务成本等）。

【例5-19】2024年4月1日，福喜公司（一般纳税人）将原价100万元（包括发动机40万元）的宝牛牌汽车进行大修，截至当前，汽车已计提折旧30万元，汽车需要更换新发动机，新发动机的不含税价款为60万元，增值税税额7.8万元，以银行存款支付。出售旧发动机取得价款10万元，增值税税额1.3万元，款已收。另外用银行存款支付安装费1万元，增值税税额0.09万元。4月8日，汽车达到预定可使用状态。假设该车辆没有计提减值准备。

（1）宝牛牌汽车大修转出：

借：在建工程　700 000

累计折旧　300 000

贷：固定资产　1 000 000

（2）购买新发动机：

借：工程物资　600 000

应交税费——应交增值税（进项税额）　78 000

贷：银行存款　678 000

（3）安装新发动机：

借：在建工程　600 000

贷：工程物资　600 000

（4）旧发动机被替换部分：

旧发动机原价=40（万元）

旧发动机折旧额=40×30/100=12（万元）

旧发动机的账面价值＝40－12＝28（万元）

借：营业外支出　　280 000

　贷：在建工程　　280 000

（5）支付安装费：

借：在建工程　　10 000

　　应交税费——应交增值税（进项税额）　　900

　贷：银行存款　　10 900

（6）旧发动机出售：

借：银行存款　　113 000

　贷：营业外支出　　100 000

　　应交税费——应交增值税（销项税额）　　13 000

（7）达到预定可使用状态时：

借：固定资产　　1 030 000

　贷：在建工程　　1 030 000

【例5-20】光明公司有一条生产线，原价1 568 000元，已提折旧105万元，预计使用年限20年，已使用14年，现于2024年1月1日至3月31日对该条生产线进行改扩建，发生支出268 900元，增值税税额24 201元，以银行存款支付。改扩建后生产线预计可延长使用寿命4年。

（1）2024年1月1日对生产线进行改扩建。

借：在建工程　　518 000

　　累计折旧　　1 050 000

　贷：固定资产　　1 568 000

（2）2024年1月至3月31日共发生改扩建支出268 900元。

借：在建工程　　268 900

　　应交税费——应交增值税（进项税额）　　24 201

　贷：银行存款　　293 101

（3）2024年3月31日生产线改扩建完成。

借：固定资产　　786 900

　贷：在建工程　　786 900

假设该生产线改扩建后净残值不变，用直线法计算从2024年4月1日以后每年折旧额。

$$14\text{年折旧额}=\frac{1\,568\,000-X}{20}\times 14=1\,050\,000\text{（元）}$$

净残值 $X$＝68 000（元）

假设净残值依然为68 000元，从2024年4月1日以后，

$$\text{每年折旧额}=\frac{786\,900-68\,000}{10}=71\,890\text{（元）}$$

## 五、处置固定资产

固定资产的处置，即固定资产的终止确认，包括固定资产的出售、报废、毁损、对外投资、非货币性资产交换、债务重组等，不包括盘盈和盘亏。

企业在生产经营过程中，可能将不适用或不需用的固定资产对外出售转让，或因磨损、技术进步等原因对固定资产进行报废，或对因遭受自然灾害而毁损的固定资产进行处理。在进行会计处理时，应当按照规定程序办理相关手续，结转固定资产的账面价值，计算有关清理收入、清理费用及残料价值等，结转固定资产清理损益。

企业应设置"固定资产清理"科目核算固定资产的处置损益。将需要处置的固定资产的原值、已计提的累计折旧、资产减值准备以及清理过程中发生的清理费用转入"固定资产清理"的借方，取得的残值收入等记入该账户的贷方。清理完毕，该账户借方与贷方的差额即为固定资产清理净损益。结转固定资产清理损益时，记入"固定资产清理"科目的相反方向。



固定资产因转让、出售产生的利得或损失记入"资产处置损益"；因丧失使用功能或因自然灾害发生毁损等原因而报废清理产生的利得或损失记入营业外收支。

【例5-21】春华联实业公司于2024年3月5日出售一栋厂房，厂房原价870 000元，已计提折旧630 000元，未计提减值准备。出售价320 000元，增值税税率为9%，款项已收存银行。账务处理如下：



(1) 固定资产转入清理时：

借：固定资产清理　240 000

　　累计折旧　630 000

　贷：固定资产　870 000

(2) 收到出售厂房款项：

借：银行存款　348 800

　贷：固定资产清理　320 000

　　　应交税费——应交增值税（销项税额）　28 800

(3) 结转固定资产清理净损益：

借：固定资产清理　80 000

　贷：资产处置损益　80 000

【例5-22】春华实业公司于2024年4月20日将一台老化设备经批准后予以报废处理。该设备原始价值510 000元，已计提折旧340 000元，资产减值准备50 000元。清理过程中，发生清理费用5 000元，增值税税额450元，以银行存款支付。账务处理如下：

(1) 固定资产转入清理。

借：固定资产清理　120 000

　　累计折旧　340 000

　　固定资产减值准备　50 000

　贷：固定资产　510 000

(2) 支付发生的清理费用。

借：固定资产清理　5 000

　　应交税费——应交增值税（进项税额）　450

　贷：银行存款　5 450

(3) 取得残料收入。

借：银行存款　12 000

　贷：固定资产清理　12 000

(4) 结转固定资产清理净损益。

借：营业外支出——非流动资产处置损失　113 000

　贷：固定资产清理　113 000

【例5-23】丙公司为增值税一般纳税人，因遭受台风袭击毁损一座仓库，该仓库原价400万元，已计提折旧1 00万元，未计提减值准备；其残料估计价值5万元，残料已办理入库。发生清理费用并取得增值税专用发票，注明的装卸费为2万元，增值税税额为0.18万元，以银行存款支付。平安保险公司核定应赔偿150万元。丙公司应编制如下会计分录：

(1) 将毁损的仓库转入清理时：

借：固定资产清理　　3 000 000
　　累计折旧　　1 000 000
　贷：固定资产　　4 000 000

(2) 残料入库时：

借：原材料　　50 000
　贷：固定资产清理　　50 000

(3) 支付清理费用时：

借：固定资产清理　　20 000
　　应交税费——应交增值税（进项税额）　　1 800
　贷：银行存款　　21 800

(4) 确定应由保险公司理赔的损失时：

借：其他应收款——平安保险公司　　1 500 000
　贷：固定资产清理　　1 500 000

(5) 结转毁损固定资产发生的损失时：

借：营业外支出——非常损失　　1 470 000
　贷：固定资产清理　　1 470 000

## 六、固定资产清查

为保证固定资产核算的真实性，充分挖掘企业现有固定资产的潜力，企业应当定期或者至少于每年年末对固定资产进行清查盘点。在固定资产清查过程中，如果发现盘盈、盘亏的固定资产，应当填制固定资产盘盈盘亏报告表。清查固定资产的损溢，应当及时查明原因，并按照规定程序报批处理。

### （一）固定资产的盘盈

企业在财产清查中盘盈的固定资产，根据《企业会计准则第 28 号——会计政策、会计估计变更和差错更正》的规定，应当作为重要的前期差错进行会计处理。企业在财产清查中盘盈的固定资产，在按管理权限报经批准处理前，应先通过“以前年度损益调整”科目核算。

盘盈的固定资产，应按重置成本确定其入账价值，借记“固定资产”科目，贷记“以前年度损益调整”科目；由于以前年度损益调整而增加的所得税费用，借记“以前年度损益调整”科目，贷记“应交税费——应交所得税”科目；将以前年度损益调整科目余额转入留存收益时，借记“以前年度损益调整”科目，贷记“盈余公积”“利润分配——未分配利润”科目。

【例 5-24】丁公司为增值税一般纳税人，2024 年 1 月 5 日在财产清查过程中发现，2022 年 12 月购入的一台设备尚未入账，重置成本为 30 000 元。假定丁公司按净利润的 10%提取法定盈余公积，不考虑相关税费及其他因素的影响。丁公司应编制如下会计分录：

(1) 盘盈固定资产时：

借：固定资产　　30 000
　贷：以前年度损益调整　　30 000

(2) 结转为留存收益时：

借：以前年度损益调整　　30 000
　贷：盈余公积——法定盈余公积　　3 000
　　　利润分配——未分配利润　　27 000

### （二）固定资产的盘亏

企业在财产清查中盘亏的固定资产，按照盘亏固定资产的账面价值，借记“待处理财产损溢”科目，按照已计提的累计折旧，借记“累计折旧”科目，按照已计提的减值准备，借记“固定资产减值准备”科目，按照固定资产的原价，贷记“固定资产”科目。

企业按照管理权限报经批准后处理时，可收回的保险赔偿或过失人赔偿计入其他应收款，由企业承担的部分计入营业外支出。



根据现行增值税制度的规定，购进货物及不动产发生非正常损失，其负担的增值税进项税额不得抵扣，其中购进货物包括被确认为固定资产的货物。因此，进项税额要按固定资产的账面净值（固定资产原价减去已计提折旧）乘以适用税率转出。

【例 5-25】甲公司为增值税一般纳税人，2024 年 12 月 31 日进行财产清查时发现短缺一台笔记本电脑，原价为 10 000 元，已计提折旧 7 000 元，购入时增值税税额为 1 300元（增值税税率为 13%）。报经领导批准后，电脑损失的一半由保管人游福赔偿，其余损失企业承担。甲公司应编制如下会计分录：



（1）盘亏固定资产时：

借：待处理财产损溢　　3 000

　　累计折旧　　7 000

　贷：固定资产　　10 000

（2）转出不可抵扣的进项税额时：

借：待处理财产损溢　　390

　贷：应交税费——应交增值税（进项税额转出）　　390

（3）报经批准转销时：

借：营业外支出——盘亏损失　　1 695

　　其他应收款——游福　　1 695

　贷：待处理财产损溢　　3 390

本例中，笔记本电脑原价为 10 000 元，已计提折旧 7 000 元，账面净值为3 000元。

390 元（3 000×13%）要做进项税额转出。待处理财产损溢为 3 390（3 000+390）元。保管人游福赔偿一半，即 1 695 元（3 390/2）。

## 七、固定资产减值

当固定资产的可收回金额低于账面价值时即发生固定资产减值，要计提固定资产减值准备。

固定资产的初始入账价值为历史成本，由于固定资产使用年限较长，市场条件和经营环境的变化、科学技术的进步以及企业经营管理不善等原因，都可能导致固定资产创造未来经济利益的能力大大下降。因此，固定资产的真实价值有可能低于账面价值，在期末必须对固定资产减值损失进行确认。

固定资产在资产负债表日存在减值迹象时，其可收回金额低于账面价值的，企业应当将账面价值减记至可收回金额，减记的金额确认为减值损失，计入当期损益，借记“资产减值损失——固定资产减值损失”科目，同时，计提相应的资产减值准备，贷记“固定资产减值准备”科目。

根据《企业会计准则第 8 号——资产减值》的规定，企业固定资产减值损失一经确认，在以后会计期间不得转回。

“固定资产减值准备”科目属于资产类科目，但它是固定资产的备抵科目，因此，增加在贷方，余额为贷方余额。只有在固定资产处置时才转到借方（因为这时候这项固定资产不存在了）。

【例 5-26】2024 年 12 月 31 日，丁公司的某生产线存在可能发生减值的迹象。经计算，该机器的可收回金额合计为 1 230 000 元，账面价值为 1 400 000 元，以前年度未对该生产线计提过减值准备。

由于该生产线的可收回金额为 1 230 00 元，账面价值为 1 400 000 元，可收回金额低于账面价值，应按两者之间的差额 17 000（1 400 000-1 230 000）元计提固定资产减值准备。

丁公司应编制如下会计分录：

借：资产减值损失——固定资产减值损失　　170 000

贷：固定资产减值准备　　170 000

【例 5-27】甲公司于2023年3月用银行存款6 000万元购入不需安装的生产设备。该设备预计使用寿命20年，预计净残值为0，按直线法计提折旧。2023年12月31日，该固定资产公允价值5 544万元，2024年12月31日该固定资产公允价值5 475万元，假设该公司其他固定资产无减值迹象，计算2025年1月1日甲公司固定资产减值准备的账面余额。

2023年每月应提折旧额25（6 000/240）万元，2023年应提折旧额=225（9×25）万元，2023年年末账面净值为5 775（6 000-225）万元，高于公允价值5 544万元，应计提减值准备231（5 775-5 544）万元；2024年每月应提折旧额24［5 544/（240-9）］万元，2024年应提折旧额288（24×12）万元，2019年年末该设备的账面价值为5 256（5 775-288-231）万元，低于公允价值5 475万元，不须计提减值准备。则2025年1月1日固定资产减值准备的账面余额为231万元。

## 第二节　无形资产

### 一、无形资产的概念及特征

#### （一）无形资产的概念

无形资产是指企业拥有或者控制的没有实物形态的可辨认非货币性资产，包括专利权、非专利技术、商标权、著作权、土地使用权和特许权。无形资产没有实物形态是它与企业其他有形资产相区别的一个显著标志。

专利权，是指发明创造专利申请人对其发明创造在法定期限内所享有的专有权利，包括发明专利权、实用新型专利权和外观设计专利权。专利权由国家专利主管机关依法授予。

非专利技术一般包括工业专有技术、商业贸易专有技术、管理专有技术等。非专利技术具有经济性、机密性和动态性等特点。

商标权指专门在某类指定商品或产品上使用特定的名称或图案的权利。商标经商标局核准注册后为注册商标。商标注册人享有商标专有权，受法律保护。

著作权又称版权，指作者对其创作的文学、科学和艺术作品依法享有的作品署名权、发表权、修改权、保护作品完整权、复制权、发行权、出租权、展览权、表演权、放映权、广播权、信息网络传播权等。

土地使用权，指国家准许某企业在一定期间内对国有土地享有开发、利用、经营的权利。企业取得土地使用权的方式大致有以下几种：行政划拨取得、外购取得及投资者投入取得。

特许权，又称经营特许权、专营权，指企业在某一地区经营或销售某种特定商品的权利或是一家企业接受另一家企业使用其商标、商号、技术秘密等的权利。其通常有两种形式：一是由政府机构授权，准许企业使用或在特定地区享有经营某种业务的特权，如香烟销售专营权等；一是指企业间依法签订的合同，有限期或无限期使用另一家企业的某些权利，如连锁店分店使用总店的名称等。

#### （二）无形资产的特征

无形资产的特征有以下三点：

1. 不具有实物形态

无形资产是没有实物形态的，它所代表的是企业拥有的某些特殊权利或优势。它不像存货、固定资产等具有实物形态。某些无形资产虽然有赖于实物载体而存在，如计算机软件存储在介质（具有实物形态）中，但不会改变无形资产本身没有实物形态的特征。

2. 具有可辨认性

一项资产要作为无形资产进行核算，该资产必须是能够区别于其他资产可单独辨认的。具有可辨认性的标准是：

（1）能够从企业中分离或者划分出来，并能单独或者与相关合同、资产或负债一起用于出售、转让、租赁、交换、授予许可等。

（2）源于合同性权利或其他法定权利，无论这些权利是否可以从企业或者其他权利和义务中转移或者分离。

3. 属于非货币性长期资产

无形资产属于非货币性资产，且能在较长时期内为企业提供经济利益。无形资产的使用年限在一年以上，其价值将在各个受益期间逐渐摊销。



商誉由于无法与企业自身分离而存在，不具有可辨认性，因此，商誉不属于无形资产，它是一项单独的项目，就叫商誉。

## 二、无形资产的初始计量

企业取得的资产，必须同时满足以下三个条件，才能将其作为无形资产项目予以确认：

（1）符合无形资产的定义。

（2）与该无形资产相关的预计未来经济利益很可能流入企业。

（3）无形资产的成本能够可靠地计量。

无形资产按取得来源不同可分为外购无形资产、自行研发的无形资产、投资者投入的无形资产。

### （一）外购的无形资产

无形资产通常按照实际成本进行初始计量，即以取得无形资产并使之达到预定用途而发生的全部支出作为无形资产的成本。企业外购无形资产的成本，包括购买价款、相关税费以及直接归属于使该项资产达到预定用途所发生的其他支出。如果取得增值税专用发票，其支付的增值税额可以抵扣，记入“应交税费——应交增值税（进项税额）”科目，若取得的是增值税普通发票，则不能抵扣，支付的增值税额应计入无形资产成本（见图 5-4）。

购买价款+相关税费+直接归属于使该资产达到预定用途所发生的其他支出

借：无形资产

　　应交税费——应交增值税（进项税额）

贷：银行存款等

**图 5-4　外购无形资产的会计处理**

【例 5-28】春华实业公司因生产产品需要购入一项专利权，取得的增值税专用发票上注明的价款为 300 000 元，税率 6%，增值税税额 18 000 元，企业用银行存款一次性付清。会计处理如下：

| | | |
|---|---|---|
| 借：无形资产——专利权 | 300 000 | |
| 　　应交税费——应交增值税（进项税额） | 18 000 | |
| 贷：银行存款 | | 318 000 |

### （二）投资者投入的无形资产

企业接受投资者投入的无形资产成本，应当按照双方投资合同或协议约定的价值确定，但合同协议约定价值不公允的应按无形资产的公允价值入账。无形资产入账价值与所占企业实收资本比例价值之间的差额，作为资本溢价或股本溢价，计入资本公积。

【例 5-29】春华实业公司因业务发展需要，接受春风公司以一项专利权进行的投资。双方约定此项专利权的价值为 300 000 元（假设没有增值税专用发票），占春华实业公司实收资本的 5%。春华实业公司实收资本为 5 000 000 元。不考虑相关税费，相关账务处理如下：

借：无形资产——专利权　　300 000

　贷：实收资本　　250 000

　　资本公积——资本溢价　　50 000

### （三）自行研发的无形资产

企业自行研究开发的无形资产，分为研究阶段和开发阶段（见图 5-5），研究阶段发生的支出计入费用化支出，开发阶段发生的支出计入资本化支出。

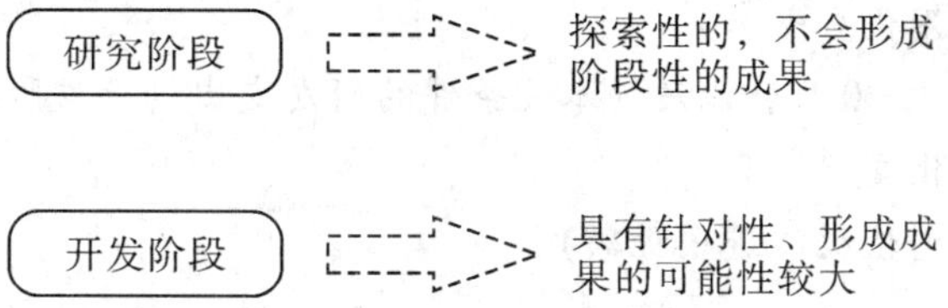


**图 5-5　无形资产的研究阶段及开发阶段**

研究阶段，是指为获取并理解新的科学或技术知识等进行的独创性的有计划的调查阶段。研究阶段基本上是探索性的，是为进一步的开发活动进行资料及相关方面的准备，已进行的研究活动将来是否会转入开发、开发后是否会形成无形资产等均具有较大的不确定性。

开发阶段，是指在进行商业性生产或使用前，将研究成果或其他知识应用于某项计划或设计，以生产出新的或具有实质性改进的材料、装置、产品等阶段。相对于研究阶段而言，开发阶段应当是已完成研究阶段的工作，在很大程度上具备了形成一项新产品或新技术的基本条件。

企业发生的研发支出，应设置“研发支出”科目进行归集，在研究阶段，全部支出予以费用化，发生费用支出时，借记“研发支出——费用化支出”，贷记“银行存款”“应付职工薪酬”等，期末时，将“研发支出——费用化支出”结转至“管理费用”。开发阶段符合资本化的支出，发生支出时，借记“研发支出——资本化支出”，贷记“银行存款”“应付职工薪酬”等，待研发的产品或技术达到预定使用状态时，将“研发支出——资本化支出”结转至“无形资产”。开发阶段不符合资本化的费用支出会计处理同研究阶段（见图 5-6）。

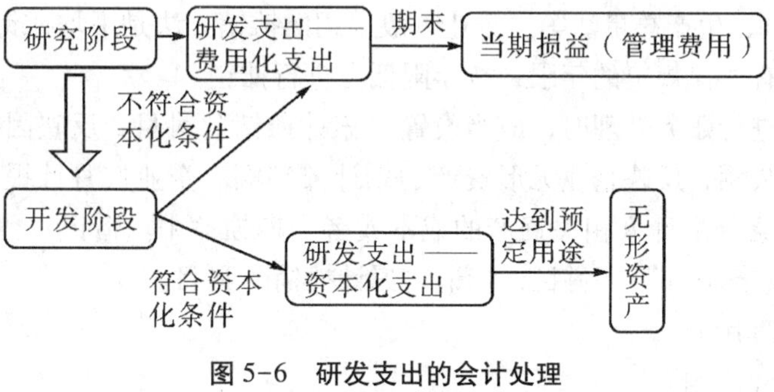


**图 5-6　研发支出的会计处理**

企业如果无法可靠区分研究阶段的支出和开发阶段的支出，应将发生的研发支出全部费用化，计入当期损益，记入“管理费用”科目的借方。

【例 5-30】2024 年 3 月 1 日，福喜公司（一般纳税人）开始自行研发一项非专利技术，3 月 31 日前发生研究支出 100 万元，其中领用原材料 30 万元，应付工人工资20 万元，以银行存款支付给有福公司研发费，取得增值税专用发票价款 50 万元，增值税税额 3 万元。

从 4 月 1 日起，开始进入开发阶段，当日领用原材料 100 万元，应付工人工资150 万元，以银行存款支付给有福公司研发费，取得增值税专用发票价款 50 万元，增值税税额 3 万元，全部满足资本化条件。6 月 30 日，无形资产到达预定可使用状态。

会计分录如下：

①2024 年 3 月 1 日至 31 日，不满足资本化条件的研发支出（研究阶段）：

借：研发支出——费用化支出 1 000 000

应交税费——应交增值税（进项税额） 30 000

贷：原材料 300 000

应付职工薪酬 200 000

银行存款 530 000

②3 月 31 日，期（月）末，将“研发支出——费用化支出”转入“管理费用”：

借：管理费用 1 000 000

贷：研发支出——费用化支出 1 000 000

③2024 年 4 月 1 日至 6 月 30 日，满足资本化条件的研发支出（开发阶段）：

借：研发支出——资本化支出 3 000 000

应交税费——应交增值税（进项税额） 30 000

贷：原材料 1 000 000

应付职工薪酬 1 500 000

银行存款 530 000

④6 月 30 日，满足资本化条件的研究开发项目达到预定用途形成无形资产：

借：无形资产——非专利技术 3 000 000

贷：研发支出——资本化支出 3 000 000

## 三、无形资产的摊销

企业应当在取得无形资产时就对其使用寿命进行分析和判断，对无形资产的使用寿命做出合理的估计。使用寿命有限或确定的无形资产，应当合理估计使用年限或者构成使用寿命的产量等类似计量单位数量；无法预见无形资产为企业带来经济利益期限的，应当视为使用寿命不确定的无形资产。使用寿命有限的无形资产应进行摊销，使用寿命不确定的无形资产不应摊销。

使用寿命有限的无形资产其净残值通常视为零。对于使用寿命有限的无形资产，企业应当按月进行摊销。自可供使用（即其达到预定用途）当月起开始，处置当月不再摊销。无形资产的摊销方法有年限平均法（即直线法）、生产总量法等。企业一般采用的摊销方法是平均摊销（即直线法摊销）。如果有预计使用寿命，也有法律规定的年限，按年限低者进行摊销。

企业摊销无形资产进行账务处理时，应当设置“累计摊销”科目，反映因摊销而减少的无形资产价值。本科目期末贷方余额，反映企业无形资产的累计摊销额。企业按月计提无形资产摊销额时，应根据无形资产的受益对象分配计入相关资产的成本或者当期损益中。借记“管理费用”“制造费用”或“生产成本”“其他业务成本”等科目，贷记“累计摊销”科目。

借：管理费用（管理用）

其他业务成本（出租）

制造费用等（生产产品）

贷：累计摊销

无形资产如果发生减值的，还要计提无形资产减值准备。通过“资产减值损失”和“无形资产减值准备”科目进行核算。

“累计摊销”科目和“无形资产减值准备”科目都属于资产类科目，但它是无形资产的备抵科目，增加在贷方，减少在借方，期末余额为贷方余额。只有在处置该项无形资产时，才转入借方。

无形资产摊销额的计算公式为：

每期摊销额=原始价值÷摊销期限

【例5-31】甲公司购买了一项管理用特许权，成本为4 800 000元，合同规定受益年限为10年，没有计提减值准备，甲公司采用年限平均法按月摊销。每月摊销时，甲公司应做如下账务处理：

（1）计算每月应摊销的金额=4 800 000÷10÷12=40 000（元）

（2）编制会计分录：

借：管理费用　　40 000

　贷：累计摊销　　40 000

【例5-32】2024年2月1日，甲公司将其自行开发完成的非专利技术出租给丁公司，该非专利技术成本为3 600 000元，没有计提减值准备，双方约定的租赁期限为10年，甲公司采用年限平均法按月进行摊销。每月摊销时，甲公司应做如下账务处理：

（1）计算每月应摊销的金额=3 600 000÷10÷12=30 000（元）

（2）编制会计分录

借：其他业务成本　　30 000

　贷：累计摊销　　30 000

如果无形资产在使用过程中发生了减值，则其摊销额要重新计算。计算公式为：

每期应摊销的金额=（原始价值-已累计摊销金额-已计提的减值准备）÷摊销期限

## 四、无形资产的减值

无形资产的减值是指无形资产的可收回金额低于账面价值，或者说无形资产的账面价值超过了可收回金额，则说明无形资产发生了减值。

在资产负债表日，无形资产存在可能发生减值迹象，且其可收回金额低于账面价值的，企业应当将无形资产的账面价值减记至可收回金额，减记的金额确认为减值损失，并计提相应的资产减值准备。借记“资产减值损失”科目，贷记“无形资产减值准备”科目（见图5-7）。

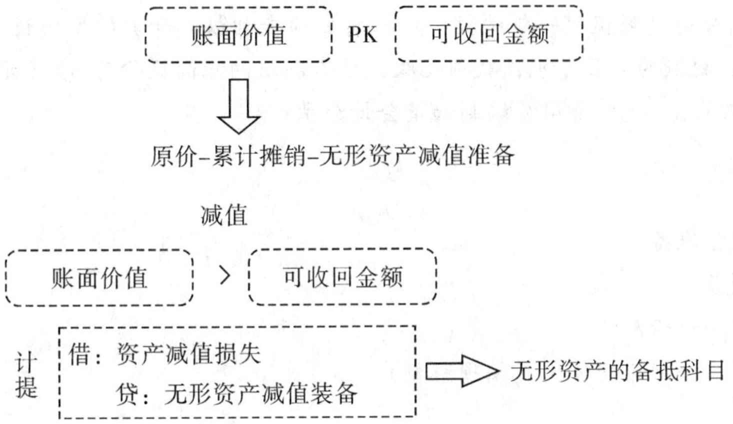


**图5-7　无形资产减值的会计处理**

“资产减值损失”科目属于损益类科目，期末结转本年利润后无余额；“无形资产减值准备”科目属于资产类科目，但它是无形资产的备抵科目。

《企业会计准则第8号——资产减值》规定，无形资产减值损失一经确认，在以后会计期间不得转回。

【例5-33】2024年12月31日，甲公司拥有某专利技术的账面价值为800 000元，剩余摊销年限为4年，经减值测试，该专利技术的可收回金额为750 000元。由于该专利技术可收回金额低于账面价值，应按其差额50 000（800 000-750 000）元计提减值准备。甲公司应编制如下会计分录：

借：资产减值损失——计提的无形资产减值准备　　50 000

　贷：无形资产减值准备　　50 000

## 五、无形资产的处置

无形资产的处置，是指由于无形资产出售、对外捐赠，或者无法为企业未来带来经济利益（报废）等时，对无形资产的转销并终止确认。



### （一）出售无形资产



企业出售无形资产，应当将取得的价款扣除无形资产账面价值以及出售相关税费后的差额作为资产处置损益进行会计处理，即出售产生的利得或损失记入“资产处置损益”科目。会计分录为：

借：银行存款

累计摊销

无形资产减值准备

贷：无形资产

应交税费——应交增值税（销项税额）

借或贷：资产处置损益（不含税价款与账面价值之间的差额）

【例5-34】甲公司为增值税一般纳税人，将其购买的一项专利权转让给乙公司，开具增值税专用发票，注明价款500 000元，税率6%，增值税税额30 000元，款项530 000元已存入银行。该专利权的成本为600 000元，已摊销220 000元，已计提减值准备20 000元。甲公司应编制如下会计分录：

| | | |
|---|---|---|
| 借：银行存款 | 530 000 | |
| 累计摊销 | 220 000 | |
| 无形资产减值准备 | 20 000 | |
| 贷：无形资产——专利权 | | 600 000 |
| 应交税费——应交增值税（销项税额） | | 30 000 |
| 资产处置损益 | | 140 000 |

【例5-35】光明公司（增值税一般纳税人）出售一项专利权，开具的增值税专用发票上注明的价款为20万元，增值税税额为1.2万元，款项已收，该专利权的账面原价为80万元，已累计摊销56万元，计提减值准备1万元。光明公司应编制如下会计分录：

| | | |
|---|---|---|
| 借：银行存款 | 212 000 | |
| 累计摊销 | 560 000 | |
| 无形资产减值准备 | 10 000 | |
| 资产处置损益 | 30 000 | |
| 贷：无形资产——专利权 | | 800 000 |
| 应交税费——应交增值税（销项税额） | | 12 000 |

### （二）报废

无形资产预期不能为企业带来经济利益时，企业应将其报废并予以转销，其账面价值转入当期损益（营业外支出）。会计分录为：

借：营业外支出

累计摊销

无形资产减值准备

贷：无形资产

【例5-36】光明公司（增值税一般纳税人）2018—2024年无形资产业务有关资料如下：

（1）2018年12月1日，以318万元（含增值税）购入一项无形资产，该无形资产预计使用年限10年。款项已经银行存款支付。

（2）2022 年 12 月 31 日，预计无形资产的可收回金额 142 万元。

（3）2023 年 12 月 31 日，预计无形资产的可收回金额 129.8 万元。

（4）2024 年 4 月 1 日，将该项无形资产以 130 万元出售，增值税税率 6%，增值税税额 7.8 万元，共计 137.8 万元已收存银行。

光明公司有关账务处理如下：

（1）借：无形资产　　3 000 000

　　应交税费——应交增值税（进项税额）　　180 000

　　贷：银行存款　　3 180 000

（2）每月摊销额=300÷（10×12）=2.5（万元）

至 2022 年 12 月 31 日已摊销额=2.5×（1+4×12）=122.5（万元）

2022 年 12 月 31 日账面净值（也是账面价值）=300−122.5=177.5（万元）

可收回金额 142 万元低于账面价值 177.5 万元，发生减值=177.5−142=35.5（万元）

借：资产减值损失　　355 000

　贷：无形资产减值准备　　355 000

（3）2023 年 1 月 1 日至 2023 年 12 月 31 日一年的摊销额=142÷（5×12+11）×12=24（万元）

300−122.5−35.5=142（万元）

2023 年 12 月 31 日的账面净值=300−122.5−24=153.5（万元）

2023 年 12 月 31 日的账面价值=300−122.5−24−35.5=118（万元）

可收回金额 129.8 万元大于账面价值 118 万元，未发生减值，不进行账务处理。（原计提的减值准备不得转回）

（4）2024 年 1 月至 3 月的摊销额=118÷（4×12+11）×3=6（万元）

2024 年 3 月 31 日的账面净值=153.5−6=147.5（万元）

2024 年 4 月 1 日的账面价值=147.5−35.5=112（万元）

或=118−6=112（万元）

或=300−122.5−24−6−35.5=112（万元）

至无形资产出售时累计摊销金额=122.5+24+6=152.5（万元）

2024 年 4 月 1 日无形资产出售净损益=130−112=18（万元）

借：银行存款　　1 378 000

　　累计摊销　　1 525 000

　　无形资产减值准备　　355 000

　贷：无形资产　　3 000 000

　　应交税费——应交增值税（进项税额）　　78 000

　　资产处置损益　　180 000

注：无形资产的账面净值=原值−累计摊销

无形资产的账面价值=原值−累计摊销−无形资产减值准备

# 第三节　长期待摊费用

## 一、长期待摊费用的概念

长期待摊费用是指企业已经发生但应由本期和以后各期负担的分摊期限在一年以上的各项费用，如以租赁方式租入具有使用权的固定资产发生的改良支出等。

## 二、长期待摊费用的账务处理

为了反映长期待摊费用的发生、摊销情况，企业应当设置“长期待摊费用”科目进行核算，借方登记发生的长期待摊费用，贷方登记摊销的长期待摊费用，期末借方余额反映企业尚未摊销完毕的长期待摊费用。“长期待摊费用”科目属于资产类科目，增加在借方，减少在贷方，期末余额在借方。该科目可按费用项目设置明细账进行明细核算。



企业发生的长期待摊费用，借记“长期待摊费用”科目，确认当期可抵扣的增值税进项税额借记“应交税费——应交增值税（进项税额）”科目，贷记“原材料”“银行存款”等科目。按受益对象摊销时借记“管理费用”“制造费用”“销售费用”等科目，贷记“长期待摊费用”科目。



长期待摊费用的主要核算内容如图 5-8 所示。

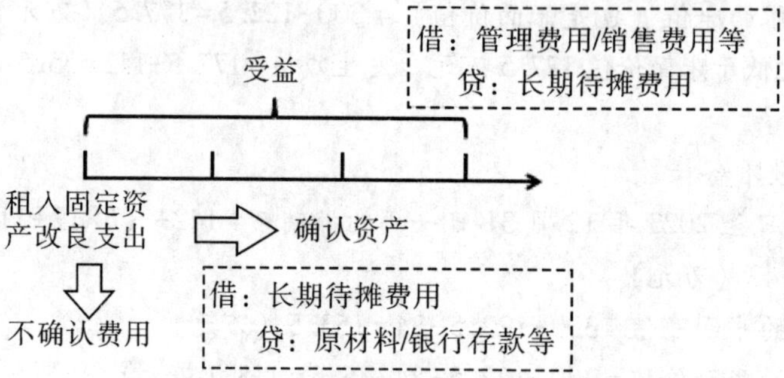


**图 5-8　长期待摊费用的主要核算内容**

【例 5-37】2024 年 3 月，福喜公司（一般纳税人）对以租赁方式租入的办公室进行装修，支出如下：领用生产用材料 50 万元，有关人员工资 22 万元。6 月底，装修结束。7 月，办公室开始投入使用，管理部门和销售部门各占 50%，预计使用 6 年。

（1）领用原材料：

借：长期待摊费用　　500 000

　贷：原材料　　500 000

（2）确认人员工资：

借：长期待摊费用　　220 000

　贷：应付职工薪酬　　220 000

（3）7 月，摊销时：

每年应摊销的装修支出 =（50+22）÷6 = 12（万元）

每月应摊销的装修支出 = 12÷12 = 1（万元）

借：管理费用　　5 000

　　销售费用　　5 000

　贷：长期待摊费用　　10 000

# 第四节　长期股权投资

## 一、长期股权投资概述

### （一）长期股权投资的概念

长期股权投资是指企业持有的对其子公司、合营企业及联营企业的权益性投资以及企业持有的对被投资单位不具有控制、共同控制或重大影响，且在活跃市场中没有报价、公允价值不能可靠计量的权益性投资。

企业实施长期股权投资，不是单纯为了获取短期利益，而是通过投资达到参与或控制被投资企业实施长远战略或收益的目的，或对被投资单位施加重大影响，或为了与被投资单位建立密切关系，以分散经营风险。

### （二）长期股权投资的四种类型

长期股权投资包括以下四种类型：

一是控制，即投资企业能够对被投资单位实施控制的权益性投资，即对子公司投资，有权决定子公司的财务和经营政策。

二是共同控制，即投资企业与合营方一同对被投资单位实施共同控制的权益性投资，即对合营企业投资。合营各方在对合营企业的重要财务和生产经营政策制定过程中，必须由合营各方同意才能通过。持股比例以合同、章程规定为准。

三是重大影响，即投资企业对被投资单位具有重大影响的权益性投资，即对联营企业投资。对联营企业的重要财务和生产经营政策的制定有重大影响，但不能控制。

投资企业通过以下一种或几种情形来判断是否对被投资单位具有重大影响：

①在被投资单位的董事会或类似权力机构中派有代表。

②参与被投资单位财务和经营政策的制定过程。

③与被投资单位之间发生重要交易。

④向被投资单位派出管理人员。

⑤向被投资单位提供关键技术资料。

四是无控制、共同控制或重大影响，且在活跃市场中没有报价、公允价值不能可靠计量的权益性投资。

### （三）长期股权投资的核算方法

长期股权投资的核算方法有两种：成本法和权益法。

以上第一种和第四种两种情况用成本法核算；第二种和第三种用权益法核算。即对子公司实施控制的权益性投资和其他无控制、共同控制或重大影响，且在活跃市场中没有报价、公允价值不能可靠计量的权益性投资用成本法；对合营企业的共同控制和对联营企业具有重大影响的权益性投资用权益法。

## 三、长期股权投资的核算

### （一）成本法

成本法是指长期股权投资的价值通常按初始投资成本计量，除追加或收回投资外，一般不对长期股权投资的账面价值进行调整的一种会计处理方法。

企业能够对被投资单位实施控制的长期股权投资，即企业对子公司的长期股权投资，采用成本法核算。其核算要点为：除企业合并形成的长期股权投资以外，以支付现金或非现金取得的长期股权投资的初始投资成本包括购买价款和支付的相关税费，如果支付的价款中包含有已宣告但未发放的现金股利或利润，作为应收项目处理，不构成长期股权投资的初始投资成本；初始投资成本一经确定，以后被投资单位无论盈利或亏损，均不改变长期股权投资的账面价值；收到（或应收）被投资单位的现金股利时，才作为“投资收益”。被投资单位没有宣告分利润，就不做账。长期股权投资永远保留初始投资时的价值。长期股权投资减值时，借记“资产减值损失”，贷记“长期股权投资减值准备”；长期股权投资减值损失一经确认，在以后会计期间不得转回。处置时按实际收到的价款借记“银行存款”，同时结转已计提的长期股权投资减值准备，贷记“长期股权投资”，差额计入投资收益（借记或贷记）。





【例 5-38】甲公司 2024 年 1 月 15 日以银行存款购买诚远股份有限公司发行的股票 10 万股作为长期股权投资，每股买入价 10 元，每股价款中包含有 0.2 元已宣告分派的现金股利，另支付相关税费 7 000元。甲公司准备长期持有，并采用成本法核算。

借：长期股权投资——诚远股份有限公司（成本） 987 000
  应收股利——诚远股份有限公司 20 000
 贷：银行存款 1 007 000

【例 5-39】甲公司于 2024 年 2 月 20 日收到诚远股份有限公司分来的购买该股票时已宣告分派的股利 20 000 元。

借：银行存款 20 000
 贷：应收股利——诚远股份有限公司 20 000

【例 5-40】承【例 5-38】甲公司于 2024 年 7 月 15 日收到诚远股份有限公司报告，该公司 2019 年上半年亏损 50 万元。

甲公司不做账。

【例 5-41】承【例 5-38】甲公司于 2025 年 1 月 20 日收到诚远股份有限公司报告，该公司 2019 年盈利 80 万元。

甲公司不做账。

【例 5-42】承【例 5-38】甲公司于 2025 年 1 月 30 日，收到诚远股份有限公司宣告发放现金股利的通知，应分得现金股利 5 000 元，甲公司应编制如下会计分录：

借：应收股利——长信股份有限公司 5 000
 贷：投资收益——股票现金股利收入 5 000

【例 5-43】甲公司将其作为长期投资持有的远海股份有限公司 15 000 股股票以每股 10 元的价格卖出，支付相关税费 1 000 元，取得价款 149 000 元，款项已由银行收妥。该长期股权投资的账面价值为 140 000 元。经查，该投资以前已计提减值准备2 000元。

借：银行存款 149 000
  长期股权投资减值准备 2 000
 贷：长期股权投资 140 000
  投资收益 11 000

### （二）权益法

权益法是指长期股权投资以初始投资成本计量后，在投资持有期间根据投资企业享有被投资单位所有者权益份额的变动对投资的账面价值进行调整的会计处理方法。

企业对被投资单位具有共同控制或重大影响时，长期股权投资采用权益法核算。

企业对被投资单位具有共同控制的长期股权投资，即企业对合营企业的长期股权投资；企业对被投资单位具有重大影响，即企业联营企业的长期股权被投资。

权益法下，为了反映企业长期股权被投资的取得、持有和处置等情况，企业应当设置“长期股权被投资”“投资收益”“其他综合收益”等科目进行核算。其中，“长期股权被投资”还要设置“投资成本”“损益调整”“其他权益变动”“其他综合收益”等明细科目进行明细核算。其核算要点为：长期股权投资最初以初始投资成本计价，以后根据享有被投资单位所有者权益份额的变动对投资的账面价值进行调整。即长期股权投资的初始投资成本并不是固定不变的，要随着被投资单位的盈利或亏损而发生改变。“长期股权投资”科目需按明细科目进行明细核算。具体内容如下：

1. 取得长期股权投资

长期股权投资的初始投资成本大于投资时应享有被投资单位可辨认净资产公允价值份额的，按长期股权投资的初始投资成本入账；若“小于”，差额记入“营业外收入”。

【例 5-44】甲公司以 1 000 万元取得 B 公司 30% 的股权，取得投资时 B 公司可辨认净资产的公允价值为 3 000 万元。甲公司应编制如下会计分录：

| | | |
|---|---|---|
| 借：长期股权投资——B 公司（成本） | 10 000 000 | |
| 贷：银行存款 | | 10 000 000 |

【例 5-45】承【例 5-44】如果投资时 B 公司可辨认净资产的公允价值为 3 500 万元。甲公司应编制如下会计分录：

| | | |
|---|---|---|
| 借：长期股权投资——B 公司（成本） | 10 500 000 | |
| 贷：银行存款 | | 10 000 000 |
| 营业外收入 | | 500 000 |

【例 5-46】甲公司 2024 年 1 月 5 日支付价款 2 000 万元购入乙公司 30% 的股份准备长期持有，另支付相关税费 20 万元，购入时乙公司可辨认净资产公允价值为 1 200 万元。甲公司取得投资后对乙公司具有重大影响。甲公司因确认投资而影响利润的金额为（　　）万元。

A. -20　　B. 0

C. 1 580　　D. 1 600

『正确答案』C

『答案解析』

甲公司投资时应享有被投资单位可辨认净资产公允价值份额为 3 600（1 200×30%）万元，初始投资成本为 2 020（2 000+20）万元，1 580（3 600-2 020）万元记入“营业外收入”。

| | | |
|---|---|---|
| 借：长期股权投资——乙公司（投资成本） | 36 000 000 | |
| 贷：银行存款 | | 20 200 000 |
| 营业外收入 | | 15 800 000 |

2. 长期股权投资持有期间被投资单位宣告发放现金股利或利润

长期股权投资持有期间被投资单位盈利或亏损，宣告分派现金股利或利润，记入“长期股权投资——损益调整”。

盈利：

借：长期股权投资——损益调整

　贷：投资收益

亏损：

借：投资收益

　贷：长期股权投资——损益调整

被投资单位宣告分派现金股利或利润：

借：应收股利

　贷：长期股权投资——损益调整

收到时：

借：银行存款

　贷：应收股利

【例 5-47】甲公司 2023 年 1 月 20 日购买东方股份有限公司发行的股票 500 万股准备长期持有，占东方股份有限公司股份的 30%，每股买入价 6 元，另支付相关税费50 万元，款项以银行存款支付。2022 年 12 月 31 日，东方股份有限公司的所有者权益的账面价值（与公允价值不存在差异）为1 亿元。

借：长期股权投资——东方股份有限公司（投资成本）　　30 500 000

贷：银行存款　　30 500 000

【例 5-48】承【例 5-47】2023 年东方股份有限公司实现净利润 1 000 万元，2024 年 5 月 15 日，东方股份有限公司宣告发放现金股利，每 10 股派 3 元，2024 年 7 月 15 日，收到东方股份有限公司发放的现金股利存入银行。

（1）确认东方股份有限公司实现的投资收益。

借：长期股权投资——东方股份有限公司（损益调整）　　3 000 000

贷：投资收益　　3 000 000

（2）东方股份有限公司宣告发放现金股利。

借：应收股利——东方股份有限公司　　1 500 000

贷：长期股权投资——东方股份有限公司（损益调整）　　1 500 000

（3）收到东方股份有限公司发放的现金股利。

借：银行存款　　1 500 000

贷：应收股利——东方股份有限公司　　1 500 000

3. 持有长期股权投资期间被投资单位所有者权益的其他变动

按持股比例记入“长期股权投资——其他权益变动”，对应科目为“资本公积——其他资本公积”。

【例 5-49】承【例 5-47】2024 年 8 月东方股份有限公司可供出售金融资产的公允价值增加了 400 万元。

借：长期股权投资——东方股份有限公司（其他权益变动）　　1 200 000

贷：资本公积——其他资本公积　　1 200 000

4. 长期股权投资的减值

资产负债表日，企业要对长期股权投资进行减值测试，如果有迹象表明长期股权投资的可收回金额低于账面价值，即发生了减值。企业应编制如下会计分录：

借：资产减值损失——计提的长期股权投资减值准备

贷：长期股权投资减值准备

长期股权投资减值损失一经确认，在以后会计期间不得转回。

5. 长期股权投资的处置

按实际收到的价款借记“银行存款”，同时结转已计提的长期股权投资减值准备，贷记“长期股权投资”科目的有关明细科目，并结转“资本公积——其他资本公积”差额计入投资收益（借记或贷记）。

【例 5-50】承【例 5-47】【例 5-48】【例 5-49】2024 年 11 月 20 日，甲公司将所持东方股份有限公司的股票全部（500 万股）出售，每股出售价为 10 元，款项收存银行。

借：银行存款　　50 000 000

资本公积——其他资本公积　　1 200 000

贷：长期股权投资——东方股份有限公司（投资成本）　　30 500 000

——东方股份有限公司（损益调整）　　1 500 000

——东方股份有限公司（其他权益变动）　　1 200 000

投资收益　　18 000 000

【例 5-51】2024 年 12 月 31 日，甲公司将其持有的乙公司普通股股票作为长期股权投资进行核算，其账面价值为 1 350 000 元。由于乙公司当年度经营不善，资金周转发生困难，使得其股票市场价值下跌至 1 140 000 元，短期内难以恢复。假设甲公司本年度首次计提长期股权投资减值准备，计提的长期股权投资减值准备金额为 210 000（1 350 000-1 140 000）元，其会计处理如下：

借：资产减值损失——计提的长期股权投资减值准备　　210 000

贷：长期股权投资减值准备　　210 000

## 综合练习题

扫一扫

# 第六章 负债

## 第一节 负债概述

### 一、负债的定义

负债是企业资产的资金来源之一。国际会计准则委员会对负债的定义为：负债是企业过去的交易和事项而产生的经济义务，预期会导致经济利益流出企业的现时义务。我国《企业会计准则》对负债的定义为：负债是企业所承担的能以货币计量、需以资产或劳务偿还的债务。负债具备债权人、到期时间和金额三个基本要素。

### 二、负债的特征

根据负债的定义，负债有以下三个特征：

#### （一）负债是企业承担的现时义务

这是负债的基本特征。现时义务是指企业在现行条件下已承担的义务。未来发生的交易或者事项形成的义务不属于现时义务，不应当确认为负债。

#### （二）负债预期会导致经济利益流出企业

负债需要以资产或者提供劳务偿还，会导致经济利益流出企业。

#### （三）负债是由企业过去的交易或者事项形成的

只有过去的交易或者事项才形成负债。企业将在未来发生的承诺、签订的合同等交易或事项，不形成负债。

### 三、负债的确认条件

将一项现时义务确认为负债，不仅要符合负债的定义，还要同时满足两个条件：

#### （一）与该义务有关的经济利益很可能流出企业

从负债的定义所知，预期会导致经济利益流出企业是负债的一个本质特征。在实务中，履行义务所需流出的经济利益带有不确定性，尤其是与推定义务相关的经济利益通常需要依赖于大量的估计。

因此，负债的确认应当与经济利益流出的不确定性程度的判断结合起来，如果有确凿证据表明，与现时义务有关的经济利益很可能流出企业，就应当将其作为负债予以确认；相反，如果企业承担了现时义务，但是企业经济利益流出的可能性很小，就不符合负债的确认条件，不应将其作为负债予以确认。

#### （二）未来流出的经济利益的金额能够可靠计量

负债的确认在考虑经济利益流出企业的同时，对于未来流出的经济利益的金额应当能够可靠计量。对于与法定义务有关的经济利益流出金额，通常可以根据合同或者法律规定的金额予以确定，考虑到经济利益流出的金额通常在未来期间，有时未来期间较长，有关金额的计量需要考虑货币时间价值等因素的影响。对于与推定义务有关的经济利益流出金额，企业应当根据履行相关义务所需支出的最佳估计数进行估计，并综合考虑有关货币时间价值、风险等因素的影响。

### 四、负债的分类

负债按流动性的不同，分为流动负债和非流动负债。

#### （一）流动负债

流动负债又称短期负债，是指企业在一年或者超过一年的一个正常营业周期内偿还的债务，包括短期借款、应付票据、应付账款、预收账款、应付职工薪酬、应交税费、应付股利、应付利息、其他应付款等。根据经营活动的不同，不同企业的流动负债也各不相同。

#### （二）非流动负债

非流动负债是指偿还期限在一年以上或者超过一年的一个正常营业周期以上的债务，包括长期借款、应付债券、长期应付款等。在资产负债表上，企业需要分门别类地列出各种非流动负债的金额。非流动负债与流动负债相比，具有数额较大、偿还期限较长的特点。因此，举借非流动负债有一定的条件，例如需要企业指定某项资产作为还款的担保品时，要求企业指定担保人，设置偿债基金等，以此来保护债权人的经济利益。

## 第二节　流动负债

### 一、流动负债概述

#### （一）流动负债的含义及特点

流动负债是指在一年或者超过一年的一个正常营业周期内偿还的债务，包括短期借款、应付账款、应付票据、预收账款、应付职工薪酬、应交税费、应付股利、应付利息、其他应付款、合同负债等。

流动负债是指预计在一个正常营业周期中清偿，或者主要为交易目的而持有，或者自资产负债表日起一年内（含一年）到期应予以清偿，或者企业无权自主地将清偿推迟至资产负债表日后一年以上的负债。

流动负债以外的负债应当归类为非流动负债。流动负债具有下列特点：

（1）流动负债一般是在债权人提出要求时即期偿付，或者在一年或超过一年的一个营业周期内必须偿付，因此偿还期限较短。

（2）举借的目的主要是满足生产经营活动中的资金周转需要，因此，流动负债的数额一般较小，周转较快。

（3）流动负债到期一般需要用资产、提供劳务或举借新的债务来清偿。

### （二）流动负债的分类

负债是企业现在承担的债务责任，但负债的偿还是在将来发生的。根据负债金额确定程度大小，流动负债可划分为应付金额确定的流动负债、应付金额视经营情况而定的流动负债和应付金额须予以估计的流动负债。

1. 应付金额确定的流动负债

这类流动负债一般在确认一项义务的同时，根据合同、契约或法律的规定具有确切的金额乃至有确切的债权人和付款日，并且到期必须偿还。这类流动负债可以较为精确地计量。如企业由于购入一台机器设备，按照合同确定的交易金额开出承兑商业汇票，这一负债具有确定的金额、偿还日期和确定的债权人。

2. 应付金额视经营情况而定的流动负债

这类流动负债需待企业在一定的经营期结束后才能确定负债金额，在该经营期结束前，负债金额不能确定。如应交所得税、应付投资者的利润等，必须到一定的会计期间终了后才能确定应交多少所得税以及应向投资者分配多少利润。

3. 应付金额须予以估计的流动负债

这类流动负债在发生时，金额不能精确地计量只能进行估计，如预计负债。

## 二、短期借款

短期借款是一种融资性借款，是指企业向银行、各类金融机构或第三方借入的偿还期在一年之内的各种借款。短期借款的偿还期期限可根据企业的需要和融资能力来决定。短期借款一般是企业为了满足正常生产经营的需要或者是为抵偿某项债务而借入的款项。企业需要在偿还期内向债权人偿还借款的本金和利息，并及时反映款项的借入、利息的结算和本息的偿还情况。

“短期借款”属于负债类账户，企业应设置“短期借款”科目。贷方记录借款的增加，即登记取得短期借款本金的数额；借方记录借款的减少，即登记偿还短期借款本金的数额；余额反映尚未偿还的短期借款金额。

短期借款的核算主要包括三个方面：短期借款的取得、利息的计算及偿还的核算。

### （一）短期借款的取得

企业从各类金融机构或第三方借入的各种短期借款，借记“银行存款”科目，贷记“短期借款”科目。

### （二）利息的计算

短期借款的利息属于筹资费用，应当直接记入当期“财务费用”科目。资产负债表日，应按计算确定的短期借款利息费用，借记“财务费用”科目，贷记“银行存款”或“应付利息”科目。短期借款的利息费用作为当期费用在利润表的财务费用项目中列示。

### （三）偿还的核算

企业到期偿还短期借款时，借记“短期借款”科目，贷记“银行存款”科目。

关于短期借款利息的处理，一种情况是利息是按月支付的，或者利息是在借款到期时连同本金一起归还，但是数额不大的，可以不采用预提的方法，而在实际支付时：

借：财务费用

　　贷：银行存款

或者：

借：短期借款

　　财务费用

　贷：银行存款

另一种情况是如果金额较大，根据权责发生制，采用按月计提的方法进行处理，计提利息时：

借：财务费用

　贷：应付利息

支付时：

借：应付利息

　贷：银行存款

关于短期借款的核算，第四章第二节已讲述。下面对短期借款利息采用按月计提的方法再举例如下：

【例 6-1】公司 A 于 2024 年 4 月 1 日从公司 B 借入 100 万元，期限 6 个月，年利率为 6%，利息分月计提，按季支付。其账务处理方法如下：

（1）2024 年 4 月 1 日借入 100 万元时，做会计分录如下：

借：银行存款　　1 000 000

　贷：短期借款　　1 000 000

（2）月末，预提利息（预提，即每月计算出来，每季末归还利息）。

①4 月末计提利息。

借：财务费用　　5 000（1 000 000×6%/12）

　贷：应付利息　　5 000

②5 月末计提利息的账务处理与 4 月相同。

（3）按季实际支付时，做会计分录如下：

①6 月末支付当月利息。

借：财务费用　　5 000

　贷：银行存款　　5 000

②6 月末支付前 2 个月计提的利息。

借：应付利息　　10 000

　贷：银行存款　　10 000

③7 月末计提利息同 4 月末。

④8 月末计提利息同 4 月末。

⑤9 月末归还利息同 6 月末。

借：应付利息（7 月、8 月）　　10 000

　　财务费用（当月）　　5 000

　贷：银行存款　　15 000

（4）短期借款到期偿还本金时（9 月底归还本金）：

借：短期借款　　1 000 000

　贷：银行存款　　1 000 000

【例 6-2】2024 年 1 月 1 日，甲公司向银行借入一笔生产经营用短期借款，共计 1 200 000 元，期限为 9 个月，年利率为 4%。根据与银行签署的借款协议，该项借款的本金到期后一次归还，利息按季支付。甲公司应编制如下会计分录：

（1）1 月 1 日借入短期借款。

借：银行存款　　1 200 000

贷：短期借款　　1 200 000

(2) 1月末，计提1月份应计利息［本月应计提的利息=1 200 000×4%÷12=4 000（元）］：

借：财务费用　　4 000

贷：应付利息　　4 000

2月末计提2月份利息费用的处理与1月份相同。

借：财务费用　　4 000

贷：应付利息　　4 000

应付利息贷方余额为8 000元。

(3) 3月末支付第一季度银行借款利息。

①归还本月利息。

借：财务费用　　4 000

贷：银行存款　　4 000

②归还1月、2月利息。

借：应付利息　　8 000

贷：银行存款　　8 000

或借：财务费用　　4 000

应付利息　　8 000

贷：银行存款　　12 000

第二、三季度的会计处理同上。

(4) 10月1日偿还银行借款本金。

借：短期借款　　1 200 000

贷：银行存款　　1 200 000

【例6-3】甲股份有限公司于2024年1月1日向银行借入一笔生产经营用短期借款，共计120 000元，期限为8个月，年利率为4%。根据与银行签署的借款协议，该项借款的本金到期后一次归还，利息按季支付。该企业应编制如下会计分录：

(1) 8月末之前的会计处理与上述【例6-2】相同。

(2) 9月1日偿还银行借款本金，同时支付7月和8月已计提未付利息。甲公司应编制如下会计分录：

借：短期借款　　120 000

应付利息　　800

贷：银行存款　　120 800

## 三、应付票据

应付票据是指企业购买材料、商品或接受劳务供应等而开出、承兑的商业汇票。应付票据是因采用商业汇票结算方式而发生的、在未来某一确定时间将要支付的有确定金额的一种凭证。它是由出票人出票，委托付款人在指定日期内无条件支付确定的金额给收款人或者票据的持票人。应付票据按承兑人的不同分为商业承兑汇票和银行承兑汇票。在我国，纸质商业汇票的付款期限由交易双方共同约定，一般为1~3个月，最长不超过六个月。电子商业汇票的付款期限是小于等于1年。

商业汇票按票面是否载明利率还分为带息票据和不带息票据。我国实行的是不带息票据。

企业应设置“应付票据”科目，对未到期的票据通过“应付票据”科目进行核算。贷方记录应付票据的增加，即登记开出并承兑商业汇票的票面金额；借方记录已偿还的应付票据，即登记支付到期票据的票面金额；期末贷方余额反映尚未到期商业汇票的票面金额。企业应付票据的核算主要包括签发或承兑商业汇票、支付票款等内容。

### （一）开出、承兑应付票据的处理

企业开出承兑商用汇票或以承兑商业汇票抵付应付账款时，应借记“原材料”或“在途物资”“应交税费”“库存商品”“应付账款”等科目，贷记“应付票据”科目。支付银行承兑汇票的手续费时，应当作为财务费用处理，借记“财务费用”科目，贷记“银行存款”科目。

### （二）偿付应付票据的处理

应付票据到期时，按应付票据的账面余额，借记“应付票据”科目，贷记“银行存款”科目；应付票据到期，企业如果无力支付票款时，应按应付票据的账面余额，借记“应付票据”科目，贷记“应付账款”，如果是银行承兑汇票则贷记“短期借款”科目。

【例 6-4】福喜公司从光亚公司购买 A 材料 100 万元已入库，增值税进项税额13 万元，开出 3 个月期商业承兑汇票支付。

编制会计分录如下：

借：原材料——A 材料　　1 000 000

　　应交税费——应交增值税（进项税额）　　130 000

　贷：应付票据——商业承兑汇票（光亚公司）　　1 130 000

【例 6-5】福喜公司支付银行承兑汇票手续费 1 000 元，增值税进项税额 60 元，用银行存款支付。

借：财务费用——手续费　　1 000

　　应交税费——应交增值税（进项税额）　　60

　贷：银行存款　　1 060

【例 6-6】福喜公司到期支付上述票据款项。会计分录如下：

借：应付票据——商业承兑汇票（光亚公司）　　1 130 000

　贷：银行存款　　1 130 000

【例 6-7】承【例 6-4】，如果到期福喜公司无力支付上述商业承兑汇票款项。

借：应付票据——商业承兑汇票（光亚公司）　　1 130 000

　贷：应付账款——光亚公司　　1 130 000

【例 6-8】承【例 6-4】，如果福喜公司开出的是银行承兑汇票，到期无力支付上述票据款项。

借：应付票据——银行承兑汇票（光亚公司）　　1 130 000

　贷：短期借款　　1 130 000

【例 6-9】甲企业为增值税一般纳税人，2024 年 5 月 6 日从光明公司购入 B 材料一批，增值税专用发票上注明价款为 60 000 元，增值税税额为 7 800 元，原材料验收入库。光明公司代垫运费 2 000 元，增值税税额为 180 元，该企业开出并经开户银行承兑的商业汇票一张，面值为 69 980 元，期限 5 个月。

甲企业应编制如下会计分录：

（1）开出并承兑商业汇票购入材料：

借：原材料——B 材料　　62 000

　　应交税费——应交增值税（进项税额）　　7 980

　贷：应付票据——银行存兑汇票（光明公司）　　69 980

（2）缴纳银行承兑手续费 33.9 元（含税价，税率 6%），其中增值税税额 1.92 元。

甲企业应编制如下会计分录：

借：财务费用——手续费　　31.98

　　应交税费——应交增值税（进项税额）　　1.92

　贷：银行存款　　33.9

(3) 到期支付商业汇票款:

借:应付票据——银行存兑汇票(光明公司) 69 980

贷:银行存款 69 980

(4) 假设票据到期甲企业无力支付票款。甲企业应编制如下会计分录:

借:应付票据——银行存兑汇票(光明公司) 69 980

贷:短期借款 69 980

【例 6-10】乙企业原来有一笔欠方舟工厂的商品款 67 800 元,现开出商业汇票抵付。

乙企业应编制如下会计分录:

借:应付账款——方舟工厂 67 800

贷:应付票据 67 800

对于付款方,开出的承兑汇票(商业承兑汇票或银行承兑汇票)是“应付票据”,而对于收款方则是“应收票据”。关于应收票据的核算内容见第五章第三节。

## 四、应付账款

应付账款是指企业因购买材料、商品或接受劳务供应等经营活动而应付给供应单位的款项。应付账款与应付票据不同,应付账款是尚未结清的债务,而应付票据是一种期票,是延期付款的证明,有承诺付款的票据作为凭据。因此,对于收款方,可以将收到的商业汇票(“应收票据”)背书转让,也可以用于贴现(见第五章第三节)。应付账款入账时间的确定,应以与所购买物资所有权有关的风险和报酬已经转移或已经接受为标志。当企业签订有折扣的付款合同时,企业一般会考虑享受这个折扣,即现金折扣。在账务处理时就需要考虑享受折扣的情况,这个折扣可理解为企业得到的优惠,按照现行会计制度的规定冲减财务费用。(见第五章第三节)

企业应设置“应付账款”科目。贷方登记企业购买材料、商品和接受劳务等形成的应付未付的款项;借方登记支付的应付账款或开出商业汇票抵付应付账款的款项和冲销无法支付的应付账款等;期末贷方余额反映尚未支付的应付账款。按债权人设置明细科目进行明细核算。

企业购入材料、商品等但货款尚未支付时,应根据发票等有关凭证,借记“原材料或在途物资”“库存商品”等科目,按专用发票上注明的增值税额,借记“应交税费——应交增值税”科目,按应付的款项,贷记“应付账款”科目;企业外购电力、燃气等动力时也通过“应付账款”科目核算,即在每月付款时先做暂付款处理。按增值税专用发票上注明的价款,借记“应付账款”科目,按照增值税专用发票上注明的可抵扣的增值税进项税额,借记“应交税费——应交增值税(进项税额)”科目,贷记“银行存款”等科目。月末按照外购动力的用途分配动力费用,借记“生产成本”“制造费用”“管理费用”等科目,贷记“应付账款”科目。

企业如果有确实无法支付的应付账款,应直接转入营业外收入,借记“应付账款”科目,贷记“营业外收入”科目。

【例 6-11】甲企业为增值税一般纳税人。2024 年 6 月 1 日,从 A 公司购入一批 C 材料,增值税专用发票上注明的价款为 100 000 元,增值税税额为 13 000 元;同时,对方代垫运费 1 000 元、增值税税额 90 元,已收到对方转来的增值税专用发票。材料于6 月10 日收到入库,货款于 7 月 5 日支付。

甲企业应编制如下会计分录:

(1) 2024 年 6 月 1 日购入材料时:

借:在途物资——C 材料 101 000

应交税费——应交增值税(进项税额) 13 090

贷:应付账款——A 公司 114 090

(2) 6 月 10 日材料入库时:

借:原材料——C 材料 101 000

贷：在途物资——C 材料　　101 00

(3) 7 月 5 日支付货款时：

借：应付账款——A 公司　　114 090

贷：银行存款　　114 090

【例 6-12】福喜公司本月向 A 公司预付电费 10 000 元，增值税进项税额 1 300 元。其中，车间直接生产用电占 50%，车间间接用电占 30%，管理部门用电占 20%。

借：生产成本　　5 000

制造费用　　3 000

管理费用　　2 000

应交税费——应交增值税（进项税额）　　1 300

贷：应付账款——A 公司　　11 300

【例 6-13】福喜公司转销无法支付的应付账款 200 000 元。

借：应付账款　　200 000

贷：营业外收入　　200 000

企业因购买材料、商品或接受劳务供应等经营活动应付给供应单位的款项叫应付账款，而对于收款方则叫应收账款。有关应收账款的核算内容见第四章第三节。

## 五、预收账款

在非收入准则核算范围内（如租赁准则），预收账款是指企业按照合同规定向购货方预收的款项。企业预收的货款待实际出售商品、产品或者提供劳务时再行冲减和收取其余款。企业在发货前所收取的货款，就成为企业的负债。与应付账款不同，预收账款不是以货币偿付，而是以货物偿付。企业按合同规定交付货物后，才能实现营业收入和解除债务。如果企业无法履行合同如期交付货物，则需将预收的货款退还给购货方。

“预收账款”科目属于负债科目，贷方登记预收款项的数额及退回购货单位多付货款的数额；借方登记企业向购货单位发货后冲销的预收款数额及退回购货单位多付货款的数额；期末贷方余额反映企业已向购货单位预收的款项；期末如为借方余额，则反映应由购货单位补付的款项。预收账款业务不多的企业，可以不设置“预收账款”科目，其所发生的预收货款，可以通过“应收账款”科目核算。

企业向购货单位预收货款时，借记“银行存款”科目，贷记“预收账款”科目，按增值税专用发票上注明的增值税税额，贷记“应交税费——应交增值税（销项税额）”科目；企业发出商品，销售实现，确认收入时，借记“预收账款”科目，贷记“其他业务收入”科目；收到购货单位补付的货款，借记“银行存款”科目，贷记“预收账款”“应交税费——应交增值税（销项税额）”科目；向购货单位退回其多付的款项时，借记“预收账款”科目、“应交税费——应交增值税（销项税额）”科目，贷记“银行存款”科目。

【例 6-14】福喜公司与光明公司签订租赁设备合同，租期 3 个月，租金每月 5 万元（不含税），签订合同日，预收光明公司的预付租赁款 10 万元及相应的增值税款，并开具增值税专用发票，增值税税率为 13%，租赁期满，租金多退少补。

预收租赁款时，会计分录如下：

借：银行存款　　113 000

贷：预收账款——有福公司　　100 000

应交税费——应交增值税（销项税额）　　13 000

【例 6-15】承【例 6-14】福喜公司向光明公司出租设备一台，当月租金 5 万元，设备当月应计提折旧 4 万元。月末确认收入结转成本时，会计分录如下：

借：预收账款——光明公司　　50 000
　贷：其他业务收入　　50 000
同时，
借：其他业务成本　　40 000
　贷：累计折旧　　40 000
第二个月、第三个月分录同上。





【例 6-16】承【例 6-14】【例 6-15】，光明公司向福喜公司预付尾款 5.65 万元。
会计分录如下：
借：银行存款　　56 500
　贷：预收账款——光明公司　　50 000
　　应交税费——应交增值税（销项税额）　　6 500

【例 6-17】甲公司为增值税一般纳税人，适用的增值税税率为 13%。2024 年 6 月 1 日，甲公司与乙公司签订经营租赁（非主营业务）吊车合同，向乙公司出租吊车三台，期限 6 个月，三台吊车租金（含税）共计 67 800 元。吊车每月折旧 6 000 元。合同约定，合同签订后预付租金（含税）22 600 元，合同到期结清全部租金余款。合同签订日，甲公司收到租金并存入银行，开具增值税专用发票注明租金 20 000 元、增值税税额2 600元。租赁期满日，甲公司收到租金余款及相应的增值税。甲公司应编制如下会计分录：

（1）收到乙公司预付租金：
借：银行存款　　22 600
　贷：预收账款——乙公司　　20 000
　　应交税费——应交增值税（销项税额）　　2 600
（2）每月末确认租金收入并转成本：
借：预收账款——乙公司　　10 000
　贷：其他业务收入　　10 000
同时：
借：其他业务成本　　6 000
　贷：累计折旧　　6 000
（3）租赁期满收到租金余款及增值税：
借：银行存款　　45 200
　贷：预收账款——乙公司　　40 000
　　应交税费——应交增值税（销项税额）　　5 200

【例 6-18】承【例 6-17】，假设甲公司不设“预收账款”科目，其预收的款项通过“应收账款”科目核算。
甲公司编制会计分录时，将“预收账款”全部改为“应收账款”即可。
（1）收到乙公司预付租金：
借：银行存款　　22 600
　贷：应收账款——乙公司　　20 000
　　应交税费——应交增值税（销项税额）　　2 600
（2）每月末确认租金收入并转成本：
借：应收账款——乙公司　　10 000
　贷：其他业务收入　　10 000
同时：
借：其他业务成本　　6 000

贷：累计折旧 6 000

(3) 租赁期满收到租金余款及增值税：

借：银行存款 45 200

贷：应收账款——乙公司 40 000

应交税费——应交增值税（销项税额） 5 200

在收入准则下，预收的货款做合同负债。“合同负债”科目核算企业已收或应收客户对价而向客户转让商品的义务。合同负债的核算内容在第九章第一节收入中还会涉及。

【例 6-19】光明公司为增值税一般纳税人，增值税税率为 13%，向福喜公司销售 A 产品，货款 20 万元（不含税），A 产品成本 16 万元。双方签订销售合同，光明公司预收福喜公司的预付购货款 10 万元。尾款发货后再补。没有商业折扣和现金折扣等其他因素。

(1) 光明公司预收货款时：

借：银行存款 100 000

贷：合同负债 100 000

(2) 光明公司向福喜公司发货，发票注明价款 20 万元，销项税额 2.6 万元。

借：合同负债 226 000

贷：主营业务收入——A 产品 200 000

应交税费——应交增值税（销项税额） 26 000

同时，

借：主营业务成本——A 产品 160 000

贷：库存商品——A 产品 160 000

(3) 光明公司收到福喜公司补付的尾款 12.6 万元。

借：银行存款 126 000

贷：合同负债 126 000

【例 6-20】承【例 6-19】，福喜公司向光明公司预付的购货款是 30 万元，其他条件不变。

(1) 光明公司预收货款时：

借：银行存款 300 000

贷：合同负债 300 000

(2) 光明公司向福喜公司发货，发票注明价款 20 万元，销项税额 2.6 万元。

借：合同负债 226 000

贷：主营业务收入——A 产品 200 000

应交税费——应交增值税（销项税额） 26 000

同时，

借：主营业务成本——A 产品 160 000

贷：库存商品——A 产品 160 000

(3) 光明公司向福喜公司退还多收的款项。

借：银行存款 74 000

贷：合同负债 74 000

通过以上的例子看出，收入准则核算预收款使用“合同负债”科目。预收款时不交税，发货时，才交税。而非收入准则（如租赁准则）预收款使用“预收账款”科目。预收款时，就要做增值税，确认收入时不做税。

## 六、应付职工薪酬

### （一）职工薪酬的内容

应付职工薪酬是企业为获取职工提供的服务或解除劳动关系而给予的各种形式的报酬或补偿。职工薪酬包括短期薪酬、离职后福利、辞退福利和其他长期职工福利。企业提供给职工配偶、子女、受赡养人、已故员工遗属及其他受益人等的福利，也属于职工薪酬。应付职工薪酬是应付未付员工的劳动报酬，是由于工资结算时间与实际发放时间不一致造成的，属于企业的一项短期负债。职工薪酬的发放形式有货币性薪酬和非货币性薪酬两种。

这里所称的"职工"，主要包括三类人员：一是与企业订立劳动合同的所有人员，含全职、兼职和临时职工；二是未与企业订立劳动合同，但由企业正式任命的企业治理层和管理层人员，如董事会成员、监事会成员等；三是在企业的计划或控制下，虽未与企业订立劳动合同或未由其正式任命，但向企业所提供服务与职工所提供服务类似的人员。

职工薪酬主要包括以下内容：

1. 短期薪酬

短期薪酬是指企业在职工提供相关服务的年度报告期间结束后 12 个月内需要全部予以支付的职工薪酬，因解除与职工的劳动关系给予的补偿除外。短期薪酬包括：

（1）职工工资、奖金、津贴和补贴，是指按照构成工资总额的计件工资、计时工资、支付给职工的超额劳动报酬和增收节支的劳动报酬、为了补偿职工特殊或额外的劳动消耗和因其他特殊原因支付给职工的津贴，以及为了保证职工工资水平不受物价影响支付给职工的物价补贴等。其中，企业按照短期奖金计划向职工发放的奖金属于短期薪酬，按照长期奖金计划向职工发放的奖金属于其他长期职工福利。

（2）职工福利费，是指向职工提供的生活困难补助、丧葬补助费、抚恤费、职工异地安家费、防暑降温费等职工福利支出。

（3）医疗保险费、工伤保险费、生育保险费等社会保险费，是指企业按照国家规定的基准和比例计算，向社会保险经办机构缴纳的医疗保险费、工伤保险费和生育保险费。社会保险费还包括养老保险费、失业保险费，俗称"五险"。

（4）住房公积金，是指企业按照国家规定的基准和比例计算，向住房公积金管理机构缴存的住房公积金。

（5）工会经费和职工教育经费，是指企业为了改善职工文化生活、为职工学习先进技术和提高职工文化水平及业务素质，用于开展工会活动和职工教育及职业技术培训等相关支出。

（6）短期带薪缺勤，是指职工虽然缺勤但企业仍向其支付报酬安排，包括年休假、病假、婚假、产假、丧假、探亲假等。长期带薪缺勤属于长期职工福利。

（7）短期利润分享计划，是指因为职工提供服务而与职工达成的基于利润或其他经营成果提供薪酬的协议。长期分享计划属于其他长期职工福利。

（8）其他短期薪酬，是指除上述薪酬以外的其他为获得职工提供的服务而给予的短期薪酬。

2. 离职后福利

离职后福利是指企业为获得职工提供的服务而在职工退休或与企业解除劳动关系后，提供的各种形式的报酬和福利，短期薪酬和辞退福利除外。企业应当将离职后福利计划分类为设定提存计划和设定受益计划。离职后福利计划，是指企业与职工就离职后福利达成的协议，或者企业为职工提供离职后福利制定的规章或办法等。其中，设定提存计划是指向独立的基金缴存固定费用后，企业不再承担进一步支付义务的离职后福利计划。目前我国企业为职工缴纳的基本养老保险、补充养老保险、失业保险等企业承担的义务仅限于按照相关规定标准提取的金额，都属于设定提存计划。设定受益计划是指除设定提存计划以外的离职后福利计划。

3. 辞退福利

辞退福利是指企业在职工劳动合同到期之前解除与职工的劳动关系，或者为鼓励职工自愿接受裁减而给予职工的补偿。

4. 其他长期职工福利

其他长期职工福利是指除短期薪酬、离职后福利、辞退福利之外所有的职工薪酬，包括长期带薪缺勤、长期残疾福利、长期利润分享计划等。

上述四类职工薪酬中，最为复杂的是离职后福利的估计，需要进行精算，其会计处理也相对复杂，对离职后福利的会计处理和支付方式将对企业的利润和财务状况产生影响。

根据《中华人民共和国劳动合同法》（以下简称《劳动合同法》）的规定，企业应该为员工缴纳三险一金或五险一金。三险一金包括养老保险、失业保险、医疗保险和住房公积金。三险由企业和职工个人共同承担，企业承担的部分进入成本，个人承担的部分可在个人所得税税前扣除。五险是以上三险再加上工伤保险和生育保险，这两部分均由企业承担。

### （二）职工薪酬的科目设置

职工薪酬费用按照岗位记入不同的账户。生产人员薪酬记入“生产成本”账户，车间管理人员的薪酬记入“制造费用”账户，销售人员的薪酬记入“销售费用”账户，企业管理人员的薪酬记入“管理费用”账户。

由于职工的劳动付出时间与企业实际发放工资的时间不一致，应付职工薪酬则会形成短期负债，因此，企业应当设置“应付职工薪酬”科目。该科目的贷方登记企业已分配但尚未发放的薪酬数额，借方登记企业实际发放的职工薪酬数额及已经从职工薪酬中扣还的各种款项等，该科目期末贷方余额，反映企业应付未付的职工薪酬。“应付职工薪酬”科目可按“工资、奖金、津贴和补贴”“职工福利费”“社会保险费”“住房公积金”“工会经费和职工教育经费”“非货币性福利”“带薪缺勤”“利润分享计划”“设定提存计划”“设定受益计划”“辞退福利”等职工薪酬项目设置明细账进行明细核算。

### （三）短期薪酬的核算

企业应当在职工为其提供服务的会计期间，将实际发生的短期薪酬确认为负债，记入“应付职工薪酬”科目的贷方，支付时记入借方。

1. 货币性职工薪酬

（1）职工工资、奖金、津贴和补贴。月末，企业按计时工资或计件工资标准，计算出应付给职工的工资、奖金、津贴和补贴，下月发放。借记“生产成本”“制造费用”“管理费用”“销售费用”“在建工程”“研发支出”等科目，贷记“应付职工薪酬——工资、奖金、津贴和补贴”。如果以前有为职工垫付的房租、水电费、医药费等，从工资中扣除。

（2）职工福利费。对于职工福利费，企业应当在实际发生时根据实际发生额计入当期损益或相关资产成本，借记“生产成本”“制造费用”“管理费用”“销售费用”“在建工程”“研发支出”等科目，贷记“应付职工薪酬——职工福利费”科目。

（3）国家规定计提标准的职工薪酬。

①工会经费和职工教育经费。

根据《中华人民共和国工会法》（以下简称《工会法》）的规定，企业按每月全部职工工资总额的2%向工会拨缴经费，并在成本费用中列支，主要用于为职工服务和工会活动。职工教育经费一般由企业按照每月工资总额的8%计提，主要用于职工接受岗位培训、继续教育等方面的支出。

期末，按工资总额的2%和8%计算确定应付工会经费、职工教育经费，借记“生产成本”“制造费用”“管理费用”“销售费用”“在建工程”“研发支出”等科目，贷记“应付职工薪酬——工会经费和职工教育经费”科目。实际上缴或发生实际开支时，借记“应付职工薪酬——工会经费和职工教育经费”，贷记“银行存款”等科目。

②社会保险费和住房公积金。

社会保险费包括养老保险费、失业保险费、医疗保险费、工伤保险费和生育保险费。企业承担的社会保险费，除养老保险费和失业保险费按规定确认为离职后福利，其他的社会保险费作为企业的短期薪酬。



住房公积金分为职工所在单位为职工缴存和职工个人缴存两部分，但其金额都属于职工个人所有。

期末，对于企业缴纳的社会保险费（不含基本养老费和失业保险费）和住房公积金，应按照国家规定的计提基础和比例，在职工提供服务期间根据受益对象计入当期损益或相关资产成本，借记“生产成本”“制造费用”“管理费用”“销售费用”“在建工程”“研发支出”等科目，贷记“应付职工薪酬——社会保险费、住房公积金”科目。对于职工个人承担的社会保险费和住房公积金，由职工所在企业每月从其工资中代扣代缴，借“应付职工薪酬——社会保险费、住房公积金”科目，贷记“其他应付款——社会保险费（医疗保险）、住房公积金”科目。



【例6-21】(1) 2024年3月底，福喜公司应付职工工资总额1 000万元，其中厂部管理人员100万元，车间生产工人200万元，车间管理人员300万元，销售人员400万元。

福喜公司编制会计分录如下：

借：管理费用　1 000 000
　　生产成本　2 000 000
　　制造费用　3 000 000
　　销售费用　4 000 000
　贷：应付职工薪酬——工资、奖金、津贴和补贴　10 000 000

(2) 4月9日，支付工资，其中代扣职工款项房租0.6万元、医药费0.4万元，代扣个人所得税20万元。

借：应付职工薪酬——工资、奖金、津贴和补贴　10 000 000
　贷：其他应收款　10 000
　　应交税费——应交个人所得税　200 000
　　银行存款/库存现金（倒挤）　9 790 000

(3) 3月，福喜公司按工资的10%给付食堂补贴。会计分录如下：

借：管理费用（100×10%）　100 000
　　生产成本（200×10%）　200 000
　　制造费用（300×10%）　300 000
　　销售费用（400×10%）　400 000
　贷：应付职工薪酬——职工福利费　1 000 000

(4) 4月企业支付100万元补贴给食堂。

借：应付职工薪酬——职工福利费　1 000 000
　贷：银行存款　1 000 000

(5) 3月企业分别按照工资总额的8%、2%和8%计提医疗保险费、工会经费和职工教育经费。

借：管理费用　180 000
　　生产成本　360 000
　　制造费用　540 000
　　销售费用　720 000
　贷：应付职工薪酬——医疗保险费、工会经费和职工教育经费　1 800 000

（4）短期带薪缺勤。

对于职工短期带薪缺勤，企业应当根据其性质及职工享有的权利，分为累积带薪缺勤和非累积带薪缺勤两类。如果是长期带薪缺勤的，企业应当作为其他长期职工福利处理。

①累积带薪缺勤是指带薪权利可以结转下期的带薪缺勤。本期尚未用完的带薪缺勤可以在未来期间使用。确认的金额计入“管理费用”科目的借方，贷记“应付职工薪酬——带薪缺勤——短期带薪缺勤——累积带薪缺勤”科目。

②非累积带薪缺勤是指带薪权利不能结转下期的带薪缺勤，本期尚未用完的带薪缺勤将予以取消，并且职工离开企业时也无权获得现金支付。我国企业职工休婚假、产假、丧假、探亲假、病假期间的工资通常属于非累积带薪缺勤。由于平时已计算了工资，因此，不必额外再作账务处理。

【例 6-22】企业共有 100 名职工，每个职工享受 5 天的带薪年休假，未使用的年休假可结转下年，2019 年企业 10 名部门经理每人只使用了 3 天的年休假，预计 2020 年上述部门经理每人平均享受 7 天的年休假（但是这两天产生的费用，放在今年做），工资为平均每人每天 500 元，企业为此应确认 1 万元（500 元×2 天×10）的薪酬。

借：管理费用　　10 000

　贷：应付职工薪酬——短期带薪缺勤——累积带薪缺勤　　10 000

2. 非货币性职工薪酬

非货币性职工薪酬是指企业将自产的产品作为福利发给职工，或者将企业的资产（如汽车、房子等）提供给职工免费使用，或者企业在外租房、租车等免费提供给职工使用，或者外购商品作为福利发给职工的一种企业行为。非货币性职工薪酬由于是企业职工得以享受的，也属于职工薪酬的范畴。

企业将自产的产品作为福利发给职工，在进行会计核算时，分三步走。一是确认收入（按售价，并做销项税），二是转成本（按成本），三是哪些人（即受益对象），相当于算工资。

【例 6-23】甲公司为家电生产企业，共有职工 200 名，其中 170 名为直接参加生产的职工，30 名为总部管理人员。2024 年 12 月，甲公司以其生产的每台成本为 900 元的电暖器作为春节福利发放给公司每名职工。该型号的电暖器市场售价为每台 1 000 元，甲公司适用的增值税税率为 13%。甲公司应编制如下会计分录：

（1）确认收入（相当于发工资产品）。

借：应付职工薪酬——非货币性福利　　226 000

　贷：主营业务收入　　200 000

　　应交税费——应交增值税（销项税额）　　26 000

（2）结转产品成本。

借：主营业务成本　　180 000

　贷：库存商品——电暖器　　180 000

（3）确认应付职工薪酬（算工资）。

借：生产成本　　192 100

　　管理费用　　33 900

　贷：应付职工薪酬——非货币性福利　　226 000

企业将单位的资产（如汽车、房子等）提供给职工免费使用时，按受益对象借记相关成本费用科目，贷记“应付职工薪酬——非货币性福利”；资产的折旧额再冲减“应付职工薪酬——非货币性福利”。如果企业在外租房、租车等免费提供给职工使用，同样按受益对象借记相关成本费用科目，贷记“应付职工薪酬——非货币性福利”，支付的租金贷记“银行存款”等科目。

【例 6-24】光明公司为总部各部门经理 20 人免费提供每人一辆小轿车使用，假定每辆车每月的折旧额 1 000 元；另外为销售人员租房使用，每月租金 2 万元，以银行存款支付。

（1）提供小轿车给经理免费使用：

借：管理费用　　20 000

　贷：应付职工薪酬——非货币性福利　　20 000

借：应付职工薪酬——非货币性福利　　20 000

　贷：累计折旧　　20 000

（2）为销售人员租房使用：

借：销售费用　　20 000

　贷：应付职工薪酬——非货币性福利　　20 000

借：应付职工薪酬——非货币性福利　　20 000

　贷：银行存款　　20 000

企业外购商品（比如手机）作为福利发给职工的相关会计处理，见下一内容“七、应交税费”。





## 七、应交税费

应交税费是指企业在生产经营过程中，根据税法规定应向政府税务机关缴纳的各种税费。根据所从事业务的不同，不同企业需要缴纳的税收也不尽相同。企业应缴纳的税金都需要定期与税务机关进行结算或清算。企业应缴纳的税金在尚未缴纳之前，就构成了企业的一项流动负债。我国现行征收的税费包括增值税、消费税、城市维护建设税、教育费附加、地方教育附加、企业所得税、个人所得税、车辆购置税、车船税、城镇土地使用税、土地增值税、房产税、印花税、资源税、耕地占用税、契税、关税、烟叶税、船舶吨税、环境保护税、矿产资源补偿费等。

（1）流转税。流转税是指以商品或劳务买卖的流转额为课税对象课征的各种税，如增值税、消费税等。目前，流转税中的增值税是价外税，消费税是价内税。价外税是指价格中不包含税金，价内税是指价格中包含税金。

（2）所得税。所得税是指以纳税人的所得额为课税对象课征的各种税，如企业所得税、个人所得税。

（3）行为税。行为税是指以纳税人所发生的某种行为为课税对象课征的各种税，如印花税、车船税。

（4）财产税。财产税是指以纳税人拥有或支配的财产为课税对象课征的各种税，如房产税等。

（5）资源税。资源税是指对在我国境内开采国家规定的矿产资源，如石油、天然气、煤炭等，和生产用盐的单位或个人征收的一种税。

（6）特定目的税。特定目的税是指为了达到特定目的，对特定对象和特定行为征收的一种税，如土地增值税、车辆购置税、耕地占用税等。

（7）关税。关税主要对进出我国关境的货物和行为进行征收。

（8）城市维护建设税。城市维护建设税是指我国为了加强城市的维护建设，扩大和稳定城市维护建设资金的来源，对从事生产经营活动的单位和个人，以其实际缴纳的增值税、消费税为依据，按纳税人所在地适用的不同税率计算缴纳的一种附加税。

（9）教育费附加。教育费附加是指国家为扶持教育事业发展，计征用于教育的政府性基金。按企业实际缴纳的增值税和消费税为基础，按3%计征教育费附加，按1%到2%的一定比例计征地方教育附加。

企业应设置“应交税费”科目来核算和监督应缴税费的情况。贷方登记应缴纳的各种税费；借方登记实际缴纳的税费；期末贷方余额反映企业尚未缴纳的税费；期末余额如在借方，则反映企业多交和上期未抵扣的税费。本科目按应交税费的种类设置明细科目进行明细核算。

需要注意的是，企业缴纳的印花税、耕地占用税、契税、车辆购置税不通过本科目核算，直接贷记“银行存款”科目。

【例6-25】光明公司职工张经理本月工资扣除社保、公积金以后为10 000元，根据税法规定，应交个人所得税 290 元，由企业代扣代缴（假设工资在本月末发放）。

借：管理费用　　10 000

　贷：应付职工薪酬　　10 000

借：应付职工薪酬　　10 000

　贷：应交税费——应交个人所得税　　290

　　银行存款　　9 710

本例中，职工个人应交的个人所得税由企业代扣代缴，贷记“应交税费——应交个人所得税”科目。

根据个人所得税的扣除标准，张经理应交的个人所得税计算如下：10 000－5 000＝5 000（元），3 000×3%＝90（元），2 000×10%＝200（元），即，共应交个人所得税 290（90+200）元。关于其他相关税费税额的计算，在经济法基础等课程中讲述。

企业缴纳的印花税、耕地占用税、契税、车辆购置税账务处理如下：

（1）印花税。

借：税金及附加

　贷：银行存款

（2）耕地占用税。

借：无形资产等（购买土地）

　　在建工程（购建固定资产）

　贷：银行存款

（3）契税。

借：无形资产（购买土地使用权）

　　固定资产

　贷：银行存款

（4）车辆购置税。

借：固定资产

　贷：银行存款

例如，下列各项中，应通过“应交税费”科目核算的有（　　）。

A. 增值税一般纳税人购进固定资产应支付的增值税进项税额

B. 缴纳的印花税

C. 为企业员工代扣代缴的个人所得税

D. 缴纳的耕地占用税

『正确答案』A、C

### （一）应交增值税

增值税是以商品（含应税劳务、应税行为）在流转过程中实现的增值额作为计税依据而征收的一种流转税。增值税的征税范围包括销售货物、加工修理修配劳务、服务（交通运输服务、建筑服务、邮政服务、电信服务、金融服务、现代服务、生活服务）、销售无形资产和不动产、进口货物。其税率不尽相同，主要有 13%、9%、6%和 3%等几种，根据国家税法相关规定执行。增值税是价外税，实行价税分离、价外计征的办法。由于商品生产和流通过程中各环节的新增价值难以准确计算，因此，增值税一般采用税款抵扣的办法，即根据销售货物或应税劳务计算的应纳税额，扣除上一环节已纳税额，其余额就是纳税人实际应缴纳的增值税税额。

计算增值税的方法分为一般计税方法和简易计税方法。一般计税方法当期应纳税额的计算公式如下：

应纳税额=销项税额-进项税额

销项税额=不含税销售额×税率

我国将纳税人按其企业规模及会计制度健全程度划分为一般纳税人和小规模纳税人。一般纳税人的税率分为13%、9%、6%和零税率；小规模纳税人的税率为3%。

小规模纳税人采用简易计税，公式如下：

应纳税额=销售额×征收率（3%）

1. 一般纳税企业增值税的核算

一般纳税企业销售货物或者提供应税劳务等均应开具增值税专用发票，购货方以增值税专用发票记账，并将增值税专用发票作为扣税和记账的依据。

会计核算中，如果企业不能取得有关的扣税证明或者是小规模纳税人，则其购进货物或接受劳务等支付的增值税额不能作为进项税额扣税，其已经支付的增值税额只能计入购入货物或接受劳务等的成本中。

（1）会计科目的设置。

为了核算和监督应交增值税的发生、抵扣、缴纳、退税及转出等情况，企业应在“应交税费”科目下设置“应交增值税”“未交增值税”“预交增值税”“待抵扣进项税额”“待认证进项税额”“待转销项税额”“简易计税”“转让金融商品应交增值税”“代扣代交增值税”九个二级科目。企业应在“应交税费——应交增值税”二级科目下设置“进项税额”“已交税金”“转出未交增值税”“减免税款”“销项税额”“出口退税”“进项税额转出”“出口抵减内销产品应纳税额”“转出多交增值税”“销项税额抵减”十个专栏，进行三级明细核算。

（2）一般采购业务的会计处理。

企业购进物资或接受劳务等时，应按专用发票上记载的应计入采购成本的金额，借记“在途物资”“库存商品”“原材料”“固定资产”“工程物资”等科目，根据专用发票上注明的增值税额，借记“应交税费——应交增值税（进项税额）”科目，按照应付或实际支付的价款总额，贷记“银行存款”“应付账款”“应付票据”等科目。如果购进的货物发生退货，则做相反的会计分录。

【例6-26】2024年8月8日，企业购入A材料10万元入库，增值税税率13%，运费0.1万元，增值税税率9%，款已支付。

借：原材料——A材料　　101 000

　　应交税费——应交增值税（进项税额）　　13 090

　贷：银行存款　　114 090

【例6-27】甲企业为增值税一般纳税人，适用的增值税税率为13%，2024年6月25日，企业管理部门委托外单位修理机器设备，增值税专用发票上注明修理费用20 000元，增值税税额2 600元，款项已用银行存款支付。

借：管理费用　　20 000

　　应交税费——应交增值税（进项税额）　　2 600

　贷：银行存款　　22 600

企业购入免税农产品，可以按照买价和规定的扣除率（9%）计算进项税额，借记“应交税费——应交增值税（进项税额）”科目，按买价扣除按规定计算的进项税额后的差额，借记“在途物资”“原材料”“库存商品”等科目，按照应付或实际支付的价款总额，贷记“应付账款”“银行存款”等科目。

【例6-28】甲企业为增值税一般纳税人，适用的增值税税率为13%，2024年6月20日，购入免税农产品一批作为原材料入库，农产品收购发票上注明的买价200 000元，规定的扣除率为9%，货物尚未到达，货款已用银行存款支付。

进项税额=购买价款×扣除率=200 000×9%=18 000（元）

编制会计分录如下：

借：在途物资　　182 000

　应交税费——应交增值税（进项税额）　　18 000

　贷：银行存款　　200 000

（3）一般销售业务的会计处理。

企业销售货物或者提供应税劳务等，应按实现的营业收入和按规定收取的增值税额，借记“银行存款”“应收账款”“应收票据”等科目，按增值税专用发票上注明的增值税额，贷记“应交税费——应交增值税（销售税额）”科目，按实现的营业收入，贷记“主营业务收入或其他业务收入”科目。如发生销售退回，则做相反的会计分录。如果有现金折扣，将折扣金额记入“财务费用”。

【例 6-29】企业向光明公司销售 A 产品 1 000 000 元，增值税税率为 13%，A 产品的成本为 800 000元。企业代垫运费 10 000 元，增值税 900 元，合计 10 900 元。款未收到。

借：应收账款——光明公司　　1 140 900

　贷：主营业务收入——A 产品　　1 000 000

　　应交税费——应交增值税（销项税额）　　130 000

　　银行存款　　10 900

借：主营业务成本——A 产品　　800 000

　贷：库存商品——A 产品　　800 000

【例 6-30】企业对外销售 A 材料 10 万元，增值税税率为 13%，A 材料的成本为 8 万元。款已收到。

借：银行存款　　113 000

　贷：其他业务收入——A 材料　　100 000

　　应交税费——应交增值税（销项税额）　　13 000

借：其他业务成本——A 材料　　80 000

　贷：原材料——A 材料　　80 000

【例 6-31】2024 年 6 月 1 日，光明公司销售甲产品给福喜公司，价款 11 万元。经协商，给予 1 万元的商业折扣。产品已发出，开出增值税专用发票，货款 10 万元，增值税税额 1.3 万元，款项尚未收到，甲产品成本为 8 万元。

光明公司编制的会计分录如下：

（1）销售甲产品：

借：应收账款——福喜公司　　113 000

　贷：主营业务收入——甲产品　　100 000

　　应交税费——应交增值税（销项税额）　　13 000

（2）结转成本：

借：主营业务成本——甲产品　　80 000

　贷：库存商品——甲产品　　80 000

【例 6-32】2024 年 5 月 6 日，企业销售 A 产品 100 万元给有朋公司，商品成本 80 万元，增值税专用发票已经开出，税率 13%。但得知，有朋公司近期经济状况不好，经济利益不确定能否流入，8 月份购买方经营情况好转，承诺近期付款。

（1）2024 年 5 月 6 日，发出商品，发生增值税纳税义务：

借：发出商品——A 产品　　800 000

　贷：库存商品——A 产品　　800 000

借：应收账款——有朋公司　　130 000

　贷：应交税费——应交增值税（销项税额）　　130 000

（2）8月确认收入，结转成本：

借：应收账款——有朋公司　　1 000 000

　贷：主营业务收入——A产品　　1 000 000

借：主营业务成本——A产品　　800 000

　贷：发出商品——A产品　　800 000

（3）收到款时：

借：银行存款　　1 130 000

　贷：应收账款——有朋公司　　1 130 000

本例中，A产品已发出，增值税专用发票也开出，但经济利益不确定能否流入，先计入发出商品，并做销项税额，待对方承诺付款时再确认销售收入并转成本。

（4）进项税额转出的会计处理。

企业购进的货物发生非正常损失（如管理不善造成被盗、丢失、霉烂变质以及违反法律法规造成货物或者不动产被没收、销毁等），以及购进货物改变用途（如用于简易计税方法计税、免征增值税项目、非增值税应税项目，或者将外购原材料或用原材料生产出的产品用于职工福利等），其进项税额应转入有关科目，借记“待处理财产损溢”“应付职工薪酬”等科目，贷记“应交税费——应交增值税（进项税额转出）”科目。但存货因自然灾害造成的损失不做进项税额转出（国家给企业减轻负担）。

【例6-33】A公司库存B材料因管理不善发生毁损，成本10万元，购入时增值税税额1.3万元，应由保险公司赔偿5万元。

（1）盘亏时（批准前）：

借：待处理财产损溢——待处理流动资产损溢　　113 000

　贷：原材料——B材料　　100 000

　　　应交税费——应交增值税（进项税额转出）　　13 000

（2）批准后：

借：其他应收款——保险公司　　50 000

　　管理费用　　63 000

　贷：待处理财产损溢——待处理流动资产损溢　　113 000

上例中，B材料因管理不善发生毁损，计入管理费用，并要做进项税额转出。如果有责任人赔偿的，计入其他应收款。但如果是自然灾害发生的毁损，则计入营业外支出，无须进项税额转出。

上例中，A公司库存B材料假设是台风或地震等自然灾害造成的，其他条件不变，则会计分录处理如下：

（1）盘亏时（批准前）：

借：待处理财产损溢——待处理流动资产损溢　　100 000

　贷：原材料——B材料　　100 000

（2）批准后：

借：其他应收款——保险公司　　50 000

　　管理费用　　50 000

　贷：待处理财产损溢——待处理流动资产损溢　　100 000

【例6-34】领用外购原材料——甲材料100万元，购入时增值税税额13万元，材料用于集体福利，管理人员占10%，生产工人占20%，车间管理人员占30%，销售人员占40%。

（1）领用时：

借：应付职工薪酬——职工福利费　　1 130 000

　贷：原材料——甲材料　　1 000 000

应交税费——应交增值税（进项税额转出）　130 000

（2）确认费用时：

借：管理费用　113 000

生产成本　226 000

制造费用　339 000

销售费用　452 000

贷：应付职工薪酬　1 130 000

企业如果外购商品作为福利发放给职工，会涉及“应付职工薪酬”“库存商品”“应交税费”等科目，但“应交税费——应交增值税”不能直接做“进项税额”，要先记入“应交税费——待认证进项税额”科目，通过该科目转到“应交税费——应交增值税（进项税额）”，然后再借记“应交税费——应交增值税（进项税额）”。举例如下：

【例 6-35】甲公司外购手机 100 部作为福利发放给职工，每部手机 1 万元，增值税税率 13%，管理人员占 10%，生产工人占 20%，车间管理人员 30%，销售人员占 40%。

（1）取得增值税专用发票时。

借：库存商品——手机　1 000 000

应交税费——待认证进项税额　130 000

贷：银行存款、应付账款等　1 130 000

（2）税务机关认证为不可抵扣的进项时。

借：应交税费——应交增值税（进项税额）　130 000

贷：应交税费——待认证进项税额　130 000

同时：

借：库存商品　130 000

贷：应交税费——应交增值税（进项税额转出）　130 000

（3）实际发放时（假设为集体福利）。

借：应付职工薪酬——非货币性福利　1 130 000

贷：库存商品——库存商品　1 130 000

（4）确认费用时。

借：管理费用　113 000

生产成本　226 000

制造费用　339 000

销售费用　452 000

贷：应付职工薪酬——非货币性福利　1 130 000

（5）视同销售业务的会计处理。

根据《增值税暂行条例》及其实施细则的规定，企业将自产或委托加工的货物用于集体福利或个人消费，或作为投资、分配给股东或投资者、对外捐赠等，应视同销售。借记“长期股权投资”“营业外支出”等科目，贷记“应交税费——应交增值税（销项税额）”科目及其他有关科目。

【例 6-36】甲公司为增值税一般纳税人，增值税税率 13%。现将生产的产品对外捐赠，该批产品的成本 20 万元，市场不含税售价为 25 万元，开具的增值税专用发票上注明的增值税税额为 3.25 万元。

借：营业外支出　232 500

贷：库存商品　200 000

应交税费——应交增值税（销项税额）　32 500

本例中，销项税额 = 250 000×13% = 32 500（元）

【例 6-37】甲公司用一批原材料进行长期股权投资，该批材料的成本 60 万元，双方协议不含税价值为 75 万元，开具的增值税专用发票上注明的增值税税额为 9.75 万元。

甲公司对外投资原材料应交的增值税销项税额 = 750 000×13% = 97 500（元）

借：长期股权投资　　847 500

　贷：其他业务收入　　750 000

　　　应交税费——应交增值税（销项税额）　　97 500

同时：

借：其他业务成本　　600 000

　贷：原材料　　600 000





（6）缴纳增值税及期末结转未交或多交增值税的会计处理。

企业本月缴纳本月的应交增值税时，应借记“应交税费——应交增值税（已交税金）”科目，贷记“银行存款”科目；本月缴纳上月应交未交的增值税时，应借记“应交税费——未交增值税”科目，贷记“银行存款”科目。

月度终了，企业应将本月应交未交的增值税自“应交税费——应交增值税”明细科目转入“应交税费——未交增值税”明细科目，即借记“应交税费——应交增值税（转出未交增值税）”科目，贷记“应交税费——未交增值税”科目，将本月多交的增值税自“应交税费——应交增值税（转出多交增值税）”明细科目转入“应交税费——未交增值税”明细科目，即借记“应交税费——未交增值税”科目，贷记“应交税费——应交增值税（转出多交增值税）”科目。

【例 6-38】2024 年 5 月，企业用银行存款缴纳增值税 300 万元，其中当月 100 万元，以前月份 200 万元。6 月，企业转出当月应交增值税税额 50 万元，7 月缴纳上述增值税税额 50 万元。

（1）缴纳增值税。

① 缴纳当月的增值税。

借：应交税费——应交增值税（已交税金）　　1 000 000

　贷：银行存款　　1 000 000

② 缴纳以前期间未交的增值税。

借：应交税费——未交增值税　　2 000 000

　贷：银行存款　　2 000 000

（2）月末转出多交增值税和未交增值税。

① 转出当月应交未交的增值税（6 月）。

借：应交税费——应交增值税（转出未交增值税）　　500 000

　贷：应交税费——未交增值税　　500 000

② 缴纳以前期间未交的增值税（7 月）。

借：应交税费——未交增值税　　500 000

　贷：银行存款　　500 000

2. 小规模纳税企业增值税的核算

一般情况下，小规模纳税企业销售货物或提供应税劳务时，只能开具普通发票，不能开具增值税专用发票。小规模纳税企业销售货物或提供应税劳务，实行简易办法计算应纳税额，通常按照销售额的一定比例计算。小规模纳税企业的销售额不包括其应纳税额，采用销售额和应纳税额合并定价方法的企业，应按照公式“销售额 = 含税销售额/（1+征收率）”还原为不含税销售额计算。

根据规定，小规模纳税企业购入货物无论是否取得增值税专用发票，其支付的增值税额均不计入进项税额，不得由销项税额抵扣，而应计入购入货物的成本。其他企业从小规模纳税企业购入货物或接受劳务支付的增值税额，如果不能取得增值税专用发票，也不能作为进项税额抵扣，而应计入购入货物或应税劳务的成本。因此，小规模纳税企业进行会计核算时，在“应交税费——应交增值税”科目中不必设置专栏。“应交税费——应交增值税”科目的贷方登记应缴纳的增值税；借方登记已缴纳的增值税；期末贷方余额反映尚未缴纳的增值税，如为借方余额，则反映多缴纳的增值税。

（1）购进时，增值税直接计入有关货物或劳务的成本。

（2）销售时，应缴纳增值税，但不得开具增值税专用发票。

（3）不含税销售额=含税销售额÷（1+征收率），应纳税额=不含税销售额×征收率

（4）设置“应交税费——应交增值税”科目，没有三级明细科目（销项税额）。

【例 6-39】某公司为小规模纳税人，增值税税率为3%，原材料按实际成本核算。购入A原材料一批，货款100万元，增值税税额3万元，用银行存款支付，材料验收入库。另销售B产品一批，成本180万元，开具的普通发票中注明的货款（含税）为206万元，款项已存入银行。用银行存款缴纳增值税税额6万元。

（1）购入原材料，不能抵扣进项。

借：原材料——A原材料　　1 030 000

　贷：银行存款　　1 030 000

（2）销售产品，缴纳增值税。

不含税销售额=含税销售额÷（1+征收率）=206÷（1+3%）=200（万元）

应纳增值税=不含税销售额×征收率=200×3%=6（万元）

借：银行存款　　2 060 000

　贷：主营业务收入——B产品　　2 000 000

　　应交税费——应交增值税　　60 000

（3）结转B产品成本。

借：主营业务成本——B产品　　1 800 000

　贷：库存商品——B产品　　1 800 000

（4）缴纳增值税。

借：应交税费——应交增值税　　60 000

　贷：银行存款　　60 000

### （二）应交消费税

消费税是指在我国境内生产、委托加工和进口应税消费品的单位和个人，按其流转额缴纳的一种税。消费税是以消费品的流转额作为征税对象的各种税收的统称。它是根据国家政策要求，选择一些需要限制和调节的消费品或消费行为作为征税对象而开征的税，即消费税是对特定消费品或消费行为征收的一种税。征税商品有烟、酒、高档化妆品、贵重首饰及珠宝玉石、鞭炮焰火、成品油、小汽车、摩托车、高尔夫球及球具、高档手表、游艇、木制一次性筷子、实木地板、电池、涂料。税率最低3%，最高56%。消费税实行价内税，因此，企业销售自产应税消费品确认的消费税，应借记“税金及附加”科目，贷记“应交税费——应交消费税”科目。消费税的纳税人是企业，但税款最终由消费者承担。消费税的征收实行从价定率、从量定额和复合计税三种方法。

实行从价定率的消费品的计算依据为销售额：从价定率的应纳税额=销售额×税率。

实行从量定额的消费品的计税依据为销售数量：从量定额应纳税额=销售数量×定额税率。

企业将计算出来的消费税记入“税金及附加”科目，将应交未交的消费税记入贷方“应交税费——应交消费税”科目。企业将自产的应税消费品用于股权投资、在建工程、职工福利部门等非生产机构时，按规定应缴纳的消费税，借记“长期股权投资”“在建工程”“固定资产”“应付职工薪酬”“营业外支出”等科目，贷记“应交税费——应交消费税”科目。期末贷方余额反映企业尚未缴纳的消费税，借方余额则反映企业多缴纳的消费税。

【例 6-40】企业销售所生产的高档化妆品，价款100万元（不含增值税），成本80万元，增值税

税率13%，消费税税率为15%，款项已存入银行。

（1）取得价款和税款，确认收入时。

借：银行存款　1 130 000

　贷：主营业务收入　1 000 000

　　　应交税费——应交增值税（销项税额）　130 000

（2）结转成本时。

借：主营业务成本　800 000

　贷：库存商品　800 000

（3）计算应缴纳的消费税：应纳消费税额＝100×15%＝15（万元）

借：税金及附加　150 000

　贷：应交税费——应交消费税　150 000

【例6-41】承【例6-40】，假设把上述高档化妆品提供给本企业下设的福利部门，其中管理人员、生产工人、车间管理人员和销售人员各占10%、20%、30%和40%。

（1）确认收入时。

借：应付职工薪酬一职工福利费　1 130 000

　贷：主营业务收入　1 000 000

　　　应交税费——应交增值税（销项税额）　130 000

（2）发出商品，结转成本。

借：主营业务成本　800 000

　贷：库存商品　800 000

（3）确认应付职工薪酬时。

借：管理费用　113 000

　　生产成本　226 000

　　制造费用　339 000

　　销售费用　452 000

　贷：应付职工薪酬　1 130 000

（4）计算应缴纳消费税：应纳消费税额＝100×15%＝15（万元）

借：税金及附加　150 000

　贷：应交税费——应交消费税　150 000

【例6-42】企业在建工程领用自产产品柴油，成本为100万元，假设该批柴油对外售价120万元，增值税税率13%，应交消费税24万元，不考虑其他相关税费。编制会计分录如下：

借：在建工程　1 240 000

　贷：库存商品　1 000 000

　　　应交税费——应交消费税　240 000

本例中，企业在建工程领用自产产品，按成本价贷记库存商品，不做增值税。如果企业领用原材料用于在建工程，同样贷记“原材料”，也不做进项税额转出（见第五章第二节）。

【例6-43】有福烟草公司支付有喜烟草公司代收代缴的消费税30万元，收回委托其加工的烟丝用于继续生产卷烟。编制会计分录如下：

借：应交税费——应交消费税　300 000

　贷：银行存款（应付账款等）　300 000

本例属于委托加工物资的核算内容。由于有福烟草公司收回的烟丝用于继续生产卷烟，有喜烟草公司代收代缴的消费税记入“应交税费——应交消费税”。如果收回的烟丝用于直接出售，则代收代缴的消费税记入“委托加工物资”（见第四章第四节）。

【例 6-44】企业从国外进口一批需要缴纳消费税的乙材料，价值 565 万元（含增值税，税率 13%），进口环节需要缴纳的消费税为 100 万元，款已付。

借：原材料——乙材料　　6 000 000

　　应交税费——应交增值税（进项税额）　　650 000

　贷：银行存款　　6 650 000

本例中，进口环节需要缴纳的消费税计入所购物资的成本。

消费税的核算主要分以下几种情况：①销售应税消费品，计入税金及附加（见例 6-40）；②自产的应税消费品用于职工福利，计入税金及附加（见例 6-41）；③自产的应税消费品用于建造工程，借记“在建工程”，贷记“应交税费——应交消费税”（见例 6-42）；④委托加工应税消费品，根据委托加工的物资收回后是直接出售还是继续生产，分别记入“委托加工物资”或“应交税费——应交消费税”（见例 6-43）；⑤进口应税消费品，计入所购物资成本（见例 6-44）。

### （三）应交所得税

应交所得税是指企业按照国家税法规定，应从生产经营等活动的所得中缴纳的税金。所得包括营业所得、投资所得、劳务所得。所得税缴纳按纳税主体分为个人所得税和企业所得税。个人所得税的纳税主体是个人，企业履行代扣代缴义务。企业所得税的纳税主体是企业。企业所得税是国家税务部门对企业所得征收的一种税。企业应在“应交税费”科目下设置“应交所得税”明细科目，核算企业缴纳的企业所得税。

企业的所得税费用包括当期所得税和递延所得税两个部分。其中，当期所得税是指当期应交所得税，递延所得税包括递延所得税资产和递延所得税负债。

应纳税所得额=税前会计利润+纳税调整增加额-纳税调整减少额

纳税调整增加额，是指企业按税法规定允许扣除项目中，企业已计入当期费用但超过税法规定扣除标准的金额（如超过税法规定标准的职工福利费、工会经费、职工教育经费、业务招待费、公益性捐赠支出、广告费和业务宣传费等），以及企业已计入当期损失但《中华人民共和国企业所得税法》（以下简称《企业所得税法》）规定不允许扣除项目的金额（如税收滞纳金、罚款、罚金等）。

纳税调整减少额是指按《企业所得税法》规定允许弥补的亏损和允许免税的项目，主要包括前 5 年未弥补的亏损和国债利息收入等。

应交所得税=应纳税所得额×所得税税率（25%）

应交所得税的核算见第八章第四节。

### （四）其他应交税费

其他应交税费主要包括应交资源税、应交土地增值税、应交房产税、城镇土地使用税、车船税、矿产资源补偿费、印花税、应交城市维护建设税、应交教育费附加。此处只讲述应交城市维护建设税和应交教育费附加。

1. 应交城市维护建设税

城市维护建设税是指国家为了加强城市的维护建设，扩大和稳定维护城市建设资金的来源而开征的一种税，以纳税人实际缴纳的增值税、消费税税额为计税依据。其纳税人为缴纳增值税、消费税的单位和个人，税率按纳税人所在地不同，设置三档差别比例税率：市区为 7%，县城和镇为 5%，乡村 1%。大中型工矿企业所在地不在城市市区、县城、建制镇的，税率为 1%。其计算公式为：

应纳税额=（实际应交的增值税+实际应交的消费税）×适用税率

2. 应交教育费附加

企业按应交流转税（增值税、消费税）的一定比例（3%）计算缴纳教育费附加。教育费附加和城市维护建设税一样，是一种税中费。

应交教育费附加=（应交增值税+应交消费税）×适用税率（3%）

【例 6-45】北京有福公司本期实际应交增值税税额 70 万元、消费税税额 30 万元，城市维护建设税税率为 7%，教育费附加征收率为 3%，下月初用银行存款缴纳上述税款。

（1）月末计算时：

借：税金及附加　100 000

　贷：应交税费——应交城市维护建设税［（70+30）×7%］　70 000

　　　　　——应交教育费附加［（70+30）×3%］　30 000

（2）下月用银行存款缴纳时：

借：应交税费——应交城市维护建设税　70 000

　　　　——应交教育费附加　30 000

　贷：银行存款　100 000

## 八、应付股利

应付股利是企业股东大会等机构审批的利润分配方案确定分配给股东的现金股利或利润，包括应付国家、其他单位以及个人的投资利润。应付股利构成了企业的一项流动负债。

需注意的是，企业股东大会通过的利润分配方案中拟分配的现金股利或利润，应确认为应付股利。但是，企业董事会类似机构通过的利润分配方案中拟分配的现金股利或利润，不做账务处理，但应在附注中披露。因为企业最高权力机关是股东大会，只有股东大会表决通过的利润分配方案，才是最终方案，方案中拟分配的现金股利或利润才可以确认为应付股利。

企业通过“应付股利”科目来核算和监督应付股利的增减变动情况，借记“利润分配”科目，贷记“应付股利”科目；实际支付时，借记“应付股利”科目，贷记“银行存款”科目。

【例 6-46】A 有限责任公司 2024 年度实现净利润 800 000 元，经过董事会批准，决定 2024 年度分配现金股利 500 000 元。股利已经用银行存款支付。A 有限责任公司的有关会计处理如下：

借：利润分配——应付现金股利　500 000

　贷：应付股利　500 000

支付股利时：

借：应付股利　500 000

　贷：银行存款　500 000

## 九、应付利息

应付利息是指企业应付给银行或其他债权人的利息。“应付利息”账户属于负债类账户，贷方登记应付但还未付的利息，借方登记归还的借款利息。余额在贷方，表示企业还未支付的利息。具体核算内容见第四章第二节及本章短期借款。

在编制资产负债表时，“其他应付款”项目应根据“应付利息”“应付股利”和“其他应付款”科目的期末余额合计数填列。

## 十、其他应付款

其他应付款是指企业除应付票据、应付账款、预收账款、应付职工薪酬、应交税费、应付利息、应付股利等经营活动以外的其他各项应付、暂收的款项，如应付短期租赁固定资产租金，应付租入包装物租金、存入保证金等，通过“其他应付款”科目进行核算，并按对方单位或个人设置明细账进行明细核算。

【例 6-47】2024 年 3 月 1 日，甲公司因销售商品出借包装物，收取押金现金 300 元。

借：库存现金　300

　贷：其他应付款　300

# 第三节 非流动负债

## 一、非流动负债概述

### （一）非流动负债的含义及特点

非流动负债是指流动负债以外的，偿还期在一年或长于一年的一个经营周期以上的负债，包括长期借款、应付债券、长期应付款等。非流动负债是企业筹集资金的一种重要方式，它除了具有负债的一般特征外，同流动负债相比，具有债务金额大、偿还期限长、可以分期偿还等特点。

企业为了满足生产经营的需要，特别是为了扩大企业的经营规模，需要投入大量的需长期占用的资金。一般来讲，企业筹集长期资金的方式主要有两种：一种是由投资者投入新的资本，另一种是举借非流动负债，即通常所说的“举债经营”。站在投资者的立场上，与增加投入资本或股本相比，举借非流动负债有以下几个优点：

（1）举借非流动负债不影响企业原有的资本或股本的结构，有利于保持原有投资者控制企业的权利，一般也不影响股份公司的股票价格。

（2）举借非流动负债可以增加投资者所得的盈余。由于不论企业的经营状况如何，长期债权人都不参与企业剩余利润的分配。因此，如果企业经营所获得的投资利润率高于非流动负债的固定利率，剩余利益将全部归投资者所有。

（3）在缴纳所得税时，非流动负债上的利息除资本化的以外，都可以作为正常的经营费用从利润总额中扣减。而股利只能从税后利润中支付，不能作为纳税扣减项目。

同时，举借非流动负债也存在不足之处，主要表现在以下几个方面：

（1）非流动负债利息是企业必须定期支付的固定费用，如果企业举债经营的投资报酬率低于非流动负债的资金成本率，将会带来减少投资者利益的风险。同时，如果企业经营不善，这笔固定的利息费用就会成为企业财务上的负担。

（2）非流动负债一般都有明确的到期日，企业必须安排现金流出，这将影响到企业的财务灵活性。

（3）债权人对企业财产享有优先求偿权，如果企业因资金周转困难而无法定期支付利息和按期偿还本金，债权人的求偿权可能迫使企业破产清算。

### （二）非流动负债的分类

根据筹措方式的不同，非流动负债主要分为以下几类：

（1）长期借款。长期借款是指企业向各类金融机构或第三方借入的期限在一年以上（不含一年）的各种借款。

（2）应付债券。应付债券是指企业为筹措长期使用资金，依照法定程序在债券市场上发行的一种有价证券。

（3）长期应付款。长期应付款是指企业除长期借款和应付债券以外的其他长期应付款，主要有应付补偿贸易引进设备款和应付融资租入固定资产租赁费等。

（4）专项应付款。专项应付款是指企业的专项资金对外发生的各种应付和暂收款项，如购入专项物资的应付货款、应付承包单位的工程价款、应付运输费、应付罚金以及各种暂收的专用款项。

### （三）非流动负债的计价

企业的各项非流动负债应当分别进行核算，并在资产负债表中分列项目反映。将于一年内到期偿还的非流动负债，在资产负债表中应当作为一项流动负债单独反映。非流动负债应当记录实际发生额，同时，应当按照负债本金或债券面值，按照确定的利率按期计提利息，并按规定分别进入工程成本或当期财务费用。



## 二、长期借款

长期借款是指向各类金融机构或第三方借入的期限在一年以上（不含一年）的各种借款。它一般用于固定资产的构建、改扩建工程、大修理工程以及为了保持长期经营能力等方面。根据还本付息方式将长期借款分为分期付息、到期还本或分期还本的借款和到期一次还本付息的借款。



企业通过设置“长期借款”科目，核算和监督长期借款的借入、应计利息和还本付息等情况。借方记录长期借款本金和利息的减少额；贷方记录长期借款本金和利息的增加额；期末贷方余额反映企业尚未偿还的长期借款的本息额。本科目可按照贷款单位和贷款种类，分别用“本金”“利息调整”“应计利息”等科目进行明细核算。

长期借款的核算主要包括取得长期借款、长期借款利息的计算以及归还长期借款本息的会计处理等内容。

### （一）取得长期借款的会计处理

企业从银行或其他金融机构借入长期借款时，按实际收到的款项，借记“银行存款”科目，按借款本金，贷记“长期借款——本金”科目；如存在差额，还应借记“长期借款——利息调整”科目。

### （二）长期借款利息的会计处理

在资产负债表日，企业应按长期借款的摊余成本和实际利率计算确定的利息费用，借记“在建工程”“财务费用”等科目，按借款本金和合同利率计算确定的应付未付利息，如果属于分期付息的贷记“应付利息”科目，如果属于到期一次付息的，应记入“长期借款——应计利息”科目。按其差额，贷记“长期借款——利息调整”科目。

### （三）归还长期借款的会计处理

企业归还长期借款时，按归还的借款本金，借记“长期借款——本金”“应付利息”“长期借款——应计利息”科目，按转销的利息调整金额，贷记“长期借款——利息调整”科目，按实际归还的款项，贷记“银行存款”科目，按借贷双方之间的差额，借记“在建工程”“财务费用”等科目。

【例 6-48】有福公司于 2023 年 1 月 1 日与中国建设银行签订借款合同，向中国建设银行借入 500 万元用于工程建设，借款期限为 2 年，利率为 5%，到期一次还本付息。假设合同利率与实际利率相同，工程一年完工。

（1）2023 年 1 月 1 日取得借款：

借：银行存款　　5 000 000

　贷：长期借款——本金　　5 000 000

（2）款项投入工程：

借：在建工程　　5 000 000

　贷：银行存款　　5 000 000

期末调整利息费用。年末按照权责发生制的要求，将银行贷款利息进行调整，记入“财务费用”账户的借方。

（3）计算 2023 年 1 月 1 日至 12 月 31 日的利息费用 = 500×5% = 25 万元。

借：在建工程　　250 000

　贷：长期借款——应计利息　　250 000

(4) 2023年12月31日工程完工：

借：固定资产　　5 250 000

　贷：在建工程　　5 250 000

(5) 2024年1月1日至12月31日的利息费用=500×5%=25万元。

借：财务费用　　250 000

　贷：长期借款——应计利息　　250 000

(6) 偿还本金500万元和2年利息共计50万元。

借：长期借款——本金　　5 000 000

　　　　——应计利息　　500 000

　贷：银行存款　　5 500 000

## 三、应付债券

应付债券是企业为筹措长期资金依照法定程序在债券市场上发行的一种有价书面凭证。凭证上记载债券的利率、期限等，发行债券的企业要在规定的特定日期还本付息。企业发行的超过一年期限的债券构成了一项非流动负债；而发行的一年或一年以下的债券，作为流动负债核算。这里的应付债券，是指企业发行的期限超过一年的长期债券。发行债券是企业筹集长期资金的重要方式，与长期借款相比，它具有筹资范围广、流动性大和风险小的特点，因此比长期借款更具有优越性。

企业发行债券时，如果发行费用大于发行期间冻结资产所产生的利息收入，按发行费用减去发行期间冻结资产所产生的利息收入后的差额，根据发行债券所筹集资金的用途，分别计入财务费用或相关资产成本。如果发行费用小于发行期间冻结资金所产生的利息收入，按发行期间冻结资金所产生的利息收入减去发行费用后的差额，视同发行债券的溢价收入，在债券存续期间于计提利息时摊销，分别计入财务费用或相关资产成本。

企业通过“应付债券”科目核算和监督债券的发行、计息、溢价或折价的摊销及还本付息情况。贷方登记企业应付债券的本金和利息；借方登记企业归还的债券本金和利息；期末贷方余额反映企业尚未归还的债券本金和利息。本科目可按“面值”“利息调整”和“应计利息”进行明细核算。

应付债券的核算主要包括发行债券的核算、利息调整的核算以及债券的还本付息等内容。

### （一）发行债券的核算

企业债券的发行价格取决于债券票面金额、债券票面利率、债券发行当时的市场利率以及债券期限的长短等因素。债券的发行方式有三种：票值发行、溢价发行和折价发行。如果债券的票面利率与同期银行存款利率相同，可按票面价格发行，即按面值发行。企业债券的票面利率高于同期银行存款利率，可按高于其面值的价格发行，即按溢价发行。企业债券的票面利率低于同期银行存款利率，可按低于其面值的价格发行，称为折价发行。溢价或折价是发行债券的企业在债券存续期间内对利息费用的一种调整。即溢价是企业以后各期多付利息而事先得到的补偿，这是企业以后各期少付利息而预先给投资者的补偿。根据企业会计准则的规定，债券的溢价或折价应在债券的存续期间内按实际利率法于计提利息时摊销，并按借款费用的原则处理。

无论是按面值发行、溢价发行或折价发行，均按债券面值记入“应付债券”科目的“面值”明细科目，按实际收到的款项与面值的差额，记入“利息调整”明细科目。企业发行债券时，按实际收到的款项，借记“银行存款”等科目，按债券票面价值，贷记“应付债券——面值”科目，按实际收到的款项与票面价值之间的差额，贷记或借记“应付债券——利息调整”科目。

### （二）债券利息的核算

债券利息应在债券存续期间内采用实际利率法进行摊销。实际利率法是指按照应付债券的实际利率计算其摊余成本及各期利息费用的方法。实际利率是指将应付债券在存续期间的未来现金流量，折现为该债券当前账面价值所使用的利率。

资产负债表日，对于分期付息、到期一次还本的债券，企业应当按应付债券的摊余成本和实际利率计算确定的利息费用，借记“在建工程”“财务费用”等科目，按票面利率计算确定的应付未付利息，贷记“应付利息”科目，按其差额，借记或贷记“应付债券——利息调整”科目。对于到期一次还本付息的债券，企业应于资产负债表日按摊余成本和实际利率计算确定的债券利息费用，借记“在建工程”“财务费用”等科目，按票面利率计算确定的应付未付利息，贷记“应付债券——应计利息”科目，按其差额，借记或贷记“应付债券——利息调整”科目。





### （三）债券还本付息

企业发行的债券通常分为到期一次还本付息或一次还本、分期付息两种。采用一次还本付息方式的，企业应于债券到期支付本息时，借记“应付债券——面值、应计利息”科目，贷记“银行存款”等科目；采用一次还本、分期付息方式的，在每期支付利息时，借记“应付利息”科目，贷记“银行存款”等科目；债券到期偿还本金并支付最后一期利息时，借记“应付债券——面值”“在建工程”“财务费用”等科目，贷记“银行存款”等科目，按借贷双方之间的差额，借记或贷记“应付债券——利息调整”科目。

【例 6-49】华联实业股份有限公司于 1 月 1 日发行公司债券：面值为 100 000 元，期限为 5 年，票面利率为 10%，每年付息一次，到期一次还本。假设发行时市场利率为 8%时，则发行价格为 106 000 元。假设发行时市场利率为 10%时，则发行价格为 100 000 元。假设发行时市场利率为 12%时，则发行价格为 95 000 元。

（1）发行债券的会计分录如下：

①溢价发行时：

| | | |
|---|---|---|
| 借：银行存款 | 106 000 | |
| 贷：应付债券——债券面值 | | 100 000 |
| 应付债券——债券溢价 | | 6 000 |

②平价发行时：

| | | |
|---|---|---|
| 借：银行存款 | 100 000 | |
| 贷：应付债券——债券面值 | | 100 000 |

③折价发行时：

| | | |
|---|---|---|
| 借：银行存款 | 95 000 | |
| 应付债券——债券折价 | 5 000 | |
| 贷：应付债券——债券面值 | | 100 000 |

（2）票面利息的计算、利息费用的确定和利息支付及其账务处理。

①溢价发行时：假设每年溢价摊销额为 1 200 元。

| | | |
|---|---|---|
| 借：财务费用 | 8 800 | |
| 应付债券——债券溢价 | 1 200 | |
| 贷：应付债券——应计利息 | | 10 000 |

②平价发行时：

| | | |
|---|---|---|
| 借：财务费用 | 10 000 | |
| 贷：应付债券——应计利息 | | 10 000 |

③折价发行时：假设每年折价摊销额为 1 000 元。

| | | |
|---|---|---|
| 借：财务费用 | 11 000 | |
| 贷：应付债券——应计利息 | | 10 000 |

应付债券——折价摊销 1 000

④每年支付利息时：

借：应付债券——应计利息 10 000

贷：银行存款 10 000

## 四、长期应付款

长期应付款是指企业除长期借款和应付债券以外的其他长期应付款，主要有应付补偿贸易引进设备款和应付融资租入固定资产租赁费等。

企业通过“长期应付款”科目核算和监督长期应付款的发生和归还情况。贷方记录发生的长期应付款；借方记录已归还的长期应付款；期末贷方余额反映企业尚未偿还的长期应付款。

### （一）应付融资租入固定资产租赁费的核算

融资租入固定资产是指企业由于资金不足，或因资金周转暂时困难，或为了减少投资风险，借助于租赁公司或其他金融机构的资金而租入的固定资产。其属于资产的一种，所有权虽不属于企业，但是企业实质上获得了该资产所提供的主要经济利益，同时承担了与资产有关的风险。在租赁期内，租赁资产的所有权仍然归出租方所有，承租方只享有使用该资产的权利。企业融资租入固定资产时，应与出租方签订租赁协议，明确规定租入固定资产的名称、种类、规格、价款、数量、租赁期限，以及租赁费用等有关条款。

承租人以融资租赁方式租入固定资产时，应当在租赁开始日，将该租赁资产原账面价值与最低租赁付款额现值相比中的较低者，作为融资租入固定资产的入账价值；将最低租赁付款额作为长期应付款的入账价值；并将两者的差额记录为未确认融资费用。在会计分录中，借记“固定资产”等科目，按最低租赁付款额，贷记“长期应付款”科目，按发生的初始直接费用，贷记“银行存款”等科目，按其差额，借记“未确认融资费用”科目。

但是，如果该项租赁资产占企业资产总额的比例不大，承租人在租赁开始日，可按最低租赁付款额记录租入的固定资产和长期应付款。承租人在计算最低租赁付款额的现值时，如果知道出租人的租赁内含利率，应当采用出租人的租赁内含利率作为折现率；否则，应当采用租赁合同规定的利率作为折现率。如果出租人的租赁内含利率和租赁合同规定的利率均无法知晓，则应当采用同期银行贷款利率作为折现率。

### （二）延期付款购买资产

企业如果延期支付的购买价款超过了正常信用条件，实际上具有融资性质。实际支付的价款与购买价款的现值之间的差额，应当在信用期间内采用实际利率法进行摊销，计入相关资产成本或当期损益。企业应按购买价款的现值，借记“固定资产”“在建工程”等科目，按应支付的价款总额，贷记“长期应付款”科目，按其差额，借记“未确认融资费用”科目。

此外，企业采用补偿贸易方式引进国外设备时，应按设备、工具、零配件等的价款以及国外运杂费的外币金额和规定的汇率折合为人民币确认长期应付款。

【例 6-50】年初，某企业采用补偿贸易方式引进一套设备，该设备价款为1 000 000美元，随同设备一起进口的零配件价款为50 000美元，支付的国外运杂费为2 000美元，另以人民币支付进口关税111 500元，国内运杂费为2 000元，安装费为22 000元。设备在一周内即安装完毕，引进设备当日美元汇率为￥8.8/USD1。

（1）引入设备时，应记录：

借：在建工程 8 817 600

原材料——修理用备件 440 000

贷：长期应付款——应付引进设备款——美元户（USD1 052 000）　　9 257 600

（2）支付进口关税、国内运杂费和设备安装费时，应记录：

借：在建工程　　135 500

贷：银行存款　　135 500

（3）将安装完毕的设备及进口工具和零配件交付使用时，应记录：

借：固定资产　　8 953 100

贷：在建工程　　8 953 100

（4）以引进设备所生产产品的销售收入 100 000 美元归还设备款时，应记录：（假设当日汇率为¥8.9/USD1）

借：长期应付款——应付引进设备款——美元户（USD100 000）　　890 000

贷：银行存款（USD100 000）　　890 000

（5）第一年年末（假设当日汇率为¥8.7/USD1），根据补偿贸易合同的规定，按 6%计提应付利息时，应记录：

借：财务费用——利息支出　　549 144

贷：长期应付款——应付引进设备款——美元户（USD63 120）　　549 144

（6）按年末汇率确定“长期应付款——应付引进设备款——美元户”汇兑损益。

年末美元余额为 USD1 052 000+USD63 120-USD100 000=USD1 015 120

应折合为人民币金额为 1 015 120×8.7=8 831 544（元）

调整前该账户记账本位币余额为 9 257 600+549 144-890 000=8 916 744（元）

应确定汇兑损益 85 200 元。

借：长期应付款——应付引进设备款——美元户　　85 200

贷：财务费用——汇兑损益　　85 200

## 五、或有负债

### （一）或有负债概述

或有负债是指过去的交易和事项形成的潜在义务，其存在是通过未来不确定事项的发生或不发生予以证实；或指过去的交易或事项形成的现时义务，履行该义务不是很可能导致经济利益流出企业或该义务的金额不能可靠地计量。可见，或有负债的发生取决于或有事项。或有事项是指现存的带有不确定性的情况、状态或处境，其结果将会给企业带来利得或损失，而其最终是否实现则取决于一项或多项未来事件是否发生。或有负债的特征是：①是由过去的交易或事项产生的；②交易事项或情况的结果是不确定的；③交易事项或情况的最后结果又依赖于未来发生或不发生某种事实来加以证实的。或有负债事项也可能产生或有资产。或有资产指过去的交易或事项形成的潜在资产，其存在须通过未来不确定事项的发生或不发生予以证实。

出于谨慎性考虑，会计上不确认可能的利得，但确认可能的损失。在确认可能的损失的同时，要确认一笔负债，该负债就是或有负债。例如，时装公司对客户承诺，衣服质量问题可免费更换修改。但这项可能的损失，公司要根据以往的经验计提合理最佳估计数的维修与更换服务费用。公司在计提这笔费用的同时形成一项预计负债。或有负债包括两类义务：一类是潜在义务，另一类是特殊的现时义务。根据我国《企业会计准则》的规定，如果与或有事项相关的义务同时符合下列条件，应将其确认为负债：①该业务是企业承担的现时义务；②该义务的履行很可能导致经济利益流出企业；③该业务的金额能够可靠地计量。在会计实务中，将这类负债作为预计负债核算。如果或有负债符合这些条件，则需要在会计报表附注中披露。对于应予披露的或有负债，企业应在会计报表附注中披露或有负债的种类及其形成的原因、经济利益流出不确定性的说明、或有负债预计产生的财务影响及获得补偿的可能性。

### （二）或有负债的会计处理方法

或有负债的会计处理取决于或有事项发生的可能性。如果很有可能导致或有负债的或有事项发生，即发生的可能性大于不发生的可能性，企业应当确认负债。如果导致或有负债的或有事项发生的可能性低于 50%，企业应当在会计报表附注中说明或有负债；如果可能性很小，企业可以不予处理。或有负债披露的基本原则是：极小可能导致经济利益流出企业的或有负债一般不予披露。但是，对某些经常发生或对企业的财务状况和经营成果有较大影响的或有负债，即使其导致经济利益流出企业的可能性极小，也应予以披露，以确保会计信息使用者获得足够充分和详细的信息。

对于应确认的或有负债，企业需设置预计负债账户进行核算。预计负债是负债类账户，贷方表示预计负债的增加，借方表示预计负债的减少，余额在贷方，表示报告期末已经预计但尚未发生的或有损失数，但实际发生数小于预计数。下面通过一些企业常见的或有负债进行解释。

1. 对外担保

对外担保主要是指企业为其他企业进行债务担保，即承诺在被担保企业不能及时偿还时，担保企业负有担保连带责任，替被担保企业偿还从金融机构借入的款项。因此，企业一旦为他方提供担保，就会面临连带付款的责任，该责任具有不确定性。企业通常在会计报表附注中披露对外担保业务，上市公司还需要在担保事项发生时专门发布公告，披露对外担保事项。

2. 未决诉讼

未决诉讼是指企业有涉及事项在资产负债表日还未结案，即法院还未终审判决的涉讼事件。不管企业是原告还是被告，企业要么胜诉，要么败诉。胜诉会给企业带来利得，在未收到判决前企业出于谨慎性考虑可以不予确认。如果一旦败诉则会给企业带来损失，企业需要对败诉的可能性做出估计，并进行相应的会计处理。如果上市公司发生重大诉讼案件，应及时发布公告。有时，充分披露未决诉讼形成的或有负债信息可能会对企业的生产经营造成重大不利影响。因此，在涉及未决诉讼、未决仲裁的情况下，如果披露全部或部分信息预期会对企业造成重大不利影响，则企业无须披露这些信息。但是，这不表明企业可以不披露任何相关的信息，企业应当披露未决诉讼的性质，以及没有披露这些信息的事实和原因。

3. 产品质量保证

如前所述，企业为了让消费者放心购买，对所生产的产品质量提供“三包”责任。在产品质量不能达到 100%质量保证的情况下，这项费用迟早发生，但发生的金额和时间需要企业做出判断和估计。企业根据权责发生制的原则，在产品出售的当期根据销售收入的一定百分比计提产品质量保证费用，通过销售费用和预计负债这两个账户进行核算。销售费用是成本费用账户，借方表示增加，贷方表示减少；预计负债是负债类账户，贷方表示增加，借方表示减少，余额在贷方。

所有企业均须面对自然灾害以及新的竞争商品或服务出现等未来事件所带来的不确定性。但是，这些不确定性都不能算作或有负债，因为它们并不是由过去的交易引起的，因此，这些不确定性无须在报表中披露。

【例 6-51】有福公司在年末按当年销售收入的 5‰计提产品质量保证费用，假设有福公司的年销售收入为 2 000 万元。

产品质量保证费用 = 2 000×5‰ = 10 万元，会计分录编制如下：

| | | |
|---|---|---|
| 借：销售费用——产品质量保证费用 | 100 000 | |
| 　贷：预计负债 | | 100 000 |

假设以后实际发生维修等费用为 80 000 元：

| | | |
|---|---|---|
| 借：预计负债 | 80 000 | |
| 　贷：银行存款等 | | 80 000 |

## 综合练习题

扫一扫

# 第七章 所有者权益

## 第一节 所有者权益概述

### 一、所有者权益的含义及其性质

所有者权益是指企业所有者对企业净资产的要求权，是企业资产扣除负债后由所有者享有的剩余权益，在数量上等于净资产，即资产减去负债后的余额。资产是指企业的全部资产（流动资产和非流动资产），负债是指企业的全部负债（流动负债和非流动负债）。由会计基本等式“资产=负债+所有者权益”通过移项得出“资产-负债=所有者权益”，因此，所有者权益就是企业的净资产。对股份公司而言，所有者权益又称为股东权益。

所有者权益和负债统称为权益，两者均对企业的资产具有要求权，但两者又存在明显区别。其主要区别如下：

（1）性质不同。所有者权益是所有者对企业净资产的要求权，这种权利在债权人对企业资产的要求权之后；而在企业清偿时，债权人对企业的资产具有优先要求权。

（2）权利不同。所有者有参与收益分配和经营管理等权利，而债权人则享有到期收回本金和利息的权利，没有参与经营管理与利润分配的权利。

（3）归还期限不同。在企业持续经营的情况下，所有者权益一般不存在归还的问题，不存在偿还日期，而负债则有明确的到期偿还日期。

（4）风险不同。所有者能获得多少收益，视企业的盈利水平和经营政策而定，风险较大。而债权人可以按照约定的利率获得利息，无论企业盈利与否，均应支付利息，风险较小。

### 二、所有者权益的构成内容

所有者权益按形成来源，可分为所有者投入的资本、直接计入所有者权益的利得和损失、留存收益等，主要包括实收资本（或股本）、其他权益工具、资本公积、其他综合收益和留存收益。本章主要介绍实收资本、资本公积和留存收益的有关内容。

所有者投入的资本是指所有者投入企业的资本部分，包括构成企业注册资本或者股本部分的金额，也包括投入资本超过注册资本或股本部分的金额，即资本溢价或股本溢价。在会计核算上，前者列入“实收资本或股本”，后者列入“资本公积”。

直接计入所有者权益的利得和损失，是指不应计入当期损益的各项利得和损失，如其他债权投资与其他权益工具投资的公允价值变动。直接计入所有者权益的利得和损失一般作为“其他综合收益”

核算，但有些内容按规定列入“资本公积”。

留存收益是指企业历年实现的净利润留存于企业的部分，包括盈余公积和未分配利润。盈余公积包括法定盈余公积和任意盈余公积。



## 第二节 实收资本（或股本）



### 一、实收资本（或股本）概述

实收资本（或股本）是指投资者按照公司章程或者合同、协议的约定，实际投入企业的资本。有限责任公司的投入资本表现为投资者实际出资额，称之为实收资本，股份有限公司投入资本表现为实际发行的股票的面值总额，称之为股本。

所有者向企业投入的资本，在一般情况下无须偿还，可以长期使用，它是企业持续经营最稳定的物质基础。实收资本（股本）的构成比例，即投资者的出资比例或股东的股份比例，是确定投资者在企业所有者权益中所占的份额及投资者参与企业财务决策和经营管理的基础，也是企业进行利润分配或股利分配的依据，同时还是企业清算时所有者对净资产的要求权的依据。

《公司法》规定，股东可以用货币出资，也可以用实物（存货、固定资产）、知识产权、专利权、非专利技术和土地使用权（无形资产）等可以用货币估价并可以依法转让的非货币财产作价出资（法律、行政法规规定不得作为出资的财产除外）。

### 二、投入资本的核算

有限责任公司应当设置“实收资本”账户，用于核算投资者投入的实收资本，并按投资人设置明细账户进行明细核算。股份有限公司对股东投入的资本，应设置“股本”账户进行核算，登记发行股票面值总额。

#### （一）有限责任公司投入资本的核算

有限责任公司是指由五十个以下股东出资设立，每个股东以其所认缴的出资额对公司承担有限责任，公司以其全部资产对公司债务承担责任的企业法人。

公司应按照法律、法规、合同和公司章程的规定及时进行资本的认缴。如果是一次认缴的，账面上的实收资本应等于注册资本，如果是分次认缴的，在规定的期限内最后一次认缴完后，实收资本应等于注册资本。所谓注册资本，是指企业在设立时向工商行政管理部门登记注册的资本总额，也是全部出资者设定的出资额之和。

有限责任公司设立时，投资者投入企业的资本，全部作为实收资本入账，则投资额等于实收资本；增资扩股时，如有新的投资者介入，则会产生资本溢价，即投资额大于所占注册资本的份额。

1. 接受现金资产投资

企业接受现金资产投资时，应以实际收到的金额，借记“银行存款”账户，按投资合同或协议约定的投资者在企业注册资本所占份额的部分，贷记“实收资本”账户。若非组建时接受投资，后续接受投资时则可能会产生资本溢价，投资额大于所占注册资本的份额应记入“资本公积——资本溢价”账户。

【例7-1】甲公司由A、B、C三位股东出资设立，注册资本为1 000 000元，A、B、C持股比例分别为60%、20%、20%。按照章程规定，A、B、C分别投入资本600 000元、200 000元、200 000元。甲公司接受投资时的账务处理如下：

借：银行存款　　　　1 000 000

贷：实收资本——A　　600 000

——B　　200 000

——C　　200 000

【例 7-2】M 公司接受乙公司的现金投资 800 000 元，享有注册资本的份额为750 000元。M 公司接受投资时的账务处理如下：

借：银行存款　　800 000

贷：实收资本——乙公司　　750 000

资本公积——资本溢价　　50 000

2. 接受非现金资产投资

企业接受非现金资产投资通常表现为接受存货投资、固定资产投资及无形资产投资等。

企业接受非现金资产投资时，应按投资合同或协议约定价值确定非现金资产价值（投资合同或协议约定价值不公允的除外）作为资产的入账价值，按照合同或投资协议约定的投资者在企业注册资本中所占份额的部分作为“实收资本”入账，超过投资者在企业注册资本中所占份额的部分，记入“资本公积——资本溢价”账户。

【例 7-3】甲企业设立时收到乙企业作为资本投入的专利权一项，该专利权按照合同或协议约定的价值为 80 000 元，增值税进项税额为 7 200 元（由投资方支付税款，并提供或开具增值税专用发票）。假设合同约定的价值与公允价值相符，不考虑其他因素。甲企业接受投资时的账务处理如下：

借：无形资产——专利权　　80 000

应交税费——应交增值税（进项税额）　　7 200

贷：实收资本——乙企业　　87 200

【例 7-4】甲公司接受乙公司投资的不需要安装的机器设备一台，合同约定该机器设备的价值为 350 000 元，增值税进项税额为 45 500 元（由投资方支付税款，并提供或开具增值税专用发票）。经约定，乙公司投资后享有甲公司注册资本 1 000 000 元的 30%，假设合同约定的价值与公允价值相符，不考虑其他因素。甲企业接受投资时的账务处理如下：

借：固定资产　　350 000

应交税费——应交增值税（进项税额）　　45 500

贷：实收资本　　300 000

资本公积——资本溢价　　95 500

【例 7-5】有福有限责任公司接受 M 公司 A 材料投资，不含税价值 10 万元，可抵扣增值税进项税额 1.3 万元。假设不考虑其他因素。有福公司接受投资时的账务处理如下：

借：原材料——A 材料　　100 000

应交税费——应交增值税（进项税额）　　13 000

贷：实收资本——M 公司　　113 000

### （二）股份有限公司投入资本的核算

股份有限公司是指企业全部资本由等额股份构成并通过发行股票筹集资本，由投资人认购出资，股东以其投入资本对公司承担有限责任，公司以其全部资产对公司的债务承担责任的企业法人。

股份有限公司一经批准筹建，就应当确定公司股本总额（注册资本）以及股份总额，即将资本总额划分为若干股份，且每股的金额相等，因此股份有限公司的实收资本称之为“股本”。发行股票既可以按面值发行，也可以溢价发行，但我国不允许折价发行。公司不论是溢价还是按面值发行股票，均应按照发行股票的面值总额记入“股本”账户，溢价发行时，实际收到的价款超过股票面值的部分，即溢价收入，记入“资本公积——股本溢价”账户。公司在发行股票过程中，发生的发行费用等支出，如手续费、佣金等，应先抵减股本溢价收入，如果溢价收入不足，再依次冲减盈余公积和未分配利润。

【例 7-6】甲股份公司委托某证券公司代理发行普通股股票 3 000 000 股，每股面值 1 元，发行价为 3 元/股，假定该股票发行成功，股款收到已全部存入银行，不考虑股票发行过程中的税费等其他因素。



甲公司发行股票的账务处理如下：

借：银行存款　　9 000 000

　贷：股本　　3 000 000

　　资本公积——股本溢价　　6 000 000



## 三、实收资本（或股本）的增减变动

一般情况下，企业的实收资本应相对固定不变。但在某些特定情况下，实收资本也可能发生增减变化。当实收资本比原注册资本增加或减少超过 20%时，应持资金使用证明或者验资证明，向原登记主管机关申请变更登记。如果擅自改变注册资本或抽逃资金，要受到工商行政部门的处罚。

### （一）实收资本（或股本）的增加

一般企业增加资本主要有三个途径：一是投资者追加投资；二是将资本公积转增资本；三是将盈余公积转增资本。

企业按规定接受投资者追加投资时，其核算方法与投资者初次投资时相同。企业采用资本公积转增资本时，借记“资本公积——资本溢价（或股本溢价）”科目，贷记“实收资本（或股本）”科目。用盈余公积转增资本时，借记“盈余公积”科目，贷记“实收资本（或股本）”科目。

【例 7-7】A、B、C 三人共同投资设立了甲有限责任公司，原注册资本为2 000 000元，分别出资500 000 元、1 000 000 元、500 000 元。

（1）为扩大经营规模，经批准，甲有限责任公司注册资本扩大为 3 000 000 元，A、B、C 按原出资比例分别追加投资。甲有限责任公司如期收到三人追加的现金投资。

甲有限责任公司相关账务处理如下：

借：银行存款　　1 000 000

　贷：实收资本——A　　250 000

　　　　　　　——B　　500 000

　　　　　　　——C　　250 000

（2）如果为扩大经营规模，经协商，甲有限责任公司按原出资比例将盈余公积500 000元转增资本。

甲公司的账务处理如下：

借：盈余公积　　500 000

　贷：实收资本——A　　125 000

　　　　　　　——B　　250 000

　　　　　　　——C　　125 000

（3）如果为扩大经营规模，经协商，甲有限责任公司按原出资比例将资本公积——资本溢价300 000元转增资本。

甲公司的账务处理如下：

借：资本公积——资本溢价　　300 000

　贷：实收资本——A　　75 000

　　　　　　　——B　　150 000

　　　　　　　——C　　75 000

## （二）实收资本（或股本）的减少

企业由于资本过剩或者经营规模缩减等原因会减少实收资本。企业减少实收资本应按法定程序报经批准，公司减资后的注册资本不得低于法定的最低限额。有限责任公司经批准减资时按发还投资的实际金额直接冲减实收资本，借记“实收资本”账户，贷记“银行存款”账户；股份有限公司通常采用回购本公司股票的方式减资，按回购的股份，借记“库存股”账户，贷记“银行存款”或“其他货币资金”账户（下同），根据法定程序经批准注销股本时，应按照注销股票的面值减少股本，借记“股本”账户，按所注销的库存股的账面余额，贷记“库存股”，按两者差额记入“资本公积——股本溢价”账户。若“资本公积——股本溢价”账户余额不足冲减的，应依次冲减“盈余公积”“利润分配——未分配利润”账户。

“库存股”科目属于所有者权益类科目，但它是所有者权益的备抵科目（不是资产类），增加在借方，减少在贷方。回购时记借方，注销时记贷方。回购、注销的金额相同，注销后该科目无余额。

【例 7-8】A 上市公司 2024 年 12 月 31 日的股本为 100 000 000 元（面值为 1 元），资本公积（股本溢价）为 30 000 000 元，盈余公积为 40 000 000 元。经股东大会批准，A 上市公司以现金回购方式回购本公司股票 20 000 000 股并注销。假定 A 上市公司按每股 2 元回购股票，不考虑其他因素。A 上市公司应编制如下会计分录：

（1）回购本公司股份时：

库存股成本 = 20 000 000×2 = 40 000 000（元）

| | | |
|---|---|---|
| 借：库存股 | 40 000 000 | |
| 　贷：银行存款 | | 40 000 000 |

（2）注销本公司股份时：

应冲减的资本公积 = 20 000 000×2－20 000 000×1 = 20 000 000（元）

| | | |
|---|---|---|
| 借：股本 | 20 000 000 | |
| 　　资本公积——股本溢价 | 20 000 000 | |
| 　贷：库存股 | | 40 000 000 |

【例 7-9】承【例 7-8】，假定 A 上市公司按每股 3 元回购股票，其他条件不变，A 上市公司应编制如下会计分录：

（1）回购本公司股份时：

库存股成本 = 20 000 000×3 = 60 000 000（元）

| | | |
|---|---|---|
| 借：库存股 | 60 000 000 | |
| 　贷：银行存款 | | 60 000 000 |

（2）注销本公司股份时：

应冲减的资本公积 = 20 000 000×3－20 000 000×1 = 40 000 000（元）

| | | |
|---|---|---|
| 借：股本 | 20 000 000 | |
| 　　资本公积——股本溢价 | 30 000 000 | |
| 　　盈余公积 | 10 000 000 | |
| 　贷：库存股 | | 60 000 000 |

本例中，由于应冲减的金额 4 000 万元大于公司现有的资本公积 3 000 万元，所以只能冲减资本公积 3 000 万元，剩余的 1 000 万元应冲减盈余公积。

【例 7-10】承【例 7-8】，假定 A 上市公司按每股 4.8 元回购股票，其他条件不变，A 上市公司应编制如下会计分录：

（1）回购本公司股份时：

库存股成本 = 20 000 000×4.8 = 96 000 000（元）

借：库存股　　96 000 000

　贷：银行存款　　96 000 000

(2) 注销本公司股份时：

应冲减的资本公积＝20 000 000×4.5－20 000 000×1＝70 000 000（元）

借：股本　　20 000 000

　　资本公积——股本溢价　　30 000 000

　　盈余公积　　40 000 000

　　利润分配——未分配利润　　6 000 000

　贷：库存股　　96 000 000

本例中，由于应冲减的金额7 000万元大于公司现有的资本公积3 000万元，所以只能冲减资本公积3 000万元，再冲减盈余公积4 000万元，剩余的600万元记入“利润分配——未分配利润”。

【例7-11】承【例7-8】，假定A上市公司按每0.9元回购股票，其他条件不变，A上市公司应编制如下会计分录：

(1) 回购本公司股份时：

库存股成本＝20 000 000×0.9＝18 000 000（元）

借：库存股　　18 000 000

　贷：银行存款　　18 000 000

(2) 注销本公司股份时：

应增加的资本公积＝20 000 000×1－20 000 000×0.9＝2 000 000（元）

借：股本　　20 000 000

　贷：库存股　　18 000 000

　　　资本公积——股本溢价　　2 000 000

本例中，由于折价回购，股本与库存股成本的差额200万元记入“资本公积——股本溢价”。

## 第三节　资本公积和其他综合收益

### 一、资本公积的内容

资本公积是指企业收到投资者出资额超出其在企业注册资本（或股本）中所占份额的部分以及其他资本公积等。

资本公积包括资本溢价（或股本溢价）和其他资本公积。资本溢价（或股本溢价）是投资者缴付的出资额超过了注册资本（或股本）而产生的差额，它是资本公积中最主要的项目。资本溢价产生的主要原因是投资者超额缴入资本，股本溢价则是股份有限公司发行股票的价格超过股票面值产生的溢价（即溢价发行）。其他资本公积是指除资本溢价（或股本溢价）、净损益、其他综合收益和利润分配以外所有者权益的其他变动。

### 二、资本公积的核算

企业应设置“资本公积”账户，用于核算资本公积的增减变动情况。该账户按资本公积的来源进行明细核算，其明细账户有“资本溢价”或“股本溢价”和“其他资本公积”。

### （一）资本公积的增加

1. 资本溢价

资本溢价是指有限责任公司的投资者投入的资本超过其注册资本的所占份额的部分。对于新成立的有限责任公司，投资者的投资一般全部作为实收资本入账，即投入资本等于所占注册资本份额。但公司在增资扩股并接纳新的投资者时，新投资者缴付的出资额通常要大于其在注册资本中所占的份额。因为企业经过一段时间的经营后，企业的盈利能力要高于企业创建初期，新的投资者要享有与原有投资者相同的权益，必然要付出更高的代价才能取得与原投资者相同的投资比例。所以，新的投资者投入的资本超过其在注册资本中的份额部分，记入“资本公积——资本溢价”。

【例 7-12】宏财有限责任公司设立时注册资本为 6 000 000 元，甲、乙、丙公司各出 2 000 000 元。两年后，丁公司加入，并与丁公司达成协议，丁公司以 2 500 000 元货币资金出资，享有注册资本的份额为 2 000 000 元。

宏财有限公司收到新投资者丁公司投资时，账务处理如下：

| | | |
|---|---|---|
| 借：银行存款 | 2 500 000 | |
| 贷：实收资本 | | 2 000 000 |
| 资本公积——资本溢价 | | 500 000 |

2. 股本溢价

股本溢价是指股份有限公司溢价发行股票时，实际收到的款项超出股票面值总额的那部分金额，即溢价收入扣除发行费用后的余额，作为股本溢价，记入“资本公积——股本溢价”。

【例 7-13】城投股份公司委托某证券公司代理发行普通股股票 3 000 000 股，每股面值 1 元，发行价为 5 元/股，经约定，按发行收入的 2%收取手续费，扣除手续费后的股款已划入公司的银行账户（不考虑税金等其他因素）。

城投公司收到发行股票股款时，账务处理如下：

收到的股款金额 = 3 000 000×5×（1-2%）= 14 700 000（元）

股本溢价 = 14 700 000-3 000 000 = 11 700 000（元）

| | | |
|---|---|---|
| 借：银行存款 | 14 700 000 | |
| 贷：股本 | | 3 000 000 |
| 资本公积——股本溢价 | | 11 700 000 |

本例中，由于溢价发行，发行款扣除手续费后的金额 1 470 万元记入“银行存款”，股本是 300 万元，差额 1 170 万元记入“资本公积——股本溢价”。

《公司法》规定，股份有限公司发行股票可以面值发行，也可以按溢价发行，但不允许折价发行。股份公司在溢价发行股票时，发生的发行费用等支出，如手续费、佣金等，直接从发行股款中扣除，实际收到的款项超出股票面值总额的那部分金额先抵减股本溢价收入，如果溢价收入不足，再依次冲减盈余公积和未分配利润。

【例 7-14】甲股份有限公司以 1.05 元每股发行普通股 10 万股，每股面值 1 元。支付手续费 1 万元（假定在此前，甲公司的股本溢价余额为 0，盈余公积余额为 0.3 万元），不考虑税金等其他因素。

甲股份有限公司的账务处理如下：

| | | |
|---|---|---|
| 借：银行存款 | 95 000 | |
| 盈余公积 | 3 000 | |
| 利润分配——未分配利润 | 2 000 | |
| 贷：股本 | | 100 000 |

3. 其他资本公积

其他资本公积是指除资本（或股本）溢价、净损益、其他综合收益、利润分配外所有者权益的其他变动。比如以权益法结算的股份支付中产生的资本公积，以及采用权益法核算长期股权投资，被投资单位除净损益、其他综合收益和利润分配以外的所有者权益的其他变动，记入“资本公积——其他资本公积”，其会计分录为：

借：长期股权投资——其他权益变动

贷：资本公积——其他资本公积

其他资本公积在第六章第四节长期股权投资中已讲述，其核算内容本章不涉及。

**（二）资本公积的减少**

资本公积（资本溢价或股本溢价）的主要用途是转增资本（或股本），而其他资本公积不得用于转增资本（或股本），我国《公司法》规定，资本公积不得用于弥补公司的亏损。

经股东大会或类似机构决议，用资本公积转增资本（或股本）时，应冲减“资本公积”，同时按照转增前的实收资本（或股本）的结构或比例，将转增的金额记入“实收资本（或股本）”账户下各所有者的明细分类账，其会计分录为：

借：资本公积

贷：实收资本

资本公积转增资本的账务处理，参见本章【例7-7】（3）。

### 三、其他综合收益

其他综合收益是指根据准则规定未在当期损益中确认的各项利得和损失。比如金融工具确认准则中其他债权投资、其他权益工具投资等均在“其他综合收益”中核算。

关于其他综合收益的核算内容本教材不涉及，在中级财务会计课程中讲述。

## 第四节　留存收益

### 一、留存收益及其构成内容

留存收益是指企业从历年实现的利润中提取或形成的留存于企业的内部积累。留存收益与投入资本不同，投入资本主要来源于投资者的投入，而留存收益来源于企业生产经营活动所实现的利润。

留存收益由盈余公积和未分配利润构成。盈余公积属于指定用途的留存收益，而未分配利润属于未指定用途的留存收益。

公司应设“利润分配”账户来核算公司利润的分配或者亏损弥补，并通过“利润分配”的账户余额来反映企业累计未分配的利润或者未弥补的亏损。根据《公司法》的规定，公司利润分配的程序和内容为：弥补亏损、提取法定盈余公积、提取任意盈余公积、向股东分配股利。按此顺序分配完可供支配的利润后，剩余的利润即为未分配利润。

资本公积与留存收益的区别见图7-1。

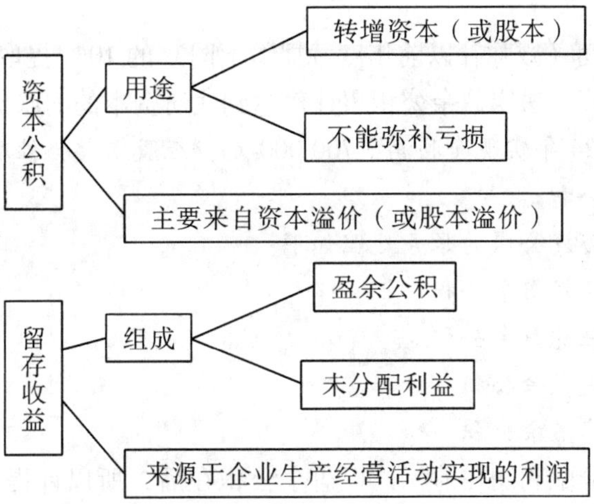


**图 7-1　资本公积与留存收益的区别**

## 二、盈余公积

### （一）盈余公积的内容及用途

盈余公积是企业按照规定从净利润中提取的留存利润，其目的是对企业利润的指定，保证企业留有一定积累，限制企业过量分配，以保证和促进企业的经营和发展。

盈余公积按提取的方式分为法定盈余公积和任意盈余公积。法定盈余公积是指企业根据我国《公司法》的规定按净利润（弥补以前年度亏损后）的10%提取的盈余公积，法定盈余公积累计达到注册资本的50%时可不再提取。任意盈余公积是指企业在提取法定盈余公积后，经股东大会或者类似机构决议，可以按照自行确定的比例提取的盈余公积金。提取任意盈余公积，减少了当期可以分派股利的金额，其目的在于保持财力以应对特殊情况，在资金调度上不至于捉襟见肘，如果企业估计将来有足够的现金流入，也可不提取任意盈余公积。

企业提取的盈余公积经公司股东大会决议批准可用于扩大企业生产经营、弥补亏损、转增资本（但法定盈余公积在用于转增资本后留存的余额不得少于转增前注册资本的25%）和分配现金股利。

留存收益与盈余公积的关系见图 7-2。

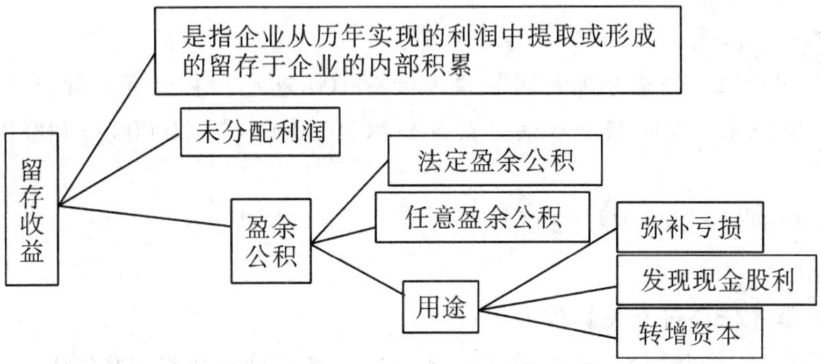


**图 7-2　留存收益与盈余公积的关系**

### （二）盈余公积的核算

企业应设置“盈余公积”账户，用于核算盈余公积的提取与使用。该账户按盈余公积的种类可分别设置“法定盈余公积”和“任意盈余公积”明细账户。同时根据利润分配的内容，在“利润分配”账户下设置“提取法定盈余公积”和“提取任意盈余公积”明细账户，用于核算提取盈余公积。

1. 提取盈余公积

公司制企业应按照净利润（减弥补以前年度亏损，下同）的10% 提取法定盈余公积，按企业自行确定的比例提取任意盈余公积。法定盈余公积累计额达到注册资本的50%时，可以不再提取。

【例7-15】万发公司2024年实现净利润3 700 000元，经股东大会批准，按净利润的10%和5%提取法定盈余公积和任意盈余公积。

假定不考虑其他因素，万发公司的账务处理如下：

借：利润分配——提取法定盈余公积　　370 000

　　　　　　——提取任意盈余公积　　185 000

　贷：盈余公积——法定盈余公积　　370 000

　　　　　　　——任意盈余公积　　185 000

就当年来说，计算可供分配利润在前，计提盈余公积在后，所以计提盈余公积不影响当年可供分配利润，但会影响未来年度的可供分配利润。

可供分配的利润=年初未分配利润（或未弥补亏损）+当年实现的净利润（或净亏损）+其他转入（一般情况下，不考虑其他转入）

利润用正数，亏损用负数。在计提盈余公积时，如果年初有未分配的利润，当年实现的也是净利润，则按当年实现的净利润计提，年初的未分配利润不提，因为上年年末已经计提过了。如果年初有未弥补的亏损，则要用当年实现的净利润弥补亏损后再计提。如果年初是亏损，当年实现了净利润，当年实现的净利润不足以弥补年初亏损（弥补后仍为负数），则不提盈余公积。

【例7-16】某企业“利润分配——未分配利润”科目年初贷方余额20万元，2024年度该企业实现净利润为160万元，按10%提取法定盈余公积。

借：利润分配——提取法定盈余公积　　160 000

　贷：盈余公积——法定盈余公积　　160 000

该企业年初“利润分配——未分配利润”贷方余额20万元，表示盈利20万元，本年度实现净利润为160万元，按10%提取法定盈余公积160 000（1 600 000×10%）元。（年初不提）

该企业的可供分配利润=20+160=180（万元）。

【例7-17】某企业2024年年初“利润分配——未分配利润”科目借方余额为100万元，当年实现净利润为300万元。不考虑其他因素，按10%提取法定盈余公积。

借：利润分配——提取法定盈余公积　　200 000

　贷：盈余公积——法定盈余公积　　200 000

该企业年初“利润分配——未分配利润”借方余额100万元，表示有未弥补的亏损100万元，本年度实现净利润为300万元，按10%提取法定盈余公积200 000（3 000 000-1 000 000）×10%元。（先弥补，再提取）

该企业的可供分配利润=300-100=200（万元）。

2. 使用盈余公积

【例7-18】甲有限责任公司有关资料如下：

（1）经股东大会批准，甲股份有限公司用以前年度提取的盈余公积200 000元弥补亏损。

（2）因扩大经营规模的需要，经股东大会批准将盈余公积300 000元转增股本。

（3）甲股份有限公司股东大会决议通过用盈余公积宣告分派50 000元现金股利。

假定不考虑其他因素，甲股份有限公司的账务处理如下：

（1）借：盈余公积　　200 000

　　贷：利润分配——盈余公积补亏　　200 000

（2）借：盈余公积　　300 000

　　贷：实收资本　　300 000

（3）借：盈余公积　　500 000

　　贷：应付股利　　500 000

## 三、股利分配

股利是公司向股东分配收益的常见形式，也是股东获得投资回报的主要方式。根据《公司法》的规定，公司在当年盈利弥补亏损、提取盈余公积后，可向股东分配股利。按照股利的支付方式，股利分配主要有现金股利和股票股利。

### （一）现金股利

现金股利是上市公司以货币形式支付给股东的股息红利，也是最普通、最常见的股利派发形式。现金股利的会计处理涉及股利宣告和股利发放。企业根据股东大会或类似机构审议批准的利润分配方案，在股利宣告日，宣告分派现金股利标志着公司产生应付股利的义务，因此会计上应该在现金股利宣告日确认负债“应付股利”，同时减少未分配利润。所以，在宣告分配现金股利时会导致所有者权益的减少，应借记“利润分配”账户，贷记“应付股利”账户，在实际发放时，再借记“应付股利”账户，贷记“银行存款”账户。

【例 7-19】宏达股份有限公司发行在外的普通股为 50 000 000 股，经股东大会决议于 2024 年 2 月 20 日宣告分派现金股利每 10 股 4 元，该现金股利于 2024 年 3 月 15 日发放。

宏达公司账务处理如下：

（1）2024 年 2 月 20 日，宣告分派现金股利时：

借：利润分配——应付现金股利　　20 000 000

　　贷：应付股利　　20 000 000

（2）2024 年 3 月 15 日，发放现金股利时：

借：应付股利　　20 000 000

　　贷：银行存款　　20 000 000

【例 7-20】甲股份有限公司共需要分派 7 万元现金股利，其中动用可供投资者分配的利润 4 万元、盈余公积 3 万元。甲公司用银行存款支付现金股利。假定不考虑其他因素。

甲股份有限公司账务处理如下：

（1）宣告发放现金股利时：

借：利润分配——应付现金股利　　40 000

　　盈余公积　　30 000

　　贷：应付股利　　70 000

（2）支付现金股利时：

借：应付股利　　70 000

　　贷：银行存款　　70 000

### （二）股票股利

股票股利是上市公司用股票的形式向股东分派的股利，也就是通常所说的送股。公司分派股票股利时，既不会影响公司的资产和负债，也不会影响股东权益总额，它只是股东权益内部项目之间发生的增减变化，即减少了留存收益，增加了股本。

由于股票股利不需要公司支付现金，因此会计上不将股票股利作为负债确认，即在宣告发放股票股利时不需进行会计处理，只有在实际发放时才进行会计核算，借记“利润分配”账户，贷记“股本”账户，其会计分录为：

借：利润分配

　　贷：股本

## 四、未分配利润

未分配利润是企业实现的净利润经过弥补亏损、提取盈余公积和向投资者分配股利（利润）后留存于企业的、历年结存的利润。若为负数，则表示未弥补的亏损。未分配利润可用于弥补以后年度亏损、分派股利等。

企业应通过“利润分配——未分配利润”账户核算利润的分配（或亏损的弥补）和历年分配（或弥补）后的未分配利润（或未弥补亏损）。年度终了时，结转本年实现的净利润到“利润分配——未分配利润”账户，结转后“本年利润”无余额。进行利润分配后，将“利润分配”账户所属其他明细账户的余额结转到“利润分配——未分配利润”账户，结出年末未分配利润。结转后，只有“利润分配——未分配利润”账户有余额，“利润分配”的其他明细账户没有余额。有关企业利润分配的更多内容介绍详见第八章。

【例 7-21】甲股份有限公司年初未分配利润为 1 000 000 元，本年实现净利润3 700 000元，经股东大会批准，按净利润的 10%提取法定盈余公积，向投资者分配现金股利 800 000 元。

假定不考虑其他因素，甲股份有限公司的账务处理如下：

（1）结转本年净利润：

| | | |
|---|---|---|
| 借：本年利润 | 3 700 000 | |
| 　贷：利润分配——未分配利润 | | 3 700 000 |

（2）按规定提取法定盈余公积、宣告发放现金股利时：

| | | |
|---|---|---|
| 借：利润分配——提取法定盈余公积 | 370 000 | |
| 　　　　　——应付现金股利 | 800 000 | |
| 　贷：盈余公积——法定盈余公积 | | 370 000 |
| 　　　应付股利 | | 800 000 |

（3）结转本年“利润分配”账户所属其他明细科目时：

| | | |
|---|---|---|
| 借：利润分配——未分配利润 | 1 170 000 | |
| 　贷：利润分配——提取法定盈余公积 | | 370 000 |
| 　　　　　　——应付现金股利 | | 800 000 |

年末未分配利润＝1 000 000+3 700 000−1 170 000＝3 530 000（元）

留存收益包括盈余公积和未分配利润，盈余公积又包括法定盈余公积和任意盈余公积，它是所有者权益的一部分。而所有者权益是资产负债表的重要组成部分，因此，我们在学习所有者权益时，要结合资产负债表（简表）（见图 7-3）进行学习，掌握相关账务处理和相关内容的计算。

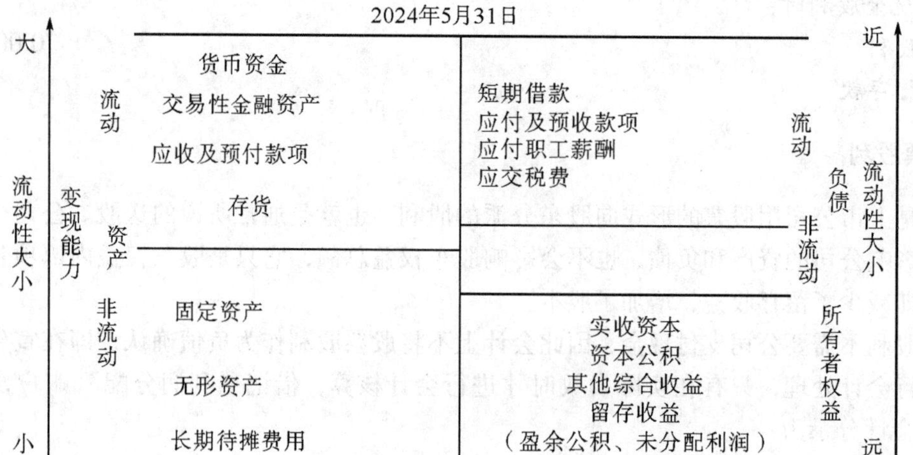


图 7-3　资产负债表（简表）

资产负债表的左边是资产，包括流动资产和非流动资产，是按流动性大小从上到下排列的；右边是负债和所有者权益。负债包括流动负债和非流动负债，是按流动性大小即还债日期的远近排列的。最后是所有者权益，主要包括实收资本（或股本）、资本公积、其他综合收益、盈余公积、未分配利润。

【例 7-22】2024 年 1 月 1 日，有福和有喜每人出资 10 万元成立京杭治霾有限公司，两个月后金八出资 15 万元加入公司，取得公司三分之一的股份。年末，该公司实现净利润 10 万元［主营业务收入 80 万元，其他业务收入 20 万元，投资收益（贷方）10.2 万元，营业外收入 51 333.33 元，主营业务成本 60 万元，其他业务成本 15 万元，销售费用 10 万元，管理费用 5 万元，财务费用 8 万元，税金及附加 2 万元，营业外支出 2 万元。所得税费用按 25%计算，假设无调整项目］，按 10%提取法定盈余公积，按 20%提取任意盈余公积，向股东分配现金股利 3 万元。编制相关会计分录，并计算年末该公司的盈余公积、未分配利润、留存收益和所有者权益总额。

该公司 2024 年 1 月 1 日成立，编制相关会计分录如下：

（1）有福和有喜投入资金时：

借：银行存款　　200 000

　贷：实收资本——有福　　100 000

　　　　　　　——有喜　　100 000

（2）金八投入 15 万元时：

借：银行存款　　150 000

　贷：实收资本　　100 000

　　　资本公积——资本溢价　　50 000

（3）结转损益类科目：

①借：主营业务收入　　800 000

　　　其他业务收入　　200 000

　　　投资收益　　102 000

　　　营业外收入　　51 333.33

　贷：本年利润　　1 153 333.33

②借：本年利润　　1 020 000

　　贷：主营业务成本　　600 000

　　　　其他业务成本　　150 000

　　　　销售费用　　100 000

　　　　管理费用　　50 000

　　　　财务费用　　80 000

　　　　税金及附加　　20 000

　　　　营业外支出　　20 000

（4）计算所得税费用（无调整项目）：

所得税费用＝（1 153 333.33－1 020 000）×25%＝33 333.33

借：所得税费用　　33 333.33

　贷：应交税费——应交所得税　　33 333.33

（5）结转所得税费用：

借：本年利润　　33 333.33

　贷：所得税费用　　33 333.33

（6）结转“本年利润”至“利润分配——未分配利润”：

本年利润＝（1 153 333.33－1 020 000－33 333.33）＝100 000（元）

借：本年利润　　100 000
　贷：利润分配——未分配利润　　100 000

(7) 下个月 15 日前缴纳所得税时：

借：应交税费——应交所得税　　33 333.33
　贷：银行存款　　33 333.33

(8) 提取法定盈余公积时：

借：利润分配——提取法定盈余公积　　10 000
　贷：盈余公积——法定盈余公积　　10 000

(9) 提取任意盈余公积时：

借：利润分配——提取任意盈余公积　　20 000
　贷：盈余公积——任意盈余公积　　20 000

(10) 向股东分配现金股利时：

借：利润分配——应付现金股利　　30 000
　贷：应付股利　　30 000

(11) 支付现金股利时：

借：应付股利　　30 000
　贷：银行存款　　30 000

(12) 将“利润分配”所属明细科目结转至“未分配利润”：

借：利润分配——未分配利润　　60 000
　贷：利润分配——提取法定盈余公积　　10 000
　　　　　　　——提取任意盈余公积　　20 000
　　　　　　　——应付现金股利　　30 000

相关计算如下：

盈余公积＝10 000+20 000＝30 000（元）

未分配利润＝100 000−10 000−20 000−30 000＝40 000（元）

留存收益＝30 000+40 000＝70 000（元）

所有者权益＝100 000+100 000+100 000+50 000+70 000＝420 000（元）

## 综合练习题

扫一扫

# 第八章 收入、费用和利润

## 第一节 收入概述

### 一、收入的概念

收入是指企业在日常活动中形成的、会导致所有者权益增加的、与所有者投入资本无关的经济利益的总流入，包括主营业务收入和其他业务收入。

主营业务收入是指企业销售商品和进行工业性劳务取得的收入，是由企业的主要经营活动带来的收入。按不同行业划分，有产品销售收入（工业企业）、商品销售收入（商业企业）、营运收入（交通运输业）、工程价款收入（建筑业）、咨询服务收入（咨询公司）、开发软件收入（软件开发公司）、安装服务收入（安装公司）、装修服务收入（装修公司）等。

其他业务收入，是由主要经营活动以外的业务带来的收入，如工业企业的材料销售收入、固定资产、无形资产出租收入、包装物出租与出售收入等。

### 二、收入的特征

根据收入的定义，收入具有三方面的特征：

1. 收入是企业在日常活动中形成的

日常活动，是指企业为完成其经营目标所从事的经营性活动，以及与之相关的活动。日常活动产生的收入通常包括主营业务收入和其他业务收入。非日常活动形成的经济利益的流入不能确认为收入，而应当计入利得，如营业外收入。

2. 收入是与所有者投入资本无关的经济利益的总流入

收入会导致经济利益的流入，例如：企业销售商品，收到现金或者有权在未来收到现金，导致资产的增加；或者用于抵债，导致负债的减少。所有者投入资本也会导致经济利益的流入，但这不属于收入，而是直接确认为所有者权益。所以，收入是经济利益的流入，但不是所有者投入的。

3. 收入会导致所有者权益增加

收入的表现形式要么是资产增加，要么是负债减少，或两者兼而有之。根据前述资产、负债、所有者权益之间的关系（资产-负债=所有者权益）可知，收入会导致所有者权益增加。相反，不会导致所有者权益增加的经济利益的流入不符合收入的定义，不应确认为收入。比如，企业的借款或预收的货款等，虽然也会有经济利益的流入，但表现的是负债的增加，不会使所有者权益增加。

### 三、收入确认的原则

根据《企业会计准则第14号——收入》(2018)的规定，企业应当在履行了合同中的履约义务，即在客户取得相关商品控制权时确认收入。商品包括商品，也包括服务。取得相关商品控制权，是指客户拥有现时权利，能够主导该商品的使用并从中获得几乎全部的经济利益，也包括有能力阻止其他方主导该产品的使用并从中获得经济利益。

具体来说，客户取得商品控制权包括四个要素：

一是权利，即客户拥有该商品的现时权利，而不是别人拥有该权利。

二是能力，即客户有能力使用该商品。

三是主导，即客户能主导该商品的使用，能够允许和阻止其他方使用该商品。

四是获利，即客户能够获得该商品几乎全部的经济利益。

商品的经济利益是指商品的潜在现金流量，既包括现金流入的增加，也包括现金流出的减少。客户可以通过使用、消耗、出售、处置、交换、抵押或持有等多种方式直接或间接地获得商品的经济利益。

客户是指与企业订立合同以向该企业购买其日常活动产出的商品，并支付对价的一方。如果合同对方和企业订立合同的目的是共同参与一项活动，共同分担风险或分享收益，则该合同对方不是企业的客户。

【判断题】企业在商品售出后，即使仍然能够对售出商品实施有效控制，也应确认商品销售收入。
( )

『正确答案』×

『答案解析』客户未取得商品的控制权，不能确认收入。故本题表述错误。

需要值得注意的是，本章的收入，适用于所有与客户之间的合同，但下列各项除外：

(1) 企业对外出租资产收取的租金(适用租赁准则)。

(2) 企业进行债权投资收取的利息和进行股权投资取得的现金股利(适用金融工具准则)。

(3) 保险企业保险合同取得的保费收入等(适用保险合同准则)。

适用收入准则的特殊情形：企业以存货换取客户的存货、固定资产、无形资产以及长期股权投资等，按照本章进行会计处理(不属于非货币性资产交换准则范畴)。

## 第二节　收入的确认和计量

### 一、收入确认的前提条件

根据《企业会计准则第14号——收入》准则(2018)的规定，当企业与客户之间的合同同时满足下列五项条件时，企业应当在客户取得相关商品控制权时确认收入：

(1) 合同各方已批准该合同并承诺将履行各自义务。

(2) 该合同明确了合同各方与所转让商品或提供劳务相关的权利和义务。

(3) 该合同有明确的与所转让商品或提供劳务相关的支付条款。

(4) 该合同具有商业实质，即履行该合同将改变企业未来现金流量的风险、时间分布或金额。

(5) 企业因向客户转让商品或提供劳务而有权取得的对价很可能收回。即收入只有在未来经济利益很有可能增加并且经济利益增加金额能够可靠计量时才能确认。

不同种类的收入只有符合规定的收入确认条件时才能予以确认。企业既不能提前也不能延后。

## 二、收入确认和计量的步骤

根据收入准则的规定，收入的确认和计量大致分为五步：第一步，识别与客户订立的合同；第二步，识别合同中的单项履约义务；第三步，确定交易价格；第四步，将交易价格分摊至各单项履约义务；第五步，履行各单项履约义务时确认收入。其中，第一步、第二步和第五步主要与企业收入的确认有关，第三步和第四步主要与企业收入的计量有关。

第一步，识别与客户订立的合同。合同是指双方或多方之间订立有法律约束力的权利义务的协议，合同有书面形式、口头形式及其他形式。合同的存在是企业确认客户合同收入的前提，企业与客户之间的合同一经签订，企业即享有从客户取得与转移商品和服务对价的权利，同时负有向客户转移商品和服务的履约义务。

第二步，识别合同中的单项履约义务。履约义务是指合同中企业向客户转让可明确区分商品或服务的承诺。企业应当向客户转让可明确区分商品（或者商品的组合）的承诺，以及向客户转让一系列实质相同且转让模式相同的、可明确区分商品的承诺作为单项履约义务。例如，企业与客户签订合同，向其销售商品并提供安装服务，该安装服务简单，除该企业外其他供应商也可以提供此类安装服务，该合同中销售商品和提供安装服务为两项单项履约义务。若该项安装服务复杂且商品需要按客户定制要求修改，则合同中销售商品和提供安装服务合并为单项履约义务。

第三步，确定交易价格。交易价格是指企业因向客户转让商品而预期有权收取的对价金额，不包括企业代第三方收取的款项（如增值税）以及企业预期将退还给客户的款项。合同条款所承诺的对价，可能是固定金额、可变金额或两者兼有。例如，甲公司与客户签订合同为建造一栋厂房，约定的价款为 100 万元，4 个月完工，交易价格就是固定金额 100 万元，假如合同中约定若提前 1 个月完工，客户将额外奖励甲公司 10 万元，甲公司对合同估计工程提前一个月完工的概率为 95%，则甲公司预计有权收取的对价为 110 万元，因此，交易价格包括固定金额 100 万元和可变金额 10 万元，总计为 110 万元。

第四步，将交易价格分摊至各单项履约义务。当合同中包含两项或多项履约义务时，需要将交易价格分摊至各单项履约义务，分摊的方法是在合同开始日，按照各单项履约义务所承诺商品的单独售价（企业向客户单独销售商品的价格）的相对比例，将交易价格分摊至各单项履约义务，通过分摊交易价格，使企业分摊至各单项履约义务的交易价格能够反映其因向客户转让已承诺的相关商品而有权收取的对价金额。例如，企业与客户签订合同，向其销售 A、B、C 三件产品，不含增值税的合同价款为 10 000 元。A、B、C 产品的不含增值税单独售价分别为 5 000 元、3 500 元和 7 500 元，合计 16 000 元。按照交易价格分摊原则，A 产品应当分摊的交易价格为 3 125（5 000÷16 000×10 000）元，B 产品应当分摊的交易价格为 2 187.5（3 500÷16 000×10 000）元，C 产品应当分摊的交易价格为 4 687.5（7 500÷16 000×10 000）元。

第五步，履行各单项义务时确认收入。当企业将商品转移给客户，客户取得了相关商品的控制权，意味着企业履行了合同履约义务，此时，企业应当确认收入。企业将商品控制权转移给客户，可能是在某一时段内（即履行履约义务的过程中）发生，也可能在某一时点（即履约义务完成时）发生。企业应当根据实际情况，首先判断履约义务是否满足在某一时间段内履行的条件，如不满足，则该履约义务属于在某一时点履行的履约义务。

一般情况下，收入确认和计量大致分为以上五步。但企业收入的会计处理是以企业与客户之间的单个合同为基础的，因此，如果企业按照第二步就能确定某项合同仅为单项履约义务的，则可以从第三步确定交易价格后直接确认收入（无须经过第四步）。

## 三、收入核算应设置的会计科目

为核算企业与客户之间的合同产生的收入及相关的成本费用，一般需要设置“主营业务收入”

“其他业务收入”“主营业务成本”“其他业务成本”“发出商品”“合同取得成本”“合同履约成本”“合同资产”“合同负债”“税金及附加”等科目。

“主营业务收入”账户用于核算企业确认的主要经营业务（如销售商品、提供劳务等）所取得的收入。该账户借方登记由于发生销售退回或销售折让而应冲减的主营业务收入和期末转入当期损益的主营营业收入；贷方登记企业已实现的主营业务收入；期末结转后该账户无余额。该科目可按主营业务的种类进行明细核算。

“其他业务收入”账户用于核算企业确认的除主营业务活动以外的其他经营活动实现的收入，包括销售材料、出租固定资产、出租无形资产、转让无形资产使用权、出租包装物等实现的收入。该账户借方登记期末转入当期损益的其他业务收入；贷方登记本期取得的其他业务收入；期末结转后该账户无余额。该科目可按其他业务的种类进行明细核算。

“主营业务成本”账户用于核算企业确认销售商品、提供劳务等主营业务收入时应结转的成本。该账户借方登记本期销售商品、提供劳务等应结转的主营业务成本；贷方登记由于发生销售退回而应冲减的营业成本和期末转入当期损益的主营业务成本；期末结转后该账户无余额。该科目可按主营业务的种类进行明细核算。

“其他业务成本”账户用于核算企业确认的除主营业务活动以外的其他经营活动所发生的支出，包括销售材料成本、出租固定资产的折旧额、出租无形资产的摊销额、出租包装物的成本或摊销额等。该账户借方登记本期发生的其他业务成本；贷方登记期末转入当期损益的其他业务成本；期末结转后该账户无余额。该科目可按其他业务的种类进行明细核算。

“发出商品”账户用于核算已发出但客户未取得商品控制权的成本，如果企业售出商品不符合销售商品收入确认的相关条件，则不应确认收入。

“合同取得成本”账户用于核算企业取得合同发生的、预计可能收回的增量成本。该账户借方登记发生的合同取得成本，贷方登记摊销的合同取得成本，期末借方余额，反映企业尚未结转的合同取得成本。该科目可按合同进行明细核算。

“合同履约成本”账户用于核算企业未履行当前或预期取得的合同所发生的、不属于其他企业会计准则规范范围且按照收入准则应当确认为一项资产的成本。该账户借方登记发生的合同履约成本，贷方登记摊销的合同履约成本，期末借方余额，反映企业尚未结转的合同履约成本。该科目可按合同分别“服务成本”“工程施工”等进行明细核算。

“合同资产”账户核算企业已向客户转让商品而有权收取对价的权利，且该权利取决于时间流逝之外的其他因素（如履行合同中的其他履约义务）。该账户借方登记因已转让商品而有权收取的对价金额，贷方登记取得无条件收款权的金额，期末借方余额，反映企业已向客户转让商品而有权收取的对价金额。该科目按合同进行明细核算。

“合同负债”账户核算企业已收或应收客户对价而向客户转让商品的义务。该账户贷方登记企业在向客户转让商品之前，已经收到货或已经取得无条件收取合同对价权利的金额；借方登记企业向客户转让商品时冲销的金额；期末贷方余额，反映企业在向客户转让商品之前，已经收到的合同对价或已经取得的无条件收取合同对价权利的金额。该科目按合同进行明细核算。

“税金及附加”账户用于核算企业经营活动发生的消费税、资源税、城市维护建设税、教育附加费等相关税费。该账户借方登记企业按规定计算确定的与经营活动相关的税费；贷方登记企业收到返还的原记入该账户的各项税金，以及期末转入当期损益的本期税金及附加；期末结转后该账户无余额。

此外，企业发生减值的，还应设置“合同履约成本减值准备”“合同取得成本减值准备”“合同资产减值准备”等科目进行核算。

## 四、履行履约义务确认收入的账务处理

### （一）在某一时点履行履约义务确认收入

对于在某一时点履行的履约义务，企业应当在客户取得相关商品控制权时点确认收入。在判断控制权是否转移时，企业应当综合考虑下列迹象：

第一，企业就该商品享有限时收款权利，即客户就该商品负有现时付款义务。例如，甲企业与客户签订销售商品合同，约定客户有权定价且在收到商品无误后10日内付款。在客户收到甲企业开具的发票、商品验收无误入库后，客户能够根据自主确定商品的销售价格或商品的使用情况，此时甲企业享有收款权利，客户负有现时付款义务。

第二，企业将该商品的法定所有权转移给客户，即客户已拥有该商品的法定所有权。例如，房地产企业向客户销售商品房，在客户付款后取得房屋产权证时，表明企业已将该商品房的法定所有权移交给客户。

第三，企业已将该商品实物转移给客户，即客户已占有该商品实物。例如，企业与客户签订交款提货合同，在企业销售商品并送货到客户指定地点，客户验收合格并付款后，表明企业已将该商品实物转交给客户，即客户已占有该商品实物。

第四，企业已将该商品所有权的主要风险和报酬转移给客户，即客户已取得该商品所有权上的主要风险和报酬。例如，甲房地产公司向客户销售商品房办理产权转移手续后，该商品房价格上涨和下跌带来的利益和损失全部属于客户，表明客户已取得该商品房所有权上的主要风险和报酬。

第五，客户已接受该商品。例如，企业向客户销售为其定制生产的节能设备，客户收到并验收合格后办理入库手续，表明客户已接受该商品。

第六，其他表明客户已取得商品控制权的迹象。

1. 一般销售商品业务收入的处理

企业在确认销售商品收入时，按已收或应收的合同或协议价款和应收取的增值税销项税额，借记“银行存款”“应收账款”“应收票据”等科目，按确定的收入金额，贷记“主营业务收入”“其他业务收入”等科目，按应收取的增值税销项税额，贷记“应交税费——应交增值税（销项税额）”；结转成本时，借记“主营业务成本”“其他业务成本”等科目，贷记“库存商品”“原材料”等科目。

（1）一般商品销售。

【例8-1】光明公司（一般纳税人）向福喜公司销售一批商品，售价为100万元，增值税税额13万元，该批商品成本为80万元，光明公司代垫运输费2万元。收到福喜公司商业承兑汇票一张，票面金额为115万元，期限为6个月。该批商品已经发出。

会计分录如下：

| | | |
|---|---|---|
| 借：应收票据——商业承兑汇票（福喜公司） | 1 150 000 | |
| 　贷：主营业务收入 | | 1 000 000 |
| 　　　应交税费——应交增值税（销项税额） | | 130 000 |
| 　　　银行存款 | | 20 000 |
| 借：主营业务成本 | 800 000 | |
| 　贷：库存商品 | | 800 000 |

（2）已经发出商品但不能确认收入。

如果企业售出商品不符合销售商品收入确认的相关条件（最主要的是对价“很可能收回”的条件，即款项可能收不到），则不应确认收入，先通过“发出商品”核算已发出但客户未取得商品控制权的成本。

【例8-2】2024年6月1日，甲服装生产商福喜公司（一般纳税人）委托来福士商场（一般纳税

人）代销 10 套西装，每套售价 2 000 元，每套成本 1 000 元。双方约定：福喜公司按售价的 10%向来福士商场支付手续费。6 月底，来福士商场共销售西装5 套，总售价为 10 000 元，增值税税额为 0.13 万元。福喜公司收到来福士商场的代销清单和发票（手续费 1 000 元和增值税税额 600 元），福喜公司开具增值税专用发票给来福士商场，发票注明价款为 10 000 元，增值税额为 1 300 元，收到款项，存入银行。



（1）发出商品时：

借：发出商品　　10 000

　贷：库存商品　　10 000

（2）收到代销清单、结算款项：

借：银行存款　　10 240

　　销售费用　　1 000

　　应交税费——应交增值税（进项税额）　　60

　贷：主营业务收入　　10 000

　　　应交税费——应交增值税（销项税额）　　1 300

（3）结转成本：

借：主营业务成本　　5 000

　贷：发出商品　　5 000

（3）销售退回。

销售退回，是指企业售出的商品因质量、品种等不符合要求等原因发生的退货。已确认售出的商品发生销售退回，无论退回的是本年度的还是以前年度的销售，均应冲减当月的销售收入和销售成本；如果销售退回发生在资产负债表日和财务报告批准报出日之前，应将此销售退回作为资产负债表日后事项处理，调整以前年度损益，并调整财务报表相关项目金额。

【例 8-3】2024 年 4 月 1 日，光明公司（一般纳税人）向福喜公司销售一批商品，售价为 10 万元，增值税额 1.3 万元，该批商品成本为 8 万元。商品已发出，增值税专用发票已开出，款未收。因商品质量问题，发生销售退回。5 月 8 日，光明公司收到 4 月 1 日销售给福喜公司的全部商品。

（1）冲销收入：

借：主营业务收入　　100 000

　　应交税费——应交增值税（销项税额）　　13 000

　贷：应收账款——福喜公司　　113 000

如果退货前，款已收，则贷记“银行存款”。

（2）冲销成本：

借：库存商品　　800 000

　贷：主营业务成本　　800 000

【例 8-4】甲公司 2024 年 5 月 20 日销售 A 商品一批，增值税专用发票上注明售价为 350 000 元，增值税税额为 45 500 元，该批商品成本为 182 000 元。A 商品于 2024 年 5 月 20 日发出，客户于 5 月 27 日付款。该项业务属于在某一时点履行的履约义务并确认销售收入。2024 年 9 月 16 日，该商品质量出现严重问题，客户将该批商品全部退回给甲公司。甲公司同意退货，于退货当日支付了退货款，并按规定向客户开具了增值税专用发票（红字）。假定不考虑其他因素，甲公司应编制如下会计分录：

（1）2024 年 5 月 20 日确认收入时：

借：应收账款　　395 500

　贷：主营业务收入　　350 000

　　　应交税费——应交增值税（销项税额）　　45 500

借：主营业务成本　　182 000

贷：库存商品　　182 000

（2）2024 年 5 月 27 日收到货款时：

借：银行存款　　395 500

贷：应收账款　　395 500

（3）2024 年 9 月 16 日销售退回时：

借：主营业务收入　　350 000

应交税费——应交增值税（销项税额）　　45 500

贷：银行存款　　395 500

借：库存商品　　182 000

贷：主营业务成本　　182 000

2. 其他业务收入的账务处理

企业在日常活动中发生对外销售不需用的原材料、随同商品出售单独计价的包装物以及固定资产、无形资产、包装物出租等业务时，其取得的收入计入其他业务收入，成本计入其他业务成本。

【例 8-5】亚东公司（一般纳税人）销售一批原材料，售价 5 万元，增值税税额 0.65 万元，成本为 3 万元，款项已由银行收妥。

（1）取得原材料销售收入：

借：银行存款　　56 500

贷：其他业务收入　　50 000

应交税费——应交增值税（销项税额）　　6 500

（2）结转已销原材料的成本：

借：其他业务成本　　30 000

贷：原材料　　30 000

企业随同商品出售单独计价的包装物或出租包装物，出租固定资产、无形资产（转让无形资产使用权）取得收入时，会计分录如下：

借：银行存款

贷：其他业务收入

应交税费——应交增值税（销项税额）

但结转成本时有所不同。会计分录如下：

（1）出租包装物的成本或摊销额。

借：其他业务成本

贷：周转材料——包装物

（2）出租固定资产的折旧额、出租无形资产（转让无形资产使用权）的摊销。

借：其他业务成本

贷：累计折旧

累计摊销

现实生活中，大多数的物资商品的销售都属于在某一时点履行履约义务确认收入，简称点履行。只要符合收入确认的原则（客户取得商品控制权）并迹象明晰（商品所有权上的主要风险和报酬转移给客户），满足收入确认的条件（主要为对价很可能收回），就可以按步骤确认收入。当然，前提条件是买卖双方要签订合同。其目的就是用合同控制会计人为操纵的因素。

但有些劳务性的服务企业（比如安装公司、房屋装修公司、社会培训机构、健身俱乐部等）提供劳务服务，其履行履约义务不是在某个时点就能完成的，而是需要经过一段时间才能完成，这就叫在某一时段履行履约义务，简称段履行。企业就要在该段时间内按照履约进度确认收入，并结转成本。

### （二）在某一时段履行履约义务确认收入

对于在某一时段内履行的履约义务，企业应当在该段时间内按照履约进度确认收入，履约进度不能合理确定的除外，满足下列条件之一的，属于在某一时段内履行的履约义务：①客户在企业履约的同时即取得并消耗企业履约所带来的经济利益。②客户能够控制企业履约过程中在建的商品。③企业履约过程中所产出的商品具有不可替代用途，且该企业在整个合同期内有权就累计至今已完成履约部分收取款项。

企业应当考虑商品的性质，采用实际测量的完工进度、评估已实现的结果、时间进度、已完工或交付的产品等产出指标，或采用投入的材料数量、花费的人工工时、机器工时、发生的成本和时间进度等投入指标确定恰当的履约进度，并且在确定履约进度时，应当扣除那些控制权尚未转移给客户的商品和服务。资产负债表日，企业按照合同的交易价格总额乘以履约进度扣除以前会计期间累计已确认的收入后的金额，确认当期收入。

【例 8-6】甲公司为增值税一般纳税人，装修服务适用增值税税率为 9%，2023 年 12 月 1 日，甲公司与乙公司签订一项为期 3 个月的装修合同，合同约定装修价款为50 万元，增值税税额为 4.5 万元，装修费用每月末按完工进度支付。2023 年 12 月 31 日经专业测量师测量后确定，该项劳务的完工程度为 25%；乙公司按完工进度支付价款及相应的增值税款。截至 2023 年 12 月 31 日，甲公司为完成该合同累计发生劳务成本 10 万元（假定均为装修人员薪酬），估计还将发生劳务成本 30 万元。

假定该业务属于甲公司的主营业务，全部由其自行完成；该装修服务构成单项履约义务，并属于在某一时段内履行的履约义务；甲公司按照实际测量的完工进度确定履约进度。

甲公司应编制如下会计分录：

（1）实际发生劳务成本 10 万元：

| | | |
|---|---|---|
| 借：合同履约成本 | 100 000 | |
| 贷：应付职工薪酬 | | 100 000 |

（2）2023 年 12 月 31 日确认劳务收入并结转劳务成本：

2023 年 12 月 31 日确认的劳务收入 = 500 000×25% − 0 = 125 000（元）

| | | |
|---|---|---|
| 借：银行存款 | 136 250 | |
| 贷：主营业务收入 | | 125 000 |
| 应交税费——应交增值税（销项税额） | | 11 250 |
| 借：主营业务成本 | 100 000 | |
| 贷：合同履约成本 | | 100 000 |

2024 年 1 月 31 日经专业测量师测量后确定，该项劳务的完工程度为 70%；乙公司按完工进度支付价款同时支付对应的增值税款。2024 年 1 月，为完成该合同，发生的劳务成本为 18 万元（假定均为装修人员薪酬），为完成该合同估计还将发生劳务成本 12 万元。甲公司应编制如下会计分录：

（1）实际发生劳务成本 180 000 元：

| | | |
|---|---|---|
| 借：合同履约成本 | 180 000 | |
| 贷：应付职工薪酬 | | 180 000 |

（2）2024 年 1 月 31 日确认劳务收入并结转劳务成本：

2024 年 1 月 31 日确认的劳务收入 = 500 000×70% − 125 000 = 225 000（元）

| | | |
|---|---|---|
| 借：银行存款 | 245 250 | |
| 贷：主营业务收入 | | 225 000 |
| 应交税费——应交增值税（销项税额） | | 20 250 |
| 借：主营业务成本 | 180 000 | |
| 贷：合同履约成本 | | 180 000 |

2024 年 2 月 28 日，装修完工；乙公司验收合格，按完工进度支付价款同时支付对应的增值税款。2024 年 2 月，为完成该合同发生的劳务成本为 120 000 元（假定均为装修人员薪酬）。甲公司应编制如下会计分录：

（1）实际发生劳务成本 120 000 元：

借：合同履约成本　　120 000

　贷：应付职工薪酬　　120 000

（2）2024 年 2 月 28 日确认劳务收入并结转劳务成本：

2024 年 2 月 28 日确认的劳务收入＝500 000－125 000－225 000＝150 000（元）

借：银行存款　　163 500

　贷：主营业务收入　　150 000

　　　应交税费——应交增值税（销项税额）　　13 500

借：主营业务成本　　120 000

　贷：合同履约成本　　120 000

本例是先履约，后收费（先干活后收钱）。甲公司按完工程度确认收入并结转成本。

【例 8-7】福喜公司向有福公司提供安装中央空调的劳务，合同总收入为 100 万元（不含税价），增值税税率为 9%。至年底已预收 90 万元，实际发生安装费用 60 万元（假定均为安装人员薪酬），估计还将发生安装费用 20 万元。假定甲公司按实际发生的成本占估计总成本的比例确定安装劳务的履约进度。

福喜公司的处理如下：

实际成本占估计总成本的比例＝60/（60+20）×100%＝75%

年底确认劳务收入＝100×75%＝75（万元）

（1）预收劳务款。

借：银行存款　　900 000

　贷：合同负债　　900 000

（2）实际发生劳务成本。

借：合同履约成本　　600 000

　贷：应付职工薪酬　　600 000

（3）年底确认收入并结转成本。

借：合同负债　　817 500

　贷：主营业务收入　　750 000

　　　应交税费——应交增值税（销项税额）　　67 500

借：主营业务成本　　600 000

　贷：合同履约成本　　600 000

本例是先收费后履约（先收钱后干活）。由于还没有履约，故预收的款项先计入“合同负债”科目，等活干了按干活的多少（完工程度）确认收入。见第六章第二节。

【例 8-8】甲公司经营一家健身俱乐部。2023 年 7 月 1 日，某客户与甲公司签订合同，成为甲公司的会员，并向甲公司支付会员费 3 600 元（不含税价），可在未来的12 个月内在该俱乐部健身，且没有次数的限制。该业务适用的增值税税率为 6%。

本例中，客户在会籍期间可随时来健身俱乐部健身，且没有次数限制，客户已使用俱乐部健身的次数不会影响其未来继续使用的次数，甲公司在该合同下的履约义务是承诺随时准备在客户需要时为其提供健身服务，因此，该履约义务属于在某一时段内履行的履约义务，并且该履约义务在会员的会籍期间内随时间的流逝而被履行。因此，甲公司按照直线法确认收入，每月应当确认的收入为 300（3 600÷12）元。甲公司应编制如下会计分录：

（1）2023年7月1日收到会员费时：

借：银行存款　　3 600

　贷：合同负债　　3 600

合同负债，指企业已收或应收客户对价而应向客户转让商品的义务，如企业在转让承诺的商品之前已收取的款项。

（2）2023年7月31日确认收入，开具增值税专用发票并收到税款时：

借：合同负债　　300

　　银行存款　　18

　贷：主营业务收入　　300

　　应交税费——应交增值税（销项税额）　　18

2023年8月至2020年6月，每月确认收入同上。





## 五、合同成本

企业在与客户之间建立合同关系过程发生的成本主要有合同取得成本和合同履约成本。

### （一）合同取得成本

企业为取得合同发生的增量成本预期能够收回的，应作为合同取得成本确认为一项资产。增量成本是指企业不取得合同就不会发生的成本，也就是企业发生的与合同直接相关，但又不是所签订合同的对象和内容（如建造商品或提供服务）本身所直接发生的费用，例如销售佣金等。如果销售佣金等预期可通过未来的相关服务收入予以补偿，该销售佣金（增量成本）应在发生时确认为一项资产，即合同取得成本。

企业取得合同发生的增量成本已经确认为资产的，应当采用与该资产相关的商品收入确认相同的基础进行摊销，计入当期损益。为简化实务操作，该资产摊销期限不超过一年的，可以在发生时计入当期损益。

企业为取得合同发生的、除预期能够收回的增量成本之外的其他支出，例如，无论是否取得合同均会发生的差旅费、投标费、为准备投标资料发生的相关费用等，应当在发生时计入当期损益，除非这些支出明确由客户承担。

【例8-9】甲公司是一家咨询公司，通过竞标赢得一个服务期为5年的客户，该客户每年年末支付含税咨询费1 908 000元。为取得与该客户的合同，甲公司聘请外部律师进行调查，支付相关费用15 000元，为投标而发生的差旅费10 000元，支付销售人员佣金50 000元。甲公司预期这些支出未来均能够收回。此外，甲公司根据其年度销售目标、整体盈利情况及个人业绩等，向销售部门经理支付年度奖金10 000元。

甲公司因签订该客户合同而向销售人员支付的佣金属于取得合同发生的增量成本，应当将其作为合同取得成本确认的一项资产；甲公司聘请外部律师进行调查发生的支出、为投标发生的差旅费以及向销售部门经理支付的年度奖金，不属于增量成本，应当于发生时直接计入当期损益。甲公司应编制如下会计分录：

（1）支付相关费用：

借：合同取得成本　　50 000

　　管理费用　　25 000

　　销售费用　　10 000

　贷：银行存款　　85 000

（2）每月确认服务收入，摊销销售佣金：

服务收入＝1 908 000÷（1+6%）÷12＝150 000（元）

销售佣金摊销额＝50 000÷5÷12＝833.33（元）

借：应收账款　　159 000

　　销售费用　　833.33

　贷：合同取得成本　　833.33

　　　主营业务收入　　150 000

　　　应交税费——应交增值税（销项税额）　　9 000

### （二）合同履约成本

合同履约成本是指企业为履行当前和预期取得的合同所发生的、属于准则规范范围并且按照该准则应当确认为一项资产的成本。

企业为履行合同可能会发生各种成本，企业在确认收入的同时应当对这些成本进行分析，属于准则规范范围且同时满足下列条件的，应当作为合同履约成本确认为一项资产：

（1）该成本与一份当前和预期取得的合同直接相关，具体包括：①与合同直接相关的成本，包括直接人工（如支付给直接为客户提供所承诺服务的人员工资、奖金等）、直接材料（如为履行合同耗用的原材料、辅助材料、构配件、零件、半成品和周转材料的摊销及租赁费用等）以及制造费用或类似费用（如组织和管理相关生产、施工、服务等活动发生的费用，包括管理人员的职工薪酬、劳动保护费、固定资产折旧费及修理费、物料消耗、取暖费、水电费、办公费、差旅费、财产保险费、工程保修费、临时设施摊销费等）。②明确由客户承担的成本以及仅因该合同而发生的其他成本（如支付给分包商的成本、机械使用费、设计和技术援助费用、施工现场二次搬运费、生产工具和用具使用费、检测试验费、工程定位复测费、工程交接费用、场地清理费等）。

（2）该成本增加了企业未来用于履行（包括持续履行）履约义务的资源。

（3）该成本预期能够收回。

企业应当在下列支出发生时，将其计入当期损益：一是管理费用，除非这些费用明确由客户承担；二是非正常消耗的直接材料、直接人工和制造费用，这些支出为履行合同发生，但未反映在合同价格中；三是与履约义务中已履行（包括已全部履行或部分履行）部分相关的支出，即该支出与企业过去的履约活动相关；四是无法在尚未履行的与已履行（或已部分履行）的履约义务之间区分的相关支出。

企业发生合同履约成本时，借记“合同履约成本”账户，贷记“银行存款”“应付职工薪酬”“原材料”等账户；对合同履约成本进行摊销时，借记“主营业务成本”“其他业务成本”等账户，贷记“合同履约成本”账户，涉及增值税的，还应进行相应的处理。

【例 8-10】甲公司经营一家酒店，该酒店是甲公司的自有资产。2024 年 12 月甲公司计提与酒店经营直接相关的酒店、客房以及客房内的家具等折旧 120 000 元、酒店土地使用权摊销费用 65 000 元。经计算，当月确认房费、餐饮等服务含税收入 424 000 元，全部存入银行。

甲公司经营酒店主要是通过提供客房服务赚取收入，而客房服务的提供直接依赖于酒店物业（包含土地）以及家具等相关资产，这些折旧和摊销属于甲公司为履行与客户的合同而发生的合同履约成本。已确认的合同履约成本在收入确认时予以摊销，计入营业成本。甲公司应编制如下会计分录：

（1）确认资产的折旧费、摊销费：

借：合同履约成本　　185 000

　贷：累计折旧　　120 000

　　　累计摊销　　65 000

（2）12 月确认酒店服务收入并摊销合同履约成本：

借：银行存款　　424 000

　贷：主营业务收入　　400 000

应交税费——应交增值税（销项税额）　　24 000

借：主营业务成本　　185 000

　贷：合同履约成本　　185 000





## 第三节　费用

### 一、费用概述

#### （一）费用的定义

费用是指企业在日常活动中发生的、会导致所有者权益减少的、与向所有者分配利润无关的经济利益的总流出，主要指企业为取得营业收入进行产品销售等营业活动所发生的营业成本、税金及附加和期间费用。

#### （二）费用的特征

根据费用的定义，费用具有三方面的特征：

（1）费用是企业在日常活动中形成的。日常活动产生的费用通常包括营业成本（主营业务成本和其他业务成本）、税金及附加和期间费用（销售费用、管理费用、财务费用）。企业非日常活动形成的经济利益的流出不能确认为费用，而应当计入损失，如营业外支出。

（2）费用是与向所有者分配利润无关的经济利益的总流出。

（3）费用会导致所有者权益的减少。费用的表现形式是资产减少或者负债增加或者两者兼而有之，导致所有者权益减少。

#### （三）费用的确认条件

费用的确认除了应当符合其定义外，还至少应当符合以下条件：

（1）与费用相关的经济利益很可能流出企业。

（2）经济利益流出企业的结果会导致资产的减少或者负债的增加或者两者兼而有之，其结果导致所有者权益减少。

（3）经济利益的流出额能够可靠计量。

费用的主要内容如图 8-1 所示。

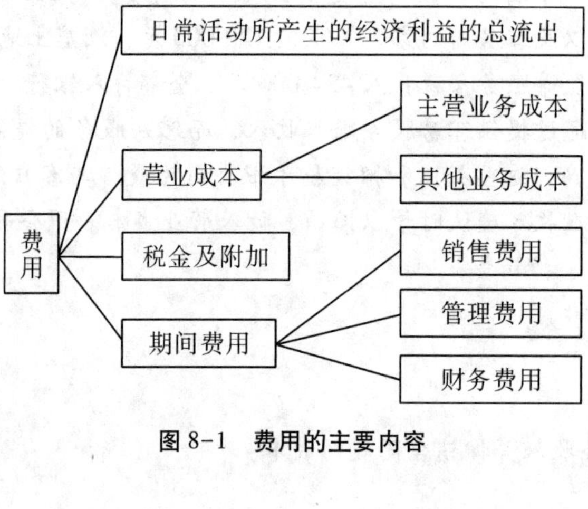


**图 8-1　费用的主要内容**

## 二、营业成本

营业成本是指企业为生产产品、提供劳务等发生的可归属于产品成本、服务成本等的费用，包括主营业务成本和其他业务成本。

### （一）主营业务成本

主营业务成本是指企业销售商品、提供劳务等经常性活动所发生的成本，通过“主营业务成本”科目进行核算，并按业务种类或产品名称进行明细核算。该科目属于损益类科目，期末结转“本年利润”后无余额。

【例 8-11】2024 年 5 月 20 日甲公司向乙公司销售一批产品，开出的增值税专用发票上注明价款为 200 000 元，增值税税额 26 000 元；甲公司已收到乙公司支付的款项 226 000 元，并将提货单送交乙公司；该批产品成本为 190 000 元。该项销售业务属于某一时点履行的履约义务。甲公司应编制如下会计分录：

（1）销售实现时：

| | | |
|---|---|---|
| 借：银行存款 | 226 000 | |
| 　贷：主营业务收入 | | 200 000 |
| 　　应交税费——应交增值税（销项税额） | | 26 000 |
| 借：主营业务成本 | 190 000 | |
| 　贷：库存商品 | | 190 000 |

（2）期末，将主营业务成本结转至本年利润时：

| | | |
|---|---|---|
| 借：本年利润 | 190 000 | |
| 　贷：主营业务成本 | | 190 000 |

【例 8-12】某公司 2024 年 5 月 10 日光明公司销售甲产品 100 件，单价 1 000 元，单位成本 800 元，增值税专用发票上注明价款 100 000 元，增值税税额 13 000 元，购货方尚未付款，该项销售业务属于某一时点履行的履约义务。7 月 25 日，因产品质量问题购货方退货，并开具增值税专用发票（红字）。该公司应编制如下会计分录：

（1）销售产品时：

| | | |
|---|---|---|
| 借：应收账款——光明公司 | 113 000 | |
| 　贷：主营业务收入——甲产品 | | 100 000 |
| 　　应交税费——应交增值税（销项税额） | | 13 000 |
| 借：主营业务成本——甲产品 | 80 000 | |
| 　贷：库存商品——甲产品 | | 80 000 |

（2）销售退回时：

| | | |
|---|---|---|
| 借：主营业务收入——甲产品 | 100 000 | |
| 　应交税费——应交增值税（销项税额） | 13 000 | |
| 　贷：应收账款——光明公司 | | 113 000 |
| 借：库存商品——甲产品 | 80 000 | |
| 　贷：主营业务成本——甲产品 | | 80 000 |

【例 8-13】甲企业销售库存商品一批，收到价款 200 万元，该批商品成本 170 万元，该批商品已提存货跌价准备 35 万元，结转销售成本。

| | | |
|---|---|---|
| （1）借：主营业务成本 | 1 350 000 | |
| 　　存货跌价准备 | 350 000 | |
| 　贷：库存商品 | | 1 700 000 |

（2）期末，将主营业务成本结转至本年利润时：

借：本年利润　　1 350 000

　贷：主营业务成本　　1 350 000

【例 8-14】2024 年 3 月 8 日，福喜公司销售一批商品给有福公司，价款 100 万元，增值税税额 13 万元，成本 80 万元。款项已收到。

（1）3 月 8 日，销售实现，确认收入：

借：银行存款　　1 130 000

　贷：主营业务收入　　1 000 000

　　　应交税费——应交增值税（销项税额）　　130 000

结转成本：

借：主营业务成本　　800 000

　贷：库存商品　　800 000

（2）3 月末（期末）结转损益：

借：主营业务收入　　1 000 000

　贷：本年利润　　1 000 000

借：本年利润　　800 000

　贷：主营业务成本　　800 000

### （二）其他业务成本

其他业务成本是指企业确认的除主营业务活动以外的其他日常经营活动所发生的支出，包括销售材料的成本、出租固定资产的折旧额、出租无形资产的摊销额、出租包装物的成本或摊销额等，通过“其他主营业务”科目进行核算。该科目属于损益类科目，期末结转“本年利润”后无余额。

借：其他业务成本

　贷：原材料

　　　周转材料

　　　累计折旧

　　　累计摊销等

借：本年利润

　贷：其他业务成本

【例 8-15】2024 年 1 月 1 日，甲公司将自行开发完成的非专利技术出租给另一家公司，该非专利技术成本为 240 000 元，双方约定的租赁期限为 10 年，甲公司每月应摊销 2 000（240 000÷10÷12）元。

甲公司每月摊销非专利技术成本时，应编制如下会计分录：

借：其他业务成本　　2 000

　贷：累计摊销　　2 000

结转“本年利润”时：

借：本年利润　　2 000

　贷：其他业务成本　　2 000

### （三）税金及附加

税金及附加是指企业经营活动应负担的相关税费，包括消费税、城市维护建设税、教育费附加、资源税、房产税、城镇土地使用税、车船税、印花税等，通过“税金及附加”科目核算，借记“税金及附加”科目，贷记“应交税费”或“银行存款”科目（企业缴纳的印花税、耕地占用税、契税、车辆购置税不通过应交税费科目核算，直接记入"银行存款"科目）。该科目属于损益类科目，期末结转"本年利润"后无余额。

借：税金及附加

　贷：应交税费（或银行存款）

借：本年利润

　贷：税金及附加

【例 8-16】某公司 2024 年 8 月 1 日取得应纳消费税的销售商品收入 300 万元，该产品适用的消费税税率为 25%。该公司应编制如下会计分录：

（1）计算应交消费税额 75（300×25%）万元：

| | | |
|---|---|---|
| 借：税金及附加 | 750 000 | |
| 　贷：应交税费——应交消费税 | | 750 000 |

（2）缴纳消费税时：

| | | |
|---|---|---|
| 借：应交税费——应交消费税 | 750 000 | |
| 　贷：银行存款 | | 750 000 |

（3）结转"本年利润"时：

| | | |
|---|---|---|
| 借：本年利润 | 750 000 | |
| 　贷：税金及附加 | | 750 000 |

【例 8-17】2024 年 9 月，某公司当月实际缴纳的增值税税额 45 万元、消费税税额 15 万元，城建税税率为 7%，教育费附加征收比率为 3%。该公司应编制与城建税、教育费附加有关的会计分录如下：

（1）计算确认应交城建税和教育费附加时：

应交城建税＝（45+15）×7%＝4.2（万元）

应交教育费附加＝（45+15）×3%＝1.8（万元）

| | | |
|---|---|---|
| 借：税金及附加 | 60 000 | |
| 　贷：应交税费——应交城建税 | | 42 000 |
| 　　　　　——应交教育费附加 | | 18 000 |

（2）实际缴纳城建税和教育费附加时：

| | | |
|---|---|---|
| 借：应交税费——应交城建税 | 42 000 | |
| 　　　　——应交教育费附加 | 18 000 | |
| 　贷：银行存款 | | 60 000 |

【例 8-18】2024 年 12 月，某公司一幢房产的原值为 200 万元，已知房产税税率为 1.2%，当地规定的房产税扣除比例为 30%。该公司应编制如下会计分录：

（1）计算应交房产税税额 1.68［200×（1−30%）×1.2%］万元：

| | | |
|---|---|---|
| 借：税金及附加 | 16 800 | |
| 　贷：应交税费——应交房产税 | | 16 800 |

（2）缴纳房产税时：

| | | |
|---|---|---|
| 借：应交税费——应交房产税 | 16 800 | |
| 　贷：银行存款 | | 16 800 |

**（四）期间费用**

期间费用是指企业日常活动发生的不能计入特定核算对象的成本，而应计入发生当期损益的费用，包括销售费用、管理费用和财务费用。

1. 销售费用

销售费用是指企业在销售商品、提供劳务过程中发生的各项费用，包括保险费、包装费、展览费和广告费、商品维修费、预计产品质量保证损失、运输费、装卸费等以及为销售本企业商品而专设的销售机构（含销售网点、售后服务网点等）的职工薪酬、折旧费等经营费用。

销售费用是与企业销售商品活动有关的费用，是销售过程和销售机构发生的费用，与商品成本本身无关；通过“销售费用”科目核算。该科目属于损益类科目，期末结转“本年利润”后无余额。

借：销售费用

　贷：银行存款等

借：本年利润

　贷：销售费用





【例 8-19】某公司为增值税一般纳税人，2024 年 6 月 1 日为宣传新产品发生广告费，取得的增值税专用发票上注明的价款为 100 000 元，增值税税额为 6 000 元，价税款项用银行存款支付。该公司应编制如下会计分录：

| | | |
|---|---|---|
| 借：销售费用——广告费 | 100 000 | |
| 　　应交税费——应交增值税（进项税额） | 6 000 | |
| 　贷：银行存款 | | 106 000 |

2. 管理费用

管理费用包括企业在筹建期间内发生的开办费、董事会和行政管理部门在企业的经营管理中发生的以及应由企业统一负担的公司经费、工会经费、董事会费（包括董事会成员津贴、会议费和差旅费等）、聘请中介机构费、咨询费（含顾问费）、诉讼费、业务招待费、技术转让费、研究费用、排污费、绿化费以及生产车间和行政管理部门发生的修理费用。

管理费用是企业管理部门和管理过程发生的费用，通过“管理费用”科目核算。该科目属于损益类科目，期末结转“本年利润”后无余额。

商品流通企业管理费用不多的，可不设本科目，相关核算内容可并入“销售费用”科目核算。

借：管理费用

　贷：银行存款等

借：本年利润

　贷：管理费用

【例 8-20】某公司 2024 年 4 月 5 日为拓展产品销售市场发生业务招待住宿费50 000元，取得的增值税专用发票上注明的增值税税额为 3 000 元，已用银行存款支付价款和税款。该公司应编制如下会计分录：

| | | |
|---|---|---|
| 借：管理费用——业务招待费 | 50 000 | |
| 　　应交税费——应交增值税（进项税额） | 3 000 | |
| 　贷：银行存款 | | 53 000 |

【例 8-21】2024 年 6 月福喜公司（一般纳税人）发生如下业务：

（1）用银行存款支付业务招待费 10 万元，增值税税额 0.3 万元。

（2）应付公司管理部门人员薪酬 5 万元，用银行存款支付差旅费 3 万元，计提厂部设备折旧 2 万元，摊销无形资产成本 1 万元。

（3）用银行存款支付车间设备修理费 5 万元，增值税 0.65 万元。

会计分录如下：

| | | |
|---|---|---|
| 借：管理费用 | 260 000 | |
| 　　应交税费——应交增值税（进项税额） | 9 500 | |
| 　贷：银行存款 | | 189 500 |
| 　　　应付职工薪酬 | | 50 000 |
| 　　　累计折旧 | | 20 000 |
| 　　　累计摊销 | | 10 000 |

【例 8-22】承【例 8-21】，2024 年 6 月 30 日，福喜公司将“管理费用”科目余额转入“本年利润”科目。

借：本年利润　　260 000

　贷：管理费用　　260 000

3. 财务费用

财务费用是指企业为筹集生产经营所需资金等而发生的筹资费用，包括利息支出（减利息收入）、汇兑损益以及相关的手续费（银行承兑汇票的手续费等）、将商业汇票贴现时的贴现息等。

财务费用的内容如图 8-2 所示。

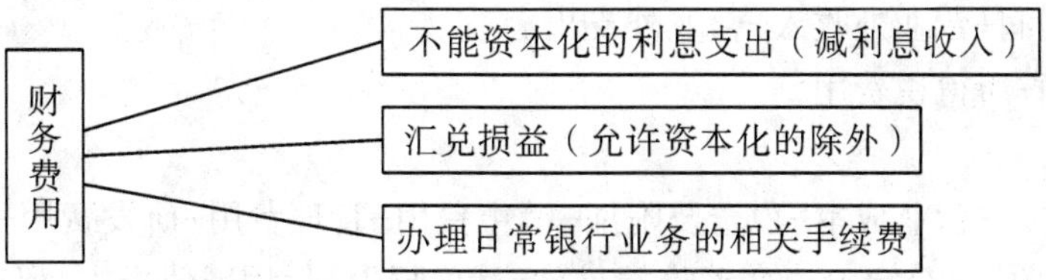


**图 8-2　财务费用的内容**

通过“财务费用”科目核算，该科目属于损益类科目，期末结转“本年利润”后无余额。公司在发行股票过程中发生的发行费用等支出，如手续费、佣金等不通过“财务费用”科目核算，而是先抵减股本溢价收入，如果溢价收入不足，再依次冲减盈余公积和未分配利润。

借：财务费用

　贷：银行存款等

借：本年利润

　贷：财务费用

【例 8-23】2024 年度，某企业“财务费用”科目核算内容如下：短期借款利息支出 600 万元，银行存款利息收入 20 万元，银行承兑汇票的手续费支出 10 万元。不考虑其他因素，2019 年度该企业利润表中“财务费用”项目的本年金额为（　　）万元。

A. 580　　B. 590

C. 600　　D. 610

『正确答案』B

『答案解析』短期借款利息支出记入“财务费用”的借方；银行存款利息收入记入“财务费用”的贷方；银行承兑汇票手续费支出记入“财务费用”的借方，所以期末“财务费用”的金额=600-20+10=590（万元）。

## 第四节　利润和利润分配

### 一、利润

#### （一）利润及其构成

1. 利润的概念

利润是指企业在一定会计期间的经营成果，包括收入减去费用后的净额，直接计入当期利润的利得和损失等。公式表示为：利润=收入-费用+利得-损失。未计入当期利润的利得和损失扣除所得税影响后的净额计入其他综合收益。

利得是指由企业非日常活动形成的、会导致所有者权益增加的、与所有者投入资本无关的经济利益的流入。

损失是指由企业非日常活动形成的、会导致所有者权益减少的、与向所有者分配利润无关的经济利益的流出。

收入减去费用的金额反映的是企业日常活动的业绩，直接计入当期利润的利得和损失反映的是企业非日常活动的业绩。企业应当严格划分收入和利得、费用和损失之间的界限，以更加准确地反映企业的经营业绩。

2. 利润的构成

企业的利润总额由营业利润和营业外收支净额构成。即：

利润总额=营业利润+营业外收入-营业外支出

净利润=利润总额-所得税费用

其中：

营业利润=营业收入-营业成本-税金及附加-销售费用-管理费用-研发费用-财务费用+其他收益+投资收益+净敞口套期收益+公允价值变动收益-资产减值损失-信用减值损失+资产处置收益

营业收入=主营业务收入+其他业务收入

营业成本=主营业务成本+其他业务成本

营业利润主要由营业收入（包括主营业务收入和其他业务收入）减去营业成本（包括主营业务成本和其他业务成本）、税金及附加、销售费用、管理费用、研发费用、财务费用、资产减值损失、信用减值损失，加其他收益、投资收益、公允价值变动收益、资产处置收益构成。

为了方便记忆，营业利润的计算可以表示为：营业利润=2 营-1 金-2 损-4 费+4 益

营业利润的计算公式可以通过排除法记忆，即除了营业外收支和所得税费用，其他损益类项目都应纳入营业利润的计算。

利润的相关计算如图 8-3 所示：

**图 8-3 利润的相关计算**

所得税费用=（利润总额±调整项目）×25%（假设无递延所得税）

当无调整项目或调整项目为零时：

所得税费用=利润总额×25%

营业利润是指企业通过一定期间的日常活动取得的利润。其中，营业收入是指企业日常经营业务所实现的收入总额，包括主营业务收入和其他业务收入。

营业成本是指企业经营业务所发生的实际成本总额，包括主营业务成本和其他业务成本。

税金及附加，是指企业经营业务应负担的税金及附加费用，如消费税城市维护建设税、资源税、教育附加及房产税、城镇土地使用税、车船税、印花税等。

研发费用是指企业进行研究与开发过程中发生的费用化支出，以及计入管理费用的自行开发无形资产的摊销。

其他收益主要指企业日常活动相关的、冲减相关成本费用以外的政府补助。

投资收益（或损失）是指企业以各种方式对外投资所取得的收益（或损失）。

公允价值变动收益（或损失）是指企业交易性金融资产等公允价值变动形成的应计入当期损益的利得（或损失）。

资产减值损失是指企业计提有关资产减值准备所形成的损失。

资产处置收益（或损失）反映企业出售划分为持有待售的非流动资产（金融工具、长期股权投资和投资性房地产除外）或处置组（子公司的业务除外）时确认的处置利得和损失，以及处置未划分为持有待售的固定资产、在建工程、生产性生物资产及无形资产而产生的处置利得或损失，还包括债务

重组中因处置非流动资产产生的利得或损失和非货币性资产交换中换出非流动资产产生的利得或损失。

### （二）营业外收入

1. 营业外收入核算的内容

营业外收入，是指企业取得的与日常活动没有直接关系的各项利得，主要包括非流动资产处置利得、非货币性资产交换利得、债务重组利得、罚没利得、政府补助利得、无法支付的应付款项利得、盘盈利得、捐赠利得等。

其中：非流动资产处置利得是指非流动资产损毁报废收益，即因自然灾害等发生损毁、已丧失使用功能而报废非流动资产所产生的清理收益。

政府补助利得，是指与企业日常活动无关的政府补助利，即企业从政府无偿取得货币资产或非货币性资产，且与企业日常活动无关的利得。

盘盈利得，指企业对现金等资产清查盘点时发生盘盈，报经批准后计入营业外收入的金额。

捐赠利得，指企业接受捐赠产生的利得。

2. 营业外收入的账务处理

企业应设置“营业外收入”账户核算营业外收入的取得及结转情况。该科目贷方登记企业确认的营业外收入，借方登记期末将“营业外收入”账户余额转入“本年利润”账户的营业外收入，结转后“营业外收入”账户无余额。“营业外收入”账户可按营业外收入项目进行明细核算。

（1）企业确认处置非流动资产损毁报废收益时，借记“固定资产清理”“银行存款”“待处理财产损溢”等账户，贷记“营业外收入”账户。

【例 8-24】某企业将固定资产报废清理的净收益 179 800 元转作营业外收入，应编制如下会计分录：

借：固定资产清理　　179 800

　贷：营业外收入——非流动资产损毁报废收益　　179 800

（2）企业确认盘盈利得、捐赠利得计入营业外收入时，借记“库存现金”“待处理财产损溢”等账户，贷记“营业外收入”账户。

【例 8-25】某企业在现金清查中盘盈 200 元，按管理权限报经批准后转入营业外收入，应编制如下会计分录：

（1）发现盘盈时：

借：库存现金　　200

　贷：待处理财产损溢　　200

（2）经批准转入营业外收入时：

借：待处理财产损溢　　200

　贷：营业外收入　　200

期末，应将“营业外收入”账户余额转入“本年利润”账户，借记“营业外收入”账户，贷记“本年利润”账户。结转后，“营业外收入”账户无余额。

【例 8-26】承【例 8-24】和【例 8-25】本期营业外收入总额为 180 000 元，期末结转本年利润，应编制如下会计分录：

借：营业外收入　　180 000

　贷：本年利润　　180 000

### （三）营业外支出

1. 营业外支出核算的内容

营业外支出，是指企业发生的与日常活动没有直接关系的各项损失，主要包括非流动资产处置损失、非货币性资产交换损失、债务重组损失、罚款支出、捐赠支出、非常损失、盘亏损失等。

其中，非流动资产损毁报废损失，指因自然灾害等发生损毁、已丧失使用功能而报废非流动资产所产生的清理损失。

罚款支出，指企业支付的行政罚款、税务罚款，以及其他违反法律法规、合同协议等而支付的罚款、违约金、赔偿金等支出。



捐赠支出，指企业对外进行捐赠发生的支出。

非常损失，是指企业由于客观因素（如自然灾害）等造成的损失，扣除保险公司赔偿后应计入营业外支出的净损失。

盘亏损失，指对于财产清查盘点时盘亏的资产，查明原因并报经批准计入营业外支出的损失。



2. 营业外支出的账务处理

企业应设置“营业外支出”账户，核算营业外支出的发生及结转情况。该科目借方登记确认的营业外支出，贷方登记期末将“营业外支出”账户余额转入“本年利润”账户，结算后“营业外支出”账户无余额。“营业外支出”账户可按营业外支出项目进行明细核算。

（1）企业确认处置非流动资产损毁报废损失时，借记“营业外支出”账户，贷记“固定资产清理”“无形资产”等账户。

【例 8-27】2023 年 2 月 1 日，某公司取得一项价值 100 万元的非专利技术并确认为无形资产，采用直线法摊销，摊销期限为 10 年。2024 年 2 月 1 日，由于该技术已被其他新技术所替代，公司决定将其转入报废处理，报废时已摊销 20 万元，未计提减值准备，该公司应编制如下会计分录：

| | | |
|---|---|---|
| 借：累计摊销 | 200 000 | |
| 营业外支出 | 800 000 | |
| 贷：无形资产 | | 1 000 000 |

（2）确认盘亏、罚款支出计入营业外支出时，借记“营业外支出”账户，贷记“待处理财产损溢”“库存现金”等账户。

【例 8-28】某企业发生原材料自然灾害损失 40 000 元，经批准后转入营业外支出，应编制如下会计分录：

（1）发现损失时：

| | | |
|---|---|---|
| 借：待处理财产损溢 | 40 000 | |
| 贷：原材料 | | 40 000 |

（2）经批准转入营业外支出时：

| | | |
|---|---|---|
| 借：营业外支出 | 40 000 | |
| 贷：待处理财产损溢 | | 40 000 |

（3）期末，应将“营业外支出”账户余额转入“本年利润”账户，借记“本年利润”账户，贷记“营业外支出”账户。结转后，“营业外支出”账户无余额。

【例 8-29】承【例 8-27】和【例 8-28】本期营业外收入总额为 840 000 元，期末结转本年利润，应编制如下会计分录：

| | | |
|---|---|---|
| 借：本年利润 | 840 000 | |
| 贷：营业外支出 | | 840 000 |

**（四）所得税费用**

所得税费用是指企业按照会计准则的规定确认的应从当期利润总额中扣除的所得税费用。企业的所得税费用包括当期所得税和递延所得税两个部分。

所得税费用=当期所得税+递延所得税

当期所得税是指企业对当期发生的交易和事项，按照税法规定计算确定的应向税务部门缴纳的所得税，即当期应交所得税。

递延所得税包括递延所得税资产和递延所得税负债。递延所得税资产是指以未来期间很可能取得用来抵扣暂时性差异的应纳税所得额为限确认的一项资产。递延所得税负债是指根据应纳税暂时性差异计算的未来期间应付所得税的金额。

递延所得税包括的内容如图 8-4 所示。

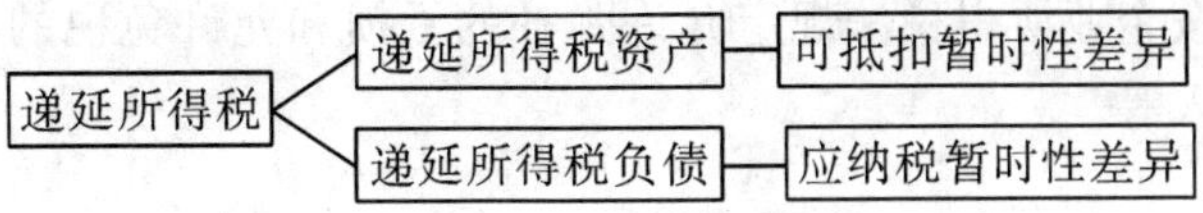


**图 8-4　递延所得税的内容**

【例 8-29】光明公司 2023 年产生收入 150 万元，费用 60 万元，其中计提坏账准备产生的信用减值损失 10 万元；2024 年产生收入 150 万元，费用 50 万元，无法收回上年已计提坏账准备的应收账款 10 万元，确认坏账损失。

2023 年计提坏账准备：

借：信用减值损失　　100 000

　贷：坏账准备　　100 000

2023 年，收入（150）-费用（60），含上述（10）=利润 90（万元）。光明公司按 90 万元计算所得税，所得税费用=90×25%=22.50（万元）。

而税法上，2023 年没有发生坏账损失，不承认。因此，税法上计算的应纳税所得额=收入 150-扣除额 50（不承认上述 10）=100（万元）。应交所得税=100×25%=25（万元），那企业就按 25 万元来交所得税，形成递延所得税资产。会计分录如下：

借：所得税费用　　225 000（会计账上的税）

　　递延所得税资产　　25 000（会计与税法的差异）

　贷：应交税费——应交所得税　　250 000（税法规定交的税）

2024 年发生坏账损失 10 万元：

借：坏账准备　　100 000

　贷：应收账款　　100 000

2024 年，收入（150）-费用（50）=利润 100（万元）。光明公司按 100 万元计算所得税，所得税费用=100×25%=25（万元）。

而税法上承认损失，可以抵扣所得税。税法上计算的应纳税所得额=收入 150-扣除额 60（承认上述 10）=90（万元）。应交所得税=90×25%=22.5（万元）。因此，企业就按 22.5 万元来交所得税。

光明公司转回上年确认的债权，贷记递延所得税资产 2.5 万元。

2024 年账务处理：

借：所得税费用　　250 000（会计账上的税）

　贷：应交税费——应交所得税　　225 000（税法规定交的税）

　　　递延所得税资产　　25 000（会计与税法的差异）

以上发生的情形如果相反，则形成递延所得税负债。

1. 应交所得税的计算

应交所得税是指企业按照国家税法规定，应从生产经营等活动的所得中缴纳的税金。所得包括营业所得、投资所得、劳务所得。所得税缴纳按纳税主体分为个人所得税和企业所得税。个人所得税的纳税主体是个人，企业履行代扣代缴义务。企业所得税的纳税主体是企业。企业所得税是国家税务部门对企业所得征收的一种税。企业应在“应交税费”科目下设置“应交所得税”明细科目，核算企业缴纳的企业所得税。

应交所得税=应纳税所得额×所得税税率（25%）

应纳税所得额=税前会计利润+纳税调整增加额-纳税调整减少额

纳税调整增加额，是指企业按税法规定允许扣除项目中，企业已计入当期费用但超过税法规定扣除标准的金额（如超过税法规定标准的职工福利费、工会经费、职工教育经费、业务招待费、公益性捐赠支出、广告费和业务宣传费等），以及企业已计入当期损失但企业所得税法规定不允许扣除项目的金额（如税收滞纳金、罚款、罚金等）。合同违约金不属于纳税调增额。



纳税调整减少额是指按企业所得税法规定允许弥补的亏损和允许免税的项目，主要包括前5年未弥补的亏损和国债利息收入等。

以上公式可以理解为：

应交所得税=（税前会计利润±纳税调整额）×25%



税前会计利润指的就是利润总额。当无调整项目或调整项目为零时：

应交所得税=利润总额×25%

纳税调整增加额和纳税调整减少额主要包括的内容如图8-5所示。

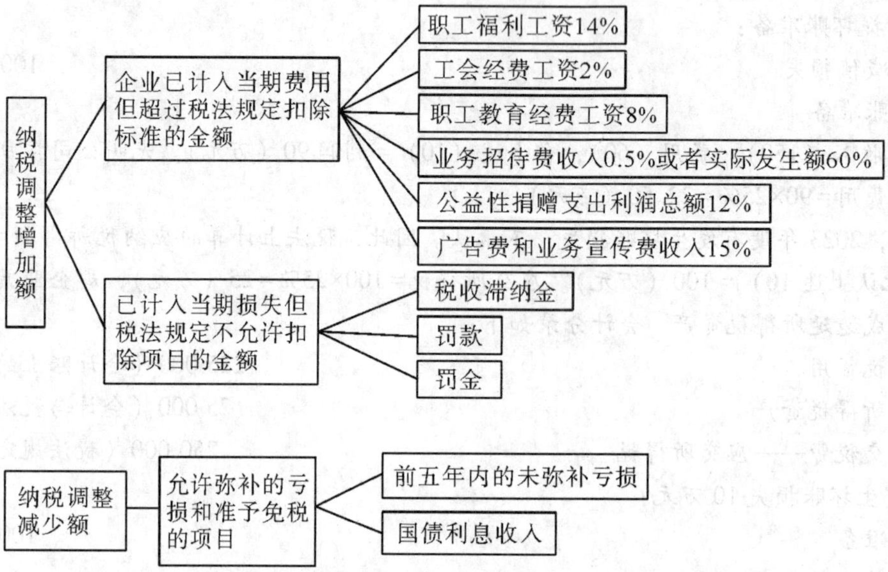


**图8-5　纳税调整增加额和纳税调整减少额的内容**

图8-5中，业务招待费是按收入总额的0.5%和实际发生额的60%孰低来计算，超出部分要交所得税。

【例8-30】福喜公司（非高新技术企业）2024年度税前会计利润为190万元，所得税税率为25%。全年实发工资100万元，职工福利费20万元，工会经费3万元，职工教育经费10万元；经查，福喜公司当年营业外支出中有9万元为税收滞纳罚金，国债利息收入8万元。假定福喜公司全年无其他纳税调整因素。计算福喜公司当期应交所得税额。

（1）纳税调整增加额：

福利费=20-100×14%=6（万元）

工会经费=3-100×2%=1（万元）

职工教育经费=10-100×8%=2（万元）

滞纳金=9（万元）

（2）纳税调整减少额：

国债利息=8（万元）

应纳税所得额=190+6+1+2+9-8=200（万元）

当期应交所得税额=200×25%=50（万元）

【例8-31】甲公司2024年度利润总额（税前会计利润）为1 980万元，所得税税率为25%。甲公司全年实发工资、薪金为200万元，职工福利费30万元，工会经费5万元，职工教育经费21万元；经查，甲公司当年营业外支出中有12万元为税收滞纳罚金。假定甲公司全年无其他纳税调整因素。

企业所得税法规定：

(1) 企业发生的合理的工资、薪金支出准予据实扣除；

(2) 企业发生的职工福利费支出，不超过工资、薪金总额14%的部分准予扣除；

(3) 企业拨缴的工会经费，不超过工资、薪金总额2%的部分准予扣除；

(4) 除国务院财政、税务主管部门另有规定外，企业发生的职工教育经费支出，不超过工资、薪金总额8%的部分准予扣除，超过部分准予结转以后纳税年度扣除。

纳税调整增加数＝（30−28）＋（5−4）＋（21−16）＋12＝20（万元）

应纳税所得额＝1 980+20＝2 000（万元）

当期应交所得税额＝2 000×25%＝500（万元）

2. 所得税费用的账务处理

企业根据企业会计准则的规定，计算确定的当期所得税和递延所得税之和，即为应从当期利润总额中扣除的所得税费用。公式表示为：

所得税费用＝当期所得税+递延所得税

企业应设置“所得税费用”科目核算企业所得税费用的确认及其结转情况。该科目属于损益类科目，期末将余额转入“本年利润”科目，结转后无余额。如果有递延所得税，还会涉及“递延所得税资产”和“递延所得税负债”科目。

【例8-32】承【例8-30】，福喜公司计算出的当期应交所得税税额为50万元（假设无递延所得税）。会计分录如下：

| | | |
|---|---|---|
| 借：所得税费用 | 500 000 | |
| 贷：应交税费——应交所得税 | | 500 000 |

递延所得税包括递延所得税资产和递延所得税负债，如果企业的所得税费用中含有递延所得税，则计算如下：

递延所得税＝（递延所得税负债的期末余额−递延所得税负债的期初余额）−（递延所得税资产的期末余额−递延所得税资产的期初余额）

会计分录如下：

借：所得税费用

贷：应交税费——应交所得税（当期所得税）

递延所得税资产（增加在借方）

递延所得税负债（减少在借方）

【例8-33】2024年，甲公司当年应交所得税税额为500万元；递延所得税负债年初数为40万元，年末数为50万元，递延所得税资产年初数为25万元，年末数为20万元。相关内容计算及会计分录如下：

递延所得税＝（50−40）−（20−25）＝15（万元）

所得税费用＝当期所得税+递延所得税＝500+15＝515（万元）

| | | |
|---|---|---|
| 借：所得税费用 | 5 150 000 | |
| 贷：应交税费——应交所得税 | | 5 000 000 |
| 递延所得税负债 | | 100 000 |
| 递延所得税资产 | | 50 000 |

上例中，递延所得税负债的期末余额大于期初余额，递延所得税负债增加，记入贷方；递延所得税资产的期末余额小于期初余额，递延所得税资产减少，记入贷方。

（五）本年利润的结转

1. 结转本年利润的方法

会计期末，企业要将损益类科目结转本年利润，结转本年利润的方法有表结法和账结法两种。

（1）表结法。

表结法下，各损益类科目每月月末只需结计出本月发生额和月末累计余额，不结转到“本年利润”科目。只有在年末时才将全年累计余额结转入“本年利润”科目。

（2）账结法。

账结法，每月月末均需编制转账凭证，将在账上结计出的各损益类科目的余额结转入“本年利润”科目。

2. 结转本年利润的账务处理

企业应设置“本年利润”科目，用于核算企业当期实现的净利润或发生的净亏损。

（1）会计期末，企业应当将各损益类科目的余额转入“本年利润”科目，结平各损益类科目，即将收入类科目贷方余额转入“本年利润”科目的贷方，借记“主营业务收入”“其他业务收入”“营业外收入”等科目，贷记“本年利润”科目；将支出类科目借方余额转入“本年利润”科目的借方，借记“本年利润”科目，贷记“主营业务成本”“税金及附加”“其他业务成本”“销售费用”“管理费用”“财务费用”“资产减值损失”“营业外支出”和“所得税费用”等科目。“公允价值变动损益”“投资收益”科目如为净收益，借记“公允价值变动损益”“投资收益”科目，贷记“本年利润”科目；如为净损失，借记“本年利润”科目，贷记“公允价值变动损益”“投资收益”科目，期末结转损益类科目余额后，“本年利润”科目如为贷方余额，反映年初至本年年末累计实现的净利润；如为借方余额，反映年初至本年年末累计发生的净亏损。年度终了，再将各损益类科目全年累计金额一次转入“本年利润”科目。

（2）年度终了，企业将收入和支出相抵，结出的本年实现的净利润，转入“利润分配——未分配利润”科目，借记“本年利润”科目，贷记“利润分配——未分配利润”科目，如果为净亏损，借记“利润分配——未分配利润”科目，贷记“本年利润”科目，结转后“本年利润”科目应无余额。

账务处理如下：

会计期末，结转损益类账户到“本年利润”科目：

借：主营业务收入<br>
　　其他业务收入<br>
　　营业外收入<br>
　　投资收益<br>
　　公允价值变动损益等<br>
　贷：本年利润

借：本年利润<br>
　贷：主营业务成本<br>
　　　其他业务成本<br>
　　　营业外支出<br>
　　　销售费用<br>
　　　管理费用<br>
　　　财务费用等

年度终了，结转“本年利润”科目：

借：本年利润<br>
　贷：利润分配——未分配利润

（如果亏损，则做相反的会计分录）。结转后“本年利润”科目无余额。

【例 8-34】乙公司 2024 年有关损益类科目的年末余额如表 8-1 所示（该企业采用表结法年末一次结转损益类科目，所得税税率为 25%）。

**表 8-1 2024 年有关损益类科目的年末余额** 单位：万元

| 科目名称 | 借或贷 | 结账前余额 |
|---|---|---|
| 主营业务收入 | 贷 | 600 |
| 其他业务收入 | 贷 | 70 |
| 其他收益 | 贷 | 15 |
| 投资收益 | 贷 | 100 |
| 营业外收入 | 贷 | 5 |
| 主营业务成本 | 借 | 400 |
| 其他业务成本 | 借 | 40 |
| 税金及附加 | 借 | 8 |
| 销售费用 | 借 | 50 |
| 管理费用 | 借 | 77 |
| 财务费用 | 借 | 20 |
| 营业外支出 | 借 | 25 |

（1）将各损益类科目年末余额结转入“本年利润”科目：

①结转各项收入、利得类科目：

借：主营业务收入 6 000 000

其他业务收入 700 000

其他收益 150 000

投资收益 1 000 000

营业外收入 50 000

贷：本年利润 7 900 000

②转各项费用、损失类科目：

借：本年利润 6 300 000

贷：主营业务成本 4 000 000

其他业务成本 400 000

税金及附加 80 000

销售费用 500 000

管理费用 770 000

财务费用 200 000

营业外支出 250 000

（2）经过上述结转后，“本年利润”科目的贷方发生额合计 790 万元减去借方发生额合计 630 万元即为税前会计利润 160 万元。

（3）假设乙公司 2019 年度不存在所得税纳税调整因素。

（4）应交所得税 = 160×25% = 40（万元）

①确认所得税费用：

借：所得税费用 400 000

贷：应交税费——应交所得税 400 000

②将所得税费用结转入“本年利润”科目：

借：本年利润　　400 000

　贷：所得税费用　　400 000

（5）将“本年利润”科目年末余额120（790−630−40）万元转入“利润分配——未分配利润”科目：

借：本年利润　　1 200 000

　贷：利润分配——未分配利润　　1 200 000

【例8-35】福喜公司2024年有关损益类科目在年末结账前的余额如表8-2所示（该企业采用表结法年末一次性结转损益类科目，所得税税率为25%）：



**表8-2　2024年有关损益类科目在年末结账前的余额**　　单位：万元

| 科目名称 | 贷方余额 | 科目名称 | 借方余额 |
|---|---|---|---|
| 主营业务收入 | 600 | 主营业务成本 | 420 |
| 其他业务收入 | 400 | 其他业务成本 | 280 |
| 公允价值变动损益 | 50 | 税金及附加 | 100 |
| 投资收益 | 200 | 销售费用 | 80 |
| 资产处置损益 | 150 | 管理费用 | 120 |
| 其他收益 | 80 | 财务费用 | 30 |
| 营业外收入 | 20 | 资产减值损失 | 20 |
| | | 营业外支出 | 10 |

（1）将各损益类科目年末余额结转入“本年利润”科目：

①结转各项收入、利得类科目：

借：主营业务收入　　6 000 000

　　其他业务收入　　4 000 000

　　公允价值变动损益　　500 000

　　投资收益　　2 000 000

　　资产处置损益　　1 500 000

　　其他收益　　800 000

　　营业外收入　　200 000

　贷：本年利润　　15 000 000

②转各项费用、损失类科目：

借：本年利润　　10 600 000

　贷：主营业务成本　　4 200 000

　　　其他业务成本　　2 800 000

　　　税金及附加　　1 000 000

　　　销售费用　　800 000

　　　管理费用　　1 200 000

　　　财务费用　　300 000

　　　资产减值损失　　200 000

　　　营业外支出　　100 000

（2）税前会计利润＝1 500−1 060＝440（万元）

（3）假设福喜公司2019年度不存在所得税纳税调整因素。

应交所得税＝440×25%＝110（万元）

①确认所得税费用：

借：所得税费用　　　　　　　　　　　　　　　　　　　　　1 100 000

　贷：应交税费——应交所得税　　　　　　　　　　　　　　　　　1 100 000

②转所得税费用：

借：本年利润　　　　　　　　　　　　　　　　　　　　　　1 100 000

　贷：所得税费用　　　　　　　　　　　　　　　　　　　　　　1 100 000

(4) 将“本年利润”科目年末余额330（440-110）万元转入“利润分配——未分配利润”科目：

借：本年利润　　　　　　　　　　　　　　　　　　　　　　3 300 000

　贷：利润分配——未分配利润　　　　　　　　　　　　　　　　3 300 000

## 二、利润分配

企业当期实现的净利润（或净亏损）加上年初未分配利润（或减去年初未弥补亏损）后的余额，为可供分配的利润。利润分配不仅关系到所有者的合法权益是否得到保护，而且还关系到企业能否长期稳定地发展。

可供分配的利润=年初未分配利润（或未弥补亏损）+当年实现的净利润（或净亏损）

（一般情况下，不考虑其他转入）

### （一）利润分配的顺序

1. 弥补以前年度亏损

企业发生了亏损，应由企业自行弥补。税法规定，企业发生的亏损可以用下一年度的税前利润弥补，如果下一年税前利润不足弥补的，可以逐年延续弥补，但延续弥补期最长不得超过5年，如果延续5年仍未弥补足额的，尚未弥补的亏损可以用税后利润弥补，也可以用以前年度提取的法定盈余公积金弥补，用盈余公积金弥补亏损，应当由董事会提议并经股东大会批准。

2. 提取法定盈余公积

企业根据有关法律的规定，按照净利润的10%提取法定盈余公积。法定盈余公积累计金额超过企业注册资本的50%时，可以停止提取。

3. 提取任意盈余公积

提取任意盈余公积是指企业按股东大会决议提取的盈余公积。

企业在计算利润时，利润用正数，亏损用负数。在计提盈余公积时，如果年初有未分配的利润，当年实现的也是净利润，则按当年实现的净利润计提，年初的未分配利润不提，因为上年年末已经计提过了。如果年初有未弥补的亏损，则要用当年实现的净利润弥补亏损后再计提。如果年初是亏损，当年实现了净利润，当年实现的净利润不足以弥补年初亏损（即弥补后仍为负数），则不提盈余公积（见第八章第四节）。

4. 向投资者分配利润或股利

企业弥补以前年度亏损，提取公积金后剩余的利润，加上年初未分配利润，构成可供投资者分配的利润。企业可依据其利润或股利分配政策，经股东大会或类似权力机构批准后，向投资人分派利润或股利。

### （二）利润分配的账务处理

为核算企业利润的分配（或弥补的亏损）和历年分配（或弥补）后的积存余额，应设置“利润分配”账户，该账户借方登记从“本年利润”账户转入的本期净亏损，以及按规定提取的盈余公积、向投资者分配的利润或股利等；贷方登记从“本年利润”账户转入的本年净利润，以及用盈余公积弥补亏损的数额，期末如为借方余额，表示累计未弥补亏损，如为贷方余额，表示累计未分配利润。

为详细反映利润分配情况，“利润分配”账户下设置“提取法定盈余公积”“提取任意盈余公积”

"应付现金股利""盈余公积补亏""未分配利润"等明细账户，利润分配所属各明细账户发生额，应转至"未分配利润"明细账户，结转后除"未分配利润"明细账户外，利润分配的其他明细账户结转后都无余额。

【例 8-36】承【例 8-35】，福喜公司 2024 年年初"未分配利润"科目余额-30 万元，按照净利润的 10%计提法定盈余公积，宣告分配股东现金股利 100 万元。

提取法定盈余公积：（330-30）×10%＝30（万元）

如果年初"未分配利润"科目余额为正数，计提盈余公积的基数不予考虑。

借：利润分配——提取法定盈余公积　　300 000

　贷：盈余公积——法定盈余公积　　300 000

（2）宣告分配现金股利：

借：利润分配——应付现金股利　　1 000 000

　贷：应付股利　　1 000 000

（3）将"利润分配"的其他明细科目转到"未分配利润"明细科目：

借：利润分配——未分配利润　　1 300 000

　贷：利润分配——提取法定盈余公积　　300 000

　　　　　　——应付现金股利　　1 000 000

"未分配利润"的年末余额＝-30+330-30-100＝170（万元）。

【例 8-37】盛放公司 2024 年度实现净利润 980 万元，按净利润的 10%提取法定盈余公积，按净利润的 15%提取任意盈余公积，向股东分派现金股利 350 万元。

会计处理如下：

（1）提取盈余公积。

借：利润分配——提取法定盈余公积　　980 000

　　　　——提取任意盈余公积　　1 470 000

　贷：盈余公积——法定盈余公积　　980 000

　　　　　——任意盈余公积　　1 470 000

（2）分配现金股利。

借：利润分配——应付现金股利　　3 500 000

　贷：应付股利　　3 500 000

（3）结转"利润分配"科目其他明细科目余额。

借：利润分配——未分配利润　　5 950 000

　贷：利润分配——提取法定盈余公积　　980 000

　　　　　　——提取任意盈余公积　　1 470 000

　　　　　　——应付现金股利　　3 500 000

## 综合练习题

扫一扫

# 第九章 财务报告

## 第一节 财务报告概述

### 一、财务报告的意义

财务报告又称财务会计报告，是综合反映企业某一特定日期的资产、负债和所有者权益状况，以及某一特定时期的经营成果和现金流动情况的书面文件。它是企业根据日常的会计核算资料归集、加工和汇总后而形成的企业会计核算的最终成果。企业的财务报告包括资产负债表、利润表、现金流量表、所有者权益（股东权益）变动表、附注及财务情况说明书。财务报告的主要作用是向财务报告使用者提供真实、公允的信息，企业不得编制和对外提供虚假的或隐瞒重要事实的财务报告。

财务报表是对企业财务状况、经营成果和现金流量的结构性表述。一套完整的财务报表至少应当包括资产负债表、利润表、现金流量表、所有者权益（股东权益）变动表以及附注，即 4 表 1 注。

正确、及时地编制财务报告的意义有以下三个方面：

（1）为有关部门提供信息。

财务会计报告为政府有关部门提供企业经营管理的各类信息，有利于发挥对经济的监督和调控作用。国家的财政、税务、统计、审计、国有资产管理及企业的主管部门等，可以通过对企业财务报告的调查和分析，检查企业贯彻国家方针、政策、法令，遵守财经纪律以及利润、税收的完成、上缴情况，为国家履行管理职能、分析经济运行情况及进行宏观调控和决策提供依据。

（2）为投资者及债权人提供信息。

财务报告为投资者、债权人提供企业财产状况的各类信息，有利于进行投资及贷款决策。随着社会主义市场经济的不断完善，企业投资主体日趋多元化，融资渠道不断拓宽，企业的经济效益与各种投资者和贷款人的经济利益密切相关。从关心资金风险及收益考虑，必然需要获得企业各方面的财务状况信息，以便进行投资和贷款决策。

（3）为决策者提供信息。

财务报告为企业管理者提供企业的财务状况和各类信息，有利于改善经营管理，提高经济效益。企业的有关管理人员利用财务报告可以及时掌握企业的资产、负债、所有者权益的构成情况及收入（或利得）、费用（或损失）、利润的实现和分配情况，可以评估和分析企业所取得的业绩及存在的问题，进而不断采取措施，改善管理，有利于进行经营预测和投资决策。

### 二、财务报告的种类

根据不同的划分标准，财务报告可以分为不同的种类。

（1）按反映内容分类。

按财务报告所反映内容的不同，财务报告分为静态报表和动态报表。静态报表是指综合反映企业某一特定日期资产、负债和所有者权益状况的报表，如资产负债表；动态报表是指综合反映企业一定时期的经营情况或现金流动情况的报表，如利润表和现金流量表。

（2）按编报时间分类。

按财务报告编报时间的不同，财务报告分为月报、季报、半年报和年报。其中，月报要求简明扼要，及时反映；年报要求揭示完整，反映全面；而季报在会计信息的详细程度方面，则介于两者之间。目前，我国股份有限公司还需要编制中期财务报告。广义的中期财务报告包括月报和季报；狭义的中期财务报告仅指半年报。

（3）按编制单位分类。

按财务报告编制单位的不同，财务报告分为单位报表和汇总报表。单位报表是指由企业在自身会计核算基础上对账簿记录进行加工而编制的财务会计报告，它主要用来反映企业自身的财务状况、经营成果和现金流动情况；汇总报表是指根据所属单位报送的财务报告，连同本单位财务报告汇总编制的综合性财务会计报告。

（4）按服务对象分类。

按财务报告服务对象的不同，财务报告分为内部报表和外部报表。内部报表是指为适应企业内部经营管理需要而编制的不对外公布的财务报告，它一般不需要规定统一的格式，也没有统一的指标体系；外部报表则是指企业向外提供的财务报告，主要供投资者、债权人、政府部门和社会公众等有关方面使用，它通常有统一的格式和规定的指标体系。

（5）按照财务报告是否反映某会计主体的分支机构或子公司的情况分类。

据此可以将报表分为个别会计报表和合并会计报表。个别会计报表是指只反映会计主体自身经营成果和财务状况的报表；合并会计报表是指将某会计主体所属的子公司或分支机构的会计报表与母公司的会计报表予以合并，以反映包括子公司在内的整个财务状况和经营成果状况的报表。

## 三、财务报告的编制要求

为了使财务会计报告能够最大限度地满足有关方面的需要，实现编制财务报告的基本目的，充分发挥财务会计报告的作用，企业在编制财务报告时应当做到真实可靠、相关可比、全面完整、编报及时、便于理解。

（1）真实可靠。

企业财务报告必须如实地反映企业的财务状况、经营成果和现金流动情况，使财务报告各项目的数据建立在真实可靠的基础上。因此，财务报告必须根据核实无误的账簿资料编制，不得以任何方式弄虚作假。如果财务报告提供的资料不真实或者可靠性很差，则不仅不能发挥财务报告的应有作用，而且还会由于错误的信息，导致财务报告使用者对企业的财务状况、经营成果和现金流动情况做出错误的评价与判断，致使报告使用者做出错误的决策。

（2）相关可比。

企业财务报告提供的财务会计信息必须与报告使用者进行决策所需要的信息相关，且便于报告使用者在不同企业之间及同一企业前后各期之间进行比较。只有提供相关且可比的信息，才能使报表使用者分析企业在整个社会特别是同行业中的地位，了解、判断企业过去、现在的情况，预测企业未来的发展趋势，进而为报告使用者的决策服务。

（3）全面完整。

企业财务报告应当全面地披露企业的财务状况、经营成果和现金流动情况，完整地反映企业财务活动的过程和结果，以满足各有关方面对财务会计信息资料的需要。为了保证财务报告的全面完整，企业在编制财务报告时，应当按照有关准则、制度规定的格式和内容填写，特别是对于企业某些重要的事项，应当按照要求在财务报告附注中说明，不得漏编漏报。

（4）编报及时。

企业财务报告所提供的资料，具有很强的时效性。只有及时编制和报送财务报告，才能为使用者提供决策所需的信息资料。否则，即使财务报告的编制非常真实可靠、全面完整且具有相关可比性，但由于编报不及时，也可能失去其应有的价值。随着市场经济和信息技术的迅速发展，财务报告的及时性要求将变得日益重要。

（5）便于理解。

便于理解是指财务报告提供的信息可以为使用者所理解。企业对外提供的财务报告是为会计报告使用者提供企业过去、现在和未来的有关资料，为企业目前或潜在的投资者和债权人提供决策所需的会计信息，因此，编制的财务报告应清晰明了。如果提供的财务报告难懂，不可理解，使用者就不能据以做出准确的判断，那么企业所提供的财务报告也会毫无用处。当然，财务报告的这一要求是建立在会计报告使用者具有一定的财务报告阅读能力的基础上的。

## 四、财务报告的构成

### （一）资产负债表

资产负债表包括资产、负债和所有者权益三个部分，分别反映企业拥有的经济资源、所承担的经济义务以及资产减负债后所有者的剩余权益。通过资产负债表，投资者、债权人及其他财务会计报告的使用者可以了解企业的资本结构、经营成果以及企业的偿债能力等。

### （二）利润表

利润表包括收入、费用、损失等项目，表示企业在某一期间的经营成果。利润表提供企业各项收入来源及各项费用或成本的信息，以反映企业净利润或净损失所产生的原因以及对所有者权益变动的影响。

### （三）现金流量表

现金流量表是反映企业一定会计期间现金和现金等价物流入和流出的报表，分别按照经营、投资及筹资三种活动来揭示现金流入与现金流出的情形。

### （四）所有者权益变动表

所有者权益变动表，是反映构成所有者权益各组成部分当期增减变动情况的报表。当期损益、直接计入所有者权益的利得和损失，以及与所有者的资本交易导致的所有者权益的变动，应分别列示。

### （五）附注

附注是对资产负债表、利润表、现金流量表和所有者权益变动表等报表中列示项目的文字描述或明细资料，以及对未能在这些报表中列示项目的说明等。附注是财务报表的重要组成部分。

## 五、财务报告的编制基础

除现金流量表按照收付实现制原则编制外，企业应当按照权责发生制原则编制财务报表。财务报表是对企业财务状况、经营成果和现金流量的结构性表述。财务报表中的项目，是对企业某一特定日期或某一时期所发生的大量的交易或事项按照其性质或功能的汇总归类。

# 第二节 资产负债表

资产负债表是反映企业某一特定日期（如月末、季末、年末）财务状况的会计报表。它是根据“资产=负债+所有者权益”这一会计平衡式，依照一定的分类标准和顺序，将企业在一定日期的全部资产、负债和所有者权益项目进行适当分类、汇总、排列后编制而成的。资产负债表可以反映企业资产、负债和所有者权益的全貌。资产负债表，可以反映企业在某一日期的负债总额及其结构，帮助企业分析目前与未来需要支付的债务数额；可以反映企业所有者权益的情况，帮助企业了解企业现有投资者在企业资产总额中所占的份额。总之，资产负债表，可以帮助报表使用者全面了解企业的财务状况，分析企业的债务偿还能力，为未来的经济决策提供参考。

## 一、资产负债表的内容和格式

### （一）资产负债表的内容

资产负债表的内容主要有以下三个方面：

1. 资产

资产，反映企业在某一特定日期所拥有的经济资源总额，一般按照流动资产、非流动资产分类并进一步分项列示。流动资产通常包括货币资金、交易性金融资产、应收票据、应收账款、预付款项、其他应收款、存货、合同资产、持有待售资产、一年内到期的非流动资产、其他流动资产等。非流动资产通常包括债权投资、长期应收款、长期股权投资、投资性房地产、固定资产、在建工程、生产性生物资产、油气资产、无形资产、开发支出、商誉、长期待摊费用、递延所得税资产、其他非流动资产等。资产是按流动性大小（即变现能力强弱）顺序排列的。

2. 负债

负债，反映企业在某一特定日期所承担的债务总额，一般分为流动负债和非流动负债。其中流动负债包括短期借款、交易性金融负债、应付票据、应付账款、预收款项、合同负债、应付职工薪酬、应交税费、其他应付款、一年内到期的非流动负债、其他流动负债等。非流动负债包括长期借款、应付债券、长期应付款、预计负债、递延收益、递延所得税负债、其他非流动负债等。负债是按流动性大小（即还债日期的远近）顺序排列的。

3. 所有者权益

所有者权益反映企业在某一特定日期投资者拥有的净资产的总额，一般按实收资本、其他权益工具、资本公积、其他综合收益、盈余公积和未分配利润等分项列示。

### （二）资产负债表的格式

资产负债表一般由表头、表体两部分组成。表头部分包括报表名称、编制单位名称、报表日、报表编号和计量单位。表体部分是资产负债表的主体，列示了用以说明企业财务状况的各个项目（见图9-1）。

目前，国际上流行的资产负债表表体格式主要有账户式和报告式两种。我国企业会计准则规定，企业的资产负债表采用账户式。

报告式资产负债表是上下结构，上半部分列示资产各项目，下半部分列示负债和所有者权益各项目。账户式资产负债表是左右结构，左方为资产，全部项目按资产的流动性大小排列。流动性大的资产如“货币资金”“交易性金融资产”等排在前面，流动性小的资产如“长期股权投资”“固定资产”等排在后面。右方为负债及所有者权益，全部项目按求偿权先后顺序排列。“短期借款”“应付票据”等需要在一年以内或者长于一年的一个营业周期内偿还的流动负债排在前面，“长期借款”等在一年以上或者长于一年的一个营业周期以上才能偿还的长期负债排在中间，在企业清算之前不需偿还的所有者权益项目排在后面。

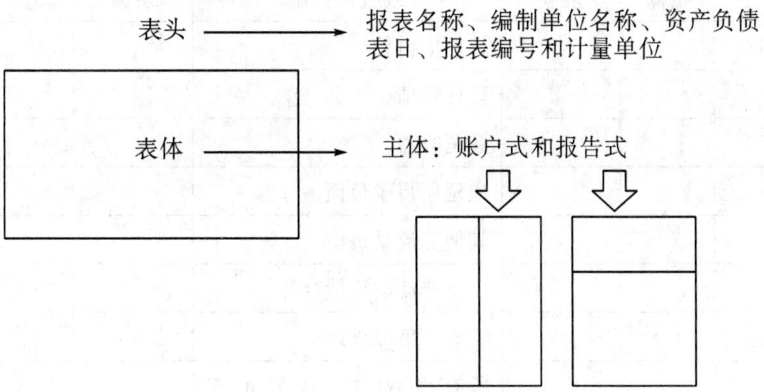


**图 9-1　资产负债表格式**

账户式资产负债表格式如表 9-1 所示。

**表 9-1　资产负债表**

会企 01 表

编制单位：　　　　　　　　　　年　月　日　　　　　　　　　　单位：元

| 资产 | 期末余额 | 上年年末余额 | 负债和所有者权益（或股东权益） | 期末余额 | 上年年末余额 |
|---|---|---|---|---|---|
| 流动资产： | | | 流动负债： | | |
| 货币资金 | | | 短期借款 | | |
| 交易性金融资产 | | | 交易性金融负债 | | |
| 衍生金融资产 | | | 衍生金融负债 | | |
| 应收票据 | | | 应付票据 | | |
| 应收账款 | | | 应付账款 | | |
| 应收款项融资 | | | 预收款项 | | |
| 预付款项 | | | 合同负债 | | |
| 其他应收款 | | | 应付职工薪酬 | | |
| 存货 | | | 应交税费 | | |
| 合同资产 | | | 其他应付款 | | |
| 持有待售资产 | | | 持有待售负债 | | |
| 一年内到期的非流动资产 | | | 一年内到期的非流动负债 | | |
| 其他流动资产 | | | 其他流动负债 | | |
| 流动资产合计 | | | 流动负债合计 | | |
| 非流动资产： | | | 非流动负债： | | |
| 债权投资 | | | 长期借款 | | |
| 其他债权投资 | | | 应付债券 | | |
| 长期应收款 | | | 其中：优先股 | | |
| 长期股权投资 | | | 永续债 | | |
| 其他权益工具投资 | | | 租赁负债 | | |

表9-1(续)

| 资产 | 期末余额 | 上年年末余额 | 负债和所有者权益（或股东权益） | 期末余额 | 上年年末余额 |
|---|---|---|---|---|---|
| 其他非流动金融资产 | | | 长期应付款 | | |
| 投资性房地产 | | | 预计负债 | | |
| 固定资产 | | | 递延收益 | | |
| 在建工程 | | | 递延所得税负债 | | |
| 生产性生物资产 | | | 其他非流动负债 | | |
| 油气资产 | | | 非流动负债合计 | | |
| 使用权资产 | | | 负债合计 | | |
| 无形资产 | | | 所有者权益（或股东权益）： | | |
| 开发支出 | | | 实收资本（或股本） | | |
| 商誉 | | | 其他权益工具 | | |
| 长期待摊费用 | | | 其中：优先股 | | |
| 递延所得税资产 | | | 永续债 | | |
| 其他非流动资产 | | | 资本公积 | | |
| 非流动资产合计 | | | 减：库存股 | | |
| | | | 其他综合收益 | | |
| | | | 专项储备 | | |
| | | | 盈余公积 | | |
| | | | 未分配利润 | | |
| | | | 所有者权益（或股东权益）合计 | | |
| 资产总计 | | | 负债和所有者权益（或股东权益）总计 | | |

## 二、资产负债表的编制

### （一）资产负债表的资料来源

资产负债表的各项目均需填列“上年年末余额”和“期末余额”两栏。其中“上年年末余额”栏内各项数字，应根据上年年末资产负债表的“期末余额”栏内所列数字填列。如果上年度资产负债表规定的各个项目的名称和内容与本年度不相一致，应按照本年度的规定对上年年末资产负债表各项目的名称和数字进行调整，填入本表“上年年末余额”栏内。“期末余额”栏填列本月末或本季末或本年年末的数字。其资料来源有以下几个方面。

1. 总账余额

资产负债表中的大多数项目，可直接根据有关总账科目的余额编制，如“短期借款”“资本公积”“交易性金融资产”等；有些项目则需根据几个总账科目的余额编制，如“货币资金”，需根据“库存现金”“银行存款”“其他货币资金”三个总账科目余额合并编制。

2. 明细账余额

有些项目需根据明细科目余额来编制。如“应收账款”“预收款项”两项目，需分别根据“应收账款”和“预收账款”两科目所属明细科目的期末借方或贷方余额计算编制；又如“应付账款”“预付款项”两项目，需分别根据“应付账款”和“预付账款”两科目所属明细科目的期末贷方或借方余额计算编制。资产负债表的许多项目，需要依据总账和明细账两者的余额计算填列。

3. 备查登记簿记录

财务报告附注中的某些资料，需要按照备查登记簿中的记录编制。

特别要注意的是：资产负债表中的项目与会计科目不是同一概念，报表项目≠会计科目，报表项目与会计科目不是一一对应关系。有些项目名称与会计科目名称就不一致，比如：“货币资金”“存货”等；有些项目名称与会计科目名称一致，比如“交易性金融资产”“短期借款”“盈余公积”等，可以根据会计科目的期末余额直接填列。有些项目名称虽然与会计科目名称一致，但其包含的内容是不一样的。比如：“固定资产”项目，要根据“固定资产”科目的期末余额，减去“累计折旧”和“固定资产减值准备”科目的期末余额后的金额，以及“固定资产清理”科目的期末余额填列；“在建工程”项目要根据“在建工程”科目的期末余额，减去“在建工程减值准备”科目的期末余额后的金额，以及“工程物资”科目的期末余额，减去“工程物资减值准备”科目的期末余额后的金额填列；再比如：“无形资产”项目，要根据“无形资产”科目的期末余额，减去“累计摊销”和“无形资产减值准备”科目期末余额后的金额填列等。

### （二）资产负债表“期末余额”栏的填列方法

资产负债表表中“期末余额”栏各项目的金额填列主要有以下几种方法：

（1）根据总账科目余额填列；

（2）根据几个明细账科目余额计算填列；

（3）根据总账科目和明细账科目余额分析计算填列；

（4）根据有关总账科目余额减去其备抵科目余额后的净额填列；

（5）综合运用上述填列方法分析填列。

### （三）资产负债表“期末余额”栏主要项目填列说明

1. 资产项目的填列说明

（1）“货币资金”项目，反映企业库存现金、银行结算户存款、外埠存款、银行汇票存款、银行本票存款、信用卡存款、信用证保证金存款等的合计数。本项目应根据“库存现金”“银行存款”“其他货币资金”科目期末余额的合计填列。

【例 9-1】2024 年 12 月 31 日，甲公司“库存现金”科目余额为 0.1 万元，“银行存款”科目余额为 100.9 万元，“其他货币资金”科目余额为 99 万元，则 2024 年12 月31 日，甲公司资产负债表中“货币资金”项目“期末余额”栏的列报金额=0.1+100.9+99=200（万元）。

（2）“交易性金融资产”项目，反映资产负债表日企业分类为以公允价值计量且其变动计入当期损益的金融资产，以及企业持有的直接指定为以公允价值计量且其变动计入当期损益的金融资产的期末账面价值。该项目应根据“交易性金融资产”科目的相关明细科目期末余额分析填列。自资产负债表日起超过一年到期且预期持有超过一年的以公允价值计量且其变动计入当期损益的非流动金融资产的期末账面价值，在“其他非流动金融资产”项目反映。

（3）“应收票据”项目，反映资产负债表日以摊余成本计量的、企业因销售商品、提供服务等收到的商业汇票，包括银行承兑汇票和商业承兑汇票。该项目应根据“应收票据”科目的期末余额，减去“坏账准备”科目中相关坏账准备期末余额后的金额分析填列。

【例 9-2】2024 年 12 月 31 日，甲公司“应收票据”科目的余额为 1 300 万元；“坏账准备”科目中有关应收票据计提的坏账准备余额为45 万元，则 2024 年 12 月31日，甲公司资产负债表中“应收票据”项目“期末余额”栏的列报金额=1 300−45=1 255（万元）。

（4）“应收账款”项目，反映资产负债表日以摊余成本计量的、企业因销售商品、提供服务等经营活动应收取的款项。该项目应根据“应收账款”科目的期末借方余额，减去“坏账准备”科目中有关应收账款计提的坏账准备期末余额后的净额填列。如“应收账款”科目所属明细科目期末有贷方余额的，应在资产负债表“预收款项”项目内填列。

（5）“应收款项融资”项目，反映资产负债表日以公允价值计量且其变动计入其他综合收益的应收票据和应收账款等。

（6）“预付款项”项目，反映企业按照购货合同规定预付给供应单位的款项等。本项目应根据“预付账款”和“应付账款”科目所属各明细科目的期末借方余额合计数，减去“坏账准备”科目中有关预付账款计提的坏账准备期末余额后的金额填列。如“预付账款”科目所属明细科目期末有贷方余额的，应在资产负债表“应付款项”项目内填列。





（7）“其他应收款”项目，应根据“应收利息”“应收股利”和“其他应收款”科目的期末余额合计数，减去“坏账准备”科目中相关坏账准备期末余额后的金额填列。

（8）“存货”项目，反映企业期末在库、在途和在加工中的各种存货的可变现净值。本项目应根据“材料采购”“原材料”“低值易耗品”“库存商品”“周转材料”“委托加工物资”“委托代销商品”“生产成本”等科目的期末余额合计，减去“受托代销商品款”“存货跌价准备”科目期末余额后的金额填列。材料采用计划成本核算，以及库存商品采用计划成本核算或售价核算的企业，还应按加或减材料成本差异、商品进销差价后的金额填列。

【例 9-3】2023 年 12 月 31 日，甲公司有关科目余额如下：“发出商品”科目借方余额为 800 万元，“生产成本”科目借方余额为 300 万元，“原材料”科目借方余额为 100 万元，“委托加工物资”科目借方余额为 200 万元，“材料成本差异”科目贷方余额为 25 万元，“存货跌价准备”科目贷方余额为 100 万元，“受托代销商品”科目借方余额 400 万元，“受托代销商品款”科目贷方余额为 400 万元，则 2024 年 12 月 31 日，甲公司资产负债表中“存货”项目“期末余额”栏的列报金额 = 800+300+100+200−25−100+400−400 = 1 275（万元）。

（9）“合同资产”项目，反映企业按照《企业会计准则第 14 号——收入》（2018）的相关规定，根据本企业履行履约义务与客户付款之间的关系在资产负债表中列示的合同资产。“合同资产”项目应根据“合同资产”科目的相关明细科目期末余额分析填列，同一合同下的合同资产和合同负债应当以净额列示，其中净额为借方余额的，应当根据其流动性在“合同资产”或“其他非流动资产”项目中填列，已计提减值准备的，还应以减去“合同资产减值准备”科目中相关的期末余额后的金额填列；其中净额为贷方余额的，应当根据其流动性在“合同负债”或“其他非流动负债”项目中填列。

（10）“持有待售资产”项目，反映资产负债表日划分为持有待售类别的非流动资产及划分为持有待售类别的处置组中的流动资产和非流动资产的期末账面价值。该项目应根据“持有待售资产”科目的期末余额，减去“持有待售资产减值准备”科目的期末余额后的金额填列。

【例 9-4】甲公司计划出售一项固定资产，该固定资产于 2024 年 12 月 31 日被划分为持有待售固定资产，其账面价值为 315 万元，从划归为持有待售的下个月起停止计提折旧，不考虑其他因素，则 2024 年 12 月 31 日，甲公司资产负债表中“持有待售资产”项目期末余额栏的列报金额为 315 万元。

（11）“一年内到期的非流动资产”项目，反映企业将于一年内到期的非流动资产项目金额。本项目应根据有关科目的期末余额填列。

（12）“其他流动资产”项目，反映企业除货币资金、交易性金融资产、应收票据、应收账款、存货等流动资产以外的其他流动资产。本项目应根据有关科目的期末余额填列。

（13）“债权投资”项目，反映资产负债表日企业以摊余成本计量的长期债权投资的期末账面价值。该项目应根据“债权投资”科目的相关明细科目期末余额，减去“债权投资减值准备”科目中相关减值准备的期末余额后的金额分析填列。自资产负债表日起一年内到期的长期债权投资的期末账面价值，在“一年内到期的非流动资产”项目反映。企业购入的以摊余成本计量的一年内到期的债权投资的期末账面价值，在“其他流动资产”项目反映。

（14）“其他债权投资”项目，反映资产负债表日企业分类为以公允价值计量且其变动计入其他综合收益的长期债权投资的期末账面价值。该项目应根据“其他债权投资”科目的相关明细科目期末余额分析填列。自资产负债表日起一年内到期的长期债权投资的期末账面价值，在“一年内到期的非流动资产”项目反映。企业购入的以公允价值计量且其变动计入其他综合收益的一年内到期的债权投资的期末账面价值，在“其他流动资产”项目反映。

（15）“长期应收款”项目，反映企业融资租赁产生的应收款项、采用递延方式具有融资性质的销售商品和提供劳务等产生的长期应收款项等。本项目应根据“长期应收款”科目的期末余额，减去相应的“未实现融资收益”科目和“坏账准备”科目所属相关明细科目期末余额后的金额填列。

（16）“长期股权投资”项目，反映企业持有的对子公司、联营企业和合营企业的长期股权投资。本项目应根据“长期股权投资”科目的期末余额，减去“长期股权投资减值准备”科目期末余额后的金额填列。

（17）“其他权益工具投资”项目，反映资产负债表日企业指定为以公允价值计量且其变动计入其他综合收益的非交易性权益工具投资的期末账面价值。该项目应根据“其他权益工具投资”科目的期末余额填列。

（18）“投资性房地产”项目，反映企业持有的投资性房地产。企业采用成本模式计量投资性房地产的，本项目应根据“投资性房地产”科目的期末余额，减去“投资性房地产累计折旧（摊销）”和“投资性房地产减值准备”科目期末余额后的金额填列；企业采用公允价值模式计量投资性房地产的，本项目应根据“投资性房地产”科目的期末余额填列。

（19）“固定资产”项目，反映资产负债表日企业固定资产的期末账面价值和企业尚未清理完毕的固定资产清理净损益。该项目应根据“固定资产”科目的期末余额，减去“累计折旧”和“固定资产减值准备”科目的期末余额后的金额，以及“固定资产清理”科目的期末余额填列。

【例9-5】2024年12月31日，甲公司“固定资产”科目借方余额为4 000万元，“累计折旧”科目贷方余额为2 000万元，“固定资产减值准备”科目贷方余额为500万元，“固定资产清理”科目借方余额为500万元，则2024年12月31日，甲公司资产负债表中“固定资产”项目“期末余额”栏的列报金额=4 000-2 000-500+500=2 000（万元）。

（20）“在建工程”项目，反映资产负债表日企业尚未达到预定可使用状态的在建工程的期末账面价值和企业为在建工程准备的各种物资的期末账面价值。该项目应根据“在建工程”科目的期末余额，减去“在建工程减值准备”科目的期末余额后的金额，以及“工程物资”科目的期末余额，减去“工程物资减值准备”科目的期末余额后的金额填列。

（21）“生产性生物资产”项目，反映企业持有的生产性生物资产。本项目应根据“生产性生物资产”科目的期末余额，减去“生产性生物资产累计折旧”和“生产性生物资产减值准备”科目期末余额后的金额填列。

（22）“油气资产”项目，反映企业持有的矿区权益和油气井及相关设施的原价减去累计折耗和累计减值准备后的净额，本项目应根据“油气资产”科目的期末余额，减去“累计折耗”科目期末余额和相应减值准备后的金额填列。

（23）“使用权资产”项目，反映资产负债表日承租人企业持有的使用权资产的期末账面价值。该项目应根据“使用权资产”科目的期末余额，减去“使用权资产累计折旧”和“使用权资产减值准备”科目的期末余额后的金额填列。

（24）“无形资产”项目，反映企业持有的无形资产，包括专利权、非专利技术、商标权、著作权、土地使用权等。本项目应根据“无形资产”科目的期末余额，减去“累计摊销”和“无形资产减值准备”科目期末余额后的金额填列。

【例9-6】2024年12月31日，甲公司“无形资产”科目借方余额为800万元，“累计摊销”科目贷方余额为200万元，“无形资产减值准备”科目贷方余额为100万元，则2024年12月31日，甲公司资产负债表中“无形资产”项目“期末余额”栏的列报金额=800-200-100=500（万元）。

（25）“开发支出”项目，反映企业开发无形资产过程中能够资本化形成无形资产成本的支出部分。本项目应根据“开发支出”科目中所属的“资本化支出”明细科目期末余额填列。

（26）“商誉”项目，反映企业合并中形成的商誉的价值。本项目应根据“商誉”科目的期末余额，减去相应的减值准备后的金额填列。

（27）“长期待摊费用”项目，反映企业已经发生但应由本期和以后各期负担的分摊期限在一年以上的各项费用。长期待摊费用中在一年（含一年）摊销的部分，在资产负债表“一年内到期的非流动资产”项目填列。本项目应根据“长期待摊费用”科目的期末余额减去将于一年（含一年）摊销的数额后的金额填列。

（28）“递延所得税资产”项目，反映企业确认的可抵扣暂时性差异产生的递延所得税资产。本项目应根据“递延所得税资产”科目的期末余额填列。

（29）“其他非流动资产”项目，反映企业除长期股权投资、固定资产、在建工程、工程物资、无形资产等资产以外的其他非流动资产。本项目应根据有关科目的期末余额填列。

2. 负债项目的填列说明

（1）“短期借款”项目，反映企业从银行或其他金融机构等借入的期限在一年以下（含一年）的各种借款。本项目应根据“短期借款”科目的期末余额填列。

【例9-7】2024年12月31日，甲公司“短期借款”科目的余额如下所示：银行质押借款10万元，信用借款40万元，则2024年12月31日，甲公司资产负债表中“短期借款”项目“期末余额”栏的列报金额=10+40=50（万元）。

（2）“交易性金融负债”项目，反映企业持有的以公允价值计量且其变动计入当期损益的为交易目的所持有的金融负债。本项目应根据“交易性金融负债”科目的期末余额直接填列。

（3）“应付票据”项目，反映资产负债表日以摊余成本计量的、企业因购买材料、商品和接受服务等开出、承兑的商业汇票，包括银行承兑汇票和商业承兑汇票。该项目应根据“应付票据”科目的期末余额填列。

【例9-8】2024年12月31日，甲公司“应付票据”科目的余额如下所示：25万元的银行承兑汇票，10万元的商业承兑汇票，则2024年12月31日，甲公司资产负债表中“应付票据”项目“期末余额”栏的列报金额=25+10=35（万元）。

（4）“应付账款”项目，反映资产负债表日以摊余成本计量的、企业因购买材料、商品和接受服务等经营活动应支付的款项。该项目应根据“应付账款”和“预付账款”科目所属的相关明细科目的期末贷方余额合计数填列。

（5）“预收款项”项目，反映企业按照购货合同规定预收销货单位的款项。本项目应根据“预收账款”和“应收账款”科目所属各明细科目的期末贷方余额合计数填列。如“预收账款”科目所属明细科目期末有借方余额的，应在资产负债表“应收款项”项目内填列。

（6）“合同负债”项目，反映企业按照《企业会计准则第14号——收入》（2018）的相关规定，根据本企业履行履约义务与客户付款之间的关系在资产负债表中列示的合同负债。“合同负债”项目应根据“合同负债”的相关明细科目期末余额分析填列。

（7）“应付职工薪酬”项目，反映企业根据有关规定应付给职工的工资、职工福利、社会保险费、住房公积金、工会经费、职工教育经费、非货币性福利、辞退福利等各项薪酬。外商投资企业按规定从净利润中提取的职工奖励及福利基金，也在本项目列示。本项目应根据“应付职工薪酬”科目的期末余额直接填列。

【例9-9】2024年12月31日，甲公司“应付职工薪酬”科目明细项目如下：工资、奖金、津贴和补贴70万元，社会保险费（含医疗保险、工伤保险）5万元，设定提存计划（含基本养老保险费）

2.5万元，住房公积金2万元，工会经费和职工教育经费0.5万元，则2024年12月31日，甲公司资产负债表中“应付职工薪酬”项目“期末余额”栏的列报金额=70+5+2.5+2+0.5=80（万元）。

（8）“应交税费”项目，反映企业按照税法规定计算应缴纳的各种税费，包括增值税、所得税、资源税、土地增值税、城市维护建设税、房产税、城镇土地使用税、车船税、教育费附加、矿产资源补偿费等。企业代扣代交的个人所得税，也通过本项目列示。企业所缴纳的税金不需要预计应交数的，如印花税、耕地占用税等，不在本项目列示。本项目应根据“应交税费”科目的期末贷方余额填列。如“应交税费”科目的期末为借方余额，应以“-”号填列。

（9）“其他应付款”项目，应根据“应付利息”“应付股利”和“其他应付款”科目的期末余额合计数填列。

（10）“持有待售负债”项目，反映资产负债表日处置组中与划分为持有待售类别的资产直接相关的负债的期末账面价值。该项目应根据“持有待售负债”科目的期末余额填列。

（11）“一年内到期的非流动负债”项目，反映企业非流动负债中将于资产负债表日后一年内到期部分的金额，如将于一年内偿还的长期借款。本项目应根据有关科目的期末余额填列。

（12）“其他流动负债”项目，反映企业除短期借款、交易性金融负债、应付票据及应付账款、预收账款、应付职工薪酬、其他应付款、应交税费等流动负债以外的其他流动负债。本项目应根据有关科目的期末余额填列。

（13）“长期借款”项目，反映企业从银行或其他金融机构等借入的期限在一年以上（不含一年）的各种借款。本项目应根据“长期借款”科目的期末余额填列。如果有将于一年内到期的情况，这部分列入“一年内到期的非流动负债”项目，“长期借款”项目相应扣除。

【例9-10】2024年12月31日，甲公司“长期借款”科目余额为155万元，其中自乙银行借入的5万元借款将于一年内到期，甲公司不具有自主展期清偿的权利，则甲公司2024年12月31日资产负债表中“长期借款”项目“期末余额”栏的列报金额=155-5=150（万元），“一年内到期的非流动负债”项目“期末余额”栏的列报金额为5万元。

（14）“应付债券”项目，反映企业为筹集长期资金而发行的债券本金和利息。本项目应根据“应付债券”科目的期末余额填列。如果有将于一年内到期的情况，填列方法与“长期借款”相同。

（15）“租赁负债”项目，反映资产负债表日承租人企业尚未支付的租赁付款额的期末账面价值。该项目应根据“租赁负债”科目的期末余额填列。自资产负债表日起一年内到期应予以清偿的租赁负债的期末账面价值，在“一年内到期的非流动负债”项目反映。

（16）“长期应付款”项目，反映资产负债表日企业除长期借款和应付债券以外的其他各种长期应付款项的期末账面价值。该项目应根据“长期应付款”科目的期末余额，减去相关的“未确认融资费用”科目的期末余额后的金额，以及“专项应付款”科目的期末余额填列。

（17）“预计负债”项目，反映企业确认的对外提供担保、未决诉讼、产品质量保证、重组义务、亏损性合同等预计负债。本项目应根据“预计负债”科目的期末余额填列。企业按照《企业会计准则第22号——金融工具确认和计量》（2018）的相关规定，对贷款承诺等项目计提的损失准备，应当在本项目中填列。

（18）“递延收益”项目，反映企业未确认的收入或者收益。本项目核算包括企业根据政府补助准则确认的应在以后期间计入当期损益的政府补助金额、售后租回形成融资租赁的售价与资产账面价值差额等其他递延性收入。本项目应根据“递延收益”科目的期末余额填列。本项目中摊销期限只剩一年或不足一年的，或预计在一年内（含一年）进行摊销的部分，不得归类为流动负债，仍在本项目中填列，不转入“一年内到期的非流动负债”项目。

（19）“递延所得税负债”项目，反映企业确认的应纳税暂时性差异产生的递延所得税负债。本项目应根据“递延所得税负债”科目的期末余额填列。

（20）“其他非流动负债”项目，反映企业除长期借款、应付债券等负债以外的其他非流动负债。

本项目应根据有关科目的期末余额减去将于一年内（含一年）到期偿还数后的余额填列。非流动负债各项目中将于一年内（含一年）到期的，应在“一年内到期的非流动负债”项目内单独反映。

3. 所有者权益项目的填列说明

（1）“实收资本（或股本）”项目，反映企业各投资者实际投入的资本（或股本）总额。本项目应根据“实收资本（或股本）”科目的期末余额填列。



【例 9-11】甲公司是由 A 公司于 2006 年 3 月 1 日注册成立的有限责任公司，注册资本为人民币 5 000万元，A 公司以货币资金人民币 5 000 万元出资，占注册资本的 100%，持有甲公司 100%的权益。上述实收资本已于 2006 年 3 月 1 日经相关会计师事务所出具的验资报告验证。该资本投入自 2006 年至 2024 年末未发生变动，则 2024 年 12 月 31 日，甲公司资产负债表中“实收资本（或股本）”项目“期末余额”栏的列报金额为 5 000 万元。



（2）“其他权益工具”项目，反映资产负债表日企业发行在外的除普通股以外分类为权益工具的金融工具的期末账面价值，并下设“优先股”和“永续债”两个项目，分别反映企业发行的分类为权益工具的优先股和永续债的账面价值。

（3）“资本公积”项目，反映企业资本公积的期末余额。本项目应根据“资本公积”科目的期末余额填列。

（4）“库存股”项目，反映企业持有尚未转让或注销的本公司股份金额。本项目应根据“库存股”科目的期末余额填列。

（5）“其他综合收益”项目，反映企业根据会计准则规定未在当期损益中确认的各项利得和损失。本项目应根据“其他综合收益”科目的期末余额填列。

（6）“专项储备”项目，反映高危行业企业按国家规定提取的安全生产费的期末账面价值。本项目应根据“专项储备”科目的期末余额填列。

（7）“盈余公积”项目，反映盈余公积的期末余额。本项目应根据“盈余公积”科目的期末余额填列。

（8）“未分配利润”项目，反映企业尚未分配的利润。本项目应根据“本年利润”科目和“利润分配”科目的余额计算填列。

【例 9-13】2024 年 12 月 31 日，甲公司“固定资产”科目借方余额为 4 000 万元，“累计折旧”科目贷方余额为 2 000 万元，“固定资产减值准备”科目贷方余额为 500 万元，“固定资产清理”科目借方余额为 500 万元，则 2024 年 12 月 31 日，甲公司资产负债表中“固定资产”项目“期末余额”的列报金额为多少万元？

“固定资产”项目期末余额＝4 000－2 000－500+500＝20 000（万元）

【例 9-13】2024 年 12 月 31 日，甲公司“无形资产”科目借方余额为 800 万元，“累计摊销”科目贷方余额为 200 万元，“无形资产减值准备”科目贷方余额为 100 万元，则 2024 年 12 月 31 日，甲公司资产负债表中“无形资产”项目“期末余额”的列报金额为多少万元？

“无形资产”项目期末余额＝800－200－100＝500（万元）

【例 9-14】2024 年 12 月 31 日，某企业“应付账款——甲企业”明细科目贷方余额 40 000 元，“应付账款——乙企业”明细科目借方余额 10 000 元，“预付账款——丙企业”明细科目借方余额 30 000元，“预付账款——丁企业”明细科目贷方余额 6 000 元。不考虑其他因素，该企业 2024 年 12 月 31 日资产负债表“应付账款”项目的期末余额为（　　）元。

A. 36 000　　B. 40 000

C. 30 000　　D. 46 000

『正确答案』D

『答案解析』期末资产负债表中“应付账款”项目期末余额＝“应付账款”明细科目期末贷方余额+“预付账款”明细科目期末贷方余额＝40 000+6 000＝46 000（元）。

【例 9-15】2024 年 12 月 31 日，某企业“预付账款”科目所属明细科目的借方余额合计为 120 万元，“应付账款”科目所属明细科目的借方余额合计为 8 万元；“坏账准备”科目中有关预付账款计提的坏账准备余额为 6 万元。不考虑其他因素，该企业年末资产负债表中“预付款项”项目期末余额的列报金额为（　　）万元。

A. 122　　B. 118

C. 120　　D. 128

『正确答案』A

『答案解析』“预付款项”项目根据“应付账款”明细科目借方余额和“预付账款”明细科目借方余额减去与“预付账款”有关的坏账准备贷方余额计算填列。“预付款项”项目期末余额=120+8-6=122（万元）。

【例 9-16】2024 年 12 月 31 日，某企业“其他应收款”科目借方余额为 1 000 万元，“应收利息”科目借方余额为 200 万元，“应收股利”科目借方余额为 150 万元，“坏账准备”中对其他应收款计提的金额为 60 万元。不考虑其他因素，该企业 2024 年 12 月 31 日资产负债表中“其他应收款”项目的期末余额为（　　）万元。

A. 1 350　　B. 1 000

C. 940　　D. 1 290

『正确答案』D

『答案解析』“其他应收款”项目应根据“应收利息”“应收股利”“其他应收款”科目的期末余额合计数，减去相关“坏账准备”科目期末余额后的金额填列。资产负债表中“其他应收款”项目的期末余额=1 000+200+150-60=1 290（万元）。

【例 9-17】某企业“本年利润”科目的期末借方余额为 7 万元，“利润分配”科目和“应付股利”科目的期末贷方余额分别为 18 万元和 12 万元，计算当期资产负债表中“未分配利润”项目的期末余额。“未分配利润”项目金额=-7+18=11（万元）。

【例 9-18】甲公司 2024 年 12 月 31 日有关科目余额如表 9-3 所示。

**表 9-3　科目余额**　　单位：万元

| 科目名称 | 总账余额 | 明细科目余额 | |
|---|---|---|---|
| | | 借方余额 | 贷方余额 |
| 应付账款 | 贷方 12 | 丙 3 | 丁 15 |
| 预付账款 | 借方 0.6 | C 1 | D 0.4 |

则：（1）预付款项=1+3=4（万元）　（2）应付账款=15+0.4=15.4（万元）

【例 9-19】甲公司 2024 年 12 月 31 日结账后有关科目明细余额如表 9-4 所示。

**表 9-4　科目余额**　　单位：万元

| 科目名称 | 总账借方余额 | 总账贷方余额 |
|---|---|---|
| 应收账款 | 500 | |
| 坏账准备——应收账款 | | 50 |
| 预收账款 | 100 | 200 |

要求：

根据上述资料，计算资产负债表中“应收账款”“预收款项”项目的金额：

（1）“应收账款”项目金额=500-50=450（万元）；

（2）“预收款项”项目金额=200+0=200（万元）。

【例 9-20】2024 年 12 月 31 日，甲公司有关科目余额如下："发出商品"科目借方余额为 800 万元，"生产成本"科目借方余额为 300 万元，"原材料"科目借方余额为 100 万元，"委托加工物资"科目借方余额为 200 万元，"材料成本差异"科目贷方余额为 25 万元，"存货跌价准备"科目贷方余额为 100 万元，"受托代销商品"科目借方余额为 400 万元，"受托代销商品款"科目贷方余额为 400 万元。计算 2019 年 12 月 31 日，甲公司资产负债表中"存货"项目"期末余额"栏的列报金额。

存货 = 800+300+100+200−25−100+400−400 = 1 275（万元）。



【例 9-21】2024 年 12 月 31 日，某企业"生产成本"账户借方余额 500 万元，"原材料"账户借方余额 300 万元，"材料成本差异"账户贷方余额 20 万元，"存货跌价准备"账户贷方余额 10 万元，"工程物资"账户借方余额 200 万元。不考虑其他因素，该企业 2024 年 12 月 31 日资产负债表中"存货"项目的期末余额为（　　）万元。

A. 970　　　　B. 770

C. 780　　　　D. 790

『正确答案』B

『答案解析』"存货"项目的期末余额 = 500+300−20−10 = 770（万元），"工程物资"列入"在建工程"项目。

## 第三节　利润表

利润表又称损益表，是反映企业一定期间经营成果的报表。我们通过利润表可以从总体上了解企业收入、成本、费用及净利润（或亏损）的实现及构成情况；同时，通过利润表提供的不同时期的比较数字（本月数、本年累计数、上年数），可以分析企业的获利能力及利润的未来发展趋势，了解投资者投入资本的保值、增值情况。由于利润是企业经营业绩的综合体现，又是企业进行利润分配的主要依据，因此，利润表是财务报告中的一项主要报表。

### 一、利润表的格式

利润表的格式主要有单步式利润表和多步式利润表两种（见图 9-2）。我国企业的利润表一般采用多步式。

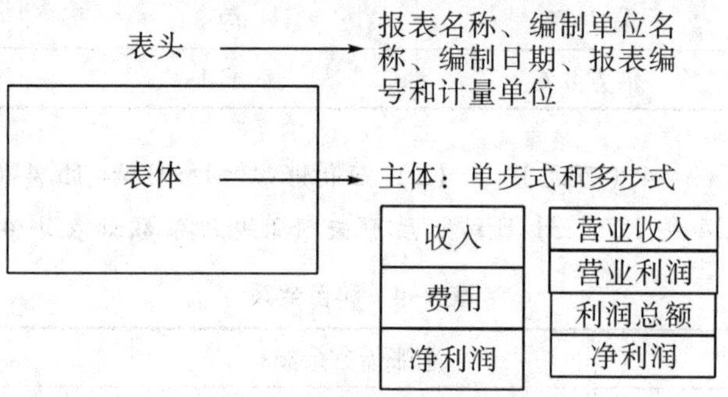


图 9-2　利润表的格式

利润表由表头和表体两部分组成。表头部分包括报表名称、编制单位名称、编制日期（年、月）、报表编号和计量单位。表体部分是利润表的主体，主要包括营业收入、营业利润、利润总额、净利润。

多步式利润表的格式如表 9-5 所示。

表 9-5　利润表　　会企 02 表

制表单位：　　年　月　　单位：元

| 项目 | 本期金额 | 上期金额 |
| --- | --- | --- |
| 一、营业收入 | | |
| 减：营业成本 | | |
| 税金及附加 | | |
| 销售费用 | | |
| 管理费用 | | |
| 研发费用 | | |
| 财务费用 | | |
| 其中：利息费用 | | |
| 利息收入 | | |
| 加：其他收益 | | |
| 投资收益（损失以“-”号填列） | | |
| 其中：对联营企业和合营企业的投资收益 | | |
| 以摊余成本计量的金融资产终止确认收益（损失以“-”号填列） | | |
| 净敞口套期收益 | | |
| 公允价变动收益（损失以“-”号填列） | | |
| 信用减值损失（损失以“-”号填列） | | |
| 资产处置收益（损失以“-”号填列） | | |
| 二、营业利润（亏损以“-”号填列） | | |
| 加：营业外收入 | | |
| 减：营业外支出 | | |
| 三、利润总额（亏损总额以“-”号填列） | | |
| 减：所得税费用 | | |
| 四、净利润（净亏损以“-”号填列） | | |
| （一）持续经营净利润（净亏损以“-”号填列） | | |
| （二）终止经营净利润（净亏损以“-”号填列） | | |
| 五、其他综合收益的税后净额 | | |
| （一）以后不能重分类进损益的其他综合收益 | | |
| 1. 重新计量设定受益计划变动额 | | |
| 2. 权益法下不能转损益的其他综合收益 | | |
| 3. 其他权益工具投资公允价变动 | | |
| 4. 企业自身信用风险公允价变动 | | |
| …… | | |
| （二）以后将重分类进损益的其他综合收益 | | |
| 1. 权益法下可转损益的其他综合收益 | | |
| 2. 其他债权投资公允价变动 | | |

表9-5(续)

| 项目 | 本期金额 | 上期金额 |
|---|---|---|
| 3. 金融资产重分类计入其他综合收益的金额 | | |
| 4. 其他债权投资信用减值准备 | | |
| 5. 现金流量套期储备 | | |
| 6. 外币财务报表折算差额 | | |
| …… | | |
| 六、综合收益总额 | | |
| 七、每股收益 | | |
| （一）基本每股收益 | | |
| （二）稀释每股收益 | | |

## 二、利润表的编制

利润表编制的原理是“收入-费用=利润”的会计平衡公式和收入与费用的配比原则。利润表各项目均需填列“本期金额”和“上期金额”两栏。其中“上期金额”栏内各项数字，应根据上年该期利润表的“本期金额”栏内所列数字填列。如果上年度利润表与本年利润表的项目名称和内容不一致，应对上年度报表项目的名称和数字按本年度的规定进行调整，填入“上年金额”栏内。“本期金额”栏内的数字，除“基本每股收益”和“稀释每股收益”项目外，应当按照相关科目的发生额分析填列。根据多步式利润表的结构，利润表的编制主要有以下步骤：

一是以营业收入为基础，减去营业成本、税金及附加、销售费用、管理费用、研发费用、财务费用，加上其他收益、投资收益（或减去投资损失）、净敞口套期收益（或减去净敞口套期损失）、公允价值变动收益（或减去公允价值变动损失）、资产减值损失、信用减值损失、资产处置收益（或减去资产处置损失），计算出营业利润。

二是在营业利润的基础之上，加减营业外收支项目，从而计算出利润总额。

三是以利润总额为基础，减去所得税费用，计算出净利润（或净亏损）。

四是以净利润（或净亏损）为基础，计算出每股收益。

五是以净利润（或净亏损）和其他综合收益为基础，计算出综合收益总额，即：净利润（或净亏损）+其他综合收益的税后净额=综合收益总额。

主要内容用公式表述如下：

营业利润=营业收入-营业成本-税金及附加-销售费用-管理费用-研发费用-财务费用-信用减值损失-资产减值损失+其他收益+投资收益+公允价值变动收益+资产处置收益。

其中：营业收入=主营业务收入+其他业务收入

营业成本=主营业务成本+其他业务成本

利润总额=营业利润+营业外收入-营业外支出

净利润=利润总额-所得税费用

其中：所得税费用=应交所得税+递延所得税

应交所得税=（利润总额±调整项目）×所得税税率（25%）

如果企业没有递延所得税，也没有调整项目或调整项目抵消后为零，则：

所得税费用=利润总额×25%

为了方便记忆，以上公式在计算营业利润时，项目顺序做了调整（个别项目没有使用）。即：

营业利润=2 营-1 金-4 费-2 损+4 益

## 三、利润表主要项目填列说明

（1）“营业收入”项目，反映企业经营主要业务和其他业务所确认的收入总额。本项目应当根据“主营业务收入”和“其他业务收入”科目的本期发生额分析填列。

【例 9-22】乙公司为热电企业，其经营范围包括电、热的生产和销售，发电、输变电工程的技术咨询，电力设备及相关产品的采购、开发、生产和销售等。乙公司 2024 年度“主营业务收入”科目发生额明细如下所示：电力销售收入合计 8 000 万元，热力销售收入合计 1 400 万元；“其他业务收入”科目发生额合计 600 万元。则乙公司 2024 年度利润表中“营业收入”项目“本期金额”栏的列报金额=8 000+1 400+600=10 000（万元）。

（2）“营业成本”项目，反映企业经营主要业务和其他业务发生的实际成本总额。本项目应当根据“主营业务成本”和“其他业务成本”科目的本期发生额分析填列。

【例 9-23】乙公司 2024 年度“主营业务成本”科目发生额合计 7 500 万元、“其他业务成本”科目发生额合计 500 万元，则乙公司 2024 年度利润表中“营业成本”项目“本期金额”栏的列报金额=7 500+500=8 000（万元）。

（3）“税金及附加”项目，反映企业经营业务应负担的消费税、城市维护建设税、资源税、土地增值税和教育费附加等。本项目应当根据“税金及附加”科目的本期发生额分析填列。

【例 9-24】乙公司 2024 年度“税金及附加”科目的发生额如下：城市维护建设税合计 50 万元，教育费附加合计 30 万元，房产税合计 400 万元，城镇土地使用税合计 20 万元，则乙公司 2024 年度利润表中“税金及附加”项目“本期金额”栏的列报金额=50+30+400+20=500（万元）。

（4）“销售费用”项目，反映企业在销售商品过程中发生的包装费、广告费等费用和为销售本企业商品而专设的销售机构的职工薪酬、业务费等经营费用。本项目应当根据“销售费用”科目的本期发生额分析填列。

（5）“管理费用”项目，反映企业为组织和管理生产经营发生的管理费用。本项目应当根据“管理费用”科目的本期发生额分析填列。

【例 9-25】乙公司 2024 年度“管理费用”科目发生额合计数为 600 万元。则乙公司 2024 年度利润表中“管理费用”项目“本期金额”栏的列报金额为 600 万元。

（6）“研发费用”项目，反映企业进行研究与开发过程中发生的费用化支出以及计入管理费用的自行开发无形资产的摊销。该项目应根据“管理费用”科目下的“研发费用”明细科目的发生额以及“管理费用”科目下的“无形资产摊销”明细科目的发生额分析填列。

“研发支出—资本化支出”填列在资产负债表的“开发支出”项目中。开发完毕后转入“无形资产”，这部分无形资产的摊销额计入“管理费用—无形资产摊销”，列入利润表的“研发费用”项目。“研发支出—费用化支出”期末转入“管理费用—研发费用”。因此，“研发费用”项目包含两个部分。

（7）“财务费用”项目，反映企业筹集生产经营所需资金等而发生的筹资费用。本项目应当根据“财务费用”科目的本期发生额分析填列，其中：“利息费用”项目，反映企业为筹集生产经营所需资金等而发生的应予费用化的利息支出。该项目应根据“财务费用”科目的相关明细科目的发生额分析填列。“利息收入”项目，反映企业确认的利息收入。该项目应根据“财务费用”科目的相关明细科目的发生额分析填列。

【例 9-26】乙公司 2024 年度“财务费用”科目的发生额如下所示：银行长期借款利息费用合计 400 万元，银行短期借款利息费用 90 万元，银行存款利息收入合计8 万元，银行手续费支出合计 18 万元，则乙公司 2024 年度利润表中“财务费用”项目“本期金额”栏的列报金额=400+90−8+18=500（万元）。

（8）“资产减值损失”项目，反映企业各项资产发生的减值损失。本项目应当根据“资产减值损失”科目的本期发生额分析填列。

【例 9-27】乙公司 2024 年度“资产减值损失”科目的发生额如下所示：存货减值损失合计 85 万元，固定资产减值损失合计 189 万元，无形资产减值损失合计 26 万元，则乙公司 2024 年度利润表中“资产减值损失”项目“本期金额”栏的列报金额=85+189+26=300（万元）。

（9）“信用减值损失”项目，反映企业按照《企业会计准则第 22 号——金融工具确认和计量》（2018）的要求计提的各项金融工具减值准备所形成的预期信用损失。该项目应根据“信用减值损失”科目的发生额分析填列。



（10）“其他收益”项目，反映计入其他收益的政府补助等。该项目应根据“其他收益”科目的发生额分析填列。

（11）“投资收益”项目，反映企业以各种方式对外投资所取得的收益。本项目应当根据“投资收益”科目的本期发生额分析填列，如为投资损失，本项目以“-”号填列。



【例 9-28】乙公司 2024 年度“投资收益”科目的发生额如下所示：按权益法核算的长期股权投资收益合计 290 万元，按成本法核算的长期股权投资收益合计 200 万元，处置长期股权投资发生的投资损失合计 500 万元，则乙公司 2024 年度利润表中“投资收益”项目“本期金额”栏的列报金额=290+200-500=-10（万元）。

（12）“公允价值变动收益”项目，反映企业按照相关准则规定应当计入当期损益的资产或负债公允价值变动净收益。本项目应当根据“公允价值变动收益”科目的本期发生额分析填列，如为净损失，本项目以“-”号填列。

（13）“资产处置收益”项目，反映企业出售划分为持有待售的非流动资产（金融工具、长期股权投资和投资性房地产除外）或处置组（子公司和业务除外）时确认的处置利得或损失，以及处置未划分为持有待售的固定资产、在建工程、生产性生物资产及无形资产而产生的处置利得或损失。债务重组中因处置非流动资产产生的利得或损失和非货币性资产交换中换出非流动资产产生的利得或损失也包括在本项目内。该项目应根据“资产处置损益”科目的发生额分析填列；如为处置损失，以“-”号填列。

（14）“营业外收入”项目，反映企业发生的除营业利润以外的收益，主要包括债务重组利得、与企业日常活动无关的政府补助、盘盈利得、捐赠利得（企业接受股东或股东的子公司直接或间接的捐赠，经济实质属于股东对企业的资本性投入的除外）等。该项目应根据“营业外收入”科目的发生额分析填列。

【例 9-29】乙公司 2024 年度“营业外收入”科目的发生额如下所示：接受无偿捐赠利得 68 万元，现金盘盈利得合计 2 万元，则乙公司 2024 年度利润表中“营业外收入”项目“本期金额”栏的列报金额=68+2=70（万元）。

（15）“营业外支出”项目，反映企业发生的除营业利润以外的支出，主要包括债务重组损失、公益性捐赠支出、非常损失、盘亏损失、非流动资产毁损报废损失等。该项目应根据“营业外支出”科目的发生额分析填列。

【例 9-30】乙公司 2024 年度“营业外支出”科目的发生额如下所示：固定资产盘亏损失 14 万元，罚没支出合计 10 万元，捐赠支出合计 4 万元，其他支出 2 万元，则乙公司 2024 年度利润表中“营业外支出”项目“本期金额”栏的列报金额=14+10+4+2=30（万元）。

（16）“所得税费用”项目，反映企业根据所得税准则确认的应从当期利润总额中扣除的所得税费用。本项目应当根据“所得税费用”科目的本期发生额分析填列。

【例 9-31】乙公司 2024 年度“所得税费用”科目的发生额合计 36 万元，则乙公司 2024 年度利润表中“所得税费用”项目“本期金额”栏的列报金额为 36 万元。

【例 9-32】乙公司 2024 年度“财务费用”科目的发生额如下所示：银行长期借款利息支出合计 400 万元，银行短期借款利息费用 90 万元，银行存款利息收入合计8 万元，银行手续费支出合计 18 万元，则乙公司 2024 年度利润表中“财务费用”项目“本期金额”栏的列报金额为多少万元？

“财务费用”项目“本期金额”栏的列报金额=400+90-8+18=500（万元）

【例9-33】乙公司2024年度“投资收益”科目的发生额如下所示：按权益法核算的长期股权投资收益合计290万元，按成本法核算的长期股权投资收益合计200万元，处置长期股权投资取得的投资损失合计500万元，则乙公司2024年度利润表中“投资收益”项目“本期金额”栏的列报金额为多少万元？

“投资收益”项目“本期金额”栏的列报金额=290+200-500=-10（万元）。

【例9-34】乙公司2024年度“资产减值损失”科目的发生额如下所示：存货减值损失合计85万元，固定资产减值损失合计189万元，无形资产减值损失合计26万元，则乙公司2019年度利润表中“资产减值损失”项目“本期金额”栏的列报金额为多少万元？

“资产减值损失”项目“本期金额”栏的列报金额=85+189+26=300（万元）

【例9-35】下列各项中，不属于企业利润表项目的是（　　）。

A. 综合收益总额　　B. 未分配利润

C. 每股收益　　D. 公允价值变动收益

『正确答案』B

『答案解析』“未分配利润”属于资产负债表中的所有者权益项目。

【例9-36】某企业销售原材料取得收入40 000元，增值税销项税额为5 200元，该材料成本为30 000元，出租设备取得租金收入2 000元（不含增值税），该设备计提折旧1 200元。不考虑其他因素，上述业务导致当期营业利润增加（　　）元。

A. 10 000　　B. 10 800

C. 800　　D. 42 000

『正确答案』B

『答案解析』营业利润=40 000+2 000-30 000-1 200=10 800（元）。

【例9-37】2024年12月10日，甲公司购入乙公司股票10万股，作为交易性金融资产核算，支付价款249万元，另支付交易费用0.6万元。12月31日，该股票公允价值为258万元，2024年甲公司利润表中“公允价值变动收益”项目的本年金额为（　　）万元。

A. 9　　B. 9.6

C. 8.4　　D. 0.6

『正确答案』A

『答案解析』购入交易性金融资产的交易费用不计入资产成本，所以“公允价值变动收益”的本年金额=258-249=9（万元）。

【例9-38】下列各项中，影响当期利润表“营业利润”项目金额的有（　　）。

A. 转让专利所有权取得的净收益　　B. 出租机器设备取得的租金收入

C. 出售原材料取得的收入　　D. 支付税收滞纳金

『正确答案』ABC

『答案解析』选项A，记入“资产处置损益”科目，影响营业利润；选项D，记入“营业外支出”科目，影响“利润总额”项目，但不影响营业利润；选项BC，通过“其他业务收入”科目核算，影响营业利润。

## 第四节　现金流量表

### 一、现金流量表的作用

利润表反映了企业本年度的利润，但是企业有利润并不表示有足够的赖以生存的现金。许多企业虽然有很高的利润，却由于缺乏现金而破产，因而要求企业能提供关于现金流量和流动性的报表，于是出现了继资产负债表、利润表以后的第三张主要报表，即现金流量表。

现金流量表于20世纪70年代末首先在美国采用。我国是从1998年开始要求企业编制现金流量表的。财政部于1998年3月20日颁布《企业会计准则——现金流量表》，要求企业编制现金流量表以取代原先编制的财务状况变动表。随着现金流量表在实际会计工作中的广泛运用，其重要性也逐步体现出来了。

首先，当现金流量表与其他报表结合使用时，所提供的信息能提高使用者评价企业净资产的变动、财务结构以及形成现金和现金等价物的能力。

其次，现金流量表还提高了不同企业之间经营业绩的可比性。因为它是以收付实现制为基础编制的，故消除了不同企业对相同事项采用不同的会计处理的影响。

最后，现金流量表中的现金是无法创造的，即现金流量表的编制是比较客观的，而利润则是可以操纵的。以权责发生制为基础，同时又运用了配比原则、划分资本性支出和收益性支出等原则而计算出的企业的净利润并非就是该时期的现金流量净增加额，在此基础上计算的利润常常使报表反映的盈利水平与实际的财务状况不符，因此企业的净利润和净现金流量发生很大的差异是比较常见的。

现金流量表是为财务会计报告使用者提供企业一定会计期间内现金和现金等价物流入和流出的信息，以便于财务会计报告使用者了解和评价企业获取现金和现金等价物的能力，并据以预测企业未来现金流量的报表。

## 二、现金流量表的格式和内容

### （一）现金及现金等价物

现金流量表中的现金不是指狭义的现金，即企业内部的库存现金，而是指广义的现金，即现金及现金等价物。

现金流量表是以现金为基础编制的财务状况变动表。现金是指企业库存现金及可以随时用于支付的存款，一般情况下，现金流量表中的现金包括企业的库存现金、银行存款和其他货币资金。但企业的定期存款、指定用途的专项存款、银行存款保证金等不属于现金范畴。现金等价物是指企业持有的期限短、流动性强、易于转换为已知金额现金、价位变动风险很小的投资，一般是指在证券市场上可上市流通的3个月内到期的短期债券投资，而一般的股票投资则不是现金等价物。企业应根据具体情况，确定现金等价物的范围，并且一贯性地保持其划分标准，如改变划分标准，应视为会计政策的变更。企业确定现金等价物的原则及其变更，应在财务会计报告附注中披露。

### （二）现金流量的含义及分类

现金流量指某一段时期内企业现金和现金等价物的流入和流出，比如，企业通过销售商品、提供劳务、固定资产出售、向银行借款取得的现金，形成了企业的现金流入；企业购买材料、接受劳务、购买固定资产、对外投资支付的现金，形成了企业的现金流出。在现金流量表中现金流量可分为三类，即经营活动产生的现金流量、投资活动产生的现金流量和筹资活动产生的现金流量。

### （三）现金流量表的内容和格式

现金流量表一般由主表和附表两部分构成。主表部分包括经营活动产生的现金流量、筹资活动产生的现金流量、投资活动产生的现金流量三部分。按现行制度规定，现金流量表主表中的经营活动产生的现金流量是用直接法编制的。直接法通过现金收入和现金支出的主要类别反映企业来自经营活动的现金流量，它是以损益表中的营业收入为起点，调整与经营活动有关的项目的增减变动，然后计算出经营活动的现金流量。附表是用间接法编制的，它是从净利润出发，调整不涉及现金流量的收入和费用，从而得出经营活动产生的净现金流量。另外，根据期初和期末的现金及现金等价物余额倒算出该会计期间的现金净流量。间接法编制的附表可以起到对主表的验算作用。现金流量表的格式如表9-6所示。

表9-6 现金流量表

| 项目 | 本期金额 | 上期金额 |
|---|---|---|
| 一、经营活动产生的现金流量 | | |
| 销售商品、提供劳务收到的现金 | | |
| 收到的税费返还 | | |
| 收到其他与经营活动有关的现金 | | |
| 经营活动现金流入小计 | | |
| 购买商品、接受劳务支付的现金 | | |
| 支付给职工以及为职工支付的现金 | | |
| 支付的各项税费 | | |
| 支付其他与经营活动有关的现金 | | |
| 经营活动现金流出小计 | | |
| 经营活动产生的现金流量净额 | | |
| 二、投资活动产生的现金流量 | | |
| 收回投资收到的现金 | | |
| 取得投资收益收到的现金 | | |
| 处置固定资产、无形资产和其他长期资产收回的现金净额 | | |
| 处置子公司及其他营业单位收到的现金净额 | | |
| 收到其他与投资活动有关的现金 | | |
| 投资活动现金流入小计 | | |
| 购建固定资产、无形资产和其他长期资产支付的现金 | | |
| 投资支付的现金 | | |
| 取得子公司及其他营业单位支付的现金净额 | | |
| 支付其他与投资活动有关的现金 | | |
| 投资活动现金流出小计 | | |
| 投资活动生产的现金流量净额 | | |
| 三、筹资活动产生的现金流量 | | |
| 吸收投资收到的现金 | | |
| 取得借款收到的现金 | | |
| 收到的其他与筹资活动有关的现金 | | |
| 筹资活动现金流入小计 | | |
| 偿还债务支付的现金 | | |
| 分配股利、利润或偿付利息支付的现金 | | |
| 支付其他与筹资活动有关的现金 | | |
| 筹资活动现金流出小计 | | |
| 筹资活动产生的现金流量净额 | | |
| 四、汇率变动对现金及现金等价物的影响 | | |
| 五、现金及现金等价物净增加额 | | |
| 加：期初现金及现金等价物余额 | | |
| 六、现金及现金等价物余额 | | |

## 三、现金流量表的编制方法

在我国，现金流量表以直接法填列，但在现金流量表的附注补充资料中还要按照间接法反映经营活动现金流量的情况。采用直接法报告经营活动的现金流量时，企业有关现金流量的信息可从会计记录中直接获得，也可以在利润表营业收入、营业成本等数据的基础上，通过调整存货和经营性应收应付项目的变动，以及固定资产折旧、无形资产摊销等项目后获得。

在具体编制现金流量表时，现金流量表各项目填列可以采用以下三种方法：

### （一）直接根据有关科目的记录分析填列的方法

1. 经营活动产生的现金流量

（1）“销售商品、提供劳务收到的现金”项目。该项目反映企业销售商品、提供劳务实际收到的现金（含销售收入和应向购买者收取的增值税额），包括本期销售商品、提供劳务收到的现金，以及前期销售和前期提供劳务本期收到的现金和本期预收的账款，减去本期退回本期销售的商品和前期销售本期退回的商品支付的现金。企业销售材料和代购代销业务收到的现金，也在本项目反映。本项目可以根据“库存现金”“银行存款”“应收账款”“应收票据”“预收账款”“主营业务收入”“其他业务收入”等科目的记录分析填列。

（2）“收到的税费返还”项目。该项目反映企业收到返还的各种税费，如收到的增值税、消费税、所得税、教育费附加返还等。本项目可以根据“库存现金”“银行存款”“税金及附加”“补贴收入”“应收补贴款”等科目的记录分析填列。

（3）“收到其他与经营活动有关的现金”项目。该项目反映企业除了上述各项目外，收到的其他与经营活动有关的现金流入，如罚款收入、流动资产损失中由个人赔偿的现金收入等。其他现金流入如价值较大的，应单列项目反映。本项目可以根据“库存现金”“银行存款”“营业外收入”等科目的记录分析填列。

（4）“购买商品、接受劳务支付的现金”项目。该项目反映企业购买材料、商品、接受劳务实际支付的现金，包括本期购入材料、商品、接受劳务支付的现金（包括增值税进项税额），以及本期支付前期购入商品、接受劳务的未付款项和本期预付款项。本期发生的购货退回收到的现金应从本项目内减去。本项目可以根据“库存现金”“银行存款”“应付账款”“应付票据”“主营业务成本”等科目的记录分析填列。

（5）“支付给职工以及为职工支付的现金”项目。该项目反映企业实际支付给职工，以及为职工支付的现金，包括本期实际支付给职工的工资、奖金、各种津贴和补贴等，以及为职工支付的其他费用，不包括支付的离退休人员的各项费用和支付给在建工程人员的工资等。企业支付给离退休人员的各项费用，包括支付的统筹退休金以及未参加统筹的退休人员的费用，在“支付的其他与经营活动有关的现金”项目中反映；支付在建工程人员的工资，在“购建固定资产、无形资产和其他长期资产所支付的现金”项目反映。本项目可以根据“应付职工薪酬”“库存现金”“银行存款”等科目的记录分析填列。企业为职工支付的养老、失业等社会保险基金、补充养老保险、住房公积金、支付给职工的住房困难补助，以及企业支付给职工或为职工支付的其他福利费用等，应按职工的工作性质和服务对象，分别在本项目和“购建固定资产、无形资产和其他长期资产所支付的现金”项目反映。

（6）“支付的各项税费”项目。该项目反映企业按规定支付的各种税费，包括本期发生并支付的税费，以及本期支付以前各期发生的税费和预交的税金，如支付的教育费附加、矿产资源补偿费、印花税、房产税、土地增值税、车船税等；不包括计入固定资产价值、实际支付的耕地占用税等，也不包括本期退回的增值税、所得税（本期退回的增值税、所得税在“收到的税费返还”项目反映）。本项目可以根据“应交税费”“库存现金”“银行存款”等科目的记录分析填列。

（7）“支付其他与经营活动有关的现金”项目。该项目反映企业除上述各项目外，支付的其他与经营活动有关的现金流出，如罚款支出、支付的差旅费、业务招待费现金支出、支付的保险费等。其他现金流出如价值较大的，应单列项目反映。本项目可以根据有关科目的记录分析填列。

2. 投资活动产生的现金流量

（1）“收回投资收到的现金”项目。该项目反映企业出售、转让或到期收回除现金等价物以外的对其他企业的权益工具、债务工具和合营中的权益等投资收到的现金。收回债务工具实现的投资收益、处置子公司及其他营业单位收到的现金净额不包括在本项目。本项目可以根据“交易性金融资产”“长期股权投资”“库存现金”“银行存款”等科目的记录分析填列。

（2）“取得投资收益收到的现金”项目。该项目反映企业除现金等价物以外的对其他的权益工具、债务工具和合营中的权益投资分回的现金股利和利息等，不包括股票股利。本项目可以根据“库存现金”“银行存款”“投资收益”等科目的记录分析填列。

（3）“处置固定资产、无形资产和其他长期资产收回的现金净额”项目。该项目反映企业处置固定资产、无形资产和其他长期资产所取得的现金，减去为处置这些资产而支付的有关费用后的净额。由于自然灾害所造成的固定资产等长期资产损失而收到的保险赔偿收入，也在本项目反映。本项目可以根据“固定资产清理”“库存现金”“银行存款”等科目的记录分析填列。

（4）“处置子公司及其他营业单位收到的现金净额”项目。本项目反映企业处置子公司及其他营业单位所取得的现金，减去相关处置费用以及子公司及其他营业单位持有的现金和现金等价物后的净额。本项目可以根据“长期股权投资”“银行存款”“库存现金”等科目的记录分析填列。

（5）“收到其他与投资活动有关的现金”项目。该项目反映企业除了上述各项目外，收到的其他与投资活动有关的现金流入。其他现金流入如价值较大的，应单列项目反映。本项目可以根据有关科目的记录分析填列。

（6）“购建固定资产、无形资产和其他长期资产支付的现金”项目。该项目反映企业购买、建造固定资产，取得无形资产和其他长期资产支付的现金，不包括为购建固定资产，取得无形资产而发生的借款利息资本化的部分，以及融资租入固定资产支付的租赁费（借款利息和融资租入固定资产支付的租赁费，在筹资活动产生的现金流量中反映）。本项目可以根据“固定资产”“在建工程”“无形资产”“库存现金”“银行存款”等科目的记录分析填列。

（7）“投资支付的现金”项目。该项目反映企业进行权益性投资和债权性投资支付的现金，包括企业取得的除现金等价物以外的短期股票投资、短期债券投资、长期股权投资、长期债权投资支付的现金，以及支付的佣金、手续费等附加费用。本项目可以根据“长期股权投资”“持有至到期投资”“交易性金融资产”“库存现金”“银行存款”等科目的记录分析填列。

企业购买股票和债券时，实际支付的价款中包含的已宣告但尚未领取的现金股利或已到付息期但尚未领取的债券的利息，应在投资活动的“支付的其他与投资活动有关的现金”项目反映；收回购买股票和债券时支付的已宣告但尚未领取的现金股利或已到付息期但尚未领取的债券的利息，在投资活动的“收到的其他与投资活动有关的现金”项目反映。

（8）“取得子公司及其他营业单位支付的现金净额”项目。该项目反映企业购买子公司及其他营业单位卖出价中以现金支付的部分，减去子公司及其他营业单位持有的现金和现金等价物后的净额。本项目可根据“长期股权投资”“库存现金”“银行存款”等科目的记录分析填列。

（9）“支付其他与投资活动有关的现金”项目。该项目反映企业除了上述各项以外，支付的其他与投资活动有关的现金流出。其他现金流出如价值较大的，应单列项目反映。本项目可以根据有关科目的记录分析填列。

3. 筹资活动产生的现金流量

（1）“吸收投资收到的现金”项目。该项目反映企业收到的投资者投入的现金，包括以发行股票、债券等方式筹集的资金实际收到款项净额（发行收入减去支付的佣金等发行费用后的净额）。以发行股票、债券等方式筹集资金而由企业直接支付的审计、咨询等费用，在“支付的其他与筹资活动有关的现金”项目反映，不从本项目内减去。本项目可以根据“实收资本（或股本）”“库存现金”“银行存款”等科目的记录分析填列。

（2）“取得借款收到的现金”项目。该项目反映企业举借各种短期、长期借款所收到的现金。本项目可以根据“短期借款”“长期借款”“库存现金”“银行存款”等科目的记录分析填列。

（3）“收到其他与筹资活动有关的现金”项目。该项目反映企业除上述各项目外，收到的其他与筹资活动有关的现金流入，如接受现金捐赠等。其他现金流入如价值较大的，应单列项目反映。本项目可以根据有关科目的记录分析填列。

(4)“偿还债务支付的现金”项目。该项目反映企业以现金偿还债务的本金，包括偿还金融企业的借款本金、偿还债券本金等。企业偿还的借款利息、债券利息，在“分配股利、利润或偿付利息支付的现金”项目反映，不包括在本项目内。本项目可以根据“短期借款”“长期借款”“库存现金”“银行存款”等科目的记录分析填列。



(5)“分配股利、利润或偿付利息支付的现金”项目。该项目反映企业实际支付的现金股利，支付给其他投资单位的利润以及支付的借款利息、债券利息等。本项目可以根据“应付股利”“财务费用”“长期借款”“库存现金”“银行存款”等科目的记录分析填列。



(6)“支付其他与筹资活动有关的现金”项目。该项目反映企业除了上述各项外，支付的其他与筹资活动有关的现金流出，如捐赠现金支出、融资租入固定资产支付的租赁费等。其他现金流出如价值较大的，应单列项目反映。本项目可以根据有关科目的记录分析填列。

4. 汇率变动对现金及现金等价物的影响

“汇率变动对现金及现金等价物的影响”项目反映企业外币现金流量及境外子公司的现金流量折算为人民币时，所采用的现金流量发生日的汇率或平均汇率折算的人民币金额与“现金及现金等价物净增加额”中外币现金净增额按期末汇率折算的人民币金额之间的差额。

### (二) T 形账户法

T 形账户法是以 T 形账户为手段，以利润表和资产负债表数据为基础，对每一项目进行分析并编制调整分录，从而编制出现金流量表的方法。采用 T 形账户法编制现金流量表一般应按以下程序进行：

(1) 为所有的非现金项目（包括资产负债表和利润表项目）分别开设 T 形账户，并将各自的期末期初变动数计入各对应账户。

(2) 开设一个大的“现金及现金等价物”的 T 形账户，每边分为经营活动、投资活动和筹资活动三个部分，左边记现金流入，右边记现金流出，过入与其他非现金对应的期末期初变动数。

(3) 以利润表项目为基础，结合资产负债表分析每一个非现金项目的增减变动，并据此编制调整分录。

(4) 将调整分录过入各 T 形账户，并进行核对，该账户借贷相抵后的余额与原先过入的期末期初变动数应当一致。

(5) 根据大的“现金及现金等价物”的 T 形账户编制现金流量表。采用这种方法现金流量表较为简单，故在实际工作运用得较为广泛。一般企业的财务部门每月按此方法编制每月的现金流量表，到年末将 12 个月进行汇总即可。

### (三) 工作底稿法

工作底稿法是指以工作底稿为手段，以利润表和资产负债表为基础，对每一项目进行分析并编制调整分录，从而编制出现金流量表的方法。

在直接法下，整个工作底稿纵向分成三段：第一段是资产负债表项目，其中又分为借方项目和贷方项目两部分；第二段是利润表项目；第三段是现金流量表项目。工作底稿横向分为五栏：第一栏是项目栏，填列三列各项目的名称；第二栏是期初数，此栏只有资产负债表才可填列；第三、第四两栏分别填列调整分录的借、贷方；第五栏是本期数，用来填列资产负债表项目的期末数、利润表项目的本期利润数，现金流量表部分这一栏的数字可直接用来编制正式的现金流量表。

采用工作底稿法来编制现金流量表的工作量比较大，因而在实际工作中运用得较少。

## 第五节 所有者权益（或股东权益）变动表

### 一、所有者权益变动表的概念及结构

所有者权益（或股东权益）变动表是反映企业构成所有者权益各组成部分当期增减变动情况的报表。它不仅包括所有者权益总量的增减变动，还包括所有者权益增减变动的重要结构性信息，使信息使用者能够理解其增减变动的根源。

在所有者权益（或股东权益）变动表上，企业至少应当单独列示反映下列信息的项目：①综合收益总额；②会计政策变更和差错更正的累积影响金额；③所有者投入资本和向所有者分配利润等；④提取的盈余公积；⑤实收资本、其他权益工具、资本公积、其他综合收益、专项储备、盈余公积、未分配利润的期初和期末余额及其调节情况。

所有者权益（或股东权益）变动表以矩阵的形式列示：一方面，列示导致所有者权益变动的交易或事项，即所有者权益变动的来源，对一定时期所有者权益的变动情况进行全面反映；另一方面，按照所有者权益各组成部分（即实收资本、其他权益工具、资本公积、库存股、其他综合收益、盈余公积、未分配利润）列示交易或事项对所有者权益各部分的影响。

### 二、所有者权益变动表列报的总体要求

所有者权益是指企业资产扣除负债后由所有者享有的剩余权益。所有者权益的来源包括所有者投入的资本（包括实收资本和资本溢价等资本公积）、其他综合收益、留存收益（包括盈余公积和未分配利润）等。所有者权益变动表应当反映构成所有者权益的各组成部分当期的增减变动情况。综合收益和与所有者（或股东）的资本交易导致的所有者权益的变动，应当分别列示。与所有者的资本交易，是指与所有者以其所有者身份进行的导致企业所有者权益变动的交易。

### 三、所有者权益变动表的列报格式和列报方法

#### （一）一般企业所有者权益变动表的列报格式

企业应当反映所有者权益各组成部分的期初和期末余额及其调节情况。因此，企业应当以矩阵的形式列示所有者权益变动表：一方面，列示导致所有者权益变动的交易或事项，按所有者权益变动的来源对一定时期所有者权益变动情况进行全面反映；另一方面，按照所有者权益各组成部分（包括实收资本、资本公积、其他综合收益、盈余公积、未分配利润、库存股等）及其总额列示相关交易或事项对所有者权益的影响。根据财务报表列报准则的规定，企业需要提供比较所有者权益变动表，所有者权益变动表就各项目再分为“本年金额”和“上年金额”两栏分别填列。

所有者权益变动表“上年金额”栏内各项数字，应根据上年度所有者权益变动表“本年金额”栏内所列数字填列。上年度所有者权益变动表规定的各个项目的名称和内容同本年度不一致的，应对上年度所有者权益变动表各项目的名称和数字按照本年度的规定进行调整，填入所有者权益变动表的“上年金额”栏内。

所有者权益变动表“本年金额”栏内各项数字一般应根据“实收资本（或股本）”“其他权益工具”“资本公积”“库存股”“其他综合收益”“专项储备”“盈余公积”“利润分配”“以前年度损益调整”科目的发生额分析填列。

企业的净利润及其分配情况作为所有者权益变动的组成部分，不需要单独编制利润分配表列示。

**（二）所有者权益变动表的主要项目说明**

（1）“上年年末余额”项目，反映企业上年资产负债表中实收资本（或股本）、其他权益工具、资本公积、库存股、其他综合收益、专项储备、盈余公积、未分配利润的年末余额。

（2）“会计政策变更”“前期差错更正”项目，分别反映企业采用追溯调整法处理的会计政策变更的累积影响金额和采用追溯重述法处理的会计差错更正的累积影响金额。

（3）“本年增减变动金额”项目：

①“综合收益总额”项目，反映净利润和其他综合收益扣除所得税影响后的净额相加后的合计金额。

②“所有者投入和减少资本”项目，反映企业当年所有者投入的资本和减少的资本。

“所有者投入的普通股”项目，反映企业接受投资者投入形成的实收资本（或股本）和资本溢价或股本溢价。

“其他权益工具持有者投入资本”项目，反映企业发行的除普通股以外分类为权益工具的金融工具的持有者投入资本的金额。

“股份支付计入所有者权益的金额”项目，反映企业处于等待期中的权益结算的股份支付当年计入资本公积的金额。

③“利润分配”项目，反映企业当年的利润分配金额。

④“所有者权益内部结转”项目，反映企业构成所有者权益的组成部分之间当年的增减变动情况。

“资本公积转增资本（或股本）”项目，反映企业当年以资本公积转增资本或股本的金额。

“盈余公积转增资本（或股本）”项目，反映企业当年以盈余公积转增资本或股本的金额。

“盈余公积弥补亏损”项目，反映企业当年以盈余公积弥补亏损的金额。

“设定受益计划变动额结转留存收益”项目，反映企业因重新计量设定受益计划净负债或净资产所产生的变动计入其他综合收益，结转至留存收益的金额。

“其他综合收益结转留存收益”项目，主要反映：第一，企业指定为以公允价值计量且其变动计入其他综合收益的非交易性权益工具投资终止确认时，之前计入其他综合收益的累计利得或损失从其他综合收益中转入留存收益的金额；第二，企业指定为以公允价值计量且其变动计入当期损益的金融负债终止确认时，之前由企业自身信用风险变动引起而计入其他综合收益的累计利得或损失从其他综合收益中转入留存收益的金额等。

所有者权益变动表的格式见表9-7所示。

**表9-7　所有者权益变动**　　　　会企04表

制表单位：　　　　____年度　　　　单位：元

| 项目 | 本年金额 | | | | | | | | | | | 上年金额 | | | | | | | | | | |
|---|---|---|---|---|---|---|---|---|---|---|---|---|---|---|---|---|---|---|---|---|---|---|
| | 实收资本（股本） | 其他权益工具 | | | 资本公积 | 减：库存股 | 其他综合收益 | 专项储备 | 盈余公积 | 未分配利润 | 所有者权益合计 | 实收资本（股本） | 其他权益工具 | | | 资本公积 | 减：库存股 | 其他综合收益 | 专项储备 | 盈余公积 | 未分配利润 | 所有者权益合计 |
| | | 优先股 | 永续股 | 其他 | | | | | | | | | 优先股 | 永续股 | 其他 | | | | | | | |
| 一、上年年末余额 | | | | | | | | | | | | | | | | | | | | | | |
| 加：会计政策变更 | | | | | | | | | | | | | | | | | | | | | | |
| 前期差借更正 | | | | | | | | | | | | | | | | | | | | | | |
| 其他 | | | | | | | | | | | | | | | | | | | | | | |
| 二、本年年初余额 | | | | | | | | | | | | | | | | | | | | | | |
| 三、本年增减变动金额（减少以“-”号填列） | | | | | | | | | | | | | | | | | | | | | | |
| （一）综合收益总额 | | | | | | | | | | | | | | | | | | | | | | |
| （二）所有者投入和减少资本 | | | | | | | | | | | | | | | | | | | | | | |
| 1. 所有者投入的普通股 | | | | | | | | | | | | | | | | | | | | | | |

表9-7（续）

| 项目 | 本年金额 | | | | | | | | | | | 上年金额 | | | | | | | | | | |
|---|---|---|---|---|---|---|---|---|---|---|---|---|---|---|---|---|---|---|---|---|---|---|
| | 实收资本（股本） | 其他权益工具 | | | 资本公积 | 减：库存股 | 其他综合收益 | 专项储备 | 盈余公积 | 未分配利润 | 所有者权益合计 | 实收资本（股本） | 其他权益工具 | | | 资本公积 | 减：库存股 | 其他综合收益 | 专项储备 | 盈余公积 | 未分配利润 | 所有者权益合计 |
| | | 优先股 | 永续股 | 其他 | | | | | | | | | 优先股 | 永续股 | 其他 | | | | | | | |
| 2. 其他权益工具持有者投入资本 | | | | | | | | | | | | | | | | | | | | | | |
| 3. 股份支付计入所有者权益的金额 | | | | | | | | | | | | | | | | | | | | | | |
| 4. 其他 | | | | | | | | | | | | | | | | | | | | | | |
| （三）利润分配 | | | | | | | | | | | | | | | | | | | | | | |
| 1. 提取盈余公积 | | | | | | | | | | | | | | | | | | | | | | |
| 2. 对所有者（或股东）的分配 | | | | | | | | | | | | | | | | | | | | | | |
| 3. 其他 | | | | | | | | | | | | | | | | | | | | | | |
| （四）所有者权益内部结转 | | | | | | | | | | | | | | | | | | | | | | |
| 1. 资本公积转增资本（或股本） | | | | | | | | | | | | | | | | | | | | | | |
| 2. 盈余公积转增资本（或股本） | | | | | | | | | | | | | | | | | | | | | | |
| 3. 盈余公积弥补亏损 | | | | | | | | | | | | | | | | | | | | | | |
| 4. 设定收益计划变动额结转留存额 | | | | | | | | | | | | | | | | | | | | | | |
| 5. 其他综合收益结转留存收益 | | | | | | | | | | | | | | | | | | | | | | |
| 6. 其他 | | | | | | | | | | | | | | | | | | | | | | |
| 四、本年年末余额 | | | | | | | | | | | | | | | | | | | | | | |

# 第六节　财务报表附注

## 一、财务报表附注概述

财务报表附注是对在资产负债表、利润表、所有者权益变动表和现金流量表等报表中列示项目的文字描述或明细资料，以及对未能在这些报表中列示项目的说明等。

附注主要起到两方面的作用：第一，附注的披露，是对资产负债表、利润表、现金流量表和所有者权益变动表列示项目含义的补充说明，以帮助财务报表使用者更准确地把握其含义。例如，通过阅读附注中披露的固定资产折旧政策的说明，使用者可以掌握报告企业与其他企业在固定资产折旧政策上的异同，以便进行更准确的比较。第二，附注提供了对资产负债表、利润表、现金流量表和所有者权益变动表中未列示项目的详细或明细说明。例如，通过阅读附注中披露的存货增减变动情况，财务报表使用者可以了解资产负债表中未单列的存货分类信息。

通过附注与资产负债表、利润表、现金流量表和所有者权益变动表列示项目的相互参照关系，以及对未能在财务报表中列示项目的说明，可以使财务报表使用者全面了解企业的财务状况、经营成果和现金流量以及所有者权益的情况。

附注应当披露财务报表的编制基础，相关信息应当与资产负债表、利润表、所有者权益变动表和现金流量表等报表中列示的项目相互参照。

## 二、财务报表附注的内容

财务报表附注是对资产负债表、利润表、现金流量表和所有者权益变动表等报表中列示项目的文字描述或明细资料，以及对未能在这些报表中列示项目的说明等。财务报表附注是财务报表的重要组成部分。按照《企业会计准则——财务报表列报》的规定，财务报表附注应当按照如下顺序披露有关内容：

**（一）企业的基本情况**

企业的基本情况包括：

（1）企业注册地、组织形式和总部地址。

（2）企业的业务性质和主要经营活动。

（3）母公司以及集团最终母公司的名称。

（4）财务报告的批准报出者和财务报告批准报出日。

（5）营业期限有限的企业还应当披露有关其营业期限的信息。

**（二）财务报表的编制基础**

财务报表的编制基础是指财务报表是在持续经营基础上还是非持续经营基础上编制的。企业一般是在持续经营基础上编制财务报表，清算、破产属于非持续经营基础。

**（三）遵循企业会计准则的声明**

企业应当明确说明编制的财务报表符合企业会计准则的要求，真实、完整地反映了企业的财务状况、经营成果和现金流量等有关信息，以此明确企业编制财务报表所依据的制度基础。如果企业编制的财务报表只是部分地遵循了企业会计准则，附注中不得做出这种表述。

**（四）重要会计政策和会计估计**

按照《企业会计准则——财务报表列报》规定，企业应当披露采用的重要会计政策和会计估计，不重要的会计政策和会计估计可以不披露。

企业应当披露重要会计政策的确定依据和财务报表项目的计量基础，以及会计估计中所采用的关键假设和不确定因素。

会计政策的确定依据，主要是指企业在运用会计政策过程中所做的对报表中确认的项目金额最具影响的判断，有助于财务报表使用者理解企业选择和运用会计政策的背景，增加财务报表的可理解性。财务报表项目的计量基础，是指企业计量该项目采用的是历史成本、重置成本、可变现净值、现值还是公允价值，这直接影响财务报表使用者对财务报表的理解和分析。

在确定财务报表中确认的资产和负债的账面价值过程中，企业需要对不确定的未来事项在资产负债表日对这些资产和负债的影响加以估计，如企业预计固定资产未来现金流量采用的折现率和假设。这类假设的变动对这些资产和负债项目金额的确定影响很大，有可能会在下一个会计年度内做出重大调整，因此，强调这一披露要求，有助于提高财务报表的可理解性。

财务报表列报准则强调了对会计估计不确定因素的披露要求，企业应当披露会计估计中所采用的关键假设和不确定因素的确定依据，这些关键假设和不确定因素在下一会计期间内很可能导致对资产、负债账面价值进行重大调整。

在确定报表中确认的资产和负债的账面金额过程中，企业有时需要对不确定的未来事项在资产负债表日对这些资产和负债的影响加以估计。例如，固定资产可收回金额的计算需要根据其公允价值减去处置费用后的净额与预计未来现金流量的现值两者之间的较高者确定，在计算资产预计未来现金流量的现值时需要对未来现金流量进行预测，并选择适当的折现率，应当在附注中披露未来现金流量预测所采用的假设及其依据、所选择的折现率为什么是合理的等。因此，强调这一披露要求，有助于提高财务报表的可理解性。

**（五）会计政策和会计估计变更以及差错更正的说明**

企业应当按照《企业会计准则第28号——会计政策、会计估计变更和差错更正》及其应用指南的规定，披露会计政策和会计估计变更以及差错更正的有关情况。

**（六）报表重要项目的说明**

企业应当以文字和数字描述相结合、尽可能以列表形式披露报表重要项目的构成或当期增减变动情况，并且报表重要项目的明细金额合计应当与报表项目金额相衔接。在披露顺序上，一般应当按照资产负债表、利润表、现金流量表、所有者权益变动表的顺序及其项目列示的顺序，主要包括应收款项、存货、长期股权投资、投资性房地产、固定资产、无形资产、职工薪酬、应交税费、短期借款和长期借款、应付债券、长期应付款、营业收入、公允价值变动收益、投资收益、资产减值损失、营业外收入、营业外支出、所得税费用、其他综合收益、政府补助、借款费用。

**（七）其他需要说明的重要事项**

这些重要事项主要包括或有和承诺事项、资产负债表日后非调整事项、关联方关系及其交易等，具体的披露要求须遵循相关准则的规定，分别参见相关章节的内容。

**（八）有助于财务报表使用者评价企业管理资本的目标、政策及程序的信息**

企业不仅需要披露企业管理资本的目标、政策及程序的信息，还应披露其他综合收益各项目的信息，终止经营的收入、费用、利润总额、所得税费用和净利润以及归属于母公司所有者的终止经营利润。在资产负债表日后、财务报告批准报出前提议或宣告发放的股利总额和每股股利金额。

## 综合练习题

扫一扫

# 参考文献


［1］中华人民共和国会计法［M］. 北京：中国法治出版社，1999.

［2］企业会计准则讲解［M］. 北京：财政经济出版社，2015.

［3］财政部会计资格评价中心. 初级会计实务［M］. 北京：中国财政经济出版社，2015.

［4］黄明，郭大伟. 会计学［M］. 北京：立信会计出版社，2016.

［5］中华会计网校. 政府会计制度及新会计法规汇编［M］. 北京：中国商业出版社，2018.

［6］戴德明，林钢，赵西卜. 财务会计学［M］. 10 版. 北京：中国人民大学出版社，2018.

［7］陈明灿，宋瑞. 中级财务会计［M］. 北京：经济科学出版社，2018.

［8］胡志勇，魏洁. 财务会计［M］. 北京：经济科学出版社，2018.

［9］财政部会计资格评价中心. 中级会计实务［M］. 北京：经济科学出版社，2019.

［10］财政部会计资格评价中心. 初级会计实务［M］. 北京：经济科学出版社，2019.

［11］吴福喜. 2020 年度初级会计实务应试指南［M］. 北京：北京理工大学出版社，2019.

［12］财政部中财传媒，全国会计资格考试辅导用书编写组. 2020 年度初级会计实务通关题库［M］. 北京：经济科学出版社，2019.

［13］张志凤. 2020 年度初级会计实务应试指导［M］. 北京：北京科学技术出版社，2019.